궁정론

The Book of the Courtier
by Baldesar Castiglione

Translated by Leonard Eckstein Opdycke
Published by Charles Scribner's Sons (January 1, 1901)
Korean Translation copyright © 2009 by BOOKSTORY Publishing Co.

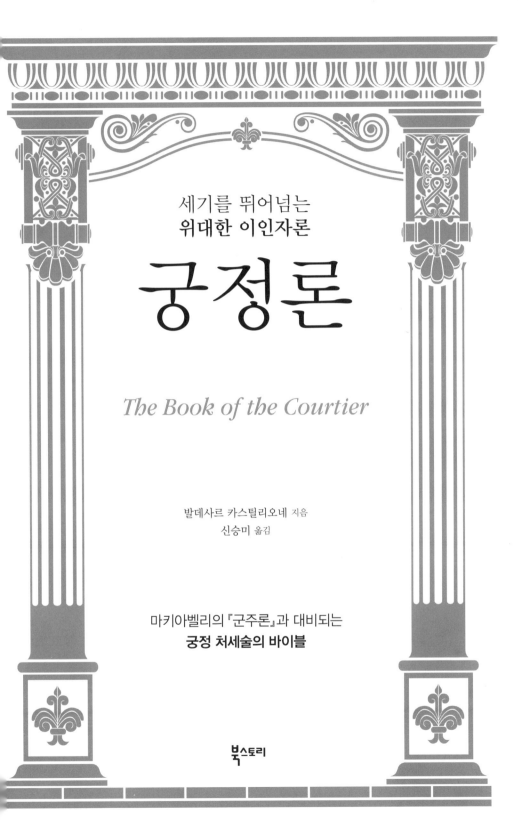

세기를 뛰어넘는
위대한 이인자론

궁정론

The Book of the Courtier

발데사르 카스틸리오네 지음

신승미 옮김

마키아벨리의『군주론』과 대비되는
궁정 처세술의 바이블

북스토리

이상적인 궁정인의 초상화

발데사르 카스틸리오네는 거의 전 생애를 이탈리아 궁정에서 보냈던 전형적인 궁정 신하이자 외교관이었으며 시인이자 학자였다. 『궁정론』은 그의 경험을 바탕으로 쓴 궁정 처세서로, 유럽 상류사회의 교양에 큰 영향을 끼쳤다.

『궁정론』은 1528년 초판이 출간된 이후 150종이 넘는 다양한 판본과 번역본이 나왔을 정도로 르네상스 시대의 역사적 기록으로 그 가치를 인정받고 있으며, 흔히 마키아벨리의 『군주론』과 대비된다.

카스틸리오네는 1478년 카사티코(Casatico)에서 태어나, 1529년 로마 교황 사절로 재임하던 중 사망했다. 1504년부터 1516

년까지 12년 동안 우르비노(Urbino)의 통치자 두 명을 섬겼는데, 처음 모신 군주는 1508년에 사망한 구이도발도(Guidobaldo) 공작이었다.

카스틸리오네는 구이도발도 공작의 휘하에 있을 당시 『궁정론』을 집필할 영감을 얻었고, 구이도발도의 뒤를 이은 프란체스코 마리아 델라 로베레(Francesco Maria della Rovere)를 섬기며 우르비노 궁정에서 생활하는 동안에 『궁정론』의 내용을 구상했다. 1508년경 집필을 처음 구상하여, 대략 1513년경부터 초고를 쓰기 시작했고, 1516년에 책을 어느 정도 마무리했다고 한다. 오늘날 우리가 볼 수 있는 모습으로 작품을 완성한 것은 1524년경인데, 책을 출판하라는 피에트로 벰보(Pietro Bembo)의 끈질긴 재촉에도 불구하고 집필을 계속하고 있었다고 한다. 하지만 나폴리 사람들에 의해 책의 일부분이 유통되기 시작하자, 자신의 의도와 상관없이 완전하지 않은 작품이 세상에 나오게 될 것을 염려해 결국 세심한 수정을 가하여 1528년 3월, 책을 출판하게 되었다.

『궁정론』은 모두 4권으로 구성된 작품이다. 1507년 3월의 나흘 저녁 동안 우르비노 궁정에서 신사와 귀부인들이 모여 대화를 나누는 상황을 상상하여 쓴 대화록이다. 즐거운 저녁 시간을 보내기 위해 한자리에 모인 공작부인과 궁정 신하들은 '완벽한 궁정 신하의 모습을 묘사하는 것'을 주제로 정하고 토론을 시작한다.

제1권에서는 귀족과 귀부인들의 대화를 통해 궁정 신하가 갖추어야 할 지적·도덕적 기준을 제시한다. 제1권, 즉 첫째 날의 대화를 이끌어 나간 사람은 로도비코 다 카노사(Lodovico da Canossa)였다. 그는 훌륭한 궁정 신하가 되기 위해서는 무엇보다 고귀한 가문에서 태어나야 한다는 혈통의 중요성을 강조한다. 이때 여러 귀족들 사이에서 흥미로운 설전이 펼쳐진다.

제2권의 대화는 제1권에서 다루어진 논의에 이어 전개된다. 즉 전반부인 1~2권에서는 완벽한 궁정 신하의 자질을 논하는데, 이상적인 궁정 신하라면 고귀해야 하고, 무기에 정통하고, 음악과 회화에 조예가 깊어야 하고, 정치적 협상에 능하고, 언변이 좋아야 한다고 주장한다. 또한 모든 행동에 절제가 있어야 하고, 예의 바름과 품격과 우아함을 갖춰야 한다고 강조한다. 그리고 겉으로 보여주고자 하는 과도한 허식은 멀리하고, 모든 것에 중용을 지켜야 한다고 결론짓는다.

이상적인 궁정 신하의 자질을 놓고 열렸던 토론은 어느새 여러 영역을 탐구하는 장으로 확산되고 그 주제에 따라서 깊이를 달리한다. 때로는 역사와 철학을 통해 심도 있게 다가가는 듯하다가도 때로는 음악과 미술, 인간관계, 농담과 풍자 등을 주제로 만담을 주고받듯 진행되기도 한다.

궁정 신하에 대한 논의는 이상적인 궁정 숙녀의 모습을 형상화해야 한다는 데 다다른다. 그리하여 제3권에서는 이상적인 궁정 숙녀의 품격을 논하는 장이 된다. 특히 이 작품 전체에서 가장 여성 혐오적 시각을 보이는 가스파레 팔라비치노(Gaspare Pallavicino) 나리와 주 화자인 마그니피코 줄리아노(Magnifico

Giuliano)의 논쟁은 흥미롭기 그지없다. 줄리아노는 궁정 신하와 마찬가지로 이상적인 궁정 숙녀도 덕을 실현할 수 있고, 이 때문에 그들 또한 궁정 신하와 마찬가지의 자질을 갖출 수 있다고 주장한다. 다양한 실례를 통해 가스파레의 여성 혐오적 견해를 비판하는 그의 주장은, 결국 공작부인을 비롯한 여러 귀부인들의 지지를 받게 된다.

마지막 장인 제4권은 다시 궁정 신하에 관한 이야기로 집중된다. 여기서는 군주를 모시는 신하의 업무에 대해 '자신의 모든 능력을 군주를 보필하는 데 써야 하고, 특히 군주가 해야 하는 것을 면밀하게 검토하고 이해시켜야 한다'고 제시한다. 군주와 궁정 신하의 관계와 역할에 대해 논의한 후, 제3권에서 거론되었던 사랑으로 다시 대화가 옮겨간다. 마침내 피에트로가 하는 사랑 이야기에 모두가 심취해 있을 무렵, 새벽이 밝아 오고 길고 긴 토론이 끝나게 된다.

한 마디로 설명하기에는 너무 방대하고 복잡한 『궁정론』은 궁정 처세서의 바이블이라 할 수 있다. 고대사회의 미덕과 당시 인본주의자들의 염원을 광범위하게 담고 있는 이 책은 오늘날에도 르네상스 시대의 사상과 관습, 생활상을 담은 중요한 개론서로서 상당히 가치 있는 작품이라 할 수 있다.

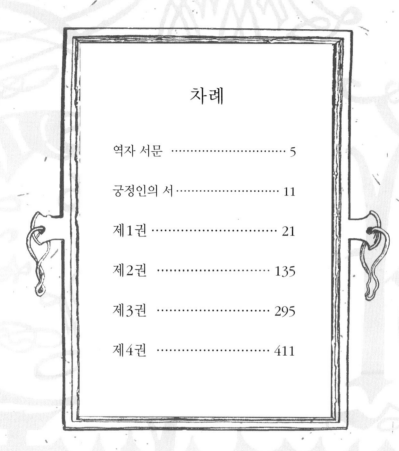

차례

거룩하고 걸출하신 분인 비세우(Viseu)의 주교
돈 미셸 데 실바(Don Michel De Silva) 귀하에게

우르비노(Urbino)의 구이도발도 다 몬테펠트로(Guidobaldo da Montefeltro) 공작이 돌아가신 뒤에, 나는 그를 섬겼던 다른 신사들과 함께 구이도발도 전 공작의 상속인이자 후임자인 프란체스코 마리아 델라 로베레(Francesco Maria della Rovere)의 휘하에 그대로 머물렀습니다. 그러나 구이도발도 전 공작이 살아생전에 보여주었던 고결한 품성과 당시 우르비노 궁정에 자주 들렀던 훌륭한 신사 숙녀 분들과 교제하며 느꼈던 행복한 기억이 생생히 남아서, 품위 있는 생활과 행동을 주제로 한 이 책들을 쓰기로 결정했답니다.

이 책들을 쓰는 데 많은 시간을 투자하지는 못했지만, 빨리 책을 완성하고픈 열망 때문에 범한 실수들은 나중에 차차 수정

해 나갈 작정이었지요. 사실 나는 수년 동안 끊임없는 근심에 시달려왔고 마음이 아주 불편했답니다. 왜냐하면 비록 빈약한 의견이 담긴 책이지만 나를 반겨줄 고국에 이 작품을 가지고 가지 못한다는 생각 때문이었지요.

스페인에 있을 당시, 과거에 내 원고의 상당 부분을 맡아 두었던 이탈리아의 페스카라(Pescara) 후작 부인인 비토리아 콜로나(Vittoria Colonna)가 나와의 약속을 저버렸다는 소식을 전해 듣고 분노가 치밀었습니다. 혹시 일어날지 모르는 불상사 때문에 걱정이 많이 되었으니까요. 그러나 어떤 확신 같은 것은 있었습니다. 현명한 지각과 분별력을 가진 후작 부인이 내가 원고를 건네준 일을 후회하게 될 만큼 불행한 사태까지 가도록 내버려 두지는 않을 거라고 말이죠. 시간이 지나면서 나는 책의 일부분이 나폴리에 있는 사람들의 손에 들어갔다는 사실을 알게 되었습니다. 항상 새로운 것을 갈망하던 그들은 내 원고를 출판할 작정이었지요. 나는 내 의견과 상관없이 출판을 하겠다는 이들의 위협에 너무 놀랐습니다. 결국 다른 사람들이 내 작품을 엉망진창으로 난도질해서 세상에 내놓는 것보다 조금이라도 내가 고쳐서 직접 출판하는 것이 낫겠다는 판단 아래 그동안 거의 손대지 않고 남겨두었던 부분을 당장 수정해야겠다고 마음먹었습니다.

이런 결정을 하고 원고를 읽기 시작한 바로 그 순간, 과거의 기억들이 떠올라 제멋대로 마음을 휘저었고, 나는 엄청난 슬픔에 빠졌답니다. 이미 세상을 떠나버린 사람들의 대화를 읽으며 추억에 젖을수록 슬픔은 더욱더 강해졌지요. 죽음의 신은 내가 애초에 이 책을 바치기로 되어 있었던 바로 그 인물, 알폰소 아리오스토(Alfonso Ariosto)를 앗아가 버렸답니다. 그는 아주 정중하고 사려 깊은 젊은이로, 모든 면에서 궁정에 사는 사람에게 필요한 완벽한 행동거지와 능란한 자질을 보여주었지요. 또한 선량하고 고결하며 예의가 바른 인물로, 오랫동안 세상에 남아 사람들의 찬사를 들었어야 할 줄리아노 데 메디치(Giuliano de' Medici) 공작 역시 세상을 떠나고 말았답니다. 그리고 포르티코의 산타 마리아(Santa. Maria) 추기경인 베르나르도 도비치(Bernardo Dovizi) 또한 세상을 떠났습니다. 베르나르도는 날카로운 재치로 모든 사람들의 마음을 빼앗고 기쁘게 했던 인물이지요. 더구나 우리 시대에 가장 걸출한 인물 중 하나였던 오타비아노 프레고소(Ottaviano Fregoso)도 목숨을 잃었습니다. 오타비아노는 관대하고 독실했으며 선량함으로 충만한 데다 재능이 많고 신중하고 예의 바르며 진정한 명예와 미덕을 아는 인물이었기에 적들마저도 항상 그를 칭찬했답니다(오타비아노가 그토록 용감하게 견뎌냈던 불행을 보면 운명의 여신은 아직도 생각을 바꾸지 않았음이 분명합니다. 항상 그랬던 것처럼 여전히 높은 미덕을 시기하고 있는 거지요).

이 책에 이름이 거론된 사람들 중에서 아주 오랫동안 살 것처럼 보였던 인물들도 세상을 많이 떠났답니다. 이 가운데서도 내가 도저히 눈물 없이는 회고할 수 없는 일이 바로 공작부인의 죽음입니다. 나는 위에 거론한 고귀한 친구들을 잃고 정신이 혼미해져서 마치 사막 한가운데에서 고독과 비탄에 젖어 사는 듯했습니다. 내가 공작부인의 죽음으로 아직까지도 얼마나 큰 고통을 느끼는지 짐작이 가실 겁니다. 공작부인이야말로 다른 사람들보다 훨씬 더 위대한 가치가 있던 분이었죠. 게다가 나는 그들보다 공작부인과 훨씬 더 가까웠으니까요.

아무튼 이제는 세상에 없는 수많은 사람들에 대한 추억으로 시간을 지체하기보다 앞서 말한 나폴리인들의 위협을 피하는 게 더 중요한 일이라는 생각에, 짧은 시간 안에 책을 출판하게 된 것입니다. 귀하는 줄리아노 공작과 포르티코의 산타 마리아 추기경 외에는 공작부인을 포함한 다른 사람들은 만나지 못하셨지요. 그래서 지금이라도 귀하가 그들을 알기 바라는 마음에서 우르비노 궁정을 그린 초상화라고 할 수 있는 이 책을 보냅니다. 비록 이 초상화가 라파엘로나 미켈란젤로의 손이 아니라, 윤곽선만 그릴 수 있을 뿐이지 진실을 아름다운 색조로 장식할 줄 모르는 형편없는 화가인 내 손으로 그려졌지만 말입니다. 더구나 대화에 등장하는 인물들의 성격과 자질을 자세히 소개하려고 마음먹었지만 이들을 제대로 표현할 능력이 없는 데다가, 나 자신이 그들의 특성을 제대로 이해하지도 못한 까닭에 부족한 점이 많아 안타깝습니다. 내가 이것으로, 혹은 책에서 저지른 다른 잘못(잘못이 아주 많다는 점을 나도 인정합니다) 때문에 비판을 받아야 한다면 마땅히 받아들이겠습니다.

그러나 어떤 사람들은 비판하는 즐거움에 너무 빠져든 나머

14

지 종종 잘못되지도 않은 점을 억지로 끄집어내는 경향이 있지요. 만약 그런 사람들이 내가 보카치오(Boccaccio)를 모방하지 않았다거나 현대 토스카나의 어법(Tuscan, 이탈리아 표준어-역주)을 따르지 않았다고 나무란다면 나는 그에 대해 망설이지 않고 항변할 수 있습니다. 물론 보카치오는 당시 기준에 맞는 고귀한 통찰력을 갖춘 인물이고, 그가 쓴 작품 역시 통찰력과 재능이 가득 들어 있습니다. 그러나 그가 작품을 세련되게 만드느라고 큰 고통을 겪으며 수정할 때보다, 글을 다듬을 걱정 없이 천부적인 재능과 본능에 의지해서 자유롭게 써나갈 때 훨씬 훌륭한 작품이 나왔습니다. 그의 열렬한 지지자들은 보카치오가 자신의 작품을 잘못 평가하고 있다고 비판했지요. 정작 보카치오 본인은 사람들이 찬사를 보낸 작품은 소중하게 여기지 않은 반면에, 그들이 가치가 없다고 매도한 작품에 대해서는 오히려 엄청나게 높은 평가를 했다는 이유로 말입니다.

따라서 보카치오 자신은 칭찬했지만 다른 사람들은 비판했던 작품의 형식을 모방한다면, 그에게 가해졌던 비난의 화살을 나 역시 피하지 못할 것입니다. 사실 보카치오보다 훨씬 많은 비판을 들어 마땅하겠지요. 보카치오는 스스로 옳다고 믿으면서 그런 일을 벌인 반면에, 나는 잘못하고 있다는 것을 알면서도 그런 실수를 저질렀으니 말입니다. 반대로 많은 사람들이 칭찬했지만 보카치오 자신은 비판했던 작품을 모방한다면, 내가 따르는 작가의 의견에 반하는 행동이니 이 역시 큰 잘못입니다. 설사 내가 이 모든 생각을 아예 하지 않았다고 하더라도, 보카치오는 궁정 신하를 주제로 책을 쓴 적이 없으니 애초에 그를 모방했어야 한다는 발상 자체가 말이 안 된다고 생각합니다.

또한 나는 말을 힘 있고 올바르게 사용하는 데는 어법이 가장 중요하므로 현재의 실정에 맞지 않는 고대 언어를 사용하는 것은 옳지 않다고 믿습니다. 이런 점으로 볼 때 언어로 된 작품을 창조하면서 다른 시대의 사람을 모방한다는 것은 큰 잘못이지요. 내가 보기에 당시에는 통용이 되었지만 지금은 토스카나 사람들조차 사용하지 않는 보카치오의 언어나 형식을 따라 하는 것은 적절치 않습니다. 게다가 나는 현대 토스카나 말을 사용하는 것도 내키지 않습니다. 다른 나라 사람들과 교류를 하다 보면 항상 새로운 단어가 전파되고 고유의 언어는 사라지게 됩니다. 이 점은 고대사회는 물론이고 보카치오의 경우에서도 분명하게 입증됩니다. 보카치오의 책에는 오늘날 토스카나 사람들에게조차 아무런 의미도 없는 언어들은 물론이고 프랑스어와 스페인어와 지방 사투리들이 너무 많이 나와서, 만일 그 언어들을 다 삭제하고 나면 그의 책은 아주 얇아져 버릴 것입니다.

이탈리아에는 귀족 도시들이 많이 있습니다. 여기에 사는 사람들은 아주 재능 있고 현명하며 문체가 뛰어난 데다가, 문학이나 복지, 경영, 정치 등에 관심이 많습니다. 나는 이런 도시에서 현재 사용되는 언어 역시 중요하게 생각해야 한다고 봅니다. 이 언어가 토스카나어가 아니고 다른 나라에서 들어왔을 수도 있지만, 나는 그 단어들을 직접 사용해 본 결과 우아하고 듣기가 좋으며 일반적으로 설득력이 있고 표현력도 풍부하다고 판단했습니다. 반면에 토스카나에서 현재 사용되는 단어는 대부분 라틴어가 변질된 형태이지요. 이에 비해서 롬바르디(Lombardy)를 비롯한 이탈리아의 다른 지방에서 사용되는 토스카나 말은 원래의 형태를 유지한 채 변하지 않고 남아 있답니다. 이런 방언들은 모두 현재 실제로 통용되는 언어이기 때문에 상류층에서 사용해도 비난받지 않으며 서민들과 이야기하더라도 이해하는 데 전혀 문제가 없지요. 따라서 나는 내 책에 이런 단어들을 일부 사용한 점이나, 변질되고 훼손된 다른 나라의 말이 아니라 원래의 모습을 그대로 유지하고 있는 내 조국의 언어를 사용한 것은 전혀 잘못된 일이 아니라고 믿습니다.

나는 많은 사람들이 주장하는 것처럼 서민들에게 라틴어를 사용하지 못하게 해서 이를 더욱 매력적인 언어로 유지해야 한다는 발상에도 반대합니다. 또한 어떤 특정한 방언이 다른 방언에 비해서 더 인정을 받는 이유도 모르겠습니다. 변질되고 결점이 많은 라틴어의 단어라도 토스카나 말에서 사용되면 품격이 높아지고 강화된다고 생각하면서, 같은 라틴어로 온전하게 유지되고 오염되지 않은 단어라도 롬바르디나 다른 방언에 포함되면 올바르지 않다고 생각하니 말입니다. 사실 통용되는 어법에 상관하지 않고 완전한 신조어를 만들어내거나 그저 옛 단어를 지키려고만 하는 것은 어리석고 주제넘은 짓입니다. 그러한 일이 아주 어려운 것은 물론이고 거의 불경스러운 발상이기 때문입니다. 전쟁과 여러 격변 속에서 많은 변화를 겪긴 했지만 수 세기 동안 살아남았고 위엄과 광채를 그대로 지니고 있는 언어를 산 채로 묻으려고 하는 것이나 마찬가지니까요.

따라서 내가 보카치오의 작품에 나오는 단어들, 즉 현재 토스카나에서조차 통용되지 않는 단어들을 사용하지 않았거나, 현대 토스카나 말에서 사용하지 않는 단어만 써야 한다고 믿는 사람들이 정한 규칙을 받아들이지 않았다고 해도 나름대로 정당한 이유가 있습니다. 나는 내 책의 주제나 언어 사용 면에서 보카치오 못지않게 찬양받는 다른 작가들을 따랐으니까요. 또한 나는 롬바르디 사람인 내가 롬바르디 언어를 사용한 것은 잘못이 아니며, 오히려 토스카나 사람도 아니면서 토스카나 말을 하는 사람보다 훨씬 낫다고 봅니다. 적어도 테오프라스투스(Theophrastus)가 아테네 말을 너무 많이 하는 바람에 아테네 사람이 아닌가 하는 오해를 받았던 것과 같은 상황은 피할 수 있을 테니까요. 어쨌든 이 부분은 제1권에서 충분히 다뤘으니 더 이상 언급하지 않겠습니다. 다만 앞으로 일어날 온갖 논쟁을 미리 막기 위해서 나는 차라리 솔직하게 비평가들에게 그들의 엄청나게 어렵고 심오한 토스카나 언어를 모른다는 점을 미리 밝히겠습니다. 그리고 입으로 말할 때와 마찬가지로 내 방식에 맞춰서 글을 썼으며, 이 책은 오직 나처럼 말하는 사람들을 대상으로 한다는 점을 밝히겠습니다. 이런 점들을 고려해 보면 나는 다른 사람들에게 해가 될 짓은 하나도 하지 않은 것 같군요. 세상 사람들은 누구나 자기 나라 말로 말하고 글을 쓸 수 있으며 좋아하는 것을 읽거나 들을 수 있으니까요. 따라서 비평가들이 『궁정론』을 읽고 싶지 않다고 하더라도, 조금도 신경 쓰지 않을 것입니다.

한편, 내가 원하는 궁정 신하처럼 완벽한 사람을 찾는 것은 너무 어려울 뿐만 아니라 거의 불가능하다고 주장하는 사람들이 아주 많습니다. 배울 수 없는 사람을 가르치는 것은 무의미하니, 결론적으로 내가 책을 쓴 것은 시간 낭비였을 뿐이라는 이야기지요. 이런 사람들에게 하고 싶은 말은 플라톤과 크세노폰(Xenophon)과 키케로(Cicero)를 존경하며 그들을 따르는 죄를 범하게 되어 오히려 행복하다는 것입니다. 이 석학들은 이미 완벽한 공화정과 군주와 연설가들의 이상향을 그려냈으니, 내가 완벽한 궁정 신하의 모습을 그려내는 것도 당연히 문제가 되지 않는다고 생각합니다. 내가 능력이 부족해서 궁정 신하의 이상적인 모습을 잘 형상화시키지 못했다면 오히려 궁정 신하들은 자기 앞에 놓인 현실적인 목표에 더 쉽게 다가갈 수는 있겠지요. 내가 설명하려고 애썼던 것과 같은 완벽한 궁정 신하가 될 수는 없더라도, 그 목표에 조금이라도 더 가까이 다가서려는 사람이 바로 완벽한 궁정 신하라고 할 수 있을 것입니다. 화살을 쏠 때 표적의 정 중앙을 맞힌 궁수가 없을 때 그나마 가장 가깝게 맞힌 사람이 승자가 되는 것과 같습니다.

한편, 어떤 사람은 심지어 내가 나 자신을 완벽한 궁정 신하의 전형으로 삼고 책을 썼다는 억측을 하기도 합니다. 이런 비평가들에게는 내가 궁정 신하들이 배우기를 바라는 모든 것을 적었다는 점을 꼭 말하고 싶습니다. 물론 이 책에 설명된 지식이나 자질이 없는 사람은 아무리 박식하다고 해도 이에 대해서 쓸 수가 없었을 겁니다. 나는 판단력과 자기 인식이 매우 부족한 사람이라서, 주제넘게도 알고 싶은 것을 모두 알고 있다고 여기는 것 같습니다.

어쨌든 많은 의구심과 비난과 모독은 당분간 대중의 심판에 맡기겠습니다. 비록 많은 사람들이 이 모든 내용을 이해하지는 못하겠지만 적어도 천성적인 본능으로 옳고 그름을 이야기할 수는 있을 테지요. 사람들은 정당한 이유도 없이 무엇인가를 좋아하거나 싫어하는 경향이 있으니까 말입니다. 따라서 혹시라도 이 책이 사람들로부터 인정을 받게 된다면 이 책은 선이고 살아남을 것으로 생각합니다. 반면에 이 책이 사람들을 불쾌하게 만든다면 이 책은 악이고 즉시 어둠 속으로 사라져야 한다고 인정하겠습니다. 나를 비난하는 사람들이 대중의 의견마저 부정한다면, 결국 모든 사물의 감춰진 결점이 드러나는 시간의 판결에 맡기라고 말하고 싶군요. 진실의 아버지이자 냉정한 심판관인 시간이 공정한 판결로 생과 사를 판단해 줄 테니까요.

발데사르 카스틸리오네 (Bald. Castiglione)

1

올바른 궁정 신하라면 마음속에
하나의 교훈을 필히 간직하고 있었으면 합니다.
항상 앞으로 나서기보다는 어려워하거나
자신 없는 태도를 유지하며 자신이 모르는 것을
안다고 착각하지 않도록 스스로를 잘 감시해야 합니다.

알폰소 아리오스토 귀하

   친애하는 알폰소, 나는 오랫동안 둘 중에서 어떤 선택을 내려
야 할지를 고민해 왔다네. 자네가 그토록 고집스럽게 계속 졸라
오던 일을 거절할 것인가, 아니면 자네의 요구를 따를 것인가
중에서 말일세. 나는 성격상 어떤 부탁도 쉽게 거절하지 못한다
네. 특히 내가 극진히 아끼고 또한 내게 큰 호의를 보이는 사람
에게 가치가 높은 일인 경우에는 더욱 그렇지. 하지만 과연 끝
낼 수 있을지 확신조차 안 드는 작업에 착수했다가, 작품이 당
연히 누려야 할 존경을 받기는커녕 적대적인 비판이나 일삼는
이들에게 꼴사나운 수모를 당하는 결과가 생기지나 않을까 염
려된다네. 결국 수많은 생각을 거친 후에, 일반적으로 인간의
활동에 자극제 역할을 하는 애정과 다른 사람을 즐겁게 하려는

열망이 밑바탕이 됐을 때, 내가 하나의 작업에 얼마나 몰두할 수 있는지를 스스로 시험해 보기로 결론을 내렸다네.

자네의 제안은 군주를 모시는 신사가 갖춰야 할 가장 알맞은 궁정 정신에 대한 내 의견을 책으로 서술해 보라는 것이었네. 군주를 섬기면서 그 군주에게 사랑받고 다른 이들에게도 칭찬을 들으려면 어떤 지식과 능력을 지녀야 하는지를 규명해서 말일세. 간단히 말하면, 자네는 완벽한 신하라는 말을 들을 자격이 충분하며 매사에 결점이 없는 인물이란 과연 어떤 모습인지 정의 내리고자 하는 것 아닌가? 이 제안을 고려해 볼 때, 분명히 짚고 넘어가야 할 점이 있다네. 내가 자네에게 받는 존경보다 많은 사람들에게서 듣는 신중한 사람이라는 평가가 더 중요하다고 생각했다면 이 일에 아예 착수하지도 않았을 것이네. 알다시피 기독교도의 궁정은 가장 완벽한 모델로서 오랜 세월 궁정주의의 정수로 자리 잡았네. 따라서 이 전통을 따르는 다양하고 많은 관습 가운데 일부만을 선택하여 시시비비를 가리는 작업이 얼마나 어려운지를 아는 사람들이 나를 경솔하다고 비난할 상황이 일어날까 두렵다네. 일반적으로 사람들은 똑같은 일을 두고도 때로는 유쾌해하지만 다른 상황에서는 불쾌감을 느끼곤 한다네. 당대의 관습에 따라 전혀 다르게 받아들이기 때문이지. 그러한 까닭에 한때 높은 평가를 받았던 풍습, 행동거지, 행사, 삶의 방식이 어느 시대에는 경멸을 받다가도 또 시간이 지나면서 인정을 받게 되는 일이 생기는 걸세. 이런 사실을 통해서 새로운 형식을 도입해 기존의 것을 없애버리는 것보다 현재의 관습이 더 효율적일 수도 있다는 점을 분명히 알 수 있네. 게다가 무엇이 완벽한 관습인지를 판단하는 과제를 맡은 사람은 종종 실수를 범하기 마련이지. 이런 사실을 비롯해 앞으로 내가 집필해야 하는 주제와 관련해 대두될 수많은 어려움을 잘 아는 까닭에, 어쩔 수 없이 변명을 하자면, 이제부터 시작하려는 집필이 실수(적당한 말인지 확신은 없네만)임을 인정하겠네. 또한 이 실수에는 자네 책임도 있으며 이 책으로 내가 비난을 받는다면 자네도 마땅히 그 비난의 절반을 감수해야 한다는 점을 분명히 해두고 싶네. 결국 이 일을 받아들인 나 못지않게, 내 능력을 훨씬 뛰어넘는 막대한 짐을 강제로 지워준 자네의 잘못도 크기 때문일세.

그럼 일단 우리가 선택한 주제에 대한 토론을 시작해 보겠네. 그리고 가능하다면, 비록 아주 작은 영토를 다스리는 군주일지라도 스스로 자신을 위대한 통치자라고 여기도록 만들 수 있는 완벽한 신하의 유형을 창조해 보겠네.

이 책은 일반적인 경험을 통해서 얻어진 교훈을 담기 때문에 엄격한 순서나 규칙을 따르지는 않을 걸세. 그 대신 고대사회의 많은 작가들의 교훈을 따르고, 관습 문제를 평할 자격이 충분한 인물들이 과거에 벌였던 토론을 자세히 열거하며 즐거웠던 기억을 되살려볼 걸세. 물론 나는 이때 영국에 있었기 때문에 개인적으로 토론에 참여하지는 않았지만, 내가 돌아오자마자 그 자리에 참석했던 사람들이 모든 내용을 충실하게 전달해 주었다네. 항상 완벽하게 신뢰할 수 있는 판단력을 갖춘 저명한 인물들 사이에서 토론된 주제와 오고 간 생각을 자네가 확실히 파악하도록, 기억이 허락하는 한 정확하게 적어보려고 노력하겠네. 과거에 열렸던 토론을 그대로 보여주며 이야기를 논리적인 순서로 이끌어가다 보면 우리의 담론이 목표를 두고 있는 결론에 차차 도달하게 될 것이네.

෴

누구나 알고 있듯이, 소도시인 우르비노는 아드리아해를 바라보는 이탈리아의 중심부 아펜니노(Apennines) 산맥의 비탈에 자리 잡고 있다. 사실 우르비노는 다른 도시처럼 쾌적한 분위기를 조성하는 구릉으로 둘러싸여 있지는 않다. 하지만 조물주의 축복을 받아 건강에 좋은 기후를 자랑할 뿐만 아니라 토지가 비옥해 삶에 필요한 모든 물자가 풍부하게 생산되는 지방도시이다.

나는 우르비노의 수많은 자랑거리 중에서도 단연 으뜸은 오랜 세월 동안 이 지역을 통치해 온 많은 지도자라고 믿는다. 비록 과거 이탈리아 전역이 전쟁으로 혼란에 빠졌던 시절에 통치권을 빼앗긴 쓰라린 경험이 있지만 말이다. 굳이 먼 과거까지 거슬러 올라가지 않더라도, 당대에 이탈리아의 등불이라 불렸던 페데리코(Federico) 공작을 통해서 훌륭한 통치자의 전형을 엿볼 수 있다. 페데리코 공작이 갖춘 고귀한 인품과 뛰어난 군사기술을 입증할 수 있는 신빙성 있는 증인들이 오늘날에도 많이 생존해 있다. 공작은 사려 깊은 성격, 자비로운 인간성, 공명정대함, 굴복하지 않는 정신력을 자랑했다. 게다가 수없이 거둔 승리, 난공불락의 요지를 점령한 능력, 빠르고 결정력 있는 원정대 운영, 작은 병력으로 많은 군사를 무찔렀던 지략, 한 번도 패배하지 않았던 전투를 통해서 완벽한 군사기술을 뚜렷하게 보여주었다. 두말할 여지없이 페데리코 공작은 과거의 위대한 인물들과 충분히 견줄 만한 능력을 갖췄다. 페데리코 공작의 위대한 업적 중의 하나는 수많은 이들이 이탈리아에서 가장 아름답다고 칭송하는 궁전을 우르비노의 바위투성이 산 중턱에 지었다는 점이다. 이곳은 페데리코 공작이 많은 정성을 기울인 덕에 단순한 궁전이 아니라 하나의 도시처럼 보일 정도이다.

궁전은 은으로 만든 화병, 호화스러운 금실로 짠 벽걸이, 비단을 포함한 수많은 값비싼 재료로 만든 전형적인 장식품으로 꾸며졌다. 그러나 여기에 그치지 않고 대리석과 청동으로 만든 셀 수 없이 많은 고대 조각상, 희귀한 그림, 모든 종류의 다양한 악기가 곳곳에 배치되어 있어 우르비노 궁만의 고유한 아름다움과 가치를 자랑한다. 페데리코 공작은 매우 귀하거나 뛰어난 예술 작품으로만 궁을 꾸몄다. 또한 막대한 비용을 들여서 그리스어, 라틴어, 히브리어로 쓰인 역사적으로 위대하고 희귀한 서적을 대단히 많이 수집해 놓았다. 공작은 이 책들을 궁에 가득한 고귀한 물건 중에서 최고로 명예로운 소장품으로 꼽았으며 금과 은으로 아름답게 꾸몄다.

자연의 법칙을 거스를 수는 없는지라 페데리코 공작도 결국 예순다섯의 나이로 생을 마감했다. 생존했던 때와 마찬가지로 죽음 또한 장렬했다. 공작은 후계자로 유일한 아들인 구이도발도를 남겼다. 당시 구이도발도는 열 살의 어린 나이였으며 어머니도 없었다. 하지만 선친의 재산뿐 아니라 뛰어난 인성까지 모두 상속받은 구이도발도는 계승 즉시 훌륭한 인품을 보이며 밝은 미래를 약속했다. 페데리코 공작이 세운 수많은 업적 가운데 가장 위대한 일은 구이도발도를 그처럼 훌륭한 아들로 성장시킨 것이라는 이야기가 점차 사람들 사이에 널리 퍼져나갔다.

　하지만 운명의 여신은 구이도발도의 뛰어난 능력을 질투하며 전력을 기울여서 역사적으로 위대한 업적이 시작되려는 것을 방해했다. 구이도발도 공작은 스무 살도 되기 전부터 통풍으로 끔찍한 고통을 받기 시작했으며, 병은 점점 심해져서 결국 심한 불구가 되어 서거나 걸을 수조차 없었다. 최고의 성품과 당당한 외모를 지닌 구이도발도 공작은 아직 감수성이 예민한 나이에 불구가 되었기 때문에 파멸로 치닫는 듯이 보였다. 그러나 운명의 여신은 여기에 만족하지 않고 구이도발도 공작이 착수하는 일마다 속속들이 방해하고 나섰고, 공작은 거의 모든 일에서 실패를 맛봐야 했다. 그는 매사에 심사숙고했으며 불굴의 정신까지 지녔지만 전투이든 아니든, 규모가 크든 작든, 그가 벌인 일은 항상 불행한 결말을 맞았다. 그러나 엄청나고 수많은 불행에 대처한 모습에서 볼 수 있듯이, 구이도발도 공작은 결코 어떤 운명도 자신의 의지를 꺾을 수 없다는 신념을 지니고 의연하게 견뎌냈다. 운명의 여신이 계속해서 심장을 멎게 할 정도로 강력한 시련을 내리는 가운데에도 그는 위대한 회복력과 정신력으로 질병을 이겨내고 건강하고 행복한 삶을 누렸으며 역경 속에서도 진정한 위엄과 품위를 잃지 않고 전 세계적으로 존경을 받았다.

구이도발도 공작은 허약한 몸에도 불구하고 가장 영예로운 직위에서 위대한 알폰소 전하와 페르디난드(Ferdinand) 전하를 모셨고, 이후에는 베니스와 피렌체의 귀족들뿐만 아니라 교황 알렉산더 6세도 섬기게 됐다. 율리우스 2세가 교황의 자리에 오르면서 구이도발도 공작은 교회의 대표 자리를 맡았다. 그때까지만 해도 일상적인 관례에 따라 살아오던 공작은 이 시기에 새로운 삶을 접하고 자신의 궁정에 속한 귀족과 신하들이 대단히 고귀하고 가치 있는 사람들임을 새삼 깨달았다. 구이도발도 공작은 수하에 속한 사람들과 대단히 친밀한 관계를 유지했으며 이들과 같이 있을 때 가장 즐거워했다. 신하들 역시 라틴어와 그리스어에 능통하고 상냥하며 재치와 매력이 넘치는 데다가 박식함까지 갖춘 구이도발도 공작을 모시면서 큰 기쁨을 누렸다. 구이도발도 공작은 결코 굽히지 않는 정신력으로 자신에게 박차를 가했다. 몸이 허약해져서 과거처럼 기사도 정신이 담긴 활동에 직접 참여할 수는 없었지만, 여전히 다른 이들이 경기하는 모습을 관람하며 즐거워했다. 공작은 경기 결과에 따라 한 사람씩 지적을 하거나 칭찬해 주며 자신의 공정한 판단력을 분명히 보여주었다. 그래서 그의 궁정에 속한 모든 사람들은 놀이나 음악 활동뿐만 아니라 창던지기 시합, 말 타기, 다양한 종류의 무기 다루기와 같이 명문 귀족 출신의 기사들에게 적합한 모든 활동을 통해, 공작의 고귀한 벗으로 인정받을 만한 모습을 선보이려고 최선을 다했다.

　이렇게 우르비노 궁정의 사람들은 날마다 명예롭고 정신적으로나 신체적으로 즐거움을 주는 활동들을 하며 보냈다. 몸이 허약했던 공작은 저녁 식사만 마치면 곧바로 잠자리에 들었기 때문에 저녁이 되면 모든 신하들이 엘리자베타 곤차가(Elisabetta Gonzaga) 공작부인 주변에 모여서 시간을 보내는 것이 관례였다. 공작부인 곁에는 항상 에밀리아 피아(Emilia Pia) 여사가 있었다. 누구나 알다시피 공작부인은 천성적으로 대단히 명랑하고 기지가 넘치는 여성으로 주변 상황을 잘 통제하고 특유의 통찰력과 선량함을 사람들에게 전파시키는 능력을 가지고 있었다. 이들이 함께하는 자리에서는 항상 공손한 대화와 순수한 즐거움이 넘쳐흘렀고 모든 사람들의 얼굴에는 웃음과 유쾌함이 가득 차 마치 기쁨이 넘치는 선술집 같은 분위기가 형성되었다.
　나는 일단 우르비노 궁에 머물러본 사람이라면 그 어느 곳에서도 다시는 이와 같이 애정이 넘치고 헌신적인 교우관계에서 우러나오는 즐거움과 환희를 맛볼 수 없을 것이라고 확신한다. 앞에서 말한 대로 당시 모든 귀족과 신하들은 훌륭한 성품과 능력을 가진 구이도발도 공작을 섬기는 것만으로도 큰 영광으로 생각했다. 더구나 공작부인과 함께 있을 때면 더할 나위 없이 행복해했으며 여기에서 느끼는 만족감은 궁정의 귀족과 신하들 사이에 강한 결속관계를 형성해 주었다. 따라서 아무리 친형제 간이라고 해도 그처럼 조화로운 의견 일치와 진심에서 우러난 애정을 경험할 수 없을 정도였다. 이러한 점은 남성들이 공작부인의 측근인 여러 부인들과 순수한 마음으로 자유롭게 대화를 나눌 때도 마찬가지였다. 우리는 누구나 편하게 생각하는 여성 옆에 앉아서 이야기를 나누고 농담을 하며 웃을 수 있었다. 물론 이런 자유로운 교류에서 불미스러운 일이 생기면 안 된다는 공작부인의 방침을 존중해서 매사에 극도로 조심스럽게 행동하고 늘 자제하려고 노력했다. 궁정의 모든 사람들에게는 공작부인을 기쁘게 만드는 일이 가장 큰 행복이었으며, 같은 맥락으로 가장 불쾌한 일은 공작부인을 화나게 만드는 것이었다. 우리는 공작부인과 시간을 보낼 때는 무한한 자유를 누리면서도 예의 바르게 행동하려고 많은 노력을 기울였다. 공작부인이 동석한 자리에는 항상 즐거운 웃음 속에도 날카로운 재치가 번득였으며, 인자함 가운데에도 근엄한 위엄이 스며들어 있었다. 공작부인이 농담을 하고 웃으면서 보이는 행동과 말과 몸짓 하나하나에는 범접할 수 없는 품격과 고결함이 깃들어 있었다. 그래서 처음 만난 사람일지라도 그녀가 대단히 훌륭한 여성이라는 사실을 단번에 알아차렸다. 공작부인이 주변에 영향력을 미치는 방법을 가만히 생각해 보니 뛰어난 품성과 자질로 사람들을 잘 융화시켜서 모두가 자신의 행동을 자연스럽게 따라 하도록 노력했던 것 같다. 이렇게 훌륭하고 재능이 넘치는 여성과 동석하면서 올바른 예절의 본이 파생된 것이다.

물론 여기에서는 공작부인의 고귀한 성품을 자세히 묘사하지 않을 계획이다. 애초에 이 책을 쓰는 목적이 아닌 데다 내 능력으로는 글로 옮기기는커녕 말로 다 표현하지 못할 정도로 공작부인의 인품은 고결하며 이미 세상에 잘 알려져 있기 때문이다. 그렇지만 세상에 드러나지 않은 공작부인의 성품은 꼭 거론돼야 할 것이다. 운명의 여신은 이 훌륭한 미덕을 흠모라도 하는 듯 공작부인에게 온갖 역경과 고난을 던져주었다. 그러나 공작부인은 오히려 이런 시련을 통해서 아름다운 여성의 부드러운 영혼 속에 감춰진 신중함과 용맹한 기상뿐만 아니라 웬만큼 강한 남성들에게서도 찾아보기 힘든 미덕을 우리에게 증명해 보였다.

이야기를 계속하기 전에, 당시 궁정의 귀족들은 저녁 식사가 끝나자마자 공작부인의 방으로 향하는 관례가 있었다는 점을 먼저 알아두길 바란다. 공작부인의 방에서는 음악과 춤을 비롯해서 다양한 종류의 즐거운 오락거리가 펼쳐졌으며 때때로 공작부인이 던지는 흥미로운 질문에 답하기도 했다. 또한 모두가 돌아가면서 제안하는 독창적인 놀이를 하기도 했는데, 이때는 다양한 은폐 방법을 이용해서 그들의 생각을 풍자적으로 드러냈다. 이와 더불어 가끔씩 다양한 주제를 놓고 토론을 하거나 상반되는 의견을 거침없이 쏟아내는 광경도 펼쳐졌다. 이 과정에서 요즘 말로 하자면 '상징'이라고 부를 만한 기술이 파생되기도 했다. 앞서 말한 대로 우르비노 궁정에는 대단히 훌륭하고 재능이 넘치는 사람들로 가득 차 있었기 때문에 모든 참석자들은 이런 식으로 의견을 교환하면서 보내는 시간을 굉장히 즐거워했다. 다들 알다시피 이들 가운데 유명한 인물로 오타비아노 프레고소 나리와 동생인 페데리코, 마그니피코 줄리아노 데 메디치(Magnifico Giuliano de' Medici), 피에트로 벰보(Pietro Bembo), 체사레 곤차가(Cesare Gonzaga), 로도비코 다 카노사(Lodovico da Canossa) 백작, 가스파레 팔라비치노(Gaspare Pallavicino), 로도비코 피오(Lodovico Pio) 나리, 모렐로 다 오르토나(Morello da Ortona) 나리, 피에트로 다 나폴리(Pietro da Napoli), 로베르토 다 바리(Roberto da Bari)를 들 수 있다. 이외에도 셀 수 없을 정도로 많은 명문가의 귀족들이 있었다. 또한 궁정에 항상 머무르지는 않았지만 대부분의 시간을 이곳에서 보낸 인물로 베르나르도 빕비에나(Bernardo Bibbiena), 우니코 아레티노(Unico Aretino), 조반 크리스토포로 로마노(Giovan Cristoforo Romano), 피에트로 몬테(Pietro Monte), 테르판드로(Terpandro)와 니콜로 프리지오(Nicolò Frisio)도 있었다. 한마디로 우르비노 궁정에는 항상 시인과 음악가와 각계각층의 익살꾼을 비롯해 이탈리아에서 가장 뛰어난 재주꾼들이 다 모여 있었다.

1506년에 율리우스 2세는 프랑스의 도움을 받아 볼로냐(Bologna)를 점령해 이곳을 로마 카톨릭 교회의 지배권 아래로 예속시켰다. 그러고 나서 로마로 돌아가는 길에 우르비노 지역을 지나가게 되었다. 우르비노 궁정에서는 율리우스를 정중하게 환영하고 이탈리아의 가장 거대한 도시에서나 맛볼 만한 훌륭하고 융숭한 대접을 해주었다. 이에 교황은 물론이고 모든 추기경과 신하들이 대단히 만족스러워했다. 심지어 우르비노 궁에서 만난 사람들의 매력에 깊이 빠진 몇몇은 교황과 신하들이 다시 길을 나설 때 동행하지 않고 남아서 며칠을 더 보내기도 했다.

이 시기에 궁정 신하들은 통상적인 오락과 여흥을 즐겼을 뿐만 아니라 저마다 새로운 아이디어를 발휘해 사람들을 기쁘게 하려고 노력했다. 이 점은 특히 거의 매일 밤에 펼쳐졌던 놀이 시간에 더 두드러졌다. 공작부인이 함께한 자리에 합류할 때는 누구든지 둥글게 모여 있는 사람들 사이에서 자신이 원하거나 기분이 내키는 자리에 앉는 것이 규칙이었다. 항상 남성들의 수가 더 많았으므로 여성이 동석할 경우에는 남성과 여성이 엇갈려서 앉도록 자리를 배치했다. 그리고 나면 공작부인이 지명한 사람이 모임을 주재하는 역할을 맡았으며, 이는 대부분 에밀리아 여사의 몫으로 돌아갔다.

교황이 궁을 떠난 다음 날에도 모든 사람들이 같은 시간, 같은 장소에 모여 다양한 주제로 즐거운 대화를 나누고 있었다. 그러던 중에 공작부인이 에밀리아 여사에게 놀이를 진행하라고 제안했다. 에밀리아 여사는 얼마 동안 이 제안을 거절하다가 다음과 같이 말했다.

"공작부인께서 내가 오늘 밤의 놀이를 시작해 주기를 원하시는데 이 뜻을 거스르는 것은 옳지 않겠지요. 그러니 그나마 내가 비난을 덜 받고 나에게 덜 어려운 제안을 하나 하겠습니다. 그것은 여기 모인 사람들 모두가 자신이 좋아하며 이 자리에서 한 번도 한 적이 없는 새로운 놀이를 제안하는 것입니다. 제안된 의견 중에서 가장 알맞은 놀이를 선정하는 것이 어떨까 합니다.”

에밀리아 여사는 말을 마친 뒤에 가스파레 팔라비치노를 바라보며 어떤 제안을 하고 싶으냐고 물었다. 그러자 가스파레는 즉시 다음과 같이 대답했다. “에밀리아 여사가 먼저 제안을 하셔야지요.”

“나는 이미 했지 않습니까?” 에밀리아 여사가 대답했다. 그녀는 공작부인을 바라보더니 “공작부인, 가스파레에게 제 말에 따르라고 명령해 주십시오”라고 부탁을 했다.

공작부인은 웃음을 터뜨리면서 말했다. “그러면 이제부터 모든 사람들은 에밀리아의 말에 복종해야 합니다. 나는 에밀리아를 대리인으로 삼아 모든 권한을 위임하겠습니다.”

“정말 납득이 안 되는군요.” 가스파레 나리가 말했다. “에밀리아 여사는 무슨 일을 하든지 항상 예외를 적용받으니 말입니다. 대체 그 이유가 무엇인지를 묻고 싶지만, 공작부인의 명을 거스르는 첫 번째 사람으로 낙인찍히고 싶지 않으므로 이 문제는 다음에 거론하기로 하고 지금은 그저 이 상황에 따르겠습니다.”

이어서 그는 다음과 같이 말했다. “내가 볼 때 사람들은 다른 것과 마찬가지로 사랑에 관해서도 제각기 다른 가치관을 가지고 판단을 내리는 듯합니다. 그래서 누군가에게는 대단히 매혹적으로 보이는 사람이 다른 이들에게는 혐오감만 줄 수도 있지요. 그렇지만 사랑하는 사람을 소중히 여기는 마음은 누구나 같아서 맹목적인 사랑에 빠지면 상대방을 모든 미덕을 갖추고 결점 하나 없는 세상에서 가장 완벽한 존재로 믿곤 합니다. 그러나 애초에 인간은 완벽하게 태어나지 못했고 수많은 결점을 가지고 살아가기 때문에 결국 앞에 말한 사람들은 잘못 생각하고 있거나 사랑에 눈이 멀었다고 할 수 있겠지요. 이런 이유로 오늘 밤에 내가 하고 싶은 놀이는 각자가 사랑하는 사람이 가장 갖췄으면 하고 바라는 품성을 이야기하는 것입니다. 그리고 누구나 결점이 있다는 점을 고려해서 그나마 그중에서 어떤 결점이 용납할 만한지도 생각해 봤으면 합니다. 이 놀이에서는 최고로 훌륭하고 유능한 품성과 그나마 가장 용서할 만하고 자신이나 상대방에게 해를 덜 끼칠 결점을 생각해 낸 사람이 승자가 될 것입니다."

가스파레 나리가 이야기를 마치자 에밀리아 여사가 다음 차례인 코스탄차 프레고소(Costanza Fregoso) 부인에게 신호를 보냈다. 코스탄차 부인이 막 이야기를 하려던 참에 공작부인이 갑자기 말문을 열었다. "에밀리아 여사가 놀이를 제안하는 골칫거리에서 벗어나려 하니 다른 여성들도 이와 같은 특권을 누리게 함으로써 오늘 밤만은 수고스러운 고민을 면제해 주는 것이 타당할 듯합니다. 더구나 오늘은 유달리 남성들이 많이 참여했으니 소재가 떨어질 걱정도 없지 않습니까?"

"아주 좋은 생각입니다." 에밀리아 여사가 말했다. 에밀리아 여사는 코스탄차 부인에게 잠자코 있으라고 하고 자신의 옆에 앉아 있던 체사레 곤차가에게 다음 순서로 이야기를 하라고 했다.

그러자 체사레는 다음과 같이 말했다. "사람들의 행동을 주의 깊게 살펴보면 다양한 형태의 결점을 발견하게 됩니다. 매사에 다양성을 좋아하는 조물주가 인간을 만들 때 어떤 면에서는 분별력이 있지만 다른 면에서는 어리석기 짝이 없는 특성을 주입해 놓았기 때문입니다. 따라서 여러분은 다른 사람이 모르는 분야를 아는 반면에 그들이 잘 아는 문제에 무지할 수도 있습니다. 모든 사람들이 다른 사람의 실수는 아주 쉽게 알아채면서도 정작 자신의 잘못은 잘 파악하지 못하며, 자신이 아주 미천한 부분에서조차 뛰어난 능력을 가졌다고 착각하는 어리석음을 보이는 것입니다. 예를 들어 우리는 이 궁에서 한때 대단히 현명하다는 평판을 듣던 수많은 사람들이 시간이 지나면서 아주 어리석은 자로 전락해 버리는 광경을 목격해 왔습니다. 이러한 점은 우리가 부지런하고 주의 깊게 사람들을 살폈기 때문에 발견할 수 있었던 것 아니겠습니까.

아풀리아(Apulia) 지방에서는 타란툴라 독거미에 물린 사람에게 여러 악기를 연주하면서 다양한 노래를 불러줍니다. 노래를 부르다 보면 병을 유발하는 몸속의 독이 밀접한 관계가 있는 어느 소리에 갑자기 반응을 일으킴으로써 아픈 사람의 마음을 완전히 교란시켜 건강해질 수 있다고 믿는 것입니다. 이와 같은 방법으로 우리는 누군가가 어리석은 기질을 감추고 있다는 의심이 들 때마다 노련하게 이를 조장하고 다양한 유인 작전과 방법을 이용해서 결국 그 본성을 파악해 왔습니다. 그리고 그 기질이 무엇이었는지를 파헤치고 철저하게 자극해서 사람들 앞에서 최악의 모습을 드러내게 했지요. 우리는 이런 방법으로 한 분야에 뛰어나다고 알려진 많은 인물들이 산문, 음악, 춤, 발레, 승마, 펜싱 등의 다른 분야에서는 대단히 무능력하다는 사실을 밝혀냈지요. 여러분도 알다시피 우리는 이 속에서 형언할 수 없는 즐거움을 느껴왔습니다. 이처럼 우리 모두는 내면에 어리석음의 씨를 잉태하고 있으며 이 부분은 일단 외부의 자극을 받으면 무한하게 번성한다는 사실을 강조하고 싶습니다. 이런 맥락에서 나는 오늘 밤 이 주제를 토론하고 모두 다음과 같은 질문에 답하는 놀이를 하자고 제안합니다. 그 질문은 '내가 공개 석상에서 무모한 짓을 한다고 가정해 보자. 이때 드러나게 될 어리석음은 무엇일까? 또한 이 점과 관련해서 내가 평상시에 노출하지만 미처 깨닫지 못하고 있던 어리석음은 무엇일까?'입니다. 평소에 놀이를 하던 순서에 따라 모두가 이 주제로 이야기를 하고 자신의 결점이 어떤 징후와 증거에 근거한 것인지를 찾아보는 겁니다. 이를 통해서 자신의 약점을 발견하고 나중에 그런 실수가 나타나지 않도록 미리 경계하는 효과도 얻게 되겠지요. 혹시라도 우리가 발견한 어리석음의 줄기가 치료할 수 없을 정도로 몸속에 많이 퍼져 있다면 프라 마리아노(Fra

Mariano)의 가르침에 따라 오히려 그 약점을 장려함으로써 영혼을 구원받고 막대한 성취감을 느껴보면 어떨까요?"

체사레의 이 아이디어는 그곳에 모인 사람들에게 많은 웃음을 자아냈고 모든 사람들은 한참 동안 끊임없이 이야기보따리를 풀어놓았다. 각자 자신의 어리석음이 나타나는 순간으로 사고력이 필요할 때나 사물을 볼 때 등을 들었으며 '나는 사랑에 빠졌으니 이미 어리석은 짓을 저지른 것이다'고 말한 사람도 있었다.

그러자 프라 세라피노(Fra Serafino)가 평상시처럼 웃으면서 말했다. "내 제안은 어찌 보면 너무 길게 느껴질 겁니다. 그러나 대부분의 여성들이 쥐를 싫어하는 반면에 뱀을 좋아하는 이유를 놓고 의견을 피력하고 싶은 분들이 있다면 진정으로 훌륭한 놀이가 될 겁니다. 더구나 아주 독특한 방법으로 이 비밀을 알아냈기 때문에 나 말고는 아무도 진실을 밝혀내지 못할 겁니다."

세라피노는 이렇게 말을 꺼낸 뒤에 평상시처럼 허무맹랑한 이야기로 이어가려고 했지만 즉시 에밀리아 여사가 조용하라고 시켰다. 그리고 다음 순서인 우니코 아레티노에게 시작하라는 신호를 보냈다. 아레티노는 조금도 망설이지 않고 입을 열었다.

"사실 나는 평소에 모든 고문을 마음껏 행사할 수 있는 권한을 가지고 범죄의 정수를 파헤치는 판사가 되고 싶었답니다. 이것과 관련해서 천사같이 선한 눈에 뱀처럼 사악한 마음을 지닌 채 자신의 의중을 절대 이야기하지 않으면서 거짓된 동정심으로 사람들에게 상처를 입히는 행동을 일삼는 여성들의 기만을 폭로하고 싶습니다. 이런 여성들은 달콤한 목소리와 꿀 같은 말솜씨는 물론이고 매력적인 눈과 웃음과 몸매를 가졌을 뿐, 사실은 세이렌(Siren, 그리스신화에 나오는 요정. 아름다운 노랫소리로 지나가는 선원을 꾀어 죽임-역주)이라고 할 만합니다. 장담하건대 이런 여성들의 피 속에 흐르는 탐욕스러움은 리비아(Libya)의 모래에 사는 어떤 뱀이 가진 독보다도 강력할 것입니다. 그러나 내 바람대로 쇠사슬이나 밧줄이나 불을 마음껏 사용해서 진실을 밝혀내는 권한을 갖지 못한 까닭에 이 자리에서나마 놀이를 통해서 그런 여성의 유형을 찾아내고 싶군요. 즉 각자가 공작부인이 입고 있는 옷 앞에 붙은 'S' 자가 의미하는 바가 무엇이라고 생각하는지를 말하는 겁니다. 이것 역시 교묘한 말장난에 불과할지라도 누군가는 공작부인이 생각하지도 못했던 설명을 펼쳐놓을지 누가 알겠습니까? 더구나 고통받는 남성들에게 동정심을 느낀 행운의 여신의 도움으로, 공작부인이 자신을 바라보거나 연모하는 남성들을 고통스럽게 만들거나 없앨 비밀 계획을 무의식적으로 드러낼지도 모르지 않습니까?"

공작부인이 웃음을 터뜨리자 아레티노는 공작부인이 자신의 무고함을 증명해 보이려고 한다는 낌새를 재빨리 알아차리고는 말을 이었다. "공작부인, 안 됩니다. 지금은 공작부인이 말할 차례가 아닙니다."

그러자 에밀리아 여사가 아레티노를 바라보며 말했다.

"아레티노 나리, 이 자리에 있는 사람 모두가 나리의 의견을 따를 것이며, 특히 나리가 공작부인이 마음속에 품은 생각을 제일 잘 파악하고 있다는 데는 의심의 여지가 없습니다. 나리는 분별력이 대단히 높아서 공작부인의 의중을 가장 잘 알고 있으며, 태양의 완벽한 아름다움을 못 보는 눈 먼 새나 마찬가지인 우리들보다 월등히 높은 통찰력으로 공작부인의 생각을 높게 평가한다는 사실도 잘 알려져 있습니다. 당연히 나리가 어떤 결론을 내리든지 간에 여기 있는 사람들이 그 문제를 해결하려고 기울인 모든 노력을 다 무색하게 만들 만큼 훌륭할 것이 확실합니다. 그러니 이 자리에서 논의하는 것보다 정답을 성공적으로 찾아낼 능력을 가진 유일한 인물인 나리가 스스로 고민하고 결론을 내리시는 편이 낫겠군요."

아레티노는 잠시 동안 침묵을 지키다가 다시 재촉을 받은 뒤에야 결국 자신이 제시했던 주제로 시를 읊었다. 그 시는 'S' 자가 무엇을 의미하는지를 묘사했는데, 그 자리에 있던 대부분의 사람들은 즉석에서 떠올린 시상이라고 생각했다. 그러나 짧은 시간에 지었다고 보기에는 대단히 독창적이고 잘 다듬어져 있었기 때문에 일부는 그가 이미 이전에 지어놓은 시라고 믿었다.

아레티노가 낭송을 마치자 모든 사람들이 즐거운 마음으로 박수를 치며 그의 시를 칭찬했다. 잠시 동안 이야기를 하고 난 뒤에 다음 차례인 오타비아노 프레고소 나리가 명랑하게 웃으면서 말을 이었다.

"여러분, 내가 사랑의 열정을 한 번도 경험해 보지 않았다고 말한다면 공작부인과 에밀리아 여사는 말도 안 된다고 생각하시겠지요. 물론 겉으로야 내 말을 믿는 척하겠지만요. 그리고 많은 여성들이 내가 여성들에게 자신 있게 접근하지 못해서 이런 일이 벌어졌다고 이야기할 것입니다. 그러나 솔직하게 말하자면 성공할 가능성이 없다고 생각할 만큼 철저하게 부딪쳐본 적이 한 번도 없답니다. 그렇다고 내가 너무 잘났다고 생각하거나 여성들을 존경하지 않아서 내 사랑과 희생을 쏟아 부을 만한 여성이 없다고 여기고 열망을 억누른 것이 아닙니다. 오히려 끊임없이 비탄에 젖어 있는 일부 연인들의 창백하고 슬픈 얼굴과 아무 말 없이 불행이라는 그림자만 드리우고 다니는 모습을 보고 겁을 먹었다고 하는 편이 맞을 겁니다. 이들은 설사 입을 열더라도 말 한 마디마다 한숨을 내쉬며 눈물 섞인 목소리로 '고통스럽고 자포자기 상태며 죽고 싶을 뿐이다'라는 말만 되풀이합니다. 때문에 나는 설사 가끔씩 사랑의 불꽃이 마음속에 타오르기 시작하더라도 이런 상황을 만나게 될 것이 두려워서 수단과 방법을 가리지 않고 재빨리 꺼버린답니다. 상대 여성은 내가 여성 전체에 대해서 반감을 가지고 있다고 여기겠지만 사실은 나 자신의 안전을 위한 조치였을 뿐입니다.

물론 이처럼 사랑 때문에 항상 한숨을 쉬는 사람들과 완전히 상반된 자세를 취하는 사람들도 있습니다. 이들은 다정한 표정과 부드러운 말투와 우아한 아름다움 속에서 느끼는 즐거움과 행복이 사랑의 전부가 아니라는 사실을 잘 알지요. 그래서 연인들과 벌이는 전쟁이나 말다툼이나 변덕스러운 기분을 현명하게 잘 조절하더군요. 이러한 사람들이야말로 말로 표현할 수 없을 만큼 행복해 보입니다. 다른 사람들이 죽음보다 더한 고통이라고 생각하는 사랑의 격정에서 그처럼 커다란 달콤한 만족감을 얻어내다니 놀라울 따름입니다. 고통스러운 사랑을 통해서 이 세상에서 발견할 수 없는 더할 나위 없는 행복을 느끼고 있으니까요.

따라서 나는 오늘 밤 놀이로 각자 사랑하는 사람이 자신에게 화가 났을 때 어떻게 해결하고 싶은지를 이야기했으면 합니다. 이처럼 달콤한 분노의 격정을 경험해 본 사람이라면 이를 잘 해결하고 행복의 길로 이르는 방법을 제시해 줄 것으로 확신합니다. 이런 이야기를 들으면 비록 다른 사람들이 사랑을 하면서 처절한 비통함을 겪을지라도 나만은 꼭 맞는 연인을 찾을 수 있다는 희망을 갖고 사랑이라는 모험에 뛰어들 용기를 끌어 모을 수 있을 겁니다. 그렇게 되면 이제는 어떤 여성들도 나에게 아무도 사랑할 수 없는 사람이라는 혐의를 씌우며 모략할 수 없겠지요."

이 제안은 환영을 받았으며 많은 사람들이 자신들의 의견을 펼칠 준비가 되어 있었다. 하지만 에밀리아 여사가 별다른 평가를 내리지 않자, 다음 차례인 피에트로 벰보가 이야기를 꺼내기 시작했다.

"여러분, 오타비아노 나리가 제안한 놀이는 아주 설득력이 있어 보입니다. 지금까지 다양한 여성을 만났지만 항상 쓰디쓴

아픔으로 끝났던 내 사랑의 경험을 잘 표현하고 있기 때문이지요. 그러나 내 경험을 통해서는 고통스러운 사랑을 달콤하게 만들 교훈을 찾지 못할 것 같군요. 한편 사람들을 자극하는 요소가 무엇이냐에 따라 겪는 고통도 다소간 차이가 있다고 봅니다. 예를 들자면 내 믿음을 부당하게 의심하거나 다른 사람이 의도적으로 나를 괴롭히려고 한 말을 믿고 오해를 해서 나를 격노하게 만든 여성이 있었습니다. 당시 나는 내가 겪는 고통이 세상에서 가장 크다고 믿었습니다. 나는 아무 잘못도 없는데 단지 그 여성의 사랑이 부족해서 그토록 어마어마한 고통을 경험했다고 생각했지요. 물론 내 실수 때문에 사귀던 여성을 화나게 했던 적도 있습니다. 이때는 큰 실수를 저질렀다는 사실을 나 스스로 인정했답니다. 세상에서 가장 괴로운 일은 내가 그토록 존경하고 사랑했던 단 하나의 여성을 내 실수로 인해 불쾌하게 만들었다는 사실이었습니다. 그래서 나는 사랑하는 여성이 여러분 때문에 화가 났을 경우에 그 이유가 여성 때문인 것이 나은지, 아니면 자신 때문인 것이 나은지를 묻는 놀이를 했으면 합니다. 이런 놀이를 통해서 여러분이 사랑하는 사람을 화나게 하는 것과 그 여성 때문에 여러분이 화나는 것 중에 무엇이 더 고통스러운지를 밝혀낼 수 있을 겁니다."

모든 사람들이 에밀리아 여사의 답변을 기다렸다. 그러나 에밀리아 여사는 벰보에게 아무 말도 하지 않고 페데리코 프레고소를 바라보더니 제안하고 싶은 놀이를 말하라고 지시했다. 그러자 그는 즉시 말문을 열어 다음과 같이 이야기했다.

"에밀리아 여사, 내가 그저 다른 분들의 결정에 따르도록 허락해 주셨으면 합니다. 나는 이 자리에 있는 귀족 여러분이 제안한 모든 놀이를 흔쾌히 받아들일 준비가 되어 있으며, 다른 분들 역시 이를 별로 문제 삼지 않을 것이라고 확신하기 때문입니다. 그렇지만 규칙을 지켜서 놀이를 하나 꼭 제안해야 한다면 먼저 이런 말을 하고 싶군요. 누군가 사소한 아첨 하나도 보태지 않고 철저하게 공정한 눈으로 우리 우르비노 궁정을 관찰한다고 칩시다. 그는 곧 기사도의 기본 서약을 철저하게 지키는 것은 물론이고 다양한 분야에서 뛰어난 기술을 선보이는 우르비노의 궁정 신하들이 이탈리아에서 최고라는 결론을 내리게 될 것입니다. 물론 훌륭한 미덕을 통해서 세상의 온갖 비열한 존재들을 순화하는 능력을 지닌 공작부인은 제외하고라도 말입니다. 때문에 바로 이 자리에 있는 여러분이야말로 훌륭한 궁정 신하라고 불릴 만하며 완벽한 궁정정신을 구성하는 요소를 판단할 능력이 있다는 데 이의를 제기할 분이 없을 겁니다. 그러니 무례하고 어리석게도 훌륭한 궁정 신하라고 자처하는 수많은 바보들에게 교훈을 주는 놀이를 오늘 밤에 하고 싶군요. 즉, 우리 가운데 한 명을 선택해서 완벽한 궁정 신하라는 명칭에 맞는 인물을 자세히 묘사하는 과제를 주는 겁니다. 답을 할 때는 그 인물의 성격과 구체적인 자질을 설명해야 합니다. 철학적인 주제로 토론을 할 때와 마찬가지로 적당하지 않은 내용이 거론되면 누구나 반대 의견을 내놓을 수 있도록 하지요."

페데리코가 계속 말을 하려는 찰나, 에밀리아 여사가 끼어들었다. "공작부인이 찬성하신다면 이 주제로 오늘 밤에 놀이를 했으면 좋겠습니다."

공작부인이 답했다. "좋습니다. 내 생각에도 적당한 주제 같군요."

그러자 자리에 있던 모든 사람들이 옆에 앉은 사람들과 공작부인을 향해서 이 제안이 지금까지 나온 것 중에서 가장 좋다고 입을 모아 말했다. 그들은 다른 사람의 대답을 기다릴 새도 없이 이야기를 시작할 사람을 빨리 결정하라고 에밀리아 여사를 재촉했다. 그러자 그녀는 공작부인을 바라보며 말했다.

"공작부인, 결정해 주시지요. 누구의 의견을 가장 먼저 듣는 것이 좋을까요? 대답하기에 가장 적당한 사람을 선택하다 보면 여기에서 제외된 사람들이 모욕을 당했다고 생각할까 봐 선뜻 한 사람을 고르는 것이 꺼려집니다."

공작부인은 대답했다. "아닙니다. 에밀리아 여사가 스스로 결정해야 합니다. 내 말을 거역하면 나쁜 선례를 남겨서 다른 사람도 부인과 똑같은 행동을 하게 될 테니 조심하는 게 좋을 겁니다."

그러자 에밀리아 여사가 웃음을 띠며 로도비코 다 카노사 백작에게 말했다.

"그렇다면 더 이상 시간 낭비를 하면 안 되니 백작께서 먼저 페데리코가 제시한 질문에 답을 하시지요. 먼저 백작을 선택한 것은 귀하 자신이 완벽한 궁정 신하라는 유형에 딱 들어맞는 인물이라고 생각해서가 아니라는 점을 분명히 해두고 싶군요. 오히려 귀하가 일반인의 생각과 반대되는 의견을 내놓을 것으로 확신하기 때문에 귀하를 선정했답니다. 그렇게 되면 모두가 백작의 주장에 반박하는 논리를 내세울 테니 토론이 훨씬 더 흥미진진해질 것입니다. 만일 백작보다 더 많이 알고 있는 사람이 먼저 완벽한 대답을 해버린다면 아무도 반박하지 못할 테고 결과적으로 아주 지루한 토론이 되겠지요."

이에 백작은 즉시 쏘아붙였다.

"그렇지만 에밀리아 여사, 일단 부인이 이 자리에 있는 한 어떤 의견이라도 이의가 따를 것이라고 우리 모두 생각한답니다."

이 말에 사람들은 모두 웃음을 터뜨렸다. 백작은 계속 말을 이었다. "여러분들이 상관하지 않는다면 나는 이 질문과 관련된 골치 아픈 고민은 하고 싶지 않군요. 내가 답하기에는 너무 어려운 질문인 듯하고, 에밀리아 여사가 방금 나는 훌륭한 궁정 신하의 자질을 잘 모른다고 한 농담이 실제로 사실이기 때문입니다. 더구나 내가 훌륭한 궁정 신하에 맞는 행동을 하지 않는다는 것은 곧 스스로 훌륭한 궁정 신하의 자질이 무엇인지를 모른다는 의미가 명백하니까요. 한편으로는 바로 이러한 이유 때문에 나는 다른 사람들보다 비난을 덜 받아야 한다고 생각합니다. 훌륭한 궁정 신하가 되는 방법을 아예 모르는 사람이 알면서도 제대로 실천하지 않는 사람보다 차라리 더 낫다는 점에서 말입니다. 어쨌거나 여사가 나보고 먼저 이 막중한 과제를 맡으라고 하니 거절할 수 없는 상황인 데다 그러고 싶지도 않습니다. 내 생각보다 훨씬 현명한 여러분의 판단력과 우리의 규율을 거스르면 안 되니까요."

그러자 체사레 곤차가가 말문을 열었다. "벌써 상당히 늦은 시간입니다. 우리가 즐거운 시간을 가질 만한 소재는 얼마든지 많으니 이 토론은 내일로 미뤄서 백작이 할 말을 생각할 시간을 좀 주는 것이 좋을 것 같군요. 확실히 아무런 준비 없이 갑자기 의견을 내놓기에는 좀 어려운 주제이지 않습니까?"

백작이 대답했다. "생각할 시간도 있었는데 별 볼일 없는 의견을 내놓았다가는 오히려 더 망신을 당할 것입니다. 그러니 시간이 많이 늦었다는 것이 나에게는 차라리 행운이군요. 말할 시간이 많이 없으니 훨씬 짧게 끝낼 수 있고, 미리 생각할 시간이 없었다는 변명거리가 생겼으니 아무런 비판도 받지 않고 떠오르는 대로 말해도 되지 않습니까? 더구나 고민거리를 안고 집으로 돌아가지 않아도 되니 지금 바로 그 질문에 대한 대답을 하겠습니다.

먼저 어떤 것에서나 진정한 완벽성을 인식하기란 대단히 어려우며, 사실 현실적으로 거의 불가능하다는 말을 하고 싶군요. 이는 저마다 다양한 의견을 가지고 있어서랍니다. 따라서 어떤 이들은 다른 사람의 의견을 열성적으로 듣고 싶어하며 스스로를 이해심 많은 말동무라고 평가합니다. 일부는 과묵하게 있는 것을 좋아하는 반면에 어떤 사람은 적극적이며 끊임없이 활동하지요. 또한 항상 침착하고 신중하게 행동하는 사람도 있습니다. 이처럼 모든 사람은 자신의 의견을 기준으로 남을 칭찬하거나 비난합니다. 언제나 약점을 이에 상응하는 미덕이라는 이름으로 혹은 미덕을 이에 상응하는 약점이라는 이름으로 위장하면서 말입니다. 예를 들자면 염치가 없는 사람이 솔직하거나 겸손한 사람으로, 멍청한 사람이 속기 쉬운 사람으로, 훌륭한 사람이 악한이나 약삭빠른 사람으로 평가받을 수도 있습니다. 그렇지만 나는 비록 감춰져 있다 하더라도 모든 것에는 완벽성이 분명히 존재한다고 여기며, 이 완벽성은 교양 있고 이치에 맞는 토론을 통해서 규정된다고 생각합니다. 어쨌든 이미 이야기한 것처럼 진실은 대개 숨겨져 있으며 나는 그것이 꼭 밝혀져야 한다고 요구하지 않습니다. 그러니 내가 존중하는 궁정 신하들과 그나마 완벽에 가까워 보이는 자질들을 이야기하는 것으로 이를 증명해야겠군요. 여러분이 보기에 옳다고 생각되면 내 판단력을 인정해 주고 그렇지 않을 경우 여러분 자신의 의견을 고수하십시오. 여러분과 내 의견은 다를 수 있고 나 역시 상황에 따라 다른 생각을 할 수 있기 때문에 내 판단력이 여러분보다 옳다는 논쟁 같은 것은 벌이지 않겠습니다.”

  백작은 계속 말을 이어갔다. “내 생각으로는 훌륭한 궁정 신하가 되려면 귀족 집안에서 태어나고 훌륭한 가문을 자랑해야 합니다. 사실 서민들은 고결하거나 제대로 행동하지 않는다고 하더라도 신사처럼 타격을 심하게 받지 않습니다. 이에 비해서 귀족이 자제력을 잃고 타락의 길에 접어들면 가문의 명예에 먹칠을 하며 어떤 목표도 이룰 수 없는 것은 물론이고 이미 세운 공마저 잃어버리게 됩니다. 귀족 가문이라는 것은 선과 악을 분명하고 확연하게 구분해 주는 밝은 불빛에 비교할 수 있습니다. 이는 불명예에 대한 두려움이나 찬양에 대한 희망을 가지고 최대한 훌륭하게 행동하도록 고취시키며 자극하는 역할을 하지요. 반면에 서민들은 동기부여를 받을 거리가 없고 불명예에 대한 두려움을 못 느끼며 자제력을 발휘할 필요도 없습니다.

　귀족 집안 자제들은 적어도 조상들이 확립한 전형을 유지하지 못하면 비난을 받는 기준을 가지고 있습니다. 원래 조물주는 기본 형질을 대대로 물려받게 하는 씨앗을 만물에 심어놓았습니다. 당연히 전투 혹은 다른 분야에서 눈에 띄는 비범한 인물은 거의 좋은 집안 출신이랍니다. 이런 점은 말과 같은 동물의 품종에서는 물론이고 줄기와 똑같이 생긴 잔가지를 갖는 나무에서도 발견됩니다. 가끔 동물이나 식물의 형질이 변형되는 일도 있지만 이는 순전히 관리를 제대로 하지 못한 인간의 잘못이지요. 이러한 점은 인간에게도 똑같이 적용됩니다. 제대로 보살핌을 받으면서 잘 자란 사람들은 거의 변함없이 조상을 그대로 닮고 종종 더 월등한 사람이 되기도 합니다. 반면에 제대로 보살펴줄 사람이 없었던 사람들은 멋대로 자라서 원숙미라고는 찾아볼 수가 없습니다. 행운의 여신이나 조물주의 사랑을 받은 일부 사람들은 정신적으로나 육체적으로 모든 장점과 재능을 부여받은 채로 세상에 태어난답니다. 이와 마찬가지로 조물주가 악의를 가지고 조롱거리로 만들려고 작정한 거라는 생각이

들 정도로 혐오스럽거나 어리석은 사람들도 많이 있습니다. 이런 사람들은 끊임없이 노력하고 세심한 교육을 받더라도 발전을 이룰 수 없는 반면에, 앞에 거론한 사람들은 최소한의 노력만 기울여도 최고의 정점에 도달합니다.

그 예로 로마 교황청의 추기경인 돈 이폴리토 데스테(Don Ippolito d'Este)를 살펴보죠. 추기경은 훌륭한 집안에서 태어나는 행운을 가져서 뛰어난 성품과 외모를 지녔으며 훌륭하게 말하고 행동했지요. 때문에 어린 나이에도 불구하고 영향력이 있는 추기경들 가운데에서도 가장 중요한 직책을 맡고 있으니 배움을 받기보다는 오히려 가르침을 주는 편이 적합해 보입니다. 추기경은 다양한 계층의 사람들과 이야기를 나눌 때나 농담하며 놀 때 늘 매력적인 자세와 인자한 태도를 잃지 않기 때문에 그와 이야기하는 사람이나 혹은 그저 눈을 한 번 마주친 사람일지라도 그에게 변치 않는 애정을 갖게 됩니다.

그렇다면 이제 주제로 돌아와 보지요. 앞서 말한 최고의 미덕과 터무니없는 어리석음 사이에는 중간 단계가 있습니다. 그러니 조물주에 의해서 완벽하게 축복을 받지 못한 사람들이라도 보살핌과 노력을 통해서 성품을 갈고닦을 수 있고 대부분은 타고난 결점을 바로잡을 수 있지요. 결론적으로 훌륭한 궁정 신하라면 좋은 태생과 더불어 이런 보살핌을 받았어야 합니다. 또한 조물주의 사랑을 받아 재능이나 아름다운 외모뿐만 아니라 만나는 사람을 즉시 기분 좋게 하며 마음을 끄는 독특한 분위기와 미덕을 가져야 합니다. 모든 행동에서 이러한 미덕이 자연스럽게 발산되어 친구로 사귀며 많은 애정을 쏟을 가치가 충분한 사람이라는 평가를 받아야 하지요."

백작이 말을 마치자 가스파레 팔라비치노가 조금도 망설이지 않고 맞받아쳤다.

"내 생각에 이상적인 궁정 신하라고 해서 꼭 귀한 집안에서 태어날 필요는 없습니다. 아주 고귀한 핏줄을 가지고도 대단히 사악한 행동을 하는 사람이 있는 반면에, 미천한 집안에서 태어났지만 뛰어난 미덕으로 자손 대대로 영광을 남긴 사람이 많이 있으니까요. 백작이 방금 말한 내용, 다시 말해서 모든 형질이 종자의 영향을 받는다는 것이 사실이라면 귀족 출신인 우리는 다 같은 성격을 가져야 할 것 아닙니까?

나는 가장 중요한 역할을 하는 것은 바로 운명의 여신이라고 봅니다. 운명의 여신은 세상에서 일어나는 모든 일을 좌지우지하며 마음에 드는 사람을 고귀하게 만드는 데서 즐거움을 찾는 반면에, 마음에 안 들 경우 아무리 가치 있고 귀하게 자란 사람일지라도 무자비하게 나락으로 떨어뜨리니까요. 물론 축복을 받아 정신적 혹은 육체적으로 완벽하게 태어난 사람에 대해서 백작이 말한 의견에는 완전히 동의합니다. 그러나 조물주는 계급의식이 없어서 귀족 출신은 물론이고 미천한 사람들에게도 이런 축복을 내린답니다. 어떻게 보면 조물주는 아주 미천한 가문 출신에게 더 훌륭한 선물을 주는 것 같습니다. 따라서 고귀한 태생은 재능이나 힘이나 기술에 아무런 영향을 미치지 않으며 이는 단지 당사자보다는 조상에게 영광을 돌릴 문제라고 봅니다. 부모가 미천한 출신인 궁정 신하는 훌륭하지 않다거나, 백작이 언급한 대로 재능이 있고 외모와 성향이 뛰어나며 보자마자 다른 사람을 기쁘게 하는 미덕이 있더라도 신분이 미천하면 완벽함의 정점에 도달할 수 없다는 주장은 근거가 없어 보이는군요."

이에 로도비코 백작이 답을 했다. "고귀한 집안에서 태어난 사람과 마찬가지로 미천한 집에서 출생한 사람에게도 훌륭한 미덕이 존재할 수 있다는 점은 인정합니다. 그렇다면 앞서 말한 내용을 반복하지 않기 위해서 다른 이유를 들어보지요. 이것은 고귀한 태생을 찬미하는 많은 이유 가운데 하나이며 선은 선을 낳는다는 내용을 뒷받침하고 있어서 모두가 늘 동의하는 내용입니다. 지금 우리가 모든 가치를 다 가졌으며 결점이 하나도 없는 완벽한 궁정 신하의 유형을 토론하고 있기 때문에 드는 예입니다.

완벽한 궁정 신하가 반드시 좋은 집안 출신이어야 하는 이유는 사람들이 즉각적으로 보이는 반응 때문입니다. 예를 들어 궁정에 두 명의 신사가 새로 들어왔다고 합시다. 두 사람 모두 아직 그들이 좋은 사람인지 나쁜 사람인지를 보여줄 행동을 하지 않았습니다. 이 경우, 둘 중 한 명은 좋은 집안에서 태어났지만 다른 사람은 그렇지 않다는 사실이 밝혀지자마자 미천한 집안 출신의 신사는 귀족 자제보다 존경을 덜 받게 될 것입니다. 아주 오랜 시간이 흐르고 많은 노력을 기울인 후에야 어느 정도 명성을 쌓게 되겠지요. 반면에 귀족 출신은 고귀한 태생이라는 이유만으로도 즉각적으로 좋은 평판을 얻습니다. 이것이야말로 첫인상이 얼마나 중요한 것인가를 보여주는 사례입니다. 우리만 해도 아주 어리석고 멍청한 인물이 이탈리아 전역에서 대단히 훌륭한 궁정 신하로 평가받는 경우를 많이 목격해 왔습니다. 결국에는 본색이 탄로 나겠지만, 설사 그들의 행동을 통해서 자질이 부족한 사람이라는 사실을 파악하더라도 한동안은 이미 마음속에 자리 잡고 있던 좋은 평가를 고수할 겁니다.

또한 초기에는 사람들의 인정을 받지 못했지만 시간이 지나면서 아주 큰 성공을 거두는 사람들도 봐왔습니다. 이렇게 우리가 사람을 판단할 때 실수를 하는 데는 다양한 이유가 있습니다. 여기에는 군주들의 완고함도 포함이 됩니다. 가치가 없다는 것을 알면서도 기적적으로 바뀌기를 바라는 마음으로 부족한 사람을 의도적으로 감싸는 군주들도 있지 않습니까? 물론 군주들도 때때로 잘못된 판단을 합니다. 그러나 문제는 군주들 주변에는 언제나 이들을 모방하려는 사람들이 수없이 들끓고 있어서 군주들의 의견이 큰 영향력을 미친다는 점입니다. 더구나 대중 토론이나 놀이나 다양한 경기에서 볼 수 있듯이 사람들은 매사에 분명한 입장을 보이며 적극적으로 찬성하거나 반대해야 한다는 생각에 집착을 합니다. 심지어 그저 구경만 하고 분명한 의견이 필요 없는 방관자들마저도 이기고 지는 것에 필사적으로 목을 맵니다. 이 정도면 여러분은 첫인상이 아주 중요하며, 훌륭한 궁정 신하라는 지위와 명성을 얻으려면 처음부터 좋은 인상을 주려고 열심히 노력해야 한다는 점을 이해했을 것입니다."

백작은 계속 의견을 펼쳤다. "구체적으로 말하자면, 나는 이상적인 궁정 신하에게 가장 알맞은 직업은 군인이라고 생각합니다. 군인에게 가장 중요한 요건은 정력적으로 일을 수행해 나가는 자세입니다. 이어서 다른 사람들보다 진취적이고 용감하며 자신이 섬기는 군주에게 충성을 다해야 합니다. 이를 달성하지 못하면 아주 근엄한 비판이 따르기 때문에 언제 어디서나 이러한 자질을 선보여서 좋은 명성을 얻어야 합니다. 여성의 정절은 일단 더럽혀지면 다시는 회복될 수 없습니다. 마찬가지로 전투에서 단 한 번이라도 겁에 질리거나 비난받을 만한 행동을 해서 명성이 훼손되면 세상 사람들의 눈에는 항상 더럽혀진 상태로 남아서 불명예와 수치를 안고 살아가야 합니다. 물론 궁정 신하 모두가 전문적 군사 지식과 군사 지휘관으로서 적합한 자질을 갖출 필요는 없다고 생각합니다. 하지만 위에서 거론한 이유로 군사 기술에 능한 궁정 신하가 더 많은 칭찬을 받을 것입니다.

우리는 완벽한 충성심과 불굴의 기상을 보여주는 궁정 신하가 필요합니다. 한편 간담이 서늘해지고 당장 자지러질 것 같은 위험에 직면해서도 지켜보는 사람이 많으면 자신의 수치심 혹은 사람들의 시선에 자극을 받아서 눈을 질끈 감고 전진함으로써 결국 과제를 수행하는 경우가 많습니다. 어떻게 이런 일을 해내는지야 신만이 알겠지요. 문제는 이런 사람들은 유감스럽게도 사소한 일을 할 때 남들 모르게 위험을 피할 수 있다는 생각이 들면 안전 지상주의를 표방한다는 점입니다. 반면에 다른 사람들이 보고 있지 않더라도 비난을 들을 만한 일이라면 아예 하지 않으려고 노력하는 사람들이 있습니다. 이런 이들이야말로 우리 궁정에 적합한 성질과 자질을 가진 인물입니다. 그렇지만 사나운 성격을 자랑으로 여기며 늘 뽐내고 허풍을 떨고 자신은 갑옷과 결혼했다는 선언을 해대면서 베르토(Berto, 이탈리아의 소설가—역주)의 소설에나 나올 만한 오만한 표정을 지으며 상을 찌푸리는 사람은 궁정 신하에 적합하지 않습니다. 이러한 사람이라면 예전에 덕망 높은 어떤 부인이 한 남성에게 농담하듯 던진 악평을 들어도 쌉니다. 여기에서는 그 남성의 이름까지 거론하지는 않겠습니다. 그 사람은 그 부인이 파티에서 공손하게 춤을 청하는 제안을 단박에 거절한 것은 물론이고, 파티에서 펼쳐지고 있던 다른 여흥에도 전혀 참여하지 않았답니다. 시종일관 이토록 천박한 파티는 자신의 수준에 전혀 안 맞는다는 주장이나 해대고 있었지요. 그 부인이 그럼 어떤 활동이 그의 수준에 맞느냐고 묻자 그는 얼굴을 찌푸리며 이렇게 말했답니다. '그야 전투이지요…….'"

백작은 잠시 쉬었다가 말을 이었다. "그러자 그 부인이 쏘아붙였답니다. '아, 그렇다면 여기는 전쟁터가 아니니 귀하의 몸에 기름칠을 잘 해서 전투 장비와 함께 옷장 안에 넣어둬야겠군요. 그래야 이미 나리 몸에 슬어 있는 녹이 더 번지는 사태를 방지할 수 있지 않겠어요?' 이 사내의 어리석은 무례함을 훌륭하게 나무라는 부인의 말에 파티에 참석했던 모든 사람들이 웃음을 터뜨렸답니다."

로도비코 백작은 계속 이야기를 이끌었다. "우리가 찾는 훌륭한 궁정 신하는 적 앞에서는 사납고 난폭하며 항상 싸울 준비가 되어 있어야 하지만, 그 외의 장소에서는 친절하고 겸손하며 과묵한 자세로 무슨 일에나 열심히 참여해야 합니다. 사람들에게 역겨움과 혐오감을 주는 겉치레나 자신을 미화하는 행동을 피하려고 노력해야 하지요."

이에 가스파레 나리가 말문을 열었다.

"어느 분야에서나 능력이 출중한 사람은 흔히 스스로를 칭송하는 경향이 있습니다. 내가 보기에는 그것이 비난받을 행동은 아니라고 봅니다. 자신의 가치를 아는 사람이 그 업적을 인정받지 못하면 분노를 느끼게 되고 그러다 보면 숭고한 노력 끝에 마땅히 받아야 할 대가인 명예를 빼앗기지나 않을까 하고 스스로를 부각시키기 마련이니까요. 이 때문에 고대사회의 문필가들은 대부분 자신을 칭송하는 행위를 자제하지 않은 것입니다. 물론 자질이 부족하면서도 스스로 칭송하는 사람들을 감당하기란 아주 어려운 일이지요. 그러나 이런 사람들은 우리 궁정의 신하에 합당하지 않으니 애초에 거론할 가치도 없겠지요."

이 말을 듣고 백작이 말했다. "열심히 들으셨다면 내가 터무니없고 뻔뻔스럽게 자신을 칭송하는 사람을 비난하는 것이었다는 점을 아실 텐데요. 어쨌든 나는 아무리 덕망이 있는 인물이 겸손하게 자기를 미화하더라도 그걸 완전히 용납해서는 안 된다고 봅니다. 그러나 스스로를 칭송하는 행동을 하면서도 다른 사람의 질투나 짜증을 유발하지 않는다면 경계를 넘지 않고 분별력 있게 행동하는 사람이라는 뜻이겠지요. 이런 사람은 실천하기가 아주 어려운 일을 잘하고 있으니, 자신을 찬양하거나 다른 사람의 칭찬을 받을 만한 자격도 충분히 있습니다."

"그렇게 행동하는 방법을 가르쳐주시죠." 가스파레 나리가 한마디 했다.

"글쎄요." 백작이 대답했다. "고대사회의 문필가 중에는 이러한 방법을 가르친 인물들이 많이 있습니다. 어쨌거나 내 의견을 표명하자면, 핵심은 말을 할 때 자신을 칭송하는 목적을 노골적으로 내보이지 않는 것입니다. 또한 칭찬을 즐기되 자기 미화를 피하고 있다는 인상을 주는 것도 중요합니다. 우리 궁정 신하가운데 일부처럼 입을 열 때마다 칭찬의 말을 내뱉는 허풍선이가 되어서는 안 됩니다. 한 사람은 일전에 피사에서 열린 전투에서 허벅지에 표창을 맞은 뒤에 '파리가 물었는지 알았다'고 허풍을 떨더군요. 또 '화가 나면 내 얼굴 표정이 너무 무서워져서 그 모습을 보면 죽을 만큼 겁이 날 것 같아 아예 방에 거울을 걸어두지 않는다'고 말한 사람도 마찬가지입니다."

모두가 이 말을 듣고 웃자 체사레 곤차가가 끼어들었다.

"대체 무엇 때문에 다들 웃는 거지요? 알렉산더 대왕이 한 철학자에게 세상에 수많은 나라가 있다는 말을 듣고 눈물을 흘리기 시작했다는 이야기를 듣지 못했습니까? 사람들이 왜 우냐고 묻자 알렉산더 대왕은 '아직 한 나라도 정복하지 못했기 때문이다'고 대답했답니다. 마치 자신이 전 세계를 정복할 능력이라도 있는 것처럼 말입니다. 이것이야말로 파리 이야기보다 훨씬 더 심한 허풍이라는 생각이 들지 않습니까?"

그러자 백작이 말했다.

"어쨌든 알렉산더 대왕은 파리 이야기를 한 사람보다 훨씬 훌륭한 사람이었지요. 그처럼 뛰어난 사람은 조금 우쭐대더라도 어느 정도는 묵인해 줘야 하지 않을까요? 결국 위대한 업적을 이루려면 용기가 있어야 하고, 그러자면 확고한 자신감이 필요하니까요. 물론 그럴수록 말을 겸손하게 하되 겁을 내거나 비열한 자세를 절대로 보이면 안 되겠지요. 자신이 성취한 것의 가치를 낮춰서 보고 뻔뻔스러움이 경솔함으로 발전하지 않도록 늘 조심해야지요."

백작이 잠시 동안 침묵을 지키자 베르나르도 빕비에나가 웃음을 띠며 말했다.

"백작은 조금 전에 우리가 정립하려는 궁정 신하의 상으로 뛰어난 용모와 신체를 갖추고 사람의 마음을 끄는 품격을 천부적으로 타고난 인물을 들었습니다. 나는 스스로 품격과 매력적인 외양을 가졌다고 생각합니다. 여러분도 알겠지만 바로 그 때문에 많은 여성들이 나만 보면 열정적인 사랑에 빠집니다. 그렇지만 몸으로 말하자면 그리 자신이 없답니다. 특히 내가 바라는 모습과는 거리가 먼 두 다리가 가장 마음에 안 들지요. 뭐, 가슴이나 다른 부분이야 상당히 만족스럽지만요. 그러니 어떤 체형을 갖춰야 하는지를 더욱 세부적으로 설명해서 내가 의구심을 벗고 마음을 편안하게 가질 수 있도록 해줬으면 합니다."

이 말에 모든 사람들이 웃음을 터뜨렸고 잠시 후 백작이 말했다.

"베르나르도 빕비에나 귀하가 내가 앞에서 언급한 멋진 외모를 갖췄다는 점은 의심할 여지가 없으니 이 점에 대해 예를 들어 자세히 설명할 필요는 없겠군요. 비록 귀하의 체구가 그리 우아한 편은 아닐지라도 얼굴만은 의심할 여지없이 대단히 멋져서 보는 사람을 기분 좋게 합니다. 이를 통해서 귀하는 남자다우면서 품위 있는 모습을 잘 선보여 왔습니다. 이상적인 궁정 신하는 이러한 면을 지녀야 합니다. 여성스럽고 나약한 외모는 절대로 곤란하지요. 요즘에 수많은 남성들이 머리를 곱슬곱슬하게 만들고 눈에 화장을 하는가 하면 최고의 바람둥이에 방탕한 사람인 양 몸치장을 하는 것처럼 말입니다. 게다가 이런 사람들은 걷거나 서 있는 모습을 비롯해 모든 면에서 너무 나약하고 활기가 없어서 팔다리가 금방이라도 떨어져버릴 것 같습니다. 말을 할 때도 우물쭈물 질질 끌어대는 통에 그 자리에서 당장에라도 숨이 끊어질 듯 보입니다. 이들은 상류층과 있을 때 더욱 이런 모습을 많이 보입니다. 이런 남성들이 아무리 여성처럼 보이거나 스스로 여성이 되기를 원하더라도 애초에 조물주가 여성으로 만들지 않았으니 헛된 노력이지요. 이런 사람들은

60

아무리 훌륭한 귀족이라도 매춘부쯤으로나 취급받는 것이 마땅하며 남성 사회에서 쫓겨나야 합니다.

그러면 궁정 신하로서 마땅한 외양에 대해서 말해보죠. 나는 이들이 너무 작거나 커서는 안 된다고 생각합니다. 다른 사람들이 얕잡아 보거나 불신하며 마치 괴물이나 된 양 쳐다볼 수 있기 때문입니다. 굳이 두 체격 중에 선택을 해야 한다면 과도하게 큰 것보다는 작은 몸집이 더 낫습니다. 거대한 체격을 가진 사람들은 종종 머리가 둔한 경향이 있고, 궁정에서 가장 중요한 부분인 운동 경기나 오락 활동에 참여하기에도 적합하지가 않으니까요. 결론적으로 훌륭한 궁정 신하라면 균형이 잘 잡히고 좋은 체격과 강인한 체력을 지닌 데다 몸이 민첩하고 유연해야 한다고 생각합니다. 물론 군인에게 필요한 모든 활동을 잘해야겠지요. 내 생각에 이상적인 궁정 신하의 첫 번째 의무는 땅 위에서 혹은 말을 타고 사용하는 모든 종류의 무기를 전문적으로 다루는 방법을 배워서 효율적으로 활용할 줄 아는 것입니다. 특히 일반적으로 귀족들 사이에서 사용되는 무기를 잘 다뤄야 합니다. 평소에 귀족들 사이에 다툼이 일어나서 결투를 하게 될 때 바로 손에 잡히는 무기를 사용하기 마련이므로, 자신의 목숨을 안전하게 지키려면 이런 무기들을 잘 파악하고 있어야겠지요. 어떤 사람은 막상 싸움이 벌어지면 이런 기술을 모두 잊어버린다고 주장하는데 나는 그렇게 생각하지 않습니다. 급박한 상황에서 싸움의 기술을 잊어버린 사람이라면 공포심 때문에 용기와 지혜마저 다 잃어버릴 것이기 때문입니다.

　또한 말을 타지 않고 땅 위에서 싸울 때는 대개 상대방과 몸싸움이 벌어지기 마련이므로 격투하는 법을 아는 것도 중요합니다.

　그다음으로 자신과 친구의 안전을 지키기 위해서 손해배상과 논쟁을 중재하는 방법을 알아야 하며 협상을 할 때 유리한 기회를 포착하는 기술이 있어야 합니다. 이 과정에서 항상 용기를 보여주되 신중함을 유지할 줄도 알아야겠지요. 자신의 명예에 관련되어 꼭 결투를 해야 할 상황이 아니라면 너무 나서서도 안 됩니다. 결투는 결과가 불확실하고 상당한 위험을 내재하고 있으며, 사실 승리를 하더라도 성급하게 나서서 경솔한 행동을 하거나 절박한 이유도 없이 끼어든 사람은 엄중한 비판을 받기 마련이니까요. 그렇지만 일단 확고하게 마음을 결정했으며 이를 번복할 경우에 치욕을 당할 상황이라면 용감하게 나서되 결투 전이나 결투를 할 때 아주 신중해야 합니다. 항상 준비 태세를 갖추고 용기를 보여줘야 하며 단 한순간도 억지스러운 궤변을 늘어놓거나 말싸움을 벌여서도 안 됩니다. 무기를 선택할 자유가 있다면 몸을 베거나 찌르는 일을 피하면서 절대 지지 않는다는 신념을 가져야 합니다.

　전투에서 계속 후퇴하거나 혹은 방어만 하는 자세는 완전한 겁쟁이라는 증거이며 어린이들의 칼싸움으로만 보입니다. 얼마 전 페루자(Perugia)에서 열린 전투에 참가했던 안코나(Ancona)

출신의 두 사람처럼 말입니다. 그들은 지켜보는 모든 사람들이 갑자기 웃음을 터뜨리게 만들었지요."

"그 두 사람이 누구인가요?" 가스파레 팔라비치노가 물었다.

"사촌지간인 사람들이 있답니다." 체사레가 대답했다.

"그런데 전쟁터에서는 아주 다정한 친형제들 같더군요." 백작은 이렇게 덧붙이더니 계속 이야기를 이어갔다.

"평화로운 시기에는 무기가 다양한 운동경기에 사용되지요. 귀족들은 여성들과 위대한 군주들을 비롯해 많은 구경꾼들이 보는 앞에서 경기를 하거나 시범을 선보이곤 합니다. 따라서 우리가 정립하려는 올바른 궁정 신하는 말과 승마에 관련된 모든 사항들을 파악하고 있으며 승마에서도 아주 뛰어나고 다재다능했으면 합니다. 이런 신하는 모든 면에서 다른 사람을 능가하기 위해서 부단히 노력을 기울여 알키비아데스(Alcibiades, 아테네의 정치 및 군사 지도자-역주)처럼 최고로 인정받아야 합니다. 그는 당대에 가장 뛰어난 인물이었으며 모든 면에서 그를 능가하는 사람이 없었다고 합니다. 우리가 형상화하려는 완벽한 궁정 신하도 알키비아데스와 마찬가지로 여러 방면에서 모든 사람들을 능가해야 하며, 다른 사람들이 더 뛰어난 분야가 있다면 이를 통달하려고 노력해야 합니다. 고삐 매고 말 타기나 기운이 넘치는 말을 능수능란하게 다루기나 마상 창 시합 등은 이탈리아인들만이 보여줄 수 있는 특유의 우수함입니다. 따라서 이러한 모든 면에서 궁정 신하는 최고가 되어야 합니다. 마상 시합에서 한 걸음도 물러서지 않고 전진하며 프랑스 최고의 전사들보다 우수해야 합니다. 사격이나 투창 혹은 화살 던지기에서도 스페인 사람들보다 월등해야 합니다. 그렇지만 이 중에서도 모두가 바라는 절대적인 존경을 받기 위해서는 모든 행동을 할 때 특유의 고상함과 훌륭한 판단력을 지니는 것이 가장 중요합니다.

이외에도 비록 직접 무기를 사용하지는 않지만 무기와 밀접한 관련이 있고 격렬한 활동이 필요한 다양한 경기가 있습니다. 나는 그중에서 사냥이 가장 중요하다고 생각합니다. 사냥은 다양한 면에서 전쟁과 흡사하기 때문이지요. 더구나 사냥이야말로 위대한 군주들의 진정한 오락거리이며 궁정 신하들이 하기에 적당합니다. 여러분들도 사냥이 고대사회에서 대단히 대중적인 활동이었다는 점을 아실 겁니다. 이외에 전쟁에서 업적을 올릴 때 유용한 기술이라는 점을 거론하지 않더라도, 수영을 하고 장애물을 뛰어넘으며 달리기를 하고 사냥감에 돌을 던지는 법 등은 궁정 신하가 알아야 한다는 점에서도 적합합니다. 사람들은 종종 자신의 기예를 선보여야 하는데, 이러한 경기는 훌륭한 덕망을 쌓을 수 있는 계기가 됩니다. 특히 항상 만족시켜야 하는 군중들이 보고 있는 자리에서는 더욱 그렇지요.

그 밖에 궁정 신하가 하기에 아주 적합한 귀족 경기는 테니스입니다. 테니스는 경기자가 육체적으로 얼마나 잘 단련이 되어 있으며 얼마나 빠르고 동작이 민첩한지 그리고 다른 경기에서 선보일 수 있는 자질 또한 가지고 있는지를 확연히 보여주기 때문입니다. 또한 육체적으로 힘들고 까다로운 승마 공연이야말로 그 어느 것보다 민첩함과 훌륭한 솜씨를 보여주는 경기라고 생각합니다. 승마의 유용함은 둘째로 치더라도 말 위에서 민첩함에 우아한 태도까지 선보인다면 어떤 경기보다 더 멋진 장관을 연출할 수 있으니까요. 그러니 이러한 경기에서 우수한 자질을 지닌 궁정 신하라면 곡예에 더 가깝고 귀족에게 적합하지 않은 수레바퀴 돌리기나 줄타기와 같은 기술쯤은 무시해도 된다고 봅니다.

그러나 사람들이 항상 이처럼 격렬한 활동에만 참여할 수는 없지요. 다른 활동도 즐기면서 다양한 삶의 모습을 보여줘야 합니다. 신체 활동만 되풀이하다 보면 싫증이 나고 특이한 것에 품는 사람들의 관심도 곧 사그라질 테니까요. 따라서 올바른 유형의 궁정 신하라면 때때로 차분하고 평안한 놀이에도 기쁜 마음으로 참여하되 질시에 찬 시선을 피하면서 다른 사람들과 잘 어울릴 수 있었으면 좋겠습니다. 물론 이와 같은 놀이를 할 때도 항상 칭찬받을 만한 자세를 유지하고 어리석은 일에 관여하지 않도록 자신의 행동을 잘 조절해야 합니다. 자유롭게 웃고 농담을 하며 익살을 부리고 장난을 치고 춤을 추되, 항상 훌륭한 통찰력과 분별력을 잃지 말아야 하며, 모든 행동과 말에 고상함이 들어 있어야 하지요."

그러자 체사레 곤차가가 말했다. "지금 이 토론을 막는 것은 너무 빠르겠지만 내가 계속 침묵을 지키고 있으면 더 많은 내용을 배울 기회를 잃게 될 것 같군요. 그리고 반박이 아니라 질문을 하는 것이니 여러분도 용서해 줄 것이라고 기대합니다. 잘생겼다고 인정을 받고 싶은 과도한 욕심으로 놀이의 규칙을 깨버린 베르나르도의 행동을 따라 하는 것뿐이니까요.”

“여러분 보셨습니까?” 공작부인이 말했다. “단 한 번만 규칙을 위반해도 곧 수많은 사람들이 이를 따라 하게 된다는 것을요. 그러니 베르나르도처럼 잘못을 저지르거나 나쁜 예를 남긴 사람은 자신이 저지른 잘못뿐만 아니라 다른 사람들이 저지른 잘못까지 책임을 지고 처벌을 받아야 마땅합니다.”

그러자 체사레가 말했다. “공작부인, 그렇다면 저는 면제를 받아야겠군요. 베르나르도가 자신의 잘못과 내 잘못에 대한 벌을 모두 받아야 하니까요.”

공작부인이 말을 받았다. “그렇기는커녕 두 분 모두 두 번씩 벌을 받아야 합니다. 베르나르도 귀하는 자신의 잘못뿐만 아니라 체사레 귀하가 그것을 따라 하도록 부추긴 대가를 치러야 하고, 체사레 귀하는 자신의 실수와 다른 사람의 잘못을 따라 한 것에 대한 벌을 받아야지요.”

“공작부인.” 체사레가 답했다. “나는 지금까지 아무런 잘못도 저지르지 않았습니다. 그러니 베르나르도가 혼자서 벌을 다 받도록 이제부터는 조용히 있겠습니다.”

체사레는 에밀리아 여사가 웃으면서 말을 시작할 무렵에 이미 입을 다물었다. “두 분 모두 원하는 말을 해도 좋습니다. 공작부인이 허락한다면, 규칙을 어긴 사람이나 이 사람을 따라서 나쁜 행동을 저지를 뻔했던 사람 모두를 용서해 드리지요.”

공작부인이 말했다. “그렇다면 좋습니다. 그러나 여러분 스스로를 기만하며 공명정대함보다 관대한 자세가 더 칭찬받을 만하다는 착각을 하지 않도록 조심하십시오. 범죄에 너무 관대한 사람은 결국 자신의 결백함에 오점을 남기게 된답니다. 그렇지만 여러분의 관대함을 꾸짖겠다고 체사레가 하려던 질문을 놓치고 싶지는 않군요."

공작부인과 에밀리아 여사가 신호를 하자 체사레가 즉시 말문을 열었다.

"친애하는 백작 귀하, 내 기억이 맞는다면 귀하는 이상적인 궁정 신하는 몸짓과 행동과 일을 처리하는 방법 등, 그러니까 한마디로 모든 행동에 품격이 배어 있어야 한다는 말을 몇 번씩이나 반복하더군요. 이 점은 그 외의 다른 업적과 훌륭한 자질이 있다고 하더라도 귀하가 말한 자질이 없다면 가치가 없는 사람이라는 점을 강조하는 듯 여겨집니다. 물론 모두가 인정하는 품격을 갖추고 행동을 하는 사람은 존경을 받는다는 점은 인정합니다. 백작은 이것이 대부분 하늘이 내린 선물이라 선천적으로 타고나지만 전념을 기울여서 노력하면 아주 완벽하지는 않더라도 어느 정도 발전할 수 있다고 말했습니다. 그렇다면 우리가 알고 있는 몇몇 사람들처럼 그토록 큰 행운을 지니고 부유한 집에서 태어난 사람들은 앞으로 더 이상 훈련할 필요가 없다는 말처럼 여겨지는군요. 하늘로부터 받은 자비로운 은총 덕분에 스스로가 원하는 곳보다 더 높은 곳으로 올라가 모두 그들을 좋아하고 존경하게 될 테니 말입니다. 어쨌든 이 점은 인간의 능력으로 어떻게 할 수 없으니 더 이상 논쟁을 벌이지 않겠습니다. 그러나 조물주의 은총을 거의 받지 못해서 스스로 적극적으로 나서고 전념을 다해서 노력을 해야 하는 사람들도 많습니다. 그러니 이들을 위해서 어떻게 해야 이러한 품격을 습득할 수 있는지를 백작이 중요하다고 생각하는 경기와 오락을 통해서 구체적으로 설명을 해줬으면 좋겠군요. 백작이 지금까지 이러한 자질을 대단히 높게 평가했기 때문에 이 자리에 있는 모든 분들의 가슴 속에 그 품격을 습득해야겠다는 강한 열망이 자라나고 있을 겁니다. 에밀리아 여사가 백작에게 임무를 맡겼으니, 당연히 지금까지 백작이 말한 자질을 익힐 수 있는 방법을 가르쳐줄 의무도 있다고 믿습니다."

백작이 말을 받았다. "나는 품격을 습득하는 방법은 물론이고 그 어떤 것도 가르칠 의무가 없다고 봅니다. 그저 완벽한 궁정 신하가 가져야 하는 자질을 보여주고 있을 뿐입니다. 그러니 그 자질을 습득하는 방법까지 여러분에게 이야기할 생각은 없습니다. 특히 바로 조금 전에 궁정 신하는 격투하는 법, 높이 뛰어오르는 법을 비롯해서 많은 기술들을 알아야 한다고 말하지 않았습니까? 나는 이러한 기술들을 배운 적이 없으니 제대로 가르칠 수 없다는 것쯤은 체사레 귀하도 확실히 아실 텐데요. 예를 들어보죠. 훌륭한 병사라면 대장장이에게 갑옷을 만들게 할 때 원하는 스타일과 모양과 특징을 설명할 수 있어야 합니다. 그렇지만 직접 망치를 두드리거나 담금질을 할 수는 없습니다. 마찬가지로 나는 여러분에게 완벽한 궁정 신하의 유형을 이야기할 수는 있지만, 이런 신하가 되기 위한 방법까지 가르칠 수는 없는 것입니다. 품격을 후천적으로 습득할 수는 없다고 하지만 내 힘이 닿는 데까지 귀하의 질문을 만족시키긴 해야겠군요.

운동가로서 품격을 습득하고 싶다면(신체적인 결함이 없이 태어난 사람의 경우라는 점을 전제로 들겠습니다) 어렸을 때부터 최고의 교사에게 기본 원리를 배워야 합니다. 이 점이 얼마나 중요한가는 여러 예를 통해서 알 수 있습니다. 마케도니아의 필립 왕은 저명한 철학자이자 역사상 가장 위대한 인물인 아리스토텔레스에게 그의 아들 알렉산더의 교육을 맡겼습니다. 현대에서는 프랑스의 위대한 관리관인 갈레아조 산세베리노(Galleazzo Sanseverino)를 예로 들 수 있습니다. 그는 천부적인 지력을 타고난 데다 훌륭한 스승에게 배우고 우수한 인물들과 친분을 유지하면서 그들에게서 최고의 장점만을 받아들이려고 수많은 노력을 기울인 끝에 뛰어난 성과를 얻어냈습니다. 여러분도 알다시피 갈레아조는 강인함과 민첩성에서 독보적인 존재였던 스승 피에트로 몬테(Pietro Monte)에게 결투나 뜀뛰기나 다양한 종류의 무기를 다루는 법을 배웠습니다. 또한 그는 승마와 마상 창시합 등에서 뛰어난 기술을 지닌 유명한 사람들을 항상 본보기로 삼았습니다.

따라서 훌륭한 학생이 되고자 하는 사람은 여러 활동을 잘하는 것은 물론이고 스승을 따라 하거나 가능하면 그들의 기술을 그대로 재현하려고 지속적으로 노력해야 합니다. 그러다가 다른 사람을 관찰하면서 배운 것이 향상되었다는 판단이 들면 다른 스승을 찾아서 새로운 기술을 배워야 합니다. 이것은 여름에 벌판에서 벌들이 꽃을 옮겨 다니며 꿀을 채취하는 것과 마찬가지입니다. 이상적인 궁정 신하는 이렇듯 높은 품격을 가진 사람에게 어떤 한 가지 기술을 배우고 나면 다시 다른 스승을 찾아서 그들의 가장 뛰어난 품격을 받아들여야 합니다. 물론 이 과정에서 과거에 한 인물이 페르디난드 전하의 행동을 완벽하게 따라 한다고 착각하면서 벌였던 실수를 하면 안 되지요. 여러분도 알다시피 이 사람은 고개를 치켜들고 입을 한쪽으로 비트는 행동 말고는 전하와 비슷한 게 하나도 없었지요. 그마저도 전하의 병 때문에 생긴 나쁜 버릇이라는 사실을 깨닫지 못하고 계속 어리석은 짓을 하다가 사람들의 빈축을 샀습니다. 이 사람처럼 단순하게 훌륭한 인물의 한 면만을 따라 하면 자신이 위대해질 것이라는 착각에 빠져 있는 사람들이 많습니다. 그러나 이런 사람들은 대개 자신이 본받고 싶은 사람의 단점만을 따라 하는 어리석음을 범하곤 하지요.

　나는 이러한 품격이 어떻게 습득되는가를 오랫동안 생각하고 관찰한 결과 인간의 행동과 말에 잘 들어맞는 보편적인 규칙을 발견해 냈습니다. 즉, 훌륭한 인물들은 공통적으로 어떤 희생을 치르더라도 허식을 위험한 장애물로 생각하여 멀리하고, 모든 면에서 예술적인 기교를 숨기고 남의 시선에 아랑곳하지 않으며, 말하고 행동한 것을 꼭 성취하고야 마는데 그 과정이 아주 쉽다는 듯 자연스럽게 이루어진다는 것입니다. 나는 품격이란 바로 이러한 자세에서 솟아난다고 확신합니다. 그러나 이와 반대로 무엇인가를 할 때 허덕거리면서 힘들게 겨우 따라가는 모습은 품격이 떨어져 보이며 목표가 아무리 높더라도 가치가 감소되어 보입니다. 따라서 나는 진정한 예술은 정작 예술처럼 보이지 않는다고 자신 있게 말할 수 있습니다. 그리고 평판이 떨어지지 않도록 목표를 추구하는 과정에서 발생하는 어려움을 감추는 것이 가장 중요하다는 점도 강조하고 싶습니다.

언젠가 고대사회의 뛰어난 변론가들이 쓴 글을 읽은 기억이 나는군요. 이 변론가들은 다른 사람들이 자신들이 글을 읽을 줄 모른다고 믿게 하려고 대단한 노력을 기울였다고 합니다. 그래서 지식을 숨긴 채 아주 단순하게 내용을 전달했으며, 훌륭한 교훈이나 기교가 들어간 연설보다 자연과 인생의 섭리를 예로 들며 쉽게 설명했답니다. 그 이유는 사람들이 변론가들의 능력을 알게 되면 현혹을 당했다고 지레 겁을 먹을까 봐 걱정했기 때문이라는군요. 이 정도면 치열한 노력 끝에 얻은 능력이라는 점이 드러날 때 모든 품격이 박탈된다는 점을 여러분도 이해했을 겁니다. 여러분은 피에르파올로(Pierpaolo)가 자신만의 독특한 방법으로 춤을 추는 모습을 보면 다들 웃으시지요? 그는 나무로 만들어지기라도 한 것처럼 머리를 빳빳하게 고정시킨 채 다리를 쭉 펴 발끝으로 서서 팔짝팔짝 뛰며 춤을 추는데, 이 모습이 어찌나 힘들어 보이는지 마치 자신의 스텝을 하나씩 세고 있는 것 같더군요. 봉사가 아니라면 누구라도 이렇게 미련하게 으스대는 모습을 바로 알아차릴 수 있을 겁니다. 이와 달리 이 자리에 있는 많은 남성과 여성들처럼 언제나 우아하고 주위의 시선에 아랑곳하지 않으며 자연스럽게 행동하는 사람들이 많이 있습니다. 이들은 말하거나 웃거나 잠자코 있을 때 거의 의식적인 노력을 기울이지 않는 것 같아서 지켜보는 사람들이 '저들은 절대 실수를 할 수 없는, 아니 하지 않는가 보다'라고 생각하게 만들지요."

이 말을 듣고 베르나르도 빕비에나가 즉각적으로 끼어들었다.
"여러분이 모두 경멸하는 우리 로베르토 다 바리의 춤 솜씨를 칭찬해줄 사람이 드디어 나타난 것 같군요. 지금 우리가 토론하는 '탁월함'이 주위의 시선에 태연한 태도를 보이며 자신의 일만 하면 된다는 생각에서 비롯된다면 말입니다. 그런 점으로 따지자면 춤을 출 때의 로베르토와 필적할 사람이 없지 않습니까? 로베르토는 자신의 행동을 의식하지 않는다는 점을 과시하려고 옷이 등 뒤로 떨어지거나 슬리퍼가 벗겨져도 주울 생각을 하지 않고 계속 춤만 추니까요."
백작이 계속 말을 이었다. "여러분이 내가 계속 토론을 이어가기를 원하시니 이제 우리가 저지르는 실수를 조금 이야기해보겠습니다. 로베르토의 태연한 태도는 사실 으스대는 허식일 뿐이라는 사실을 모르겠습니까? 자신의 행동을 의식하지 않는다는 점을 보여주려고 엄청난 노력을 하는 것이 분명하게 보이니까요. 로베르토는 생각을 너무 많이 하고 태연함의 적당한 정도를 넘어서 오히려 처음의 의도, 즉 은폐의 미학과 완전히 반대되는 결과를 불러일으키는 것입니다. 등 뒤로 흘러내려가는 옷을 내버려두는 것이 태연함이라고 생각한다면 아무리 칭찬할 품격이라도 허위 허식으로 타락해 버립니다. 마치 외모에 꼼꼼하게 관심을 둔다(물론 이 자체로는 칭찬할 가치가 있습니다)는 의미가 일부 몰지각한 사람들 때문에 모자가 떨어질까 봐 머리를 꼿꼿이 세우거나, 모자 주름에 거울을 혹은 옷소매 사이에 빗을 넣어가지고 다니며, 길을 걸을 때마다 시종에게 브러시와 스펀지를 들고 뒤따르게 하는 행동을 뜻하는 말로 변질되는 것과 마찬가지이지요. 이런 종류의 태연함은 너무 극단적으로 치달아서 항상 실수를 유발하며, 모든 사람이 좋아하는 순수하고 기분 좋은 소박함과 정반대의 모습을 보여주게 됩니다. 마치 땅 위에 있는 것처럼 자유롭고 편하게 말 위에 앉아 있는 사람과, 수위 말하는 베네치아 방식대로 안장 위에 억지로 꼿꼿이 앉아서 말을 타는 사람을 비교해 보면 후자의 모습이 얼마나 품위가 없는지를 알게 될 것입니다. 끊임없이 스스로를 칭송하며 사람들을 위협하고 누구에게나 맹세와 자랑을 하는 전사보다는 말수가 적고 호언장담을 하지 않되 겸손한 모습을 보이는 전사가 훨씬 더 기분이 좋고 존경스럽지 않습니까? 그러니 앞에서 서술한 어리석은 행동은 용기와 담력이 있는 사람으로 인정받고 싶어서 벌이는 허식일 뿐입니다. 이 원리는 직업에 상관없이 똑같이 적용되며 우리의 모든 행동이나 말에도 들어맞는답니다."

이쯤 되자 마그니피코 줄리아노가 입을 열었다.

"그 점은 음악에서 완벽한 화음이 계속되면 안 되는 것이나 마찬가지이군요. 인간의 청각은 귀에 거슬러서 참기 힘든 불협화음을 선호하는 반면에 협화음을 싫어한답니다. 완전한 협화음이 반복되면 싫증이 나기 쉽고 너무 감동을 주는 선율을 만들어내기 때문이지요. 그러나 불완전한 협화음이 도입되면 계속 기대감을 품게 만들면서 이러한 문제가 사라집니다. 완벽한 협화음이 나올 순간을 고대하면서 더욱 열심히 음악을 감상하다 갑자기 나타난 불협화음을 태연한 자세로 기쁘게 받아들이는 거지요."

백작이 대답했다. "내 말이 맞지요? 허세는 다른 것과 마찬가지로 음악에서도 위험한 요소입니다. 더구나 너무 부지런하면 오히려 해가 된다는 점은 고대사회의 몇몇 위대한 화가들 사이에서도 잘 알려진 일입니다. 프로토게네스(Protogenes)는 캔버스에서 손을 거둘 때를 몰라서 아펠레스(Apelles)에게 비판을 받았다는 일화도 있답니다."(프로토게네스와 아펠레스는 BC 4세기 후반에 활약한 그리스의 화가. 라이벌 관계로 유명함-역주)

그러자 체사레가 덧붙였다. "그렇다면 우리 궁정의 프라 세라피노도 프로토게네스와 마찬가지의 과실을 범하는 것 같군요. 프라는 적어도 테이블에서 음식이 다 사라지기 전에는 손을 치울 줄 모르니까 말입니다."(캔버스와 테이블이라는 두 가지 뜻을 가진 'tavola' 라는 단어를 이용한 말장난-역주)

백작은 웃고 나서 계속 설명을 했다. "아펠레스가 말하려 했던 것은 프로토게네스가 그림을 그릴 때 언제 마무리해야 할지

74

를 몰랐다는 겁니다. 다시 말하면 아펠레스는 프로토게네스가 작품을 너무 완벽하게 끝내려고 노력하는 자세를 비난했던 거지요. 이처럼 지금 우리가 태연함이라고 부르는 미덕은 허세와 완전히 반대이며 품위의 진정한 원천인 데다가 또 다른 이익도 수반합니다. 즉 모든 행동에서 그 사람의 능력을 제대로 보여주는 것은 물론이고 종종 훨씬 더 가치 있는 평가를 이끌어내니까요. 태연하게 행동하는 이를 지켜보는 사람들은 지레 짐작하기 때문입니다. 어려운 일을 그토록 수월하게 하는 사람은 그 외에도 훨씬 더 많은 기술을 가지고 있으며 조금만 노력을 기울이면 훨씬 훌륭한 모습을 보여줄 것이라고 말입니다. 다른 예로, 무기를 사용하거나 화살을 던지거나 창 혹은 기타 무기를 사용하는 사람을 고려해 보겠습니다. 이런 무기를 다뤄야 할 때 주변 상황이나 시선에 압도당하지 않고 태연한 자세로 나서면 그 모습이 너무 자연스러워서 전혀 긴장하지 않은 것처럼 보입니다. 그러면 아무것도 안 하고 그냥 서 있기만 해도 보는 사람들은 그가 앞으로 선보일 행동의 완급을 완전히 조절하고 있다고 생각하게 되죠. 이와 비슷하게 춤을 출 때도 단지 자연스럽고 우아한 스텝이나 몸짓 하나에서도 그 사람의 기술이 단번에 드러납니다. 음악가가 편하게 노래를 하다가 전혀 힘을 들이지 않고 감미로운 운율로 곡조를 마무리하는 것을 보면 경탄이 흘러나오며 사람들은 이것만으로도 그 음악가에게 훨씬 많은 능력이 있다고 생각합니다. 또한 화가가 힘들게 노력하거나 일부러 의도하지 않는데도 손이 스스로 움직이며 그림을 완성시키는 것처럼 죽 내긋는 선과 과감한 붓질 하나가 그 화가의 우수함과 자신감을 분명하게 드러내주지요. 거의 모든 부분에 똑같은 원리가 적용됩니다. 따라서 진정으로 허식을 피하는 궁정 신하라면 완벽해지는 것으로 평가받고 모든 일, 그중에서도 특히 연설에서 품격을 보여야 할 것입니다. 그러나 허식은 너무 많은 사람들이 가진 결점이며 때때로 다른 사람보다 우리 롬바르드족(Lombards, 6세기에 이탈리아를 정복한 게르만계의 일족–역주)에게 더 많이 나타납니다. 롬바르드족은 1년만 고향을 떠나 있더라도 귀향길에 로마어, 스페인어, 프랑스어를 마구 섞어서 지껄여대는 허세를 부리지요. 더구나 자신들이 얼마나 많이 아는지를 보여주려는 욕심으로 혐오스러운 결점을 익히는 데 혈안이 되곤 한답니다. 예를 들어 만일 내가 지금 이 토론에서 오늘날 토스카나 사람들마저 사용하지 않는 구닥다리 토스카나 말을 구사하려면 아주 큰 노력이 필요할 것입니다. 더구나 여러분 모두 나를 비웃겠지요."

이 말을 듣고 페데리코가 입을 열었다. "이 토론에서 구식 토스카나 말을 사용하는 것이 적절치 않다는 점은 맞습니다. 백작이 말한 대로 말하는 사람이나 듣는 사람 모두에게 지루하기 그지없을 것이며 이 자리에 있는 많은 분들이 이해하기 힘들 테니까요. 그렇지만 내 생각에는 글을 쓸 때는 토스카나 말을 사용해야 합니다. 글에 상당한 품격과 권위를 주고 현대 언어가 나타낼 수 있는 것보다 훨씬 더 위엄이 있고 격소 높은 스타일을 만들어내기 때문이지요."

그러자 백작이 답변을 했다. "도대체 그 이유를 알 수가 없군요. 페데리코 귀하도 인정했듯이 지금 우리가 즐기고 있는 이런 종류의 토론에서 삼가야 하는 말이 품격과 권위를 가지고 있다니요. 훌륭한 판단력을 가진 인물이 토스카나의 주도인 피렌체 원로원에서 중요한 주제로 연설을 하거나, 고위층의 피렌체 사람과 사석에서 심도 깊은 사업 문제를 의논하거나, 가까운 친구와 재미있는 대화를 하거나, 좋아하는 남녀가 연애를 하거나, 만찬과 연회에서 만담과 농담을 하는 상황을 상상해 보십시오. 귀하도 이런 상황에서는 구식 토스카나 말을 사용하지 않으려고 노력할 것이 분명합니다. 혹시라도 토스카나 말을 사용한다면 스스로를 웃음거리로 만들고 듣는 사람들을 아주 짜증스럽게 할 테니까요. 이처럼 다양한 종류의 대화나 연설에 사용하기에 적절하지 않다며 사용을 자제하는 말이 글로 쓰기에는 아주 적합하다니 나로서는 납득하기 힘들군요.

나는 글이란 입에서 내뱉은 후에 남겨지는 연설이나 마찬가지라고 믿습니다. 오히려 입 밖에 내놓자마자 존재가 사라지는 연설은 글에서와 달리 조금 더 융통성 있게 규칙을 적용할 수 있을 겁니다. 그러나 글은 기록으로 남고 독자들이 스스로 판단하게 되니 당연히 글을 쓸 때는 더욱 문장을 다듬고 정확하게 쓰려고 많은 노력을 기울여야 합니다. 따라서 글로 쓰더라도 구어체를 유지하면서 말로 할 때 가장 멋진 표현을 선택해야 합니다. 귀하의 말대로 말을 할 때는 제한하는 언어를 글을 쓸 때는 허용한다면 아주 유감스러운 결과가 발생될 것입니다. 가장 엄격한 원칙이 필요한 글쓰기 영역에서 자유가 범람하면서 이익보다 악영향이 더 많이 발생할 테죠. 글쓰기에 적합한 것이 말할 때도 적합하다는 규칙이 세워져야 합니다. 결국 최고의 연설은 최고의 글과 흡사해야 하는 것입니다. 또한 나는 말을 할 때보다 글을 쓸 때 더욱 필자의 의도를 분명하게 전달하려고 노력해야 한다고 믿습니다. 앞에 있는 사람과 대화를 하는 것과 달리, 독자들은 작가가 없는 상황에서 글을 읽게 되니까요. 솔직히 나는 구식의 토스카나 말을 사용하지 않으려고 노력하며 글을 쓰거나 말을 할 때 특별한 품격을 지닌 현대 토스카나 말 혹은 이외의 이탈리아 지역에서 통용되는 방언을 사용하려고 노력하는 사람들을 칭찬하고 싶습니다. 새로운 것을 시도하는 사람은 너무 많은 비판을 불러일으키고 우리가 조금 전에 이야기했던 허식을 유발할 위험성을 가지고 있으니까요."

그러자 페데리코가 나섰다. "백작, 글 역시 말의 일부라는 점은 부정할 수가 없군요. 그러나 대화를 할 때 뜻이 애매한 단어를 사용하면 이해하기가 어려워서 듣는 사람의 생각에 영향을 미치지 못한다는 점을 생각해 보십시오. 그렇지만 글쓰기에서는 다릅니다. 작가가 사용하는 단어가 의미를 확실하게 전달할 테니까요. 어렵지만 주제가 숨겨져 있는 글을 예로 들어보지요. 물론 여기에 사용된 단어들은 일상생활에서 대화할 때 쓰는 것처럼 익숙하지는 않을 것입니다. 그러나 이러한 단어는 글에 대단한 권위를 부여하기 때문에 독자들은 긴장을 하고 읽으면서 작가의 기술과 의도를 이해하려고 노력하게 된답니다. 독자들이 조금만 깊게 생각하면 어려운 일을 성취한 뒤에 얻는 커다란 기쁨을 만끽하게 될 것입니다. 설사 독자가 너무 무지해서 이렇게 못한다고 합시다. 그렇지만 그것은 작가의 잘못이 아니며, 작가가 사용한 언어와 문체가 미려하지 못하기 때문이라고 평가해서도 안 됩니다.

결론적으로 나는 글쓰기에서 토스카나 말, 즉 오랜 세월에 걸쳐서 가치가 설득력 있게 입증된 고대 토스카나 말을 사용하는 것이 올바르며, 이 언어야말로 의미하는 바를 전달하는 데 적절하고 효과적이라고 확신합니다. 게다가 과거 번성했던 시대에 정립된 토스카나 말은 이 시대가 건물, 조각상, 회화 및 장기간 지속될 수 있는 모든 것에 부여한 품격과 위엄을 여전히 간직하고 있습니다. 이 결과 토스카나 말은 한 인물의 말씨를 아름답게 만들어주는 탁월함과 권위를 가지고 있어서 내용이 아무리 하찮다고 하더라도 말을 아주 장식적이고 아름답게 꾸며주니 최고의 칭찬을 들을 가치가 있습니다. 이에 비해서 백작이 대단히 강조하고 있는 현대의 어법은 아주 위험할 정도로 잘못 사용되고 있습니다. 이처럼 대다수의 무지한 사람들이 오용하는 문법을 관례로 받아들여서 따라 하는 것은 올바르지 않습니다. 더구나 최근에 이탈리아에는 방언들이 너무 난무해서 각 도시마다 말하는 법이 각양각색입니다.

방금 백작이 한 말에 의하면 피렌체 사람이라면 베르가모 말

(Bergamasque)을 잘 사용하는 것만으로도 충분할 테니 언어 때문에 고민하고 싶지 않다면 일반적으로 적절하다고 받아들여지는 언어를 구사하는 사람을 그대로 모방하는 것이 좋을 것 같군요. 내 생각에 이탈리아에서는 페트라르카(Petrarca, 이탈리아 시인-역주)나 보카치오(Boccaccio, 이탈리아 작가. 그가 쓴 『데카메론』은 근대 소설의 시초로 평가받는다-역주)를 이런 모범으로 정해야 할 것 같습니다. 사실 이 두 사람의 스타일에서 벗어난 사람은 등불도 없이 암흑 속을 더듬거리며 걸어가다가 종종 잘못된 길로 접어들게 될 것입니다. 그러나 유감스럽게도 요즘 사람들은 너무 완고해서 고대사회에서 최고의 인물들을 따라 하는 것, 즉 모방하는 행동을 얕잡아 보는 경향이 있습니다. 그렇지만 고대의 인물들을 모방하지 않는다면 글을 잘 쓰기란 불가능하다고 봅니다. 내 생각에 이 점은 베르길리우스(Virgilius, 고대 로마 시인-역주)를 통해서 확실히 증명되었습니다. 베르길리우스는 무한한 영감을 받은 사고력과 천재성으로 누구도 자신을 모방하는 것을 불가능하게 만들어놓은 반면에 스스로는 호머(Homer, 고대 그리스의 서사시인. 『일리아드』와 『오디세이』의 작가-역주)를 따라 하지 않았습니까?"

이 말을 듣고 가스파레가 말했다. "글쓰기를 주제로 한 토론은 분명히 경청할 만한 가치가 있을 겁니다. 그렇지만 이보다 궁정 신하가 어떤 자세로 말을 해야 하는가를 이야기하는 게 원래 토론 목적에 더 잘 맞을 듯합니다. 궁정 신하는 글을 쓰는 것보다는 말을 하는 경우가 더 많으니까요."

마그니피코가 대답했다. "뛰어나고 완벽한 궁정 신하란 글을 잘 쓰는 법과 연설을 잘하는 법을 모두 알아야 한다는 점에는 의심의 여지가 없습니다. 이 두 방면에서 뛰어나지 못하다면 아무리 다른 능력을 가졌다고 하더라도 칭찬을 받을 자격이 없으니까요. 따라서 백작이 맡은 과제를 잘 완수하고 싶다면 말하는 것뿐만 아니라 글을 쓰는 데도 능한 궁정 신하의 전형을 우리에게 보여줘야 합니다."

이 이야기를 듣고 백작이 말했다. "마그니피코 귀하, 그 과제까지 맡을 수는 없겠군요. 내가 모르는 내용을 다른 사람에게 가르치는 것은 분명히 어리석기 짝이 없는 일일 테니까요. 설사 내가 안다고 하더라도 아주 학식이 높은 인물들이 수많은 노력과 심혈을 기울여서도 거의 설명하지 못했던 것을 어떻게 내가 단 몇 마디 말로 설명할 수가 있겠습니까? 정말로 내가 궁정 신하에게 글을 쓰고 말하는 법을 가르쳐야 한다면 위대한 인물들의 글을 참조하는 수밖에 없을 겁니다."

그러자 체사레가 말했다. "마그니피코는 라틴어가 아니라 우리말로 말하고 글을 쓰는 법을 이야기한 것이랍니다. 그러니 백작이 거론한 학식이 뛰어난 인물들이 쓴 글은 우리 목적에 맞지 않겠군요. 어쨌거나 백작은 반드시 이 분야에서 아는 것을 모두 우리에게 이야기해야 합니다. 나머지 부분은 우리가 너그럽게 면제해 드리지요."

"내가 아는 것은 이미 다 말했습니다." 백작이 대답했다. "그리고 이 토론이 토스카나 말과 관련돼 있다면 오히려 마그니피코가 의견을 밝혀야 할 것 같습니다."

이 말을 듣고 마그니피코가 이야기했다. "나는 토스카나 말이 최고로 아름답다고 주장하는 의견에 반박할 수 없으며, 그럴 생각도 없습니다. 페트라르카와 보카치오의 글에서 발견된 많은 언어가 현재 우리가 사용하는 말씨에 그대로 남겨진 게 사실입니다. 그렇지만 나는 말을 할 때나 글을 쓸 때 절대로 이 말을 사용하지 않는답니다. 나는 설사 이 작가들이 지금 살아 있더라도 이 말을 더 이상 쓰지 않았을 것이라고 확신합니다."

페데리코가 반박했다. "난 그와 반대로 오히려 그 말을 썼을 것 같은데요. 그리고 내 생각에 토스카나 출신의 귀족들은 여러분의 언어를 잘 유지해서 지금처럼 사멸되어가는 현상을 막아야 합니다. 이탈리아 전역에서 토스카나 말에 대한 지식이 가장 낮은 곳이 바로 피렌체라는 점은 다들 아시겠지요?"

이때 베르나르도가 한마디 했다. "실제로 피렌체에서 더 이상 듣기 힘든 토스카나 말이 농부들 사이에서는 여전히 사용되고 있답니다. 그러나 시간이 지나면서 훼손되고 타락해서 명문가 출신들에게는 거부당하고 있는 것이 현실이지요."

이쯤 되자 공작부인이 끼어들었다. "원래 우리의 토론 목적에서 벗어나지 말고, 궁정 신하가 토스카나 말이나 다른 말로 연설을 잘하고 글을 잘 쓰려면 어떻게 해야 하는지를 로도비코 백작에게 배워보지요."

"공작부인." 백작이 대답했다. "나는 이 점에 대해서 알고 있는 것을 이미 다 말했으며, 말하기에 적용되는 규칙도 글쓰기에 똑같이 적용된다고 생각합니다. 그렇지만 공작부인이 명령을 하시니 그냥 머리에 떠오르는 대로 나와 의견이 다른 페데리코의 질문에 답변을 하겠습니다. 어쩌면 적당한 수위를 넘어서 너무 광범위해질지도 모르나 이게 바로 내가 대답할 수 있는 전부임을 알아주시기 바랍니다.

먼저 내 의견으로는 현재 자국어라고 부르는 우리 언어는 이미 상당 기간 사용이 되었지만 여전히 새롭고 생소합니다. 그리고 라틴어는 이탈리아가 손상시키고 파괴한 데다가 미개한 야만국들과 교류를 하게 되면서 이들이 오랜 시간 사용하는 동안에 훼손되고 타락해 버렸지요. 이런 과정에서 다양한 언어들이 새로 파생되었으며, 이런 방언들은 마치 아펜니노 산맥의 꼭대기에서 나눠져 바다 양쪽으로 흘러들어가는 강줄기처럼 여러 줄기로 분리되어 왔지요. 라틴어의 요소가 가미된 일부 언어는 수많은 항로를 통해서 세계 각 지역으로 흘러갔습니다. 이들 중 하나에 파격적인 어법이 가미되어서 이탈리아에 남게 되었지요. 하지만 아무도 이 언어를 다듬거나 품격을 지닌 글에 사용하려는 노력을 기울이지 않아서 오랫동안 무질서 속에서 끊임없이 변화하는 상태에 놓여 있게 되었습니다. 그렇지만 이 언어는 결과적으로 이탈리아의 여러 도시들 가운데 토스카나에서 가장 많이 연마되었으며 이 때문에 초창기에는 융성하게 꽃을 피웠지요. 이는 토스카나 사람들이 가장 정확한 발음과 문법적인 순서를 잘 고수했고, 현대적인 단어와 표현을 이용해서 독창적인 사상을 잘 표현한 뛰어난 작가 세 명, 즉 페트라르카, 보카치오, 단테(Dante, 이탈리아의 시인. 『신곡』의 작가—역주)가 있었기 때문입니다(개인적으로 이들 중에서 사랑이라는 주제를 가장 성공적으로 표현한 사람은 페트라르카라고 생각합니다).

이후 야만인들이 일으킨 재앙의 불꽃이 점차 꺼져가면서 토스카나에서는 물론이고 이탈리아 전역에서 기품 있는 행동과 전쟁과 문학을 경험한 명문가 사람들 사이에서 거칠고 교양 없는 초창기 시대보다 더욱 고상하게 말하고 글을 쓰고자 하는 갈망이 커져갔습니다. 인간 생활 전반에 걸쳐서 일어난 변화의 물결에 따라 이탈리아의 다른 지방에서와 마찬가지로 피렌체와 토스카나 전역에서 많은 단어들이 사라지고 다른 언어들을 사용하는 경험을 하게 된 것이지요. 따라서 나는 차라리 고대 로마의 마지막 군주들보다는 초기 고대 로마의 에반데르와 투르누스와 당시에 살았던 사람들이 썼던 언어를 연구해야 한다고 봅니다. 예를 들어 비록 잘리어(Salian) 왕조 시기(1024~1125, 중세 독일의 잘리어 왕가는 네 명의 군주가 모두 신성 로마 제국 황제에 올랐다. 이들의 지배 시기를 가리켜 잘리어 왕조 시기라고 부른다—역주)에 성직자들이 낭독했던 운문을 후대에서는 거의 이해할 수 없다고 하지만, 다행히 종교적인 경외감을 바탕으로 해서 이 운문들을 공식적으로 기록한 원문이 고스란히 남아 있어 연구가 가능한 것처럼요.

그러나 이어서 등장한 변론가나 시인들은 점차적으로 선조들이 사용했던 언어들을 많은 부분 폐기하게 됩니다. 로마 공화정 말기의 안토니우스(Antonius), 크라수스(Crassus), 호르텐시우스(Hortensius), 키케로(Cicero)는 카토(Cato)가 사용한 언어를 거부했습니다. 또 베르길리우스는 엔니우스(Ennius)가 쓴 대부분의 글을 인정하지 않았답니다. 다른 사람들도 이를 그대로 따라 했지요. 물론 이들은 고대의 유물을 존중하기는 했지만 오늘날의 여러분처럼 이에 의해서 제한을 받을 정도까지는 높게 평가하지 않았습니다. 그러기는커녕 호러스(Horace)가 그랬던 것처럼 기회가 있을 때마다 비평을 하려 들었지요. 호러스는 사람들이 플라우투스(Plautus, 고대 로마의 희극작가. 라틴어 표현력의 새 분야를 개척했다-역주)를 칭송하는 것을 참아낸 자신이 어리석었다며 누구나 새로운 말을 습득할 권리가 있다고 주장한 적이 있지요. 또한 키케로는 세르지우스 갈바(Sergius Galba)의 연설이 너무 고대 양식을 따르고 있다고 비평하는 등 여러 지역에서 많은 선조들을 비난했고, 엔니우스가 특정한 부분에서 선조들을 경멸했다고 말했습니다. 그러니 고대인들을 모방하자고 주장한다면 결과적으로 이처럼 훌륭한 인물들을 따라 하는 데는 실패하게 될 것입니다. 페데리코가 조금 전에 호머를 모방했다고 말한 베르길리우스마저도 호머의 언어까지는 모방하지 않았다는 사실을 다들 아실 겁니다.

이 때문에 나는 아주 극소수인 특정한 경우를 제외하고는 이러한 고대 언어를 사용하는 것을 늘 멀리하고 있습니다. 내가 보기에 고대 언어를 사용하는 사람은 밀가루가 아주 많이 있는데도 고대인들을 따라 하려고 도토리로 밥을 해 먹는 사람처럼 엄청나게 오류를 범하고 있는 것입니다.

한편 페데리코 귀하는 고대 언어를 사용하면 그 언어 자체가 가진 훌륭함 덕분에 모든 주제가 아주 강화되고 아무리 하잘것없는 내용이라도 칭찬할 만한 가치가 생긴다고 말했습니다. 그러나 훌륭한 사상이라는 실체가 없는 말이라도 형식만 멋지면 높이 평가해야 한다는 자세는 너무 무비판적인 것 같군요. 말에서 의미를 분리시키는 것은 몸에서 영혼을 떨어뜨려 놓는 것이나 마찬가지이기 때문입니다. 의미와 형식이 잘 결합되지 않으면 결국 파괴적인 결과를 불러오기 마련이지요. 따라서 이상적인 궁정 신하가 말을 잘하고 글을 잘 쓰기 위해서 특히 필요한 점은 지식입니다. 지식이 결여된 사람은 머리에 듣거나 쓰거나 말할 만한 가치가 있는 것을 아무것도 가지지 못하니까요. 그리고 말하거나 쓰는 내용을 논리적인 순서대로 정리한 다음에 말로 잘 표현하는 능력이 필요합니다. 내가 잘못 알고 있는 것이 아니라면 말은 상황에 적당하고 신중하게 선택돼야 하며 분명하고 언어 규칙에 잘 맞아야 할 뿐만 아니라 무엇보다도 중요한 점은 대중적으로 통용되어야 합니다. 훌륭한 판단력을 가진 연설자가 자신이 뜻하는 내용을 가장 잘 표현할 언어를 세심한 주의를 기울여서 선택한 뒤에 목적에 맞게 연마하고 내용이 잘 연계되도록 배열을 잘해났다고 상상해 보십시오. 이 경우 밝은 자연광 아래 걸린 그림에서 명쾌함과 가치가 확연히 드러나는 것과 마찬가지로, 말 그 자체가 연설자에게 위대함과 높은 격조를 부여하게 됩니다.

이외에도 연설자는 좋은 목소리처럼 부수적인 몇몇 자질을 더 갖춰야 하지요. 예를 들어 연설자의 목소리는 여성처럼 너무 가늘고 부드럽거나 촌스럽게 들릴 정도로 너무 강하고 거칠면 안 됩니다. 낭랑하게 울려 퍼지고 발음이 또렷한 격조 높은 목소리로 말해야 하며 적절한 예절과 몸짓이 동반되어야 합니다. 몸 전체의 특유한 움직임, 즉 젠체하거나 난폭한 몸짓이 아니라 말하는 내용을 강조하고 품격을 더해주는 적당한 표정이나 눈의 움직임 그리고 연설자의 의도와 감정을 될 수 있으면 명료하게 전달하는 몸짓이 같이 따라줘야 하는 것이죠. 그러나 아무리 이 모든 것을 갖췄다고 할지라도 말이 전달하는 사상이 각 상황에 맞게 훌륭하거나 재치가 있거나 통찰력이 있거나 고상하거나 엄숙하지 않을 경우에는 효과가 없거나 거의 영향력을 미치지 못하게 될 것입니다."

모렐로 나리가 말문을 열었다. "우리가 정립하려고 하는 이상적인 궁정 신하가 그토록 우아하고 진지하게 말을 한다면 이 자리에 있는 사람들 중에서 그 뜻을 이해하지 못할 사람이 나올까 봐 걱정이 되는군요."

"그렇기는커녕 모든 사람들이 쉽게 이해할 수 있을 겁니다." 백작이 답변을 했다. "명료함은 우아함과 밀접하게 관련해서 나타나니까요. 그렇다고 해서 항상 심각한 주제만을 가지고 이야기하라는 말은 아닙니다. 물론 경우에 따라서 놀이나 농담이나 장난과 같이 즐거운 상황에서도 말을 잘해야겠지요. 중요한 점은 언제나 솔직한 자세를 보여야 하며 무의미한 말을 하거나 허영심 혹은 유치한 어리석음을 보이는 것을 피해야 합니다. 그리고 불분명하거나 어려운 문제를 토론해야 할 때는 아는 체하지 않고 불확실한 모든 문제를 분명하게 밝히도록 노력하여 명료한 생각과 말로 의미를 확실하게 전달해야 합니다. 이와 비슷하게 궁정 신하는 사람들을 자극하고 선동하는 위엄을 가지고 역설하며 내면의 깊은 감정을 불러일으킬 수 있어야 합니다.

한편 다른 경우에는 자상한 조물주가 감미롭게 인간의 감정에 파고드는 것처럼 허심탄회하게 말하는 법도 알아야 합니다. 이때는 자신감을 드러내며 편한 자세를 유지해서 듣는 사람들이 그가 노력을 기울이지 않고도 탁월한 모습을 유지한다고 믿게 만들어야 합니다.

그러면 이쯤에서 이상적인 궁정 신하가 말을 하거나 글을 쓸 때 가졌으면 하고 바라는 자세를 말해 보겠습니다. 먼저 이탈리아 전역에서 현재 말하기에 통용되는 언어 가운데에서 분명하고 아름다운 단어를 선택해서 사용해야 합니다. 이와 함께 현재 허용되는 프랑스어나 스페인어 등의 언어를 적절하게 사용할 수 있다면 더욱 좋을 것입니다. 그리고 필요에 따라 은유적인 감각을 활용해서 특정한 단어를 사용해도 좋겠지요. 약한 가지를 더 튼튼한 줄기에 접붙이는 정원사처럼 이런 단어를 기품 있게 접목하여 활용하면서 단어 자체의 우아함과 아름나움을 확

88

장시키는 능력도 가졌으면 하는 겁니다. 그가 말하거나 글로 쓴 것이 우리가 직접 경험한 것처럼 느껴져서 즐거움을 극대화할 수 있도록 말입니다. 이와 함께 이 궁정 신하는 신조어를 만들어내는 것을 망설여서는 안 되며, 한때 로마인이 그리스어에서 새로운 수사적 표현을 가져와 사용한 것처럼 주저하지 말고 라틴어에서 새로운 연설 기법을 도입해야 합니다.

오늘날 지적이고 판단력이 훌륭한 학식 있는 사람들이 방금 내가 이야기한 방법대로 이탈리아어로 읽을 가치가 충분히 있는 내용을 글로 쓰려고 노력한다면, 우리 언어도 훌륭한 어구와 수사적 표현으로 풍부하고 아름다워져서 문학작품에 충분히 사용할 수 있을 것입니다. 설사 고대 토스카나어와 같은 정격을 갖추지는 못하더라도, 적어도 온갖 종류의 꽃과 과일로 가득한 아주 멋진 정원과 같이 풍부하고 다양하며 보편적인 이탈리아어로는 남게 될 것입니다.

이런 방법은 그리 새로울 것도 없습니다. 애초에 그리스인들은 각지에서 네 가지 언어를 끌어 모으고 각 언어에서 마음에 드는 단어와 어법과 수사적 표현을 선택해서 소위 공통 언어라고 불리는 새로운 말을 만들었으니까요. 이 방언 다섯 개는 모두 그리스어로 인정받았지요. 물론 아티카 방언(Attic)이 다른 네 개 언어보다 더 우아하고 순수하며 풍부하다는 데는 의심의 여지가 없었답니다. 그러나 아무리 훌륭한 작가였어도 아테네 사람이 아니라면 자신의 독특한 스타일이나 자국어의 어투와 풍미를 없애고 아티카어만을 맹목적으로 사용하려는 노력 따위는 하지 않았답니다. 물론 아티카 방언을 사용하지 않는다고 해서 비판을 받지도 않았고요. 오히려 아테네 출신도 아니면서 아테네 사람처럼 보이려고 노력한 작가들은 큰 비난을 받았답니다. 또한 고대 로마 작가들 중에는 로마 출신이 아니면서도 당시에 높은 평가를 받았던 사람들이 많습니다. 비록 라틴어가 모국어가 아니기 때문에 라틴어의 순수성을 제대로 표현하지 못했다는 점은 지적을 받았지만 말입니다. 이는 한 평론가가 고대 로마의 역사가 티투스 리비우스(Titus Livius)의 작품에 이탈리아 파두아(Padua) 지역 말의 흔적이 남아 있다고 비평하면서도 여전히 티투스가 훌륭한 작가라고 인정했던 데에서 알 수 있습니다. 마찬가지로 베르길리우스 역시 고대 로마의 라틴어를 사용하지 않았지만 이 때문에 사람들에게 거부를 당하는 일은 없었습니다. 여러분도 알다시피 로마에서는 다른 나라 출신의 많은 작가들이 쓴 글이 사랑과 존경을 받았습니다.

이에 비해서 현재 우리는 고대인들보다 훨씬 더 엄격한 자세로 너무 지나친 규칙을 만들어서 스스로를 옭아매고 있습니다. 올바른 길이 분명하게 보이는데도 굳이 이 길에서 벗어나려고 하니 한심할 따름입니다. 무엇보다도 우리 마음속 생각을 분명하게 잘 표현해 줄 수 있는 우리말을 두고도 다들 굳이 애매모호한 표현을 쓰는 것을 좋아하니 말입니다. 게다가 고대사회의 학식 있는 사람들이 실제로 통용되지 않는 언어를 사용하지 않았음에도 이 점을 무시한 채 현재 일반인은 말할 것도 없고 기품 있는 학자들마저 제대로 이해하지 못하는 진부한 언어를 공통어로 사용하려고 합니다. 내가 보기에 여러분들은 현실을 제대로 파악하지 못하는 것 같습니다. 서민들이 제대로 사용하지 못하는 말을 두고 공통어라고 부를 수 있다고 보십니까? 평상시에 여러분이 말하는 것을 들어보면 'Capitolio' 대신에 'Campidoglio'를, 'Jeronimo' 대신에 'Girolamo'를, 'audace' 대신에 'aldace'를, 'patrone' 대신에 'padrone'를 사용하더군요. 단순히 전자의 단어들이 오래전에 무식한 토스카나 사람들이 사용한 어법을 따르고 있으며 오늘날도 토스카나 농부들 사이에서 통용되고 있다는 이유로 말입니다.

나는 교육과 경험을 통해서 올바른 분별력을 가진 사람들이 좋은 어법을 정립해야 한다고 생각합니다. 이들은 훌륭한 판단력으로 사람들 사이에서 거부감이 없이 널리 사용되는 단어를 받아들여야 하며, 이때는 형식이나 규칙보다는 본능적인 판단력을 따라야 합니다. 실제로 우리는 기품과 명료함을 지닌 수사법이 있다면 비록 문법 규칙에 어긋나더라도 듣기에 좋고 교묘한 멋이 있다(이것이 유일한 이유이지 싶습니다)는 이유만으로 거리낌 없이 사용하고 있지 않습니까? 내 생각에 이것이 로마인과 나폴리 사람과 롬바르드족 등이 수용해야 할 올바른 어법의 정수입니다.

물론 어느 언어에서나 유창성, 올바른 시제, 윤택함, 잘 구성된 종결, 조화로운 절과 같은 몇몇 사항은 꼭 필요합니다. 그렇지만 방금 든 요소들에 모순되는 허식은 모두 유감스러운 요소입니다. 일반적으로 모든 언어는 얼마 동안은 훌륭하다고 여겨지지만 시간이 지나면 진부해지면서 자체의 매력을 잃어버리게 됩니다. 그리고 이에 대한 반동으로 다시 새로운 영향력을 가진 단어들이 등장하면서 인기를 얻기 마련이지요. 계절이 지나면서 꽃과 열매가 떨어지고 새로운 봉오리를 맺는 것처럼 시간이 가면 처음에 나왔던 말들은 쇠퇴하고 새로운 어법이 생명력을 얻어 기품과 위엄을 과시하지만, 이 역시 세월이 가면서 다시 닳아지고 결국은 사멸하게 됩니다. 결국 인간과 인간이 소유한 모든 것은 마지막 순간에 다다르면 죽음을 맞게 되는 것이지요. 예를 들어 이탈리아의 고대 민족 오스칸(Oscan)의 말을 더 이상 이해하는 사람은 없습니다. 그리고 얼마 전까지만 해도 가장 저명한 작가들이 사용했던 프로방스 말을 이제는 그 지역 사람들마저 쓰지 않는답니다. 따라서 마그니피코가 아주 잘 말해 주었듯이 페트라르카와 보카치오가 지금 살아 있어도 그들은 자신들의 작품에 나온 단어들을 대부분 폐기했을 것이 분명합니다. 그러니 당연히 그들이 사용한 말을 그대로 따라 하는 자세는 올바르지 않은 것 같군요. 물론 마땅히 모방할 가치가 있는 것을 따라 할 줄 아는 사람에게는 칭찬을 보내고 싶습니다. 그리고 굳이 모방을 하지 않고도 얼마든지 훌륭한 글을 쓸 수 있으며, 특히 우리말을 이용하면 더욱 칭찬을 보내고 싶습니다."

그러자 페데리코가 질문을 던졌다. "무엇 때문에 라틴어보다 우리말의 어법을 더 높게 평가하는 겁니까?"

"그게 아닙니다." 백작이 대답했다. "나는 두 어법을 모두 지키려 합니다. 그러나 현재 라틴어를 능숙하게 구사하는 사람이 거의 남아 있지 않기 때문에 당시에 사용하던 어법을 고대 문학에서 배울 수밖에 없습니다. 그러니 우리가 고대사회 언어를 사용한다면 고대사회의 어법을 그대로 쓰는 셈이 됩니다. 현재 통용되는 말이 아니라 과거의 관습에 따라 말하려고 고대사회의 언어를 숭상하는 것만큼 어리석은 일도 없을 것입니다."

페데리코가 다시 물었다. "그렇다면 백작은 당시의 사람들은 모방을 하지 않았다고 생각합니까?"

백작이 답을 했다. "물론 모방을 했던 사람들이 많이 있었을 것이라고 믿지만, 전적으로 모방만 하지는 않았을 것이라고 확신합니다. 만일 베르길리우스가 맹목적으로 헤시오도스(Hesiod, 기원전 8세기경의 그리스 시인-역주)를 모방하기만 했다면 그를 능가하지 못했겠지요. 마찬가지로 키케로도 크라수스를 초월하지 못했을 것이며, 엔니우스도 역시 그보다 우월했던 사람들을 따라잡을 수 없었을 겁니다. 호머가 아주 오래전에 존재했던 인물이기 때문에 문체의 우수성은 물론이고 시대적인 측면에서도 최초의 영웅 시인으로 평가받는다는 점을 잊지 마십시오. 페데리코 귀하, 대체 호머가 누구를 모방할 수 있었겠습니까?"

페데리코가 대답했다. "호머 이전에 살았던 누군가이겠지요. 너무 오래되어서 우리가 알지 못하는 사람 말입니다."

백작이 말을 받았다. "그렇다면 지금으로부터 그리 오래되지 않은 시기에 살았던 페트라르카와 보카치오가 모델로 삼은 사람은 누구입니까?"

"그거야 모르죠. 그렇지만 그 사람이 누구인지를 우리가 모를 뿐이지, 페트라르카와 보카치오 역시 누군가를 모방하려고 열심히 노력했다는 사실만은 분명합니다."

그러자 백작이 반박을 했다. "페트라르카와 보카치오 정도라면 자신들보다 훨씬 우수한 사람을 모방했을 것이 분명합니다. 그렇다면 그 모방을 당한 사람들은 아주 뛰어난 사람들이었을 텐데 그런 이들의 이름과 명성이 이렇게 빨리 완전히 잊혀버렸다는 것은 있을 수 없다고 봅니다. 결국 나는 페트라르카와 보카치오의 진정한 스승은 모방이 아니라 자신의 본능적인 판단력과 천재성이었다고 믿습니다. 누구나 모든 분야에서 다양한 방법으로 완벽함의 경지에 도달할 수 있으므로 이는 그리 놀랄일도 아니라고 봅니다.

한편 모든 분야는 서로 밀접한 연관을 맺는 동시에 다른 요소를 다양하게 포함하고 있기 때문에 과거나 현재의 인물들 모두 각자의 특성을 인정하면서 모두 동등한 찬사를 보내야 한다고 봅니다. 음악을 예로 들자면 오늘날의 곡들은 엄숙하고 느리거나, 아주 빠르거나, 분위기나 형식면에서 독특합니다. 그렇지만 가지각색의 이유로 이들의 연주는 항상 기분이 좋습니다. 예를 들어 비돈(Bidon)은 대단히 기교적이고 빠르며 격렬하고 열정적으로 노래를 합니다. 그의 노래는 선율에 변화가 무쌍해서 듣는 사람의 마음을 자극하고 흥분하게 만들며 기분을 고양시켜서 마치 하늘로 끌어올려진 느낌을 줍니다. 반면에 우리나라의 직곡가 마르케토 카라(Marchetto Cara)가 만드는 음악은 감동적이며 음의 조화가 더 부드럽습니다. 그의 목소리는 아주 고요하고 구슬픈 달콤함으로 가득 차 있어서 감동을 주고 마음 깊이 스며들며 커다란 기쁨을 불러일으키고 행복한 기분이 들게 합니다.

이와 마찬가지로 인간의 시각 역시 다양한 종류의 광경을 보고 기쁨을 느끼기 때문에 어떤 형식이 최고로 좋은지를 결정하기란 참 어렵습니다. 예를 들어 미술계에서 레오나르도 다 빈치, 만테냐(Mantegna), 라파엘로, 미켈란젤로, 조르조 다 카스텔프랑코(Giorgio da Castelfranco)는 모두 아주 훌륭한 작가들입니다. 그렇지만 서로의 작업 스타일은 모두 다릅니다. 따라서 개별적으로 보면 각자가 자신의 개인적인 스타일에서 완벽하기 때문에 그 누구도 부족한 면이 없습니다.

이와 같은 원리가 모두 다른 방법으로 글을 썼으나 동일한 가치를 남긴 수많은 그리스 시인과 고대 로마 시인에게도 적용이 됩니다. 변론가들도 역시 각자가 아주 다른 특성을 가지고 있어서 각 시대마다 독특한 재능을 남겼으며 모두가 선조는 물론이고 동시대의 인물들과도 확연한 차이를 보였습니다. 이는 아주 저명하며 자신만의 스타일을 지니고 있었던 변론가 이소크라테스(Isocrates), 리시아스(Lysias), 아이스키네스(Aeschines)를 비롯한 많은 그리스의 인물들에게서 분명하게 볼 수 있습니다. 또한 로마인들 가운데에도 카르보(Carbo), 래리우스(Laelius), 스키피오 아프리카누스(Scipio Africanus), 갈바(Galba), 술피시우스(Sulpicius), 코타(Cotta), 그라쿠스(Gracchus), 마르쿠스 안토니우스, 크라수스를 비롯해 하나하나 이름을 대기에는 너무 오래 걸릴 정도로 수많은 인물들이 훌륭한 자질을 가졌으면서도 서로가 뚜렷하게 구분이 됩니다. 결과적으로 지금까지 살았던 수많은 인물들을 연구해 본다면 변론가의 수만큼이나 수많은 수사법을 발견하게 될 것입니다. 그리고 키케로가 마르쿠스 안토니우스의 예를 들면서 술피시우스에게 아무도 모방하지 않으면서도 최고로 우수한 경지에 도달한 사람이 많다는 점을 깨닫게 했다는 것을 어디에서인가 본 기억이 납니다. 또한 당시에는 특이해서 아무에게도 호응을 얻지 못했지만 나름대로 독특하고 아름다운 형식의 화법을 소개했던 일부 변론가들도 좋게 평가했습니다. 그뿐만 아니라 스승들은 제자들의 성향을 연구해서 그들이 타고난 재능과 천재성을 잘 발휘할 수 있도록 지도하고 도와줘야 한다고 주장했답니다.

따라서 존경하는 페데리코 귀하, 나는 작가가 천성적으로 비슷한 점이 없는 사람을 모방하도록 강요받는 것은 아주 잘못되었다고 믿습니다. 발전 가능성이 있는 길에서 방향을 틀다 보면 오히려 창조신이 약해지고 좌절감만 느끼게 될 수 있으니까요. 이런 면에서 볼 때 귀하의 의견을 도무지 납득할 수 없군요. 대체 무슨 이유로 우리말을 풍요롭게 하고 자체의 우수성인 웅장함과 통찰력을 발달시키는 대신에, 약하고 메마르며 비굴하고 애매모호하게 만들어서 절름발이 신세로 전락시키려는 거지요? 그리고 왜 모든 사람이 오직 보카치오와 페트라르카만을 모방해야 한다고 주장하며 폴리티안(Politian), 로렌초 메디치

(Lorenzo de' Medici), 프란체스코 디아세토(Francesco Diacceto) 혹은 이들과 마찬가지로 토스카나 출신이며 의심할 여지없이 보카치오와 페트라르카 못지않게 학식이 있고 현명한 수많은 인물들의 우수성을 인정하지 않는 겁니까?

초창기 우리나라 작가들이 이룬 업적을 인정하지 않는 것은 재능이 넘치는 수많은 사람들이 우리말로 자신의 사상을 아름답고 다양하게 표현할 방법을 찾아낼 가능성을 아예 단념시키는 것이나 마찬가지입니다. 그야말로 대단히 수치스러운 일이 분명합니다. 오늘날 일부 사람들은 자신들의 언어인 토스카나 말을 무엇보다도 신비하고 숭배한 존재로 격상시켜 놓았습니다. 이 때문에 대화를 할 때 토스카나 말이 나오면 듣는 사람들은 지레 겁을 집어먹게 되며, 심지어 아주 기품이 있고 학식이 높은 인물들마저 자신들이 유아기에 보모에게 배운 이 말을 이제는 이해하지 못한다는 고백을 차마 할 수 없답니다.

자, 그럼 우리가 이미 이 주제를 놓고 필요 이상으로 많은 이야기를 한 것 같으니 이쯤 해서 이상적인 궁정 신하 유형을 더 토론하도록 하지요."

그러나 페데리코가 말을 막았다. "나는 이 부분에 대해서 조금만 더 이야기를 해야겠습니다. 먼저 나는 사람들은 모두 다양한 의견과 재능을 가졌다는 것을 부정하지 않는다는 점을 분명히 하고 싶군요. 또한 감정적이고 주장이 강한 사람은 평온한 주제로 글을 쓰고, 위엄이 덜한 사람은 천박한 글을 써야 한다는 생각도 하지 않는다는 점을 알아주십시오. 이 점에 관해서는 모든 사람들이 자신의 경향을 따르는 것이 가장 올바르다고 생각합니다. 그리고 내 생각에 키케로가 교사들은 제자들의 성향을 존중해야 하며 덩굴식물에나 적합할 땅에 곡물 씨앗을 심는 어리석은 농부와 같이 행동하지 말라는 말을 통해서 전하려는 바가 바로 이것이었다고 생각합니다. 그렇더라도 나는 모든 사람에게 보편적으로 적용될 수 없고 많은 규칙과 제한이 따르는 언어를 놓고 봤을 때, 체계 없이 말하는 것보다 모범적인 사람을 모방하는 것이 옳다는 내 주장이 잘못되었다는 이유를 도무지 모르겠군요. 또 라틴어에서 실리우스(Silius)와 코르넬리우스 타키투스(Cornelius Tacitus)보다 베르길리우스와 키케로가 사용한 언어를 열심히 흉내 내려고 노력하는 것처럼 우리말에서도 다른 사람보다는 페트라르카와 보카치오의 필체를 모방하는 것이 당연하지 않습니까? 나는 키케로가 가르친 대로 누구나 자신의 고유한 생각을 표현해야 하며 이를 위해서 자기가 하고 싶은 대로 따라야 한다고 확신합니다. 이렇게 할 때 백작이 훌륭한 변론가들 사이에서 발견된다고 말한 독특함은 그들이 사용한 언어가 아니라 그들이 한 말 자체에서 찾을 수 있을 것입니다.”

백작이 이에 대답했다. “우리가 아주 광범위한 토론 분야에 접어드는 바람에 원래 주제에서 너무 벗어난 것 같아서 걱정이 되는군요. 그렇지만 이 한 가지만은 꼭 물어보고 싶습니다. 귀하는 언어의 진수가 어디에 있다고 생각합니까?”

페데리코가 말을 이었다. "언어의 특성을 주의 깊게 관찰하면서 최고의 작가들과 같은 의미를 받아들이고 그들과 같은 스타일과 리듬을 사용하는 데 있지요."

"그렇다면 꼭 물어보고 싶군요." 백작이 답했다. "그러한 스타일과 리듬은 표현된 사상에 담겨 있나요, 아니면 단어 자체에 담겨 있나요?"

"단어 자체에 담겨 있지요." 페데리코가 대답했다.

"그렇다면, 실리우스와 코르넬리우스 타키투스가 사용한 단어가 베르길리우스와 키케로가 사용한 것과 같으며 같은 의미를 전한다고 생각하겠군요?"

"사실 그렇습니다." 페데리코가 말했다. "그 단어들은 같은 의미이지요. 그러나 그중 일부는 현재 사멸되었고 다른 의미로 사용되고 있습니다."

백작이 답을 했다. "그렇다면 타키투스나 실리우스가 쓴 책에서 베르길리우스와 키케로의 책에서 나온 것과 다른 의미로 쓰인 단어 몇 개만 제거한다면 작가로서 타키투스가 키케로와 동등하고 실리우스가 베르길리우스와 동등하니 그들의 스타일을 모방하는 게 옳다는 말입니까?"

이 부분에서 에밀리아 여사가 끼어들었다.

"내가 보기에 귀하들의 논쟁이 너무 길고 장황해지는 것 같군요. 그러니 이 문제는 다음 기회로 넘기는 것이 좋을 듯합니다."

페데리코가 동시에 대답을 하려 했으나 에밀리아 여사가 이를 막자 마침내 백작이 말했다.

　"문학의 형식을 비평하고 언어의 리듬과 모방의 문제를 토론하는 사람들이 많이 있습니다. 그러나 이들 중 누구도 내가 납득할 수 있을 만큼 이런 내용들을 정확하게 정의 내리지 못하고 있습니다. 또한 이들은 호머나 기타 작가들을 모방한 베르길리우스의 작품이 표절이 아니라 오히려 더 향상된 것처럼 보이는 이유도 설명하지 못합니다. 아마도 그런 점을 이해하기에는 내 능력이 부족한 탓이겠지요. 한편으로 내용을 잘 알아야 설명도 잘할 수 있다는 점을 고려해 본다면, 사실은 이들이 베르길리우스와 키케로 및 다른 작가들 사이의 차이점을 잘 모른다는 생각도 듭니다. 많은 사람들이 두 작가를 찬양하기 때문에 단순히 그냥 따라서 칭송을 하는 것 같아 염려가 되는 것이지요. 물론 이 작가들 사이의 차이점은 몇 마디 단어나 어법의 차이만으로 국한할 수는 없습니다. 고대 로마의 문학가 살루스트(Sallust)나 바로(Varro) 혹은 그 외의 훌륭한 작가들의 작품에는 키케로가 사용한 것과 다른 의미나 형식으로 사용된 단어가 몇 개 발견됩니다. 설사 그렇더라도 언어의 힘과 우수함은 그처럼 사소한 점으로 생성된 것이 아니기 때문에 두 가지 방법 모두 수용할 만합니다. 그리스의 웅변가 데모스테네스(Demosthenes)는 아이스키네스로부터 빈정대는 투로 그가 사용했던 아티카 방언이 아닌 단어들이 부정하고 불길한 의미를 품고 있는 게 아니냐는 질문을 받은 적이 있답니다. 이때 데모스테네스는 아주 올바른 답을 남겼지요. 그저 간단하게 이 말을 비웃으며 '이 때문에 그리스의 성쇠가 좌지우지되는 것도 아니지 않느냐?'라고 말입니다. 그러니 대체 무엇 때문에 내가 'sodisfatto(만족스러운)' 대신에 'satisfatto'를, 'orrevole(명예로운)' 대신에 'onorevole'를, 'popolo(백성)' 대신에 'populo'를 사용한다고 해서 토스카나 사람이나 다른 지역 출신의 사람들로부터 비난받지 않을까 하는 걱정을 해야 한다는 말입니까?'

이 말을 듣고 페데리코가 일어나서 소리쳤다. "실례지만 모두 잠시만 내 말을 들어주십시오."

그러나 에밀리아 여사가 웃으며 말했다. "아닙니다. 나는 이 토론을 다음 기회에 계속했으면 합니다. 지금 이 순간부터 두 분 중 누구라도 이 주제로 계속 이야기를 한다면 화가 날 것 같군요. 그러니 존경하는 백작 귀하, 부디 이상적인 궁정 신하의 유형에 관한 토론을 계속하시지요. 백작이 아까 중단했던 곳에서 토론을 계속한다면 상당한 공적이 될 것 같습니다."

"내가 이야기하던 흐름을 놓쳐버린 것 같아 염려가 되는군요." 백작이 대답했다. "내 기억이 옳다면, 허식의 흔적은 모든 것에서 기품을 빼앗으며, 우아함의 최고봉은 허식을 무색하게 만드는 꾸밈없음과 태연함을 통해서 이룰 수 있다는 이야기를 하고 있었던 것 같군요. 여기에 한 가지만 더 덧붙이고 마무리를 짓겠습니다. 오늘날 모든 여성들은 아름다워지려고 극도로 열망하고 있으며 이 시도가 실패로 돌아가면 적어도 아름답게 보이기라도 하려고 노력을 아끼지 않습니다. 조물주의 총애를 받지 못해 어떤 면에서 부족한 여성은 인공적인 수단으로라도 이 실

101

수를 개선하려고 안간힘을 쓰지요. 따라서 아주 공을 들여서 얼굴을 아름답게 꾸미며 때로는 눈썹과 이마를 잡아 뜯는 고통까지도 감수합니다. 여성 여러분은 남성들이 이에 대해서 아는 바가 전혀 없다고 생각하지만 사실 아주 잘 알고 있답니다."

이 말을 듣고 코스탄차 프레고소 마님이 웃으며 말했다. "아무 의미도 없이 여성의 결점을 드러내는 것보다는 본래의 토론을 계속하며 품격의 근원이 무엇이고 궁정주의란 무엇인지를 이야기하는 게 더욱 예의 바른 행동일 것 같습니다."

"이것은 토론과 아주 밀접한 관계가 있는 말이랍니다." 백작이 답했다. "앞서 이야기한 여성들이 기울이는 그러한 노력들이 오히려 스스로의 품위를 떨어뜨린다는 점을 말하고 싶었던 것이니까요. 온갖 귀찮은 치장과 고통을 감수하는 자세는 결국 허식에서 비롯된 것이고, 이 모든 것은 그 여성들이 아름다워지기를 갈구한다는 점을 모든 사람들에게 분명하게 보여주니 말입니다. 화장을 너무 두껍게 해서 마치 마스크를 쓰고 있는 것 같고 화장에 주름이 갈까 걱정이 되어서 차마 웃지도 못하는 여성을 생각해 보십시오. 또 아침에 옷을 입을 때만 살짝 안색이 바뀌고 하루 종일 마치 나무 조각인양 파리한 모습으로 꼼짝 안하고 있다가 교활한 상인이 어두운 모퉁이에서 옷감을 보여주듯이 횃불 아래에서만 잠깐 모습을 나타내는 여성이 있다고 합시다. 이러한 여성들과 화장을 아주 약하게 해서(정 화장을 하고 싶다면) 바라보는 사람들이 과연 화장을 했는지조차 알아채지 못할 정도인 여성을 비교해 보면 후자의 여성이 얼마나 더 우아한

102

지를 여러분도 금방 깨닫게 될 것입니다.

　매력적인 여성은 너무 혈색이 없거나 얼굴이 너무 붉어서는 안 됩니다. 화장을 하지 않은 얼굴색 자체가 자연스럽고 약간 창백하며(가끔씩 창피하거나 다른 이유로 얼굴이 붉어지는), 꾸미지 않은 머리카락을 자연스럽게 늘어뜨리고, 아름답게 보이려는 노력이나 갈망 없이 몸짓이 간결하고 자연스러운 여성이야말로 최고로 아름답습니다. 인공적인 기교로 아름답게 꾸민 여성들에게 속을까 봐 항상 두려워하는 남성들의 마음에 가장 매력적으로 다가오는 것은 바로 이렇게 자연스러운 수수함입니다.

　그리고 여성의 사랑스러운 치아는 항상 기분을 좋게 만듭니다. 얼굴의 다른 부분과는 달리 대부분 눈에 잘 띄지 않기 때문에 아름답게 보이려는 노력을 덜 기울였을 것이 분명하니까요. 그러나 헛된 웃음을 흘리거나, 단지 치아를 자랑하기 위해서 억지 미소를 짓거나, 인공적인 면을 무의식적으로 드러내는 사람들은 아무리 아름답다고 할지라도 카툴루스 에그나티우스 (Catullus' Egnatius)처럼 모든 사람에게 가장 꼴사나운 모습으로 비춰질 것입니다.

　같은 원리가 손에도 적용됩니다. 손이 섬세하고 아름다우며, 단지 아름다움을 과시하기 위해서가 아니라 사용할 필요가 있는 적당한 시점에 드러나면 남성들의 마음속에는 한 번 더 바라보고 싶은 간절한 열망이 솟구치게 됩니다. 특히 장갑을 다시 낀 후에는 더욱 그렇지요. 이처럼 손을 가리는 사람은 다른 사람의 시선을 거의 의식하지 않거나 손을 과시하려고 조바심치지 않습니다. 이는 아름답게 보이려는 노력이나 열망으로 가꾼 것이 아니라 그저 원래부터 조물주에게서 아름다운 손을 부여받은 것처럼 여겨진답니다.

여러분 모두 교회를 가는 길에 길거리를 지나가던 여성이 장난삼아서 혹은 다른 이유로 치맛자락을 살짝 들어 올릴 때 작은 발이나 얇은 종아리가 드러나는 것을 본 적이 있을 겁니다. 바로 그 순간에 보이는 벨벳 리본과 예쁜 스타킹을 통해서 나타나는 매혹적인 여성스러움이야말로 진정으로 우아한 광경입니다. 나는 이런 모습이 대단히 매력적이라고 생각하며, 다른 남성 여러분 역시 나와 같은 느낌일 것이라고 확신합니다. 이처럼 누구나 주의 깊게 계산된 행동보다 감춰져 있다가 자연스럽게 드러나는 우아함을 훨씬 더 높이 평가하기 마련이지요.

우리도 이런 방법으로 허식을 피하거나 감출 수 있습니다. 이제 여러분은 허위가 우아함과 얼마나 대치되며, 비록 살짝 이야기를 하긴 했지만, 어떻게 육체와 정신의 움직임에서 매력을 앗아가는지를 알았을 것입니다. 한편 정신이 육체보다 훨씬 더 가치가 있기 때문에 정신을 더욱 연마하고 가꾸기 위해서 노력해야 한다는 점을 잊어서는 안 됩니다. 따라서 이상적인 궁정 신하에 대한 설명은 이 주제와 관련해 각 가치를 자세하게 토론하여 미덕을 규정한 현명한 철학자들의 수많은 저술로 대신하겠습니다. 그리고 우리의 목적을 지키는 측면에서 이상적인 궁정 신하란 신의를 알고 청렴결백한 사람이면 적당하다는 말로 간단하게 마무리하겠습니다. 이 신의와 청렴결백함에는 선량함과 불굴의 정신과 자제력 및 그 외의 모든 자질들이 포함됩니다.

또한 나는 이상적인 궁정 신하는 항상 선량하게 행동하려고 노력하는 진정한 의미의 도덕적인 철학자가 되어야 한다고 믿습니다. 이를 위해서 명예심 이외에도 몇 가지 규칙이 필요합니다. 제자가 미덕을 알고 이해하도록 장려하면 그 교육은 좋은 열매를 맺는다고 소크라테스가 주장한 것은 아주 옳은 말이었습니다. 선량함을 바라는 단계에 도달한 사람은 어렵지 않게 모든 것을 배울 수 있으니까요. 따라서 이 점은 더 이상 거론하지 않겠습니다.

그러나 나는 선량함에 덧붙여서 우리 모두에게 참되고 근본적인 마음의 장식품은 바로 문학예술이라고 생각합니다. 비록 내가 아는 프랑스 사람들이 무기의 고귀함만 중요하게 여기고 나머지는 대수롭지 않게 생각해서 배움의 가치를 모르는 것은 물론이고 이를 지독히 혐오하는 데다가, 학자를 천한 하층 계급으로 생각하고 학자라고 불리는 것을 대단한 모욕으로 받아들일지라도 말입니다."

이 말을 듣고 마그니피코 줄리아노가 말문을 열었다.

"오래전부터 프랑스인들 사이에서 이러한 잘못이 보편적으로 일어나고 있음을 말한 점은 아주 옳습니다. 그렇지만 만일 사람들의 뜻대로 행운이 따라서 앙굴렘 전하(Monseigneur d' Angoulême)가 왕좌를 이어받는다면 프랑스에 영광이 번성하고 빛이 발하게 되며, 문학에도 최고의 광명이 쏟아질 것으로 믿습니다. 얼마 전 앙굴렘 전하의 궁정에 머물렀을 때 왕자를 지켜봤는데 잘생긴 외양은 둘째로 치더라도 그에게는 인자함과 자비로움이 결합된 아주 고귀한 분위기가 풍기더군요. 오히려 프랑스 왕국이 그에게는 너무 제한된 무대처럼 보였습니다. 당연히 나는 프랑스와 이탈리아의 많은 귀족들로부터 앙굴렘 전하의 정중한 행동과 담대함과 용기와 관대한 정신을 칭송하는 말을 아주 많이 들었답니다. 이들은 하나같이 입을 모아서 앙굴렘 전하가 배우는 것을 대단히 좋아하고 소중하게 생각했으며, 학자들을 모두 존경했다고 하더군요. 또한 프랑스인들이 나라 전역은 물론이고 특히 파리에 그처럼 훌륭한 대학을 두고도 학자라는 직업을 너무 적대적으로 대한다고 나무란 적도 있다고 하더군요."

그러자 백작이 덧붙였다. "그처럼 어린 나이에 오직 천성적인 본능만으로 깨우쳐 자기 나라 사람들의 일상적인 행동 방식에서 벗어나 영예로운 행로를 선택했다는 것은 참으로 훌륭한 일입니다. 그리고 백성들은 항상 지도자의 행동을 따라 하기 마련이니 마그니피코 귀하가 말한 대로 프랑스인들이 진정한 가치를 배우는 중요성을 깨닫게 될지도 모르겠군요. 지식은 인간이 자연스럽게 열망하는 본능이며 이것이야말로 훌륭한 요소라고 할 수 있습니다. 믿지 않는 것이야말로 어리석음의 극치를 보여주는 것이므로, 이러한 이유를 잘 설명하면 백성들도 납득할 겁니다.

혹시라도 내 의견에 동의하지 않는 분이 있다면 인간의 존엄과 생활에 문학이 얼마나 유용하고 필요한 것인지를 보여드리겠습니다. 문학이야말로 신이 인간에게 내린 최고의 선물입니다. 전투에서 용맹을 떨쳤던 고대사회의 지도자들 중에서 학문적으로도 전성기를 누린 인물들은 수없이 많답니다. 여러분도 알다시피 알렉산더 대왕은 호머를 대단히 높이 숭배해서 항상 『일리아드』를 바로 옆에 놓아두었습니다. 또한 그는 이런 학습뿐만 아니라 아리스토텔레스의 지도 아래 철학적인 사색에도 엄청난 관심을 두었습니다. 소크라테스에게 교육을 받은 알키비아데스는 문학을 통해서 자신의 훌륭한 자질을 계발하고 강화했지요. 시저(Caesar)가 학문에 바친 노력은 영감을 주는 그의 글에서 고스란히 드러납니다. 스키피오 아프리카누스는 완벽한 왕이었던 키루스(Cyrus)의 초상화가 그려진 크세노폰(그리스의 철학자이자 역사가─역주)의 작품을 항상 옆에 지니고 다녔다고 합니다. 그 외에도 루쿨루스(Lucullus), 술라(Sulla), 폼페이우스(Pompey), 브루투스(Brutus) 및 수많은 로마인과 그리스인들을 예로 들 수 있습니다. 그러면 이쯤에서 천성적으로 흉포하고 자비심이라고는 전혀 찾아볼 수 없으며 인간이나 신을 모두 배반하고 오만하기 짝이 없지만 어느 정도 학자의 품성을 지니고 그리스어까지 잘 알았던 명장 한니발도 여러분에게 상기시켜야 할 것 같군요. 내가 잘못 안 게 아니라면 언젠가 한니발이 그리스어로 직접 쓴 책을 한 권 남겼다고 어디에선가 본 것 같습니다. 그러나 문학이란 군인에게 해로운 것일 뿐이라는 프랑스인들의 생각이 얼마나 잘못되었는지를 아는 여러분에게는 더 이상 이 이야기를 할 필요가 없겠군요.

여러분 모두 전쟁에 참여한 사람이 용기와 담력을 가지고 행동하도록 자극하는 것이 바로 승리를 향한 열망이라는 것을 알고 있을 겁니다. 이에 반해서 보상금을 노리거나 다른 동기에 자극을 받아서 행동하는 사람은 가치 있는 공적을 세우는 데 실패하기 마련이며, 신사가 아닌 비열한 상인이라 불릴 만합니다. 문학의 신성한 보고에 위탁하는 것이야말로 진정한 영광이라는 사실은 문학의 가치를 모르는 불행한 이들을 제외하고는 모두 알고 있습니다. 시저와 알렉산더 대왕과 스키피오와 한니발 및 그 외에 수많은 장군들이 이룬 위대한 공적을 읽고도, 굽실거리는 성격에 겁이 많고 비굴해서 이 장군들을 열심히 따라 할 열망을 느끼지 못하는 사람들이 많습니다. 이들처럼 영원히 타오르는 불꽃으로 승화하기 위해서 짧은 인생을 포기할 준비가 안 된 사람들에게는 사후 삶을 장렬하게 만들 수 있는 것이 전혀 없을 것입니다. 이렇게 학습의 즐거움에 감사할 줄 모르는 사람들은 스스로가 그토록 오랫동안 지켜왔던 영광이 얼마나 위대한가를 깨닫지 못하며 그들의 기억이 한정되어 있는 까닭에 오직 한두 사람의 인생으로만 영광의 가치를 평가하게 됩니다. 이런 사람들이 경험했던 영광이란 불행하게도 그들이 전혀 모르는 영원한 영광과는 비교도 할 수 없답니다. 따라서 그들에게 영광은 거의 아무런 의미가 없기 때문에 영광의 본성을 이해하는 사람들과는 달리 영광을 좇으려는 위험을 무릅쓰지도 않더군요.

내 의견에 반대하며 다른 예를 들어서 논박하려는 사람도 있을 겁니다. 예를 들자면 이탈리아인들이 선보인 문학적인 지식을 최근 몇 년 동안 전쟁터에서 그들이 드러낸 부족한 용맹성과 비교해서 말입니다. 물론 이는 명백한 사실입니다. 그렇지만 이런 현상은 그저 몇몇 사람들의 나약함이 많은 사람에게 피해를 끼친 것일 뿐입니다. 더구나 이들은 우리 국가를 파멸시키고 우리 정신을 약하게 한 데에도 책임이 있습니다. 그러나 우리로서는 이 사실이 다른 나라에 알려지는 게 프랑스인들이 문학에 무지하다는 사실보다 더욱 수치스러운 일이겠지요. 그러니 우리가 고통 없이는 상기할 수 없는 문제는 그저 조용히 지나가는 것이 더 낫다고 봅니다. 마지못해 꺼낸 이 문제를 이쯤에서 마무리 짓고 이제 원래 우리의 주제인 이상적인 궁정 신하의 유형으로 돌아가지요.

나는 우리 궁정 신하가 적어도 우리가 인문학이라고 부르는 학문에서는 보통 수준을 넘는 학자였으면 합니다. 그리고 라틴어는 물론이고 그리스어도 잘 알아야 합니다. 대단히 많은 작품들이 그리스어로 아주 아름답게 저술됐기 때문입니다. 또한 이상적인 궁정 신하는 시에 아주 정통해야 하며 변론가와 역사학자에 버금가야 합니다. 특히 우리 언어로 운문과 산문을 모두 능숙하게 쓸 수 있어야지요. 이러한 능력은 궁정 신하에게 개인적인 만족감을 느끼게 할 뿐만 아니라 보통 이러한 점을 아주 좋아하는 여성들에게도 끊이지 않는 오락거리를 제공할 것입니다.

그러나 다른 활동 때문이거나 공부가 부족해 글쓰기에서 칭찬할 만한 기준에 다다르지 못한 사람들도 있을 것입니다. 이런 사람들은 자신의 글을 감춰 조롱거리가 되는 것을 피하고 진정으로 믿을 수 있는 친구에게만 이를 보여줘야 합니다. 이런 사람들은 꾸준히 글쓰기 연습을 한다면 적어도 다른 사람의 작품을 비판하는 방법을 배우는 정도까지는 발전할 수 있을 것입니다. 숙련된 작가가 아닌 사람이 고대사회 작가가 쓴 어려운 작품을 완전히 이해하거나, 그들의 문체적 기교나 성과나 포착하기 힘든 특성들을 올바르게 인식하기란 대단히 드문 일이니까요. 어쨌든 이런 공부를 통해서 누구와 대화를 하든지 간에 넓은 견문으로 웅변술을 자랑할 것이며 자신감과 확신을 가지고 자신의 의견을 펼칠 수 있게 될 것입니다.

이외에도 나는 올바른 궁정 신하라면 마음속에 하나의 교훈을 필히 간직하고 있었으면 합니다. 즉, 방금 내가 말한 것과 그 외의 다른 분야에서 항상 앞으로 나서기보다는 어려워하거나 자신 없는 태도를 유지하며 자신이 모르는 것을 안다고 착각하지 않도록 스스로를 잘 감시해야 합니다. 인간은 본능적으로 칭찬을 갈망하기 때문에 귀에 들리는 칭찬은 어떤 소리나 음악보다 더 달콤하기 마련입니다. 세이렌의 노래나 마찬가지인 칭찬은 사람의 마음을 현혹해 듣는 사람의 배를 결국 난파시키고 맙니다. 이 위험성을 파악한 고대사회의 일부 철학자들은 진정한 친구와 아첨꾼을 구별하는 법을 알려주는 책을 많이 썼습니다. 그렇지만 많은 사람들이 그저 듣기 좋은 칭찬이라는 사실을 아주 잘 알면서도 이런 아첨꾼을 좋아하고 진실을 말하는 사람을 몹시 혐오하니 대체 이런 책들이 무슨 소용이 있겠습니까? 사실 많은 사람들은 다른 이들이 자신을 충분히 칭찬해 주지 않으면, 오히려 스스로 나서서 아첨꾼도 무색하게 만들 최고로 허무맹랑한 말을 지껄이곤 한답니다. 그렇지만 이처럼 눈이 멀고 어리석은 자들이 저지르는 잘못은 그들의 몫으로 남겨두기로 하지요.

다시 궁정 신하의 품성을 이야기하자면, 검정을 두고 흰색이라고 말하지 않으며 사실이라는 확신이 들지 않으면 함부로 추정하지 않는 훌륭한 판단력을 가져야 한다고 믿습니다. 기억하는지 모르겠습니다만, 체사레 귀하가 오늘 밤 놀이를 제안하면서 말한 것처럼 우리 자신도 모르게 드러낸 어리석은 사람들의 결점에 관해서는 특히 더욱 그렇습니다. 이에 반해서 궁정 신하가 전혀 실수를 하지 않으려면 자신이 듣는 칭찬이 마땅하다고 할지라도 너무 공개적으로 동의하거나 아무런 이의 없이 받아들이면 안 됩니다. 오히려 항상 군인이 자신의 주요 분야이며 그 외의 뛰어난 공적은 단지 부속물에 불과할 뿐이라는 느낌을 주면서 칭찬을 겸손하게 부인해야 합니다. 그리고 학자들의 세계에서 전사로 인정받으려고 하거나 전사들 사이에서 문인으로 보이고 싶어하는 사람처럼 행동하지 않도록 군인들과 있을 때 더욱 조심해야 합니다. 이러한 방법 속에서 허식을 피할 수 있으며 심지어 아주 작은 성과라고 하더라도 결과적으로 아주 위대하게 비칠 것입니다."

이 말을 듣고 피에트로 벰보가 끼어들었다. "존경하는 백작 귀하, 나는 귀하가 왜 박식하고 가치 있는 품성을 갖춘 궁정 신하가 군사들의 직분을 돋보이게 하도록 노력해야 한다고 주장하는지 모르겠군요. 군사력이나 기타 자질을 통해서 학자라는 직업을 더 돋보이게 할 수도 있을 텐데요. 사실 군사가 몸의 기능을 하고 문학이 정신의 기능을 한다는 점을 고려해 보면 위엄이라는 면에서는 정신이 육체보다 훨씬 위대하지 않습니까?"

그러자 백작이 답했다. "그렇지 않습니다. 오히려 군사라는 직업은 정신과 육체의 두 면에 모두 관련이 있습니다. 그렇지만 피에트로, 나는 귀하가 성급한 결론을 내리지 않았으면 합니다. 그 결정에 따라 학자 혹은 군인 쪽에서 귀하를 편협한 사람이라고 여길 수 있으니까요. 또한 이미 현자들이 충분히 논의를 거쳐서 결론을 낸 만큼, 이 문제는 논쟁의 여지가 없으므로 다시 거론할 필요가 없다고 생각합니다. 이미 이 문제는 군인 쪽에 유리하게 정리가 되었으니까요. 또한 지금 내가 원하는 올바른 궁정 신하의 유형을 이야기하고 있으므로, 내가 선호하는 의견을 반영하도록 하겠습니다. 만일 귀하가 이 의견에 반대한다면 문학의 대의를 옹호하는 사람들이 문학을 사용하는 것처럼 군인의 대의를 옹호하는 사람이 그것을 사용하도록 허용된 논쟁이 열리기를 기다리시지요. 각자가 자신의 무기를 사용하는 자리에서는 학자가 지게 될 것이 분명하니까 말입니다."

피에트로 벰보가 말했다. "아, 백작은 조금 전에 문학의 진가를 제대로 인정할 줄 모르는 프랑스인들을 비난하지 않았습니까? 그리고 문학이 인간에게 가져온 영광과 그것이 어떻게 인간을 불변의 존재로 만드는지에 대해 이야기했습니다. 그런데 이제 갑자기 입장을 바꾸는군요. 백작은 다음과 같은 말을 기억하지 못합니까?

알렉산더 대왕이 사나웠던 아킬레스의 유명한 무덤에 다다르자,
한숨을 쉬며 말했다.
'오, 그대는 혁혁한 공을 세운 데다
그대를 그토록 훌륭하게 기록해줄 사람까지 찾았으니
그야말로 행운의 사나이구려!'
(페트라르카가 지은 소네트의 첫 번째 4행시−역주)

만일 알렉산더 대왕이 아킬레스를 질투한 것이 그가 세운 공때문이 아니라 운이 좋게도 호머와 같은 위대한 문학가가 그의 행적을 유명하게 만들어준 것 때문이라면, 알렉산더 대왕이 아킬레스의 군사력보다 호머의 작품에 더욱 높은 가치를 뒀다는 결론을 내려야 합니다. 이처럼 지금까지 생존했던 인물 중에서 가장 위대한 장군이 한 말이 있는데, 그 외에 어떤 의견이나 판단이 더 필요하단 말입니까?"

백작이 답변을 했다. "군인에게는 문학이 해롭다고 믿은 프랑스인에게 잘못을 돌리고 전사야말로 그 누구보다도 더 교육을 받아야 한다는 주장은 계속 유지하겠습니다. 또한 이상적인

궁정 신하는 서로 도움을 주는 두 능력, 즉 문학과 군사기술을 모두 갖춰야 한다고 생각합니다. 그렇다고 해서 내가 갑자기 의견을 바꾼 것은 아닙니다. 어쨌거나 앞서 말한 대로 어떤 부분이 더욱 칭찬할 가치가 있는지는 이 자리에서 논쟁하고 싶지 않으니 그냥 넘어가겠습니다. 그러나 학자들은 독보적인 가치가 있는 위대한 인물이나 영광스러운 업적이 아니면 거의 칭송을 하지 않으며, 이 두 요소는 작가들에게 작품을 쓸 때 진정으로 뛰어난 주제가 된다는 점만은 분명히 해두지요. 이 주제야말로 글의 내용을 대단히 아름답게 만들며 의심할 여지없이 그러한 글을 오랫동안 지속되게 만든답니다. 이와 달리 훌륭한 업적이 아닌 하잘것없고 사소한 주제나 다룬 작품은 분명히 사람들의 사랑을 덜 받고 낮은 평가를 얻을 것입니다.

그리고 설사 알렉산더 대왕이 호머가 아킬레스를 칭송했다는 이유로 아킬레스를 부러워했다고 하더라도 꼭 그것이 그가 군인보다 학자를 더 중요하게 생각했다는 의미는 아닙니다. 또한 알렉산더 대왕이 자신에 대해서 글을 쓴 모든 인물들이 작가로서 호머보다 열등하다고 생각했고 그 때문에 자신 역시 군인으로서 아킬레스보다 열등하다고 생각한 거라면 내 생각에는 알렉산더 대왕이야말로 용감한 말보다는 용감한 업적을 훨씬 더 중요하게 여겼음이 틀림없군요. 따라서 알렉산더 대왕이 자신이 한 행동을 이야기할 때는 이미 자신이 가진 능력, 즉 아킬레스보다 훨씬 더 뛰어나다고 인정받은 전사로서의 용맹을 당연하게 생각한 것이 아닙니다. 그보다는 암묵적으로 스스로를 징찬하고, 자신이 부족하다고 생각한 자질, 즉 작가로서의 능력에 대한 열망이라고 해석할 수 있지요. 알렉산더 대왕은 자신의 유명세가 아킬레스의 것에 맞먹지 못하지만 이는 자신의 용맹과 자질이 최고의 칭찬을 받을 정도로 뛰어나지 않거나 자격이 없어서가 아니라고 생각한 것이지요. 아킬레스를 행운의 사나이라고 말한 것은 그가 운이 좋게도 타고난 천재인 호머를 그의 업적을 세상에 널리 알릴 전령사로 갖게 된 점을 의미하는 것입니다. 게다가 알렉산더 대왕은 아마도 자신을 다룬 글을 읽으면서 느끼는 즐거움이 훌륭한 문학적인 업적에 대한 애정과 존경만큼 크다는 것을 알림으로써 재능이 있는 인물들이 자신에 대해서 많이 쓰도록 권장하고자 했을 것입니다. 자, 그럼 이제 이 주제는 충분히 이야기를 나눈 것 같군요.”

“정말 너무 많은 이야기를 한 것 같습니다.” 로도비코 나리(로도비코 백작과 동명이인-역주)가 한마디 했다. “사실 내가 보기에는 세상을 전부 뒤진다고 하더라도 백작이 원하는 이상적인 궁정 신하의 자질을 모두 담을 수 있을 만큼 큰 통을 찾을 수는 없을 것 같군요.”

“조금 더 기다리셔야겠습니다.” 백작이 답했다. “아직 이야기할 것이 더 남았으니까요.”

그러자 피에트로 다 나폴리가 덧붙였다. “기다린다는 점에 관해서는 그라소 데 메디치가 피에트로 벰보보다 훨씬 더 유리하겠군요.”

이 말을 듣고 모든 사람들이 웃고 나자 백작이 다음과 같이 말을 이었다.

"여러분, 나는 궁정 신하는 음악을 즐기고 여러 가지 악기를 연주할 수 있음은 물론이고 악보를 이해하고 읽을 수 있어야 한다고 생각합니다. 우리의 여가 시간에 몸을 편하게 하고 정신을 회복시키는 데 음악만큼 가치 있고 훌륭한 것이 없기 때문입니다. 특히 궁정에서는 음악이 모든 사람들의 골칫거리를 잊어버리게 할 뿐만 아니라 이를 통해서 조화로움과 감미로움에 아주 민감한, 부드럽고 온화한 영혼을 가진 여성들을 기쁘게 하는 다양한 활동을 할 수 있기 때문입니다. 따라서 고대사회에서나 현대에서 많은 사람들이 항상 음악을 대단히 좋아하고 진정으로 원기를 회복해 주는 수단으로 기꺼이 받아들이는 것은 당연한 일이지요."

가스파레 나리가 한마디 했다.

"나는 허황된 수많은 오락거리와 마찬가지로 음악 역시 여성들 혹은 겉모습만 남자이지 진정한 남성이 아닌 사람들에게나 가장 적합하다고 생각합니다. 이런 남성들은 자신의 정신을 여성처럼 나약하게 만들고 죽음을 두려워하게 되는 기쁨에 빠져서는 안 되지요."

"그런 소리 하지 마십시오." 백작이 반박했다. "계속 그런 말을 하시면 나는 음악의 중요성을 하나하나 다 끄집어내어 설명하겠습니다. 고대사회에서 음악이 얼마나 예우를 받으며 성스럽게 취급되었는지부터 시작해서 한 현명한 철학자의 '세상은

음악으로 만들어졌고 하늘은 음악이 연주될 때 나오는 조화로
운 선율로 형성되었으며 인간의 영혼 역시 음악을 통해서 이루
어졌다'는 말까지 말입니다.

음악이 아주 강한 힘을 가지고 있다는 점은 언젠가 알렉산더
대왕이 한 음악에 대단히 고무가 되어 자기도 모르게 연회 테이
블에서 일어나 무기고 쪽으로 갑자기 돌진했다는 기록을 통해
서도 확인할 수 있습니다. 그는 연주가가 다른 음악을 연주하자
그때서야 냉정을 되찾고 무기고에서 연회장으로 되돌아왔다고
합니다. 한 가지 예를 더 들자면 위엄을 갖췄던 소크라테스도
아주 많은 나이에 키타라(cithara, 하프와 비슷한 고대 그리스의 악기-
역주)를 연주하는 법을 배웠다고 합니다. 더구나 나는 플라톤과
아리스토텔레스가 교양이 있는 사람은 반드시 음악을 다룰 줄
알아야 한다고 주장했다는 말도 들은 적이 있습니다. 이들은 지
금 구체적으로 설명하기에는 시간이 너무 소요될 수많은 이유
를 들며 음악은 꼭 어린 시절에 배우기 시작해야 한다고 했답니
다. 이는 음악이 인간에게 강력한 영향력을 행사한다는 점을 분
명히 보여줍니다. 음악은 귀에 아름다운 선율을 전해 줄 뿐만
아니라 훌륭한 버릇과 고결한 성품을 키워주는 힘이 있으며, 운
동이 신체를 더욱 튼튼하게 만드는 것처럼 정신이 행복한 감정
을 잘 받아들이게 하기 때문이지요. 또한 플라톤과 아리스토텔
레스는 음악이 평화로울 때나 전쟁을 할 때 모두 아주 유용하다
고 덧붙였답니다.

이뿐만 아니라 스파르타 교육제도의 입법자인 리쿠르구스

(Lycurgus)는 자신이 만든 아주 엄격한 법률에서 음악을 승인해 놓기도 했습니다. 여러분도 호전적인 스파르타 사람들과 크레타 사람들이 전투에서 키타라와 감미로운 소리를 내는 다양한 악기를 연주했다는 기록을 문헌에서 읽었을 것입니다. 또한 에파미논다스(Epaminondas)와 같이 고대사회에서 아주 뛰어난 공훈을 남긴 많은 장군들은 모두 음악을 연주했으며, 테미스토클레스(Themistocles)와 같이 음악에 무지했던 장군들은 존경을 덜 받았습니다. 훌륭한 케이론(Chiron, 그리스신화에 나오는 가장 현명한 반인반마의 괴물로 예언·의술·음악에 능했음-역주)이 어린 아킬레스에게 가장 먼저 가르친 과목 중의 하나가 음악이었으며, 이 현명하고 존경할 만한 스승이 수많은 트로이군의 피를 흘리게 한 손으로 키타라를 연주하기를 바랐다는 말을 들어보지 못했습니까? 그렇다면 대체 어떤 전사가 아킬레스와 수많은 장군들의 전례를 따르는 것을 수치스러워 하겠습니까? 그러니 가스파레 귀하는 이상적인 궁정 신하의 자질에서 인간의 영혼을 순화시키는 것은 물론이고 야생동물마저 길들이는 음악을 박탈해서는 절대로 안 됩니다.

사실 음악을 즐길 줄 모르는 사람의 영혼은 조화롭지 못하다고 장담할 수 있습니다. 또한 음악이 가진 힘이 어찌나 대단한지 옛날에 폭풍우가 몰아치는 바다에서 어느 물고기가 스스로 사람을 자신의 등 위에 태운 적도 있다는 점을 잊지 마십시오. 여러분도 알다시피 음악은 신을 찬양하고 감사를 드리는 신성한 장소에서 이용됩니다. 사람들은 신 또한 음악을 좋아하며 신이 세상에 음악을 내려준 것은 인간의 시련과 고난을 완화하는 진통제로 사용하라는 의미라고 믿습니다. 때문에 작열하는 태양을 받으며 논밭에서 일하는 일꾼들은 소박한 노래를 부르며 노고를 잊곤 합니다. 그리고 동이 트기 전에 일어나 실을 잣거나 천을 짜는 미천한 시골 소녀 역시 잠을 몰아내고 일을 즐겁게 하려고 노래를 흥얼거립니다. 폭풍과 비바람이 몰아치는 고통 속에서 항해를 끝낸 어부는 음악과 함께 휴식을 취하는 것을 좋아합니다. 쇠사슬에 묶인 채 좁은 감옥에 갇혀서 고통스러운 나날을 보내는 죄수들과 마찬가지로, 길고 힘든 여행길에 기진맥진한 순례자도 음악으로 위안을 삼습니다. 더 확실한 증거를 들자면, 세상의 시련과 고난이 가져다주는 온갖 짐을 가볍게 해주는 가장 소박한 멜로디는 바로 고집스럽게 울어대는 갓난아기를 확실하게 안정시켜주는 자장가이며, 이는 조물주가 인간에게 직접 전수한 노래입니다. 갓난아기는 이 노래를 들으면서 어른이 되어 겪을 고통을 예감하는 눈물을 잊어버리고 안정을 되찾으며 조용히 잠이 듭니다."

백작이 잠시 동안 침묵을 지키자 마그니피코 줄리아노가 말을 했다.

"나 역시 가스파레 나리가 말한 것에 동감하지 않습니다. 오히려 백작이 이야기한 내용과 여러 다양한 이유를 근거로 음악이 단순한 장신구가 아니라 궁정 신하에게 필수적인 것이라고 믿습니다. 그렇지만 궁정 신하가 악기를 연습하거나 귀하가 이전에 말한 다른 자질을 갖추려면 어떻게 해야 하는지를 백작이 설명해 줬으면 합니다. 또 각 상황에 맞는 예절도 알려주시지요. 그 자체만으로도 대단히 훌륭하지만 적절하지 않은 때에 연주를 하면 아주 꼴사나운 악기가 있는 반면에, 하찮아 보이지만 적당한 상황에서 연주를 하면 대단히 귀한 악기들이 있으니까요."

이에 백작이 대답했다. "그 주제를 놓고 이야기를 하기 전에, 이상적인 궁정 신하가 결코 무시하면 안 되는 중요한 또 다른 가치에 대해 먼저 토론했으면 합니다. 그것은 그림을 그리는 것과 미술에 관련된 질문입니다. 오늘날 미술은 아주 사소한 부분을 차지하고 있으며 귀족에게 전혀 어울리지 않는 것처럼 여겨지고 있습니다. 그렇다고 해도 내가 이 능력을 거론한 것에 놀라지 마십시오. 이런 이야기를 꺼내는 이유는 고대사회, 특히 그리스에서 귀족 집안의 어린이들은 학교에서 가치 있고 필요한 기능으로 미술을 배워야 했으며, 교양과목 가운데 미술이 가장 중요하게 평가되었다는 내용을 읽은 적이 있기 때문입니다. 결과적으로 노예들에게 미술을 가르치는 것을 금지하는 공법이 통과되었습니다.

미술은 로마인들 사이에서도 위대한 업적으로 여겨졌으며 대단한 귀족 가문인 파비이(Fabii) 가에서는 미술에서 이름을 따서 파비우스(Fabius) 1세를 픽토르(Pictor)라고 불렀다고 합니다. 파비우스는 실제로 아주 뛰어난 화가였으며 살루스 사원(Temple of Salus)의 벽에 그림을 그리는 데 헌신을 했습니다. 수많은 집

정관 직위와 작위를 보유한 저명한 집안에서 태어난 손꼽히는 변론가이자 학자였지만 파비우스는 자신이 또한 화가라는 점을 보여주는 기념물을 남김으로써 자신의 이름과 명성을 높일 수 있다고 믿었습니다. 그리고 파비우스뿐만 아니라 다른 저명한 가문에서도 화가들이 많이 배출되었습니다.

사실, 그 자체만으로도 가장 가치 있고 숭고한 예술인 회화에서 유용한 기술들이 많이 파생되곤 합니다. 군사 목적에는 해당되지 않지만 말입니다. 예를 들자면 미술에 지식이 있으면 도시나 강이나 다리나 성이나 요새 등을 설계해서 아주 세부적인 사항까지 그대로 보여줄 수 있지만, 미술을 모르는 사람은 아무리 노력을 기울인다고 해도 이런 일을 할 수 없습니다. 내가 보기에 미술을 높이 평가하지 않는 사람은 상당히 잘못 생각하고 있는 것 같습니다. 조물주가 세상을 모두 창조한 순간을 상상해 보십시오. 반짝이는 별이 찬란하게 수놓아진 광활한 하늘과, 바다에 둘러싸이고 산과 계곡에 따라 다양하게 변하며, 수많은 종류의 나무와 꽃과 풀로 장식된 육지를 바라보면서 우리는 느낄 것입니다. 바로 삼라만상의 기본 구조는 자연과 신이 빚어낸 위대하고 숭고한 미술 작품이라는 사실을 말입니다. 내 생각에 이런 자연을 그대로 따라 그릴 수 있는 사람이야말로 최고의 찬양을 받을 자격이 있습니다. 그리고 이러한 모방은 수많은 지식 없이도 성취할 수 있습니다.

고대사회에서는 그림 작품과 미술가가 모두 대단한 존경을 받았으며 미술은 미덕 가운데 최고봉으로 여겨졌습니다. 이를 증명하는 확실한 증거는 아직도 남아 있는 고대 대리석과 청동 조각상에서 발견됩니다. 이 예를 든 이유는 비록 회화가 조각과 다르긴 하지만 이 둘 모두 근본적으로는 훌륭한 도안이라는 같은 뿌리에서 나왔기 때문입니다. 따라서 우리에게 전해 내려온 조각상이 영감을 주는 예술 작품이라면, 고대사회의 회화 작품들 역시 이와 똑같은 대우를 받아야 합니다. 사실 예술적인 기교가 훨씬 더 많이 필요한 회화 작품이야말로 더 높은 평가를 받아야 합니다."

이 말을 듣고 에밀리아 여사가 사람들 무리에 앉아 있던 조반 크리스토포로 쪽으로 몸을 돌리며 물었다.

"이 의견을 어떻게 생각하십니까? 조각상보다 회화 작품에 예술적인 기교가 더 많이 필요하다는 생각에 동의하십니까?"

조반 크리스토포로가 대답했다.

"부인, 나는 조각상이 회화보다 노력과 기술이 더 필요하며 더 높은 품격을 지녔다고 주장합니다."

그러자 백작이 다시 의견을 말했다.

"물론 조각상이 오래가고 더 품격을 갖췄다고 평가할 수도 있겠지요. 애초에 기념물로 만들어져 회화보다 더 오래가게 하려는 목적을 가지고 있으니까 말입니다. 그러나 기념물이라는 점을 제외하고는 회화와 조각이 모두 장식의 목적으로 사용되며 이 점에서 볼 때 회화가 훨씬 더 우수합니다. 설사 회화가 조각처럼 영구 불멸하지는 못해도 어쨌든 오랫동안 남는 것은 사실이니 이런 면에서도 훨씬 더 아름답다고 할 수 있겠지요."

그러자 조반 크리스토포로가 답했다.

"내가 보기에 귀하는 자신의 생각을 솔직하게 말하는 것 같지 않군요. 그저 완전히 라파엘로를 옹호하고 있는 것으로 여겨집니다. 귀하는 화가로서 라파엘로의 작품이 가진 탁월함이 너무 대단해서 대리석으로 만들어진 어떤 조각상도 대적할 수 없다고 생각하는 것 같군요. 그렇지만 지금 우리는 화가가 아니라 작품 자체를 놓고 토론하고 있다는 점을 잊지 마십시오."

그러고 나서 조반 크리스토포로는 계속 말을 이었다.

"실제로 나는 회화와 조각이 모두 자연을 솜씨 좋게 모방한 것이라는 점을 기꺼이 인정합니다. 그렇지만 회화는 평면 위에 여러 색으로 그림을 그려서 사람의 눈을 속일 뿐입니다. 이에 비해서 대리석이나 청동 조각은 조물주가 만든 자연과 똑같이 입체감이 있고 모양이 잡혀 있으며 비율이 잘 맞게 만들어집니다. 그런데 도대체 어떻게 회화가 조각보다 더 정확하게 조물주의 창조물을 모방할 수 있다고 생각하는지 이해할 수가 없군요. 더구나 나는 대리석으로 만든 작품은 수정할 수가 없어 조금만 실수해도 처음부터 다시 모양을 만드는 고단함을 반복해야 한다는 사실을 아주 잘 알고 있습니다. 수천 번이고 다시 고칠 수 있으며 언제라도 그림의 일부분을 덧그리거나 지워서 질을 향상시킬 수 있는 회화와는 경우가 아주 다르지요. 따라서 작품을 만드는 과정 역시 석재 조각이 회화보다 훨씬 더 어렵다고 믿습니다."

이 말에 백작이 웃으면서 대답했다.

"일단 나는 라파엘로를 대변해서 논쟁을 벌이고 있지 않으며, 미켈란젤로나 기타 조각가들이 보여준 탁월함을 모를 정도로 나를 무지한 사람으로 여기지는 말아 달라고 먼저 말하고 싶군요. 더구나 나 역시 작가가 아니라 작품 자체를 놓고 이야기하고 있습니다. 귀하가 회화와 조각 모두 조물주의 작품을 모방한 것이라고 한 말은 정말 맞습니다. 그렇지만 회화는 자연을 묘사한 것이고 조각은 자연 그 자체라는 것은 함부로 논할 문제가 아닙니다. 조각이 실제 삶에서 볼 수 있는 사물처럼 입체적으로 만들어졌고 회화는 그저 평면에 그려졌을지라도 조각에는 회화에 포함된 많은 요소들, 그중에서도 특히 빛과 그림자가 빠져 있기 때문입니다. 예를 들어 자연스러운 살 색깔이 대리석 조각에서는 모두 하나로 표현되지만, 회화에서는 필요에 따라 명암의 차이를 이용해서 충실하게 모방하고 있으며, 이는 조각에서는 절대로 표현할 수 없는 부분이지요. 물론 회화에서는 사물이 조각과 같은 방법으로 입체적으로 형상화되지 않습니다.

그러나 화가는 사물에 대한 이해력을 바탕으로 신체의 근육을 비롯한 다양한 부분들까지 세부적으로 묘사하며 생생한 생명력을 불어넣을 수 있답니다. 또한 원근법을 이용하여 사물을 자세히 묘사함으로써 사물이 시야에서 점점 멀어지게 만드는 데도 아주 뛰어난 기술을 발휘합니다. 이처럼 화가는 평면 위에 그려지는 회화에서 비율에 맞는 선, 색감, 빛과 그림자라는 수단으로 자신이 원하는 각도에 맞춰서 전경과 거리감을 그대로 표현해 냅니다. 또한 그림 속에 사람의 살빛과 옷은 물론이고, 일생생활에서 볼 수 있는 모든 물체의 자연스러운 색감을 그대로 재탄생시킵니다. 귀하는 이런 점을 조금도 중요하게 생각하지 않습니까? 이런 점은 조각가가 절대로 따라 할 수 없는 부분이지요. 더욱이 조각에서는 금발 머리, 무기의 번쩍임, 밤의 어둠, 바다의 폭풍우, 천둥과 번개, 도시의 대형 화재, 황금색과 붉은색 빛으로 밝아 오르는 새벽녘을 잘 묘사하려고 아무리 노력해도 재료의 본질적인 한계 때문에 회화보다는 완성도가 떨어지겠지요. 요약해서 말하자면 하늘, 바다, 육지, 산, 숲, 초원, 정원, 강, 도시와 집을 묘사하는 것은 조각가의 능력 밖의 일이지만 화가에게는 충분히 가능한 일입니다.

어쨌든 내가 보기에 회화에는 조각보다 더 고귀하고 위대한 예술적인 요소가 있는 것 같습니다. 고대사회에서도 회화는 다른 분야와 마찬가지로 완벽의 경지에 이르렀을 것이라고 믿습니다. 우리는 이런 점을 현재 남아 있는 작품, 특히 로마의 카타콤(catacomb, 초기 기독교도의 피난처가 된 지하 묘지-역주)들에서 확인할 수 있습니다. 그 외에도 그림과 화가를 모두 찬양하는 내용이 수없이 많이 포함되어 있으며 관리나 지도자가 극찬을 아끼지 않은 내용을 고스란히 보여주는 고대 문학작품에서 훨씬 더 분명한 증거를 찾을 수 있습니다. 예를 들어 알렉산더 대왕은 에페수스(Ephesus, 고대 그리스의 도시-역주)의 화가 아펠레스(Apelles)를 아주 좋아했답니다. 그래서 이 소중한 화가가 대왕이 가장 아끼는 애인 캄파스페의 초상화를 그린 후에 그녀의 환상적인 아름다움에 반해 사랑에 빠져버렸다는 말을 듣고는 망설이지 않고 그 여인을 아펠레스에게 보냈다는 일화도 있습니다. 이는 보물과 땅은 물론이고 자신의 사랑과 열망을 넘겨준 것이야말로 알렉산더 대왕의 진정한 관대함을 보여줌과 동시에 화가인 아펠레스를 얼마나 깊이 아꼈는지를 여실히 드러내주기도 합니다. 알렉산더 대왕으로서는 항상 자신을 기쁘게 해주었고 자신이 너무나 아꼈던 여성을 화가에게 보낸 것이야말로 무엇보다도 큰 아픔이었을 것이라는 사실을 쉽게 짐작할 수 있습니다. 그렇지만 그 이후로 어느 누구에게도 자신의 초상화를 그리지 못하도록 명령했다는 점은 그가 아펠레스를 얼마나 찬양했는지를 분명하게 입증합니다.

이외에도 세계적으로 존경과 경탄을 받은 고귀한 화가들을 얼마든지 댈 수 있습니다. 또한 고대 황제가 그들의 승리를 장식해 공공장소에 헌정하고 소중하게 간직한 훌륭한 작품들도 얼마든지 예로 들 수 있습니다. 또한 금이나 은으로 그 가치를 매길 수 없다고 생각하며 자신의 작품들을 거저 준 것으로 알려진 화가들도 예로 들 수 있습니다. 데미트리우스(Demitrius)가 로도스 섬을 포위했을 당시에 도시를 공격하는 것을 연기해 결과적으로 이 지역을 진압하는 데 실패했다는 일화를 들어보셨을 겁니다. 그 이유는 당시 높은 평가를 받던 프로토게네스가 그린 그림이 그 도시에 있었기 때문에, 불을 내서 도시에 진입할 경우 그림이 타버릴 것을 우려했기 때문이었습니다. 이뿐 아니라 아테네 사람들이 뛰어난 화가이자 철학자였던 메트로도루스(Metrodorus)를 루치우스 파울루스(Lucius Paulus)에게 보내서 그의 자녀들을 가르치고 그가 이룬 승리를 장식하게 한 예도 있습니다. 더구나 수많은 훌륭한 작가들이 그림을 주제로 글을 썼고, 이 점은 그림에 쏟아졌던 높은 존경을 설득력 있게 보여주는 증거입니다. 그렇지만 더 이상 이 토론을 끌고 가지 않는 게 좋겠군요. 간단하게, 이상적인 궁정 신하는 가치 있고 유익한 예술이며 지금보다 훨씬 더 위대한 사람들이 살았던 시대에 높이 평가되었던 그림에도 박식한 지식을 가져야 한다는 점을 주장하며 끝내도록 하겠습니다. 설사 그림이 유용하거나 즐거움을 주는 면이 없다고 하더라도, 그림은 그 자체만으로 고대와 현대의 조각 및 수많은 화병, 건물, 메달, 카메오(cameo, 양각으로 아로새긴 보석, 조가비 등—역주), 음각 세공물이나 이와 유사한 작품들의 가치를 판단하게 도와줍니다. 그리고 인간과 그 밖에 모든 생명체의 용모나 다른 신체 부분의 비례를 표현해서 살아 있는 몸의 아름다움을 드러냅니다.

이제는 여러분도 미술이라는 학문이야말로 대단히 심오한 기쁨을 주는 근원지라는 것을 아셨을 겁니다. 아름다운 여성을 봤을 때 너무 감동을 받아서 마치 천상에 있는 착각에 빠질 정도이면서도 정작 그 아름다움을 그림으로 표현할 수 없는 사람들을 통해서 이 점을 곰곰이 생각해 보도록 하지요. 이런 사람들이 그림을 그릴 줄만 안다면 훨씬 더 행복감을 느낄 것입니다. 화폭에 담아놓으면 그토록 기분이 좋은 아름다움을 더욱 완벽하고 뚜렷하게 인식할 수 있을 테니까 말입니다."

체사레 곤차가가 이 이야기를 듣고 웃더니 말했다.

"물론 나는 화가가 아닙니다. 어쨌든 나는 귀하가 조금 전에 언급한 최고로 가치 있는 아펠레스가 생명력을 불어넣은 그림에 담긴 아름다운 여성보다는 실제의 여성을 직접 보는 것이 훨씬 더 즐거울 것이라고 확신합니다."

백작이 답을 했다. "그렇지만 귀하의 기쁨은 순전히 그 여성의 아름다움 때문이 아니라 그 여성을 향해 애정을 느꼈기 때문이겠지요. 그리고 정직하다면 일반적으로 처음 여성을 본 순간에는 이후에 그 여성을 알아가면서 느낄 온갖 기쁨까지는 맛보지 못한다는 점을 인정할 겁니다. 그러니 여성을 보고 느끼는 기쁨은 그녀의 아름다움 때문이 아니라 귀하의 애정에서 기인한다는 점을 아셨을 겁니다."

"그 점은 부정하지 않겠습니다." 체사레가 말했다. "그렇지만 기쁨이 애정에서 발생하는 것과 마찬가지로 애정 역시 아름다움에 자극을 받습니다. 그러니 그 여성의 아름다움이 내 기쁨의 근원이라는 점은 여전히 논쟁할 수 있을 것 같군요."

"꼭 외모의 아름다움이 아니더라도, 매력적인 자세나 지혜나 말하는 모습이나 몸가짐과 같이 수많은 특성들이 아름다움이라는 이름으로 사람의 마음을 흔들어 놓습니다. 특히 이 중에서도 자신이 사랑받는다는 느낌이 가장 크게 작용을 하지요." 백작이 대답했다. "그러니 귀하가 말한 아름다움이 좀 부족하더라도 불타는 열정으로 사랑을 할 수 있다는 말입니다. 그렇지만 오직 신체적인 아름다움으로 시작된 사랑은 이를 잘 이해하는 사람에게는 훨씬 더 많은 기쁨을 줄 것입니다. 이쯤에서 원래의 주제로 돌아오자면 나는 아펠레스가 그림을 그릴 때 캄파스페의 아름다움을 응시하면서 알렉산더 대왕보다 훨씬 더 그 순간을 즐겼을 것이라고 생각합니다. 우리 모두 알고 있듯이 캄파스페를 향한 두 남성의 사랑은 순전히 그녀의 아름다움에 자극을 받은 것이며, 바로 이 때문에 알렉산더 대왕이 그 아름다움을 더욱 완벽하게 이해할 것이라고 믿은 사람에게 그녀를 보내기로 결정한 것입니다. 그리스의 화가 제욱시스(Zeuxis)가 완전한 아름다움을 표현하려는 목적으로 크로토네의 수많은 여성들 가운데에서 선택한 소녀 다섯 명이 많은 시인들로부터 축복을 받았다는 이야기를 들어보지 못했습니까? 바로 가장 완벽한 판단력을 가진 사람, 즉 화가에게 아름다움을 인정받았기 때문에 말입니다."

체사레는 명백하게 이 대답에 만족스러워하지 않았다. 그는 자신이 말한 아름다운 여성을 바라보면서 느낀 기쁨을 다른 사람들과 나눌 생각이 전혀 없어 보였다. 체사레가 막 말을 시작하려는 순간, 쾅쾅거리며 걷는 요란한 발소리와 커다란 목소리가 들려왔다. 그곳에 있던 모든 사람들이 무슨 일인지 보려고 몸을 돌렸다. 반짝이는 횃불이 수많은 호위병들을 대동한 제독(프란체스코 마리아 델라 로베로. 구이도발도 공작과 엘리자베타 공작부인의 양아들-역주)의 도착을 알리며 문가에 나타났다. 제독은 여행길에서 교황을 만나고 막 돌아온 길이었다. 그는 궁전에 들어서자마자 바로 공작부인이 무엇을 하고 있는지 물었다. 그러고는 그날 저녁에 벌어지는 놀이와 로도비코 백작에게 주어진 과제가 궁정주의의 본질을 밝히는 것이라는 이야기를 들었다. 그래서 그는 제시간에 모임에 합류해서 이야기를 들으려고 가능한 한 빨리 서둘렀던 것이다.

제독은 공작부인에게 경의를 표한 후에 다른 사람들에게 앉으라고 말하고 (모두가 제독이 도착함과 동시에 자리에서 일어나 있었기 때문에) 자신도 함께 도착한 페부스 다 체바(Febus da Ceva) 후작과 그의 동생인 기라르디노(Ghirardino), 에토레 로마노(Ettore Romano), 빈센초 칼메타(Vincenzo Calmeta), 오라치오 플로리도(Orazio Florido) 등과 사람들 사이에 앉았다. 그러고 나서 모두가 침묵을 지키자 제독이 입을 열었다.

"여러분, 내가 도착하는 바람에 여러분이 벌이고 있던 훌륭한 토론을 방해했다면 참으로 유감입니다. 그렇지만 여러분의 이야기를 들으며 큰 기쁨을 얻을 기회를 빼앗지 말아주길 바랍니다."

백작이 대답했다. "나리, 그렇지 않습니다. 오늘 밤의 주제에 대한 대답이 바로 나에게 주어졌기 때문에 다른 사람들은 발언을 하지 않고 침묵을 지키는 것이 적당하다고 생각하는 것 같습니다. 그렇지만 나는 이제 말하는 것이 피곤해졌고, 게다가 내 의견이 여기 모인 분들이나 오늘 선정된 주제의 중요성에 못 미치는 까닭에 다른 분들 역시 듣는 것이 지겨워졌을 것이라고 생각합니다. 나 스스로도 만족하지 못한다는 점을 고려해 보면 내가 한 대답이 아직도 많이 부족한 것 같습니다. 그러니 나리가 거의 끝나갈 무렵에 도착한 것이야말로 아주 다행입니다. 누가 맡더라도 나보다 훨씬 더 잘 이끌어 갈 것이기에 이제 남은 이야기를 이끌어 갈 분을 선정할 최고의 과제만이 남은 것 같습니다."

"귀하가 내게 했던 약속을 깨는 것에 무조건 반대합니다." 마그니피코 줄리아노가 말했다. "제독 역시 즐거운 마음으로 이 토론의 마지막 부분을 들을 것이라고 확신합니다."

"약속이라니요?" 백작이 물었다.

"귀하가 지금까지 거론한 훌륭한 자질을 궁정 신하가 어떻게 사용해야 하는지를 설명하는 것 말입니다." 마그니피코가 대답했다.

어린 나이를 훨씬 능가하는 현명함과 분별력을 가졌던 제독이 (그는 세월이 흐른 뒤 다방면에서 보여줬던 훌륭한 자질을 예감할 수 있는 관대함과 지성을 이미 갖추고 있었다) 망설이지 않고 말했다.

"그 내용이 아직 설명되지 않았다면 내가 마침 적당한 시간에 도착한 것 같군요. 궁정 신하가 훌륭한 자질을 어떻게 사용해야 하는지를 듣다 보면 그 자질이 무엇인지를 알게 되고 지금까지 나왔던 내용을 다 파악할 수 있을 테니까요. 백작, 그러니 부디 거절하지 말고 사람들에게 진 빚을 갚으시지요."

백작이 말했다. "처음부터 이 과제를 좀 더 공정하게 분배하기만 했더라도 여러분에게 그렇게 큰 빚을 지지는 않았을 것입니다. 이 실수는 순전히 여성들에게 너무 편파적인 권한을 준 데서 비롯되었습니다." 이 말을 듣고 모두 웃었다. 이어 백작은 즉각적으로 반박에 나선 에밀리아 여사를 바라보았다.

에밀리아 여사는 다음과 같이 말했다.

"나의 편애에 대해서 불평하는 것은 귀하의 몫이 아닙니다. 그렇지만 귀하가 마땅한 이유도 없이 계속 그런 주장을 하시니, 그럼 다른 사람에게 그 과제를 넘기도록 하지요." 그러더니 페데리코 프레고소를 바라보며 말했다. "바로 페데리코 귀하가 궁정 신하의 자격을 논하는 이 놀이를 제안했으니 다음을 이어가는 사람으로 귀하를 선택하는 것이 가장 올바를 것입니다. 또한 백작이 올바른 궁정 신하라면 마땅히 알아야 한다고 제시한 훌륭한 자질을 언제 사용하고 어떻게 연마해야 하는지를 설명하는 것은 마그니피코의 질문과도 잘 들어맞습니다."

페데리코가 대답했다. "부인, 궁정 신하가 갖춰야 할 훌륭한 자질을 연마하는 방법과 적절한 시기를 분리해서 설명하라고 하시지만, 이는 서로 떨어질 수가 없습니다. 이들은 궁정 신하의 자질과 그가 선택한 방법이 옳은지 잘못되었는지를 결정하는 핵심적인 문제이기 때문입니다. 따라서 이 주제에 대해 지금까지 그토록 장황하게 잘 설명하였으며 이미 마음속에 할 말을 정해 두고 있을 백작이 직접 결론을 내리는 것이 가장 옳다고 생각합니다."

에밀리아 여사가 말했다. "그렇다면 이제 여러분들 모두가 스스로 백작이라고 생각하고 그가 하려던 말이 무엇인지 짐작해 보는 게 낫겠군요. 그렇게 해야 다들 완벽하게 만족을 할 것 같습니다."

그러자 칼메타가 말했다. "여러분, 이제 시간이 늦었으니 이 토론의 나머지 부분은 내일로 미뤄서 페데리코가 시간이 늦어서 말을 못하겠다는 변명을 하지 못하도록 하는 게 어떨까요. 그리고 얼마 안 되지만 지금부터 남은 시간에는 조금 덜 힘든 오락거리를 찾아서 시간을 보냅시다."

모두 이 의견에 동의하자 공작부인은 마르게리타(Margherita)와 코스탄차 프레고소를 불러서 춤을 추게 했다. 그러자 뛰어난 음악가이자 훌륭한 무희로 항상 백작을 즐겁게 해주는 바를레타(Barletta)가 즉시 연주를 시작하고, 마르게리타와 코스탄차가 서로 손을 잡은 채 대단히 우아하게 바사(bassa)를 추고 나서 다시 로에가르제(roegarze)를 추며 모든 사람들을 만족시켰다. 밤이 매우 깊어지자 마침내 공작부인은 자리에서 일어났으며 모두가 경건한 마음으로 돌아가서 잠자리에 들었다.

2

궁정 신하는 자신의 전 인생을 잘 관리하는 법과
자신의 훌륭한 자질을 누구에게나 질투심을 자극하지 않고
일반적으로 알리는 법을 알아야 한다고 생각합니다.
인간은 본능적으로 잘된 일을 칭찬하는 것보다
실수를 나무라는 경향이 더 많기 때문이지요.

알폰소 아리오스토 귀하

　노인들 대부분이 공통적으로 잘못된 생각을 하나 가지고 있다네. 과거를 칭송하고 현재 상황을 나무라며, 그들이 젊어서 하지 않았던 우리의 활동과 행동을 비방하고, 모든 훌륭한 관습과 삶의 방식과 미덕, 한마디로 상상이 가능한 갖가지 일들이 항상 더 나쁜 상태로 악화되어간다고 단언하는 것 말일세.

　나는 여러 차례 이 원인을 자문한 끝에 이것이야말로 인간이라면 당연하고 자연스럽게 저지르는 실수라는 결론을 얻게 됐다네. 사실 일반적으로 오랜 경험이 쌓인 장년기에는 여러 가지 측면에서 판단력이 제대로 완성되는 시기라네. 그러나 그들은 놀랍게도 그 부분에 관해서만은 도무지 이성을 찾아볼 수 없을 정도로 판단력이 매우 흐려져 있다네. 그들의 주장대로 온 세상이 나날이 악화되고 아들 세대가 아버지 세대보다 못하다면 이 세상은 이미 오래전에 너무 타락해서 더 이상 하락할 곳이 없을 것이라는 사실을 깨닫지 못하더군. 우리는 현재는 물론이고 오랜 과거에서부터 노인들은 공통적으로 이 잘못된 생각을 가지고 있었다는 점을 발견하게 된다네. 이런 점은 초기 작가들, 이 중에서도 특히 인간 생활의 본성을 반영한 희극작가들이 쓴 많은 글에서 분명하게 드러나지.

나는 노인들이 이렇게 잘못된 판단력을 갖게 되는 원인은 흘러가는 세월이 생명력의 상당 부분을 차지하는 피를 앗아가면서 그들의 삶에서 다양한 즐거움을 하나씩 박탈하기 때문이라고 생각한다네. 결과적으로 신체 구조가 변해가고 정신을 정상적으로 작용하게 하는 여러 장기들이 허약해지면서, 가을이 되어 나무에서 낙엽들이 떨어지는 것과 마찬가지로 인간의 심장에서 찬란한 꽃이 떨어지는 것이지. 그리하여 영리하고 신중하게 사고하던 영혼을 끝없는 고뇌로 가득 찬 어둡고 혼란스러운 애수가 장악해 버리게 한다네. 결국 신체는 물론이고 정신까지 나약해질 수밖에 없지. 이렇게 되면 이제는 희미해진 과거의 즐거웠던 기억과, 하늘과 땅과 모든 창조물이 기뻐하며 웃는 것처럼 보이고, 찬란한 봄날의 행복이 아름답고 사랑스러운 정원에서 꽃을 피우는 것처럼 생각되던 젊었을 때의 값진 추억만이 남게 된다네. 그래서 항상 그렇듯이 추운 겨울이 찾아와 태양이 서쪽으로 지기 시작하면 모든 즐거움이 사라지며 찬란하던 여름날을 잊어버리고 테미스토클레스가 말한 것처럼 '건망증의 비밀을 발견'하게 된다네. 인간의 육체적인 감각은 신뢰할 만한 것이 못 되어서 종종 판단력까지 헷갈리게 만들지. 이 때문에 노인들은 항구를 떠나서 항해를 시작한 후에도 계속 땅을 바라보고 있다가 배는 정지해 있는데 육지가 뒤로 멀어져간다고 소리치며 진실을 왜곡하는 이들이나 마찬가지라네. 사실 시간과 삶의 즐거움은 항구처럼 한곳에 머물러 있고, 인간이 죽음이라는 배를 타고 사람을 심연 속으로 빨아들이는 폭풍우 치는 바다를 가로질러 항해하고 있는 것인데 말이지. 일단 항구를 떠난 인간은 다시 육지에 다다를 수 없고 계속해서 거친 바람의 맹렬한 공격을 받으며 흘러가다 결국 거대한 바위에 부딪혀 재난을 당하게 된다네.

이렇게 노쇠한 정신은 삶의 수많은 즐거움을 모두 담기에는 턱없이 부족한 그릇인 까닭에 그 기쁨을 제대로 즐길 수가 없는 걸세. 그리고 몸이 아파서 미각을 망쳐버린 사람들이 아주 귀하고 맛 좋은 와인의 진가를 제대로 즐기지 못하는 것과 마찬가지로 자신들의 무능력 때문에 (그렇지만 열망은 그대로 남아 있는) 노인들의 눈에는 수많은 즐거움이 그저 언짢고 무미건조하며 젊었을 때 느꼈던 즐거움과 매우 다른 것처럼 보이는 것이라네. 사실 즐거움 자체는 똑같은데도 말일세. 결과적으로 노인들은 자신들 스스로가 변했을 뿐 시대가 변한 게 아니라는 점을 깨닫지 못하고 스스로를 불우하다고 느끼며 항상 불평하고 현재 상황을 나쁜 것이라고 비난한다네. 반면에 과거의 즐거움을 생각할 때는 행복했던 기억을 동시에 떠올리기 때문에 이를 최고의 것이라고 칭송하기 마련이지. 물론 여기에는 노쇠한 까닭에 똑같은 활동을 현재에 하더라도 과거와 같은 흥취가 나지 않는다는 쓸쓸함도 포함되어 있다네. 사실 인간의 마음은 슬픔이 동반되는 일들을 지독히 혐오하고 즐거운 기억이 함께했던 일들을 좋아하기 마련이지.

따라서 한때 유리창을 통해서 사랑하는 여성의 모습을 보곤했던 사람은 비록 닫힌 창을 바라보는 것만으로도 기쁨을 느끼지 않는가. 이와 비슷하게 반지나 편지 혹은 정원을 비롯한 몇몇 장소 혹은 연애의 기쁨을 느꼈던 장소에 있었던 물건은 무엇이나 쳐다만 봐도 즐거워진다네. 반면에 최고로 화려하고 아름다운 방일지라도 한 번 감옥에 갇혔던 기억이 있거나 그 방에서 불행한 일로 고통을 받았던 사람에게는 불쾌한 장소일 뿐일세. 나는 아팠을 때 약을 담아 먹었던 컵으로는 아무것도 마시지 않으려고 했던 사람을 본 적도 있다네. 이처럼 처음 예로 든 사람에게 창문이나 반지나 편지는 큰 기쁨을 주는 물건들로 인생의 즐거움에서 큰 부분을 차지하는 반면에, 나중에 예로 든 사람들에게 아름다운 방이나 약을 먹었던 컵은 감금되어 있던 시간과 몸이 아팠던 기억을 불러일으키는 불쾌한 물건이지. 바로 이런 이유 때문에 노인들이 과거를 칭송하고 현재를 비난하는 것이라네.

따라서 노인들은 궁정을 논할 때도 이런 자세를 유지하여 자신들이 기억하는 과거의 궁정이 훨씬 더 훌륭했으며 현재 우리가 알고 있는 수많은 위대한 인물들로 가득 차 있었다고 주장한다네. 이런 주제가 나올 때면 그들은 즉각적으로 필리포 공작(Duke Filippo)이나 보르소 공작(Duke Borso) 시대의 궁정에서 천국 같았던 때를 보냈다고 칭송을 아끼지 않지. 그리고 니콜로 피치니노(Niccolo Piccinino)에 관해 끊임없이 이야기한다네. 또 당시에는 살인이 없었고 (아니면 거의 드물었고) 싸움이나 음모나 배반이란 찾아볼 수가 없었으며 모든 사람들 사이에 그저 충성스럽고 성실한 선의와 완벽한 정직만이 존재했다는 점을 우리에게 각인시키지. 더구나 당시의 궁정에는 가치가 높은 미덕과 함께 유행했던 훌륭한 관습들이 너무 많아서 궁정 신하들은 마치 승려와 같았다고 회상한다네. 다른 사람에게 나쁜 말을 하거나 여성들에게 존경스럽지 못한 행동을 한 자들에게는 재앙이 내려졌다면서 말일세.

노인들은 이런 과거에 비하면 오늘날의 궁정은 모든 것이 반대라고 역설한다네. 형제애와 훌륭한 관습들이 다 사라진 것은 물론이고, 궁정에서 퍼져 있는 것이라고는 질투와 적의와 부도덕한 관습과 타락한 애정행각을 비롯해서 온갖 종류의 악습뿐이며, 여성들은 음란하고 외설적이기 그지없고 남성들은 나약해 빠져서 여성이나 마찬가지라는 것이네. 또한 노인들은 현대식 의복이 점잖지 못하고 너무 사치스럽다고 비난한다네. 한마디로 말해서 나이가 든 사람들은 현재 우리 사회의 모든 점을 비난하는 것이네. 물론 이 가운데는 마땅히 비평을 받아야 할 요소들도 있지. 우리들 가운데 부도덕하고 사악한 사람들이 많이 있으며, 현재의 궁정이 노인들이 칭송하던 시대의 궁정에 비해서 훨씬 더 퇴보했다는 점은 부정할 수 없기 때문이네.

그렇지만 나는 노인들이 그 차이점이 발생한 원인을 인식하지 못하고 있으며 그들의 궁정이 나쁜 점은 하나도 없이 훌륭한 요소들만으로 채워져 있었다고 생각하는 것은 대단히 어리석은 일이라는 점을 분명히 하고 싶군. 현실적으로 이런 세상은 존재할 수 없기 때문이네. 사악함은 선의 반대이고 선은 사악함의 반대인 까닭에, 항상 한쪽이 다른 쪽을 떠받들면서 보충을 해줘야만 하고 혹시 한쪽의 힘이 감소하거나 증가할 경우에는 당연한 결과로 같은 역할을 해야 하기 때문이네. 세상에 악이 없다면 정의 또한 필요하지 않을 것이라는 사실은 모두가 알고 있네. 또한 소심한 사람이 없다면 관대한 사람도 없을 것이고, 병자가 없다면 건강한 사람도 없을 것이며, 거짓말이 없다면 진실도 의미가 없고, 불행이 없다면 행복도 존재하지 않을 것이네.

플라톤이 기술한 바에 따르면 소크라테스는 하느님이 고통과 기쁨을 양끝에 결합해 놓아서 고통의 끝이 기쁨이고 기쁨의 끝이 고통이 되도록 했다는 내용의 우화를 이솝이 쓰지 않은 이유를 궁금해했다고 하더군. 나는 이런 소크라테스의 생각이 아주 옳다고 본다네. 다들 알고 있듯이 먼저 고통을 경험하지 않으면 기쁨도 가질 수 없다네. 피곤함이라는 고통을 느껴보지 않은 사람이 어떻게 휴식을 제대로 만끽할 수 있겠는가? 또한 먼저 배고픔과 목마름과 불면증을 경험해 보지 않은 사람이 어떻게 먹고 마시고 자는 즐거움을 깨달을 수 있겠는가? 나는 조물주가 인간에게 병과 고통을 준 이유는 우리를 괴롭히려는 것이 아니라, 그러한 병과 고통 및 그 외의 불행 다음에 오는 건강과 행복을 비롯한 다른 축복을 누리게 하기 위한 것이라고 믿네. 따라서 조물주가 이 세상에 수많은 선을 선물로 주면서 축복할 때는 항상 반대편에 존재하는 온갖 악이 뒤따르기 마련이라네. 결과적으로 앞에 왔던 불행이 커지면 이를 뒤따른 기쁨도 배로 느끼게 되는 것이지. 이 세상은 항상 선과 악이 공존하기 때문이네.

이렇게 볼 때 노인들이 옛날에는 오늘날과 같이 부도덕한 인물들이 없었다며 과거의 궁정을 칭송하는데, 이 말은 곧 반대로 과거에는 현재처럼 덕이 높은 사람들이 없었다는 의미를 가진다는 사실을 깨닫지 못하는 것이네. 타락한 선에서 자란 부도덕함만큼 더 나쁜 것도 없으니 이는 그리 놀라운 일도 아니지. 또한 노인들은 그들이 말한 것처럼 현재의 사람들이 과거보다 훨씬 더 사악하게 변해 버렸다면, 이와 같은 맥락으로 현재의 사람들이 과거의 사람들보다 훨씬 더 능력이 출중하다는 사실도 간과하고 있는 걸세. 때문에 옛날 사람들이 사악한 행동을 거의 하지 않으려고 노력했다고 하더라도 사람이니만큼 어쩔 수 없이 나쁜 짓은 저질렀기 마련이라는 점을 감안해서 과거에는 부도덕한 사람들이 없었다는 말은 옳지 않다네. 또한 일반적으로 과거의 사람들이 오늘날보다 능력이 훨씬 떨어졌다는 사실은 현재 남은 그들의 문학작품, 그림, 조각, 건물 등을 통해서 분명히 확인할 수 있지.

이외에도 노인들은 나쁘거나 훌륭한 점을 떠나서 단순히 자신들이 하지 않은 활동이라는 이유만으로 현재 우리가 하는 많은 일들을 비난한다네. 예를 들어서 노인들은 젊은이들이 말을 타고 도시를 돌아다니는 것이 옳지 않다고 하지. 특히 말을 탈 때 예장용 구두를 신거나 겨울에 모직코트 혹은 긴 의복을 입거나 열여덟 살도 안 되어서 모자를 쓰는 것 등을 심하게 비난한다네. 그러나 노인들은 이런 말을 하면서 착각에 빠져 있는 걸세. 먼저, 이런 차림새는 유용하고 편리한 것은 물론이고 오랜 세월을 거쳐서 정립된 관습이며 보편적으로 받아들여진 것이네. 과거에 출중한 모습을 과시하려고 다리를 노출하는 반바지에 반짝거리는 구두를 신은 채 호사스러운 옷을 입고 돌아다니거나, 아무런 쓸모도 없이 항상 손목에 사냥용 매를 올리고 다니거나, 여성의 손을 잡지 않고 춤을 춘 것이 아무렇지도 않게 용인되었던 것이나 마찬가지지. 사실 이들은 과거에 대단히 높게 평가하면서 받아들였던 많은 관습이 오늘날 돌이켜보면 우습기 짝이 없다고 생각할 것이네.

따라서 노인들은 우리가 현시대와 상황에 맞는 관습을 따르도록 내버려두어야 하며 중상모략도 멈춰야 하네. 스스로를 칭송하고 싶어하는 이런 노인들은 종종 다음과 같은 말을 하곤 하지. "나는 스무 살 때까지도 엄마와 여동생들과 함께 잤으며 여성이라는 존재를 알게 된 것은 한참 후의 일이었어. 그런데 요즘에는 세례도 받기 전인 어린 나이에 과거의 어른들에 비해서 훨씬 더 음탕하니 큰 문제라니까."

노인들은 이런 말을 통해서 오늘날의 젊은이들이 과거의 사람들보다 훨씬 더 영리하고 능력이 출중하다는 것을 은연중에 인정하는 셈이라는 사실을 미처 깨닫지 못하는 것이지. 그러니 노인들은 만일 악을 모두 없애버리면 선 역시 함께 사라져버릴 것이라는 점을 상기하고, 오늘날의 세상이 부도덕으로 가득 차 있다고 힐난하는 행위를 당장 멈춰야 한다네. 또한 자신들의 말대로 고결하고 숭고한 정신과 아주 비범한 인물들로 가득 찼던 고대사회에서도 역시 이 훌륭한 인물들 가운데에 수많은 악한들이 존재했다는 점을 잊어서는 안 되지. 과거의 훌륭한 인물들이 오늘날의 뛰어난 인물들보다 빼어난 것과 마찬가지로, 이런 악한들이 아직 살아 있다면 부도덕한 면에서는 현대사회의 불한당들을 훨씬 능가할 것이네. 이 점은 역사가 증명을 하고 있지 않은가.

이제 노인들의 잘못된 생각을 평가하는 말은 충분히 했다고 보네. 이 논쟁이 너무 길어진 것은 사실이지만 요점을 벗어나지 않았기를 바라며 이쯤에서 마칠까 하네. 이 정도면 현재의 궁정이, 노인들이 그토록 칭송하는 과거의 궁정에 비해서 조금도 손색이 없이 훌륭하다는 점을 분명히 보여줬으니 이제 이상적인 궁정 신하를 논하는 토론으로 돌아가도록 하지. 이 토론을 통해서 수많은 궁정 가운데 우르비노 궁정의 명망이 아주 높았으며, 그들이 숭고한 정신으로 섬긴 군주와 부인이 대단히 훌륭한 기품을 가졌고, 또한 많은 사람들이 그와 같이 훌륭한 사회에서 사는 것을 아주 큰 행운이라고 생각했음을 확인할 수 있을 것이네.

❧

그다음 날, 전날 벌어졌던 논쟁과 관련한 아주 열띤 토론이 궁정 부인과 신하들 사이에서 이어졌다. 그 이유는 무엇보다도 제독이 토론에서 오고 갔던 이야기를 간절히 알고 싶어해서 거의 모든 참가자들에게 질문을 했으나 보통 그렇듯이 사람들 대부분이 상반된 이야기를 했기 때문이다. 그 누구도 토론한 내용을 완전하게 기억하지 못했기에 사람마다 각기 칭송하는 부분이 달랐으며, 많은 사람들이 백작이 생각한 이상적인 궁정 신하의 자질에 동의를 하지 않았다. 거의 하루 종일 이 내용으로 곳곳에서 토론이 이루어졌다. 이윽고 어둠이 내려앉자 제독은 일단 저녁을 먹어야겠다고 생각하고 모든 남성들을 저녁 식사 자리로 안내했다. 식사가 끝나자마자 제독은 공작부인의 방으로 향했다. 공작부인은 보통 때보다 아주 많은 사람들이 도착한 것을 보고 말했다.

"페데리코, 귀하의 어깨에 아주 무거운 짐이 지워진 것 같군요. 사람들의 높은 기대를 충족시켜주는 토론을 이끌어야겠습니다."

말이 끝나자마자 페데리코가 대답할 새도 없이 우니코 아레티노가 바로 발언을 했다.

"뭐가 그리 큰 짐입니까? 어떻게 해야 할지를 알면서도 주어진 좋은 기회에 발언하지 않을 정도로 어리석은 사람이 어디에 있겠습니까?"

우니코 아레티노가 이 말을 하는 사이에 모두가 평소에 앉는 자리에 차례대로 앉으며 토론이 시작되기를 열성적으로 기다렸다. 페데리코는 우니코 아레티노를 바라보며 말했다.

"우니코 귀하, 그렇다면 어젯밤에 궁정 신하에게 적절하다고 제안된 자질들을 과연 어떻게 연마하고 언제 실행해야 하는지를 설명하는 과제가 무거운 짐이 아니란 말입니까?"

"내가 보기에는 그리 힘든 일이 아닌 것 같군요." 우니코가 대답했다. "그저 훌륭한 궁정 신하라면 좋은 판단력과 어젯밤에 백작이 잘 설명했던 필요사항을 갖추기만 하면 된다고 말하면 될 듯합니다. 그러한 자질을 가지고 있는 궁정 신하라면 자신이 이미 알고 있는 것을 적당한 때에 알맞은 자세로 실행하는 방법에 관한 설명 따위는 필요 없지 않겠습니까? 더 세부적인 규칙을 제공하려는 시도는 너무 어려운 데다 불필요한 일임이 분명합니다. 내가 알기로는 모두가 음악을 즐기고 있을 때 무기를 들고 전쟁을 시작한다거나, 춤 솜씨가 훌륭하더라도 길 한복판에서 춤을 춘다거나, 아들을 잃은 어머니를 위로한답시고 웃고 농담을 한다거나 할 정도로 어리석은 사람은 없을 테지요. 완전히 정신이 나간 사람이 아니라면, 이런 행동을 할 궁정 신하는 없을 것이라고 확신합니다."

페데리코가 답을 했다. "우니코 나리, 내가 보기에 귀하가 너무 극단적으로 말하고 있는 것 같군요. 사실 사람들의 어리석음은 그렇게 분명하게 드러나지 않으며, 그들이 저지르는 실수도 아주 갖가지랍니다. 또한 귀하가 거론한 것처럼 광장 주위에서 춤을 추는 것과 같이 확연한 바보짓을 공개적으로 하지 않더라도 적절하지 않은 때에 골치 아픈 자만심에 빠져서 자화자찬을 늘어놓는다거나, 자리에 어울리지도 않는 웃음을 유발하려는 의도로 이야기를 했다가 아무런 반응도 얻지 못하는 사람들이 많이 있답니다. 도무지 자신의 행동을 자제하는 법을 모르는 것이지요. 이러한 실수는 종종 분명하게 드러나지 않아서 아주 주의 깊게 살펴보지 않는 한 무슨 일이 벌어지고 있는지조차 인식하지 못하고 지나가기가 쉽답니다. 우리의 통찰력이 한정되어 있는 데는 여러 이유가 있겠지만, 그중에서 가장 주요한 요인은 바로 의욕이 너무 앞선 까닭입니다. 이렇게 의욕이 과잉되는 것은 바로 모든 사람이 자신이 잘 안다고 확신하는 부분에 대해서는 그것이 옳거나 그르거나에 상관없이 잘난 척을 하기 때문이지요.

따라서 내 생각에는 이 문제를 해결할 올바른 생활 규칙은 신중함과 판단력을 가진 일정한 사람들을 잘 관찰하고, 항상 상황에 따라 적절하게 행동할 수 있도록 행동에 적용되는 강조점을 잘 파악하는 것입니다. 물론 사리 분별력이 아주 좋은 사람이라면 이러한 차이점을 스스로 잘 파악할 수 있을 것입니다. 그렇더라도 그저 일반적인 원칙에 기대는 것보다 일정한 교훈을 통해서 시야를 넓히고 선봉장, 즉 잘 다져진 토대를 제공받는다면 자신이 추구하는 목적을 달성하기가 훨씬 더 쉬워질 것이 분명합니다.

어제저녁에 백작은 궁정주의를 주제로 아주 설득력 있고 명확하게 발표를 한 까닭에, 과연 내 이야기가 백작이 공헌한 만큼 이 자리에 모인 고귀한 분들을 만족시킬 수 있을지 두려움과 의심이 듭니다. 일단 백작이 들은 칭찬을 가능한 한 많이 나누고 적어도 이 주제에서만은 실수하지 않기 위해서, 백작이 발언한 내용에는 반박하지 않겠습니다. 따라서 본격적으로 들어가기에 앞서서 좋은 가문과 재능과 잘 다져진 체격과 기품 있는 외모 등에 관한 백작의 의견에 동의한다는 점을 알아주셨으면 합니다.

일단 내 생각에 모든 사람들에게 칭찬과 높은 평가를 받으며 자신이 섬기는 군주의 신용을 확보하려는 궁정 신하는 자신의 전 인생을 잘 관리하는 법과 자신의 훌륭한 자질을 누구에게나 질투심을 자극하지 않고 일반적으로 알리는 법을 알아야 한다고 생각합니다. 이렇게 하기가 얼마나 어려운지는 성공한 사람이 거의 없다는 데서 드러납니다. 그 이유는 인간은 본능적으로 잘된 일을 칭찬하는 것보다 실수를 나무라는 경향이 더 많기 때문인데, 많은 사람들이 명백하게 훌륭한 것을 볼 때조차 선천적인 적의감에 불타오르며 결점 혹은 적어도 결점처럼 보이는 것을 찾으려고 전력을 기울이는 경향이 있습니다. 따라서 이상적인 궁정 신하는 매사에 조심해야 하며 항상 신중하게 행동하고 말해야 합니다. 또한 자신의 특성과 자질을 완벽하게 갈고닦기 위해서 노력해야 하며 신중하게 생각해서 자신에게 맞는 인생 행로를 선택해야 합니다. 결과적으로 이상적인 궁정 신하는 스토아 철학자(Stoic, 금욕주의를 강조-역주)들이 주장한 대로 매사에 현인들의 본분과 목적에 영감을 받고 모든 미덕을 표현해야 합니다. 그리고 각 행동이 그에 맞는 특정한 미덕에 따라서 좌지우지된다고 할지라도 넓게 봤을 때는 모든 미덕이 잘 연결되어서 같은 방향을 향해야 하며 모든 목적을 달성하는 데에 똑같이 기여하고 도움을 줄 수 있어야 합니다.

한편 훌륭한 화가는 밝은 빛을 분명하게 부각시키려고 그림자를 사용하거나 평면에 입체감을 주려고 명암을 사용합니다. 또한 사물을 더욱 분명하게 표현하려고 대조적인 색을 사용하거나 반대편에 다른 사물을 배치하기도 하지요. 이처럼 이상적인 궁정 신하라면 자신의 미덕을 쓸모 있게 사용하는 방법을 알아야 하며 때때로 더 많은 관심을 끌어들이기 위해서 자신의 미덕들을 대비시키는 시도도 해봐야 합니다. 예를 들어 용기 있는 장군이 보여주는 관대함은 사람들에게 큰 감동을 주며, 대담함은 겸손함과 함께할 때 더욱 확대돼서 나타나고, 겸손함 역시 대담함이 표현될 때 더욱 분명해집니다. 따라서 말을 줄이고 행동으로 보여주며 훌륭한 업적을 스스로 칭찬하지 않고 공손하게 숨기는 행동은 이런 방식을 분별력 있게 사용할 줄 아는 사람의 미덕을 강화시킵니다. 이 원리는 다른 모든 자질에도 똑같이 적용됩니다.

그리고 올바른 궁정 신하란 행동하고 말하는 모든 면에서 내가 말하고 싶은 것의 정수를 담은 일반적인 규칙을 따라야 한다고 생각합니다. 무엇보다도 가장 중요한 점은 어제저녁에 백작이 아주 올바르게 충고를 한 대로 허식을 피해야 한다는 점입니다. 그다음으로 중요한 점은 어떤 행동이나 말을 하든지 자신이 속해 있는 장소, 동석한 사람, 적당한 시간, 그 행동이나 말을 하는 이유, 자신의 나이 및 직업, 자신이 목표로 하는 결말, 적당한 수단 등을 잘 고려해야 합니다. 마음속에서 이러한 점을 잘 생각하면서 하고자 하는 모든 행동과 말에서 분별력을 보여주도록 준비를 해야 하는 것입니다."

페데리코는 이 말을 하고 나서 잠시 동안 숨을 돌렸다. 그때 모렐로 나리가 갑자기 끼어들었다.

"내 생각에 귀하가 말하는 규칙을 통해서는 우리가 배울 게 거의 없는 것 같습니다. 그와 비슷한 내용을 신앙 고백을 하는 자리에서 여러 수도승들로부터 들어왔던 기억이 나는군요. 어쨌든 규칙에 관한 귀하의 설명을 듣고 나서도 나는 아무것도 깨닫지 못하겠습니다. 수도승들은 그 규칙을 '주위 상황'이라고 부르더군요."

페데리코는 이 말을 듣고 소리 내어 웃은 뒤에 계속 진행을 했다.

"귀하도 기억하겠지만, 어제저녁에 백작은 궁정 신하로서 최고로 적당한 직업은 군인이라며 궁정 신하가 추구해야 할 길을 상당히 길게 설명했습니다. 따라서 이 내용을 다시 되풀이할 필요는 없을 것입니다. 더구나 내가 설명한 규칙을 통해서도 궁정 신하라면 작은 접전 혹은 치열한 격전에 처하게 되면 사려 깊게 주력 부대에서 철수해 될 수 있으면 수가 적은 중대에 들어가 숭고한 군인들의 시각을 유지한 채 대담하고 훌륭하게 나서서 공훈을 세워야 한다는 것을 알 수 있을 것입니다. 또한 무엇보다도, 자신이 섬기는 군주가 직접 지켜보는 앞에서, 아니면 가까운 곳에서라도 이런 공적을 세워야 한다는 점이 충분히 이해가 될 것입니다. 자신이 잘하는 분야를 잘 활용해야 한다는 점은 틀림없이 맞는 말입니다. 그리고 나는 거짓된 영광이나 자격이 없는 것을 추구하는 것이 잘못된 것과 마찬가지로, 당연히 받아야 할 명예를 피해 가거나 용맹함의 진정한 보상인 칭찬을 받지 않는 것 역시 옳지 않다고 생각합니다.

이 말을 하다 보니 내가 옛날에 알았던 사람들이 생각나는군요. 이들은 대단히 능력이 있었지만 이런 면에서 엄청나게 어리석어서 포위가 된 도시의 성벽을 제일 먼저 기어오르느니 차라리 양 떼를 잡기 위해서 목숨을 걸겠다고 말하곤 했답니다. 우리가 바라는 이상적인 궁정 신하가 마음속에 전쟁에 참여한 동기, 즉 명예롭고 순수하며 거짓이 없는 동기를 잘 품고 있다면 결코 이런 행동을 하지 않을 것입니다.

그리고 마상 창 시합, 마상 토너먼트, 사격 대회와 같은 육체적인 오락거리에서 무기를 사용할 경우에는 그곳이 어떤 장소이고 누가 참석하고 있는지를 염두에 두고 자신이 할 수 있는 한 품위 있고 흥미를 끄는 자세로 무기를 다루며 지켜보는 관중의 눈을 즐겁게 하려고 노력해야 합니다. 또한 궁정 신하는 자신이 타는 말이 호화롭게 장식이 되었으며 스스로도 잘 어울리는 문장과 정교한 장치를 달고 복장을 잘 갖추었는지를 확인해서 마치 철이 자석에 딱 붙는 것처럼 구경하는 사람들의 시선을 끌어야 합니다. 군중, 특히 여성들은 마지막에 나온 사람보다 첫 번째 등장한 사람을 훨씬 더 주의 깊게 살펴본다는 사실을 각인하고 절대로 뒤에 등장해서는 안 됩니다. 다들 알다시피 처음에는 우리의 눈과 마음이 이런 종류의 진기한 활동을 열광적으로 지켜보며 아주 사소한 모습에도 촉각을 곤두세우고 감동을 받지만, 눈앞에 펼쳐지는 광경에 이윽고 곧 싫증을 내고 넌더리를 느끼게 되기 때문입니다. 바로 이 때문에 고대사회의 한 위대한 배우는 자신이 맡은 배역이 항상 무대에 가장 먼저 등장해야 한다고 고집을 부렸던 것입니다.

다시 군인 이야기를 계속하자면, 이상적인 궁정 신하는 자신이 대화를 나누는 사람의 직업에 관심을 가지고 이에 맞춰서 행동을 해야 하며, 남성과 여성에게 말할 때를 구별해서 각각 이에 맞는 적당한 태도를 보여야 합니다. 자신에게 명예가 돌아올 만한 일을 제안할 때는 우연히 말이 난 김에 거론을 한다는 태도로 시치미를 떼고, 로도비코 백작이 어제 우리에게 잘 설명한 대로 분별력 있고 조심스럽게 행동해야 합니다.

모렐로 귀하, 이쯤 되면 내가 말한 규칙을 통해서 배울 것이 있다는 사실을 깨달으셨습니까? 내가 지난번에 귀하에게 말했던 우리의 한 친구가 했던 행동이 적절하지 않았다는 데 동의하지 않으십니까? 그는 자신이 누구와 어떤 자리에서 대화를 하고 있다는 사실을 완전히 망각하고 그날 처음 만난 한 여성을 즐겁게 하려는 욕심으로 자신이 얼마나 잔인하게 대량 학살을 했는지와 양손으로 검을 다루는 방법을 안다는 이야기로 대화를 시작했습니다. 그리고 자리를 뜨기 전에 그 여성에게 무장을 하거나 하지 않았을 때 도끼를 피하는 방법과 검을 휘두르는 다양한 기술을 가르치려고 했지요. 결국 이 불쌍한 여성은 이야기를 듣는 내내 괴로움에 몸을 떨었으며 다른 사람처럼 칼에 맞아서 쓰러지기 전에 그 자리에서 벗어나기까지의 시간이 마치 영원처럼 길게 느껴졌을 겁니다. 이런 식의 실수는 귀하가 수도승이 말했다고 한 바로 그 '주위 상황'을 전혀 고려하지 않았기 때문에 발생하는 겁니다.

이제 운동경기에 대해서 말해 보지요. 마상 창 시합과 마상 대회와 표적 던지기와 무기가 사용되는 기타 대회들은 모두 많은 사람들이 지켜보는 가운데 펼쳐집니다. 따라서 궁정 신하가 이런 대회에 참여할 때는 첫째로 말, 무기, 복장이 잘 갖춰져 무엇도 부족함이 없도록 준비를 해놓아야 합니다. 혹시라도 모든 것이 제대로 준비되지 않았다면 아예 처음부터 참여를 하지 말아야 합니다. 제대로 경기를 치르지 못했다고 하더라도 그 분야가 자신의 전문 영역이 아니라는 말은 전혀 핑곗거리가 되지 않기 때문입니다. 둘째로, 지켜보고 있는 관중과 경기에 함께 참여하는 사람들이 누구인지를 충분히 고려해야 합니다. 그 이유

154

는 관중이나 참가자가 모두 일반 시민인 시골 공연에나 모습을 드러내는 것은 귀족의 명예에 적당한 일이 아니기 때문입니다."

이 말을 듣고 가스파레 나리가 말했다. "내가 사는 롬바르디의 신사들은 그렇게 까다롭지 않답니다. 오히려 휴일이 되면 많은 젊은 신사들이 야외에 나가서 농부들과 하루 종일 춤을 추거나 막대 던지기나 레슬링이나 달리기 같은 운동경기에 함께 참여한답니다. 나는 이런 활동을 한다고 해서 해가 될 것이 하나도 없다고 확신합니다. 보통 시골 사람들도 종종 귀족 못지않게 좋은 실력을 보인다는 점을 감안해 본다면 이런 경기는 그저 힘과 민첩성을 겨루는 장이지 위엄을 지키는 장이 아니기 때문입니다. 게다가 이처럼 허물없는 행동에는 편견 없는 허심탄회함이 들어 있으므로 나는 긍정적으로 생각하는데요."

"글쎄요." 페데리코가 답변에 나섰다. "내가 보기에 야외에서 춤을 추는 것이야말로 가장 불쾌한 모습이며 도무지 아무런 이득도 없어 보입니다. 그렇더라도 혹시 농부들과 레슬링을 하거나 달리기를 하고 싶은 궁정 신하가 있다면, 내 생각에는 도의상 어쩔 수 없이 한다는 태도를 보여야지 그들과 경쟁을 하려고 하면 절대로 안 됩니다. 특히 레슬링과 같은 경기에서 귀족이 소작농에게 맞고 있는 광경이야말로 가장 안타깝고 충격적이며 품위 없는 모습이지요. 따라서 경기에서 이길 것이라는 확신이 없다면 아예 처음부터 참여하지 말아야 합니다. 많은 구경꾼들이 있는 경우에는 차라리 기권을 하는 것이 낫다고 봅니다. 이런 경기에서 이겨서 얻는 이득이라고 해봤자 아주 보잘 것 없는 반면에 두들겨 맞는 모습을 보였을 때 생기는 부작용은 그야말로 심각하기 때문입니다. 테니스 경기 역시 거의 대부분이 관중 앞에서 펼쳐지며 상당한 구경거리를 제공합니다. 따라서 나는 이상적인 궁정 신하라면 이런 테니스 경기와 같이 무기를 사용하지 않는 활동에는 아마추어로 참가해야 하며, 박수갈채를 얻으려는 목적이 없으며 기대하지도 않는다는 점을 분명하게 보여주어야 합니다. 이들은 설사 자신의 실력이 아주 뛰어나더라도 이를 위해서 시간과 노력을 많이 쏟아 부었다는 느낌을 줘서는 안 됩니다. 또한 음악에 너무 심취해서 누군가와 이야기를 할 때마다 잠깐만 대화가 멈춰도 낮은 소리로 노래를 흥얼거리기 시작하거나, 길을 걸을 때나 교회에서조차 항상 춤을 추거나, 광장이든 어디든 장소를 불문하고 친구만 만나면 즉시 자신이 좋아하는 펜싱이나 레슬링을 겨루려는 것처럼 행동해서도 안 됩니다."

여기에서 체사레 곤차가가 끼어들었다.

"로마에 있는 한 젊은 추기경은 더 심하답니다. 그는 스스로 운동가라고 여기고 있지요. 그래서 누군가 자신을 찾아오면 처음 본 사람이라도 무조건 정원으로 데리고 가서 옷을 벗고 격투를 벌이자고 우겨댄답니다."

페데리코는 이 말에 웃음을 짓더니 말했다.

"사람들 앞에서나 개인석으로 즐길 수 있는 춤을 비롯해서 다양한 종류의 오락거리들이 있습니다. 나는 이상적인 궁정 신하라면 이러한 활동을 할 때도 신경을 아주 많이 써야 한다고 봅니다. 따라서 자신의 직위와 어울리는 사람들과 군중 앞에서 춤을 출 때 섬세한 우아함과 민첩함이 가미된 몸의 움직임을 통해서 특정한 위엄을 유지해야 한다고 생각합니다. 자신이 대단히 날렵하게 춤을 추고 타이밍을 잘 맞추며 자유자재로 동작을 구사한다고 느껴지더라도 경박하게 빠른 발동작이나 더블 스텝을 구사하면 안 됩니다. 바를레타가 춤을 추면서 이런 동작을 하는 것이야 아무렇지도 않지만, 귀족이 하기에는 적당하지 않으니까요. 반면에 지금 우리가 모여 있는 방과 같이 개인적인 공간에서 춤을 출 때는 이런 동작을 해도 되며 모리스 춤이나 브란도 춤을 춰도 좋습니다. 물론 다른 사람이 알아보더라도 문제가 되지 않을 가장무도회가 아니라면 공개 석상에서는 이런 춤을 춰서는 안 되겠지요. 사실 자유롭게 행동할 수 있는 가면무도회는 이런 춤 기술을 선보이기에 가장 좋은 장소입니다. 궁정 신하는 자신이 가장 마음에 드는 역할을 선택하고 부지런히 꾸며서 그 역할을 우아하게 선보이고 불필요한 부분은 태연하게 무시할 수 있으니까요. 이런 점은 궁정 신하의 행동을 대단히 매력적으로 보이게 만듭니다. 그것은 젊은이가 노인들처럼 헐렁한 옷을 입거나, 빼어난 말을 탄 기사가 시골 양치기와 같은 옷을 입고 자연스럽게 행동하는 것처럼 멋진 모습이지요. 구경꾼들은 으레 그들의 겉모습만 보고 별 볼일이 없다고 판단했다가 옷차림에서 풍기는 이미지보다 훨씬 뛰어난 실력을 보일 때 더욱 흥겹고 즐거워하기 마련입니다.

그러나 이러한 가면을 쓰는 놀이나 행사에서, 군주가 다시 군주의 모습으로 가장하는 것은 자제해야 합니다. 모든 사람들이 이미 그가 누구인지를 잘 알고 있으므로 의외의 상황을 발견했을 때 느끼는 기쁨이 다 사라져버리기 때문입니다. 그래도 군주의 역할을 고집한다면 오히려 평소에 해보지 못했던 기품이 떨어지는 행위를 해볼 자유를 박탈당하게 될 것입니다. 또 가면무도회에 참석한 군주들은 놀이에서 무기 등으로 서로의 자질을 겨루는 것도 삼가야 합니다. 그렇게 되면 다른 사람에게 지지 않으려고 자기 멋대로 위압적인 행동을 한다는 인상을 심어주게 될 테니까요. 더구나 놀이를 할 때도 실생활과 같은 행동을 하면, 반대로 실생활 역시 놀이처럼 느끼게 만들어서 군주의 합법적인 권위가 위태로워지는 역효과가 생길 것입니다. 이에 비해서 군주가 가면무도회에서 왕이라는 신분을 벗어버리고 하급자들과 동등하게 어울린다면 (물론 가면을 쓰더라도 다른 사람들에게 그가 누구인지 다 알도록 하면서) 오히려 더 높은 위업을 달성하게 될 것입니다. 그가 가치를 인정받는 이유가 단순히 군주라는 신분이나 권력 때문이 아니며 스스로 용맹스럽고 많은 자질을 갖췄기 때문임을 알리게 되는 계기가 될 테니까요.

이 점은 신체적인 활동에 참여할 때도 마찬가지여서, 이상적인 궁정 신하라면 항상 자신의 신분에 맞는 분별력을 유지해야 합니다. 말안장 뛰어넘기, 레슬링, 달리기를 할 때 궁정 신하는 서민들과 어울려서는 안 되며 이들이 있는 자리에는 아주 가끔씩만 모습을 드러내는 것이 좋습니다. 세상에는 완벽한 것이 하나도 없어서, 이 무지한 사람들은 자주 보는 광경에는 곧 싫증을 내고 얕잡아 보는 경향이 있으니까요.

이 점은 음악에도 똑같이 적용됩니다. 이상적인 궁정 신하라면 일부 몰지각한 사람들처럼 처음 만나는 고위관리가 있는 자리에 참석해서 질문도 받지 않은 채 음악에 대해서 아는 내용(때로는 전혀 모르는)을 과시해서는 안 됩니다. 이런 사람들은 마치 자신이 음악을 위해서 평생을 살아왔으며 인생에서 주요한 오락거리인 것처럼 말하지요. 그렇지만 올바른 궁정 신하라면 음악이 오직 기분 전환용일 뿐이라는 태도로 행동해야 하며, 서민들이나 많은 군중 앞에서 연주를 해서도 안 됩니다. 그리고 설사 자신의 실력이 뛰어나다 할지라도 실력을 겨루는 공연에서는 마치 다른 사람들이 대단히 높게 평가하는 자신의 성과에 전혀 신경을 쓰지 않는다는 태도를 보여야 합니다."

가스파레 팔라비치노 나리가 질문을 했다.

"음악에는 여러 가지 종류가 있습니다. 예를 들어 목소리만으로도 아름다운 노래를 부를 수 있는 반면에 다양한 악기를 연주할 수도 있지요. 이 가운데에서 최고가 무엇이며 궁정 신하는 어떤 경우에 직접 나서서 연주를 해야 하는지 알려주시면 아주 기쁘겠습니다."

페데리코가 대답했다. "나는 진정으로 아름다운 음악은 훌륭한 성악, 악보 정확하게 읽기, 연주자의 매력적인 스타일을 통해서 표현되며 여기에는 꼭 비올라 반주가 곁들여져야 한다고 생각합니다. 이렇게 생각하는 이유는 독창자의 목소리에는 음악의 모든 순수함이 담겨져 있으며 한 사람의 목소리를 들을 때 스타일과 멜로디를 더욱 세심하게 연구하고 감상할 수 있기 때문입니다. 독창은 아주 사소한 실수까지도 분명하게 드러나는 단점이 있긴 하지만, 이런 실수는 합창으로 노래를 부를 땐 다른 가수들의 목소리에 묻혀버리기 때문에 발견할 수가 없지요. 그리고 비올라 반주가 들어간 운문 노래야말로 가장 즐거움을 주는 것 같습니다. 비올라의 연주를 통해서 가사가 경이적인 마법을 부리며 효과적으로 전달되기 때문입니다. 그리고 건반 악기 역시 협화음이 완벽하고 달콤한 멜로디로 영혼을 채워주는 많은 음악 효과를 줄 수 있기에 모든 악기와 조화가 잘 맞습니다. 이외에도 큰 기쁨을 주는 연주는 뛰어난 음악적인 기교와 온화함을 만들어내는 비올(viol, 보통 6현으로 된 중세의 현악기로, 바이올린의 전신-역주) 4중주입니다. 앞에서 말한 악기에 더해진 인간의 음성은 장신구의 역할을 하며 우아함을 더해줍니다. 물론 미네르바(Minerva, 지혜의 여신-역주)와 알키비아데스는 귀족들이 악기를 다루는 것에 반대했습니다. 그러나 나는 훌륭한 궁정 신하라면 음악에 혐오감을 가진 듯이 보이는 이런 사람들의 말에 너무 신경 쓰지 말고 악기를 다루는 능력도 조금(물론 솜씨가 능란할수록 더 좋겠지요) 갖추기를 바랍니다.

그리고 이러한 음악을 연주하기에 적당한 자리로는 존경하고 가까운 친구들과 함께 있으며 긴급하게 처리해야 할 일이 없는 경우를 예로 들겠습니다. 그러나 무엇보다도 가장 적당한 때는 여성들이 동석을 한 경우입니다. 여성들의 모습은 음악을 듣는 남성들의 마음을 부드럽게 하고, 음악의 달콤함을 더욱 민감하게 받아들이게 만들며, 음악가의 마음에도 활기를 불어넣어 주기 때문이지요. 내가 이미 이야기한 대로 궁정 신하는 많은 사람들, 특히 서민들이 참석한 자리에서 연주하는 것을 피해야 합니다. 그렇지만 어떤 경우라도 신중한 판단력이 가미되어야 한다는 말을 꼭 하고 싶군요. 일단 발생할 수 있는 모든 상황을 이 자리에서 다 거론할 수 없겠지만 판단력이 뛰어난 궁정 신하라면 상황에 맞춰서 잘 행동하고 관중이 연주를 듣고 싶어할 때와 그렇지 않은 때를 분간할 수 있을 것입니다.

또한 항상 자신의 나이에 맞게 행동해야 합니다. 아무리 솜씨가 훌륭하더라도 치아가 하나도 없고 얼굴에 온통 주름이 진 백발의 귀족이 숙녀들이 모인 자리에서 비올라를 집어 들고 연주와 노래를 하는 광경이야말로 무엇보다도 추하고 꼴사나울 것입니다. 노래 가사에는 거의 대부분 사랑의 감정이 담겨 있는데 나이 든 남성이 사랑을 논하는 것은 완전히 터무니없으니까요. 때때로 큐피드가 경이적인 기적들을 일으키며 노인들의 얼어붙은 마음을 녹이는 것을 좋아하기는 하더라도 말입니다."

그러자 마그니피코가 한마디 했다. "페데리코, 불쌍한 노인들에게서 그러한 즐거움을 빼앗지 마십시오. 나는 최고로 완벽한 목소리로 많은 음악가들의 칭송을 들었으며 젊은이들보다 훨씬 더 뛰어났던 사람들이 과거에 많이 있었다는 사실을 알고 있으니까요."

페데리코가 대답했다. "노인들에게서 그러한 즐거움을 빼앗으려는 것이 아닙니다. 그저 귀하나 여성들이 이 노인들의 어리석음을 비웃을 기회를 사전에 차단하자는 것이지요. 그리고 만일 비올라에 맞춰서 노래를 부르고 싶은 노인이 있더라도 삶을 가득 채운 복잡한 생각과 쓰라린 번뇌를 벗어던지고 피타고라스(Pythagoras, 그리스의 수학자이자 철학자–역주)와 소크라테스가 음악에 담겨 있다고 한 신성함을 맛보기 위해서는 은밀히 즐겨야지요. 더구나 음악에 대한 심미안을 키워온 노인들이라면 직접 연주를 하지 않아도 심미안이 없는 사람들보다 훨씬 더 음악을 즐길 수 있을 겁니다. 애초에 아무리 몸이 허약했던 대장장이라도 몸을 아주 많이 사용하다 보면 건장한 사람보다 더 강한 팔을 갖게 되는 것 아닙니까? 이와 마찬가지로 조화로운 음악을 듣는 연습을 많이 한 사람은 잡음 따위를 들으며 화음의 다양함을 경험하지 못한 사람들보다 훨씬 쉽게 음악을 이해하고 지성적으로 감상을 하게 될 것입니다. 음악에는 야생동물까지도 유순하게 만드는 힘이 있지만, 음악에 익숙하지 못한 사람은 이 음악에서 펼쳐지는 미묘한 변화들을 전혀 중요하게 생각하지 않기 때문입니다. 그러니 이것이야말로 노인들이 음악을 통해서 받아들여야 하는 기쁨입니다. 또한 나는 춤에 대해서도 같은 의견을 가지고 있습니다. 우리가 너무 나이 들어서 춤이나 음악에서 얻는 즐거움을 포기해야 하기 전에 이들을 자유롭게 누려야 합니다."

그러자 모렐로 나리가 화가 난 듯이 말을 끊었다.

"그렇다면 나이 든 사람을 모두 배제하고 젊은 사람에게만 이상적인 궁정 신하라는 명칭을 부여해야 한다는 말입니까?"

페데리코가 웃으면서 대답했다.

"모렐로 나리, 나이가 많으면서도 춤이나 음악에 빠져 있는 사람들이 이런 점을 과시하려고 전전긍긍하는 모습을 생각해 보십시오. 이들은 머리를 염색하고 일주일에 두 번씩 수염을 다듬습니다. 그저 사람들이 암묵적으로 이런 행동은 젊은이들에게만 적합하다고 생각하고 있다는 이유로 말입니다."

이것이 모렐로 나리를 두고 한 말이라는 사실을 깨닫고 여성들이 갑자기 한바탕 웃음을 터뜨렸으며, 모렐로 나리는 상당히 당황한 듯이 보였다.

"물론 노인들이 여성들과 즐기기에 적합한 오락거리들도 많이 있습니다." 페데리코가 재빨리 말을 덧붙였다.

"대체 그게 무엇입니까?" 모렐로 나리가 물었다. "이야기 들려주기인가요?"

"그것도 좋지요." 페데리코가 답했다. "그렇지만 나리도 알다시피 각 연령마다 거기에 맞는 걱정거리가 있기 마련이고 개인의 성격에 따라서 결함과 미덕을 가지고 있습니다. 예를 들어 노인들은 보통 젊은이들보다 더 신중하고 현명하며 자제심이 강한 반면에, 더 수다스럽고 심술궂고 까다롭고 소심합니다. 집안에서는 항상 잔소리를 하고 자녀들을 엄하게 대하며 무슨 일이든지 자기 맘대로 하려고 합니다. 이에 반해서 젊은이들은 생기가 있고 관대하며 솔직한 대신에, 쉽게 말다툼에 빠지고 변덕스러우며 같은 것을 동시에 싫어하고 좋아하거나 자신의 즐거움에만 열중하고 훌륭한 충고에 분개합니다.

이렇게 볼 때 모든 연령대 중에서 젊은이의 불쾌한 특성을 벗어던졌으며 아직 나이 든 사람들의 안 좋은 점을 배우지 않은 장년층이야말로 가장 침착함을 보여주는 시기이지요. 극단적인 양면성을 보이는 노년기와 유년기에는 반드시 도리에 맞게 행동하는 법과 조물주가 그 연령대에 심어놓은 결점을 바로잡는 법을 배워야 합니다. 이를 통해서 노인들이 스스로를 너무 추켜세우는 실수를 바로잡고 우리가 성격상의 문제로 언급한 결점을 없애야 하지요.

또한 노인들은 자신들의 신중함과 오랜 세월 동안 습득해 온 지식을 잘 활용하고, 모든 사람들이 충고를 받으려고 달려드는 예언자와 같이 올바르게 행동해야 합니다. 거기에 더하여 품위와 위엄을 가지고 조리에 맞는 말을 해야 하며 나이가 주는 엄숙함에 즐겁고 신중한 유머 감각을 곁들일 줄 알아야 합니다. 이렇게 할 때 노인들은 훌륭한 궁정 신하가 될 것이고, 남성과 여성을 가리지 않고 훌륭한 벗이 될 것이며, 노래를 부르거나 춤을 추지 않아도 항상 환영을 받을 것입니다. 그리고 도움이 필요한 여러 중요한 문제가 발생할 경우에 그들의 진가를 발휘하게 될 것입니다.

젊은이는 항상 신중하고 현명하게 행동해야 합니다. 물론 이때는 노인들의 전례를 따르면 안 되며(노인들에게 알맞은 행동은 젊은이들에게 적합하지 않으며, 일반적으로 젊은이가 너무 현명한 것은 오히려 불길한 신호라고 믿기 때문에) 자신의 천성적인 결점을 바로잡아야 합니다. 나는 젊은이들, 특히 전투에 참여하는 젊은이들의 의젓하고 과묵한 모습을 보는 것이 아주 즐겁습니다. 그 나이에 일반적으로 나타나는 침착하지 못한 태도도 없이 냉정함을 유지하는 모습이 아주 보기 좋답니다. 이런 젊은이들은 다른 젊은이들에게는 부족한 어떤 자질을 가지고 있는 것처럼 보이기 때문이지요. 게다가 이런 종류의 느긋한 자세는 그 뒤에 강한 힘을 지니고 있다고 생각하게 만듭니다. 심사숙고한 후에 신중하게 행동하고 매사에 감정이 아닌 이성으로 스스로를 통제한다는 점을 보여주기 때문입니다.

진정한 용기를 가진 인물들은 모두 이러한 자질을 가지고 있으며, 동물들 중에서도 더 뛰어나고 힘이 센 사자나 독수리 같은 야생동물들이 바로 이런 특성을 보입니다. 아주 조용히 있다가 내뱉는 말 한마디 혹은 분노한 기색이 전혀 없이 대포의 폭음처럼 폭발하는 갑작스럽고 격렬한 움직임이야말로 단계적으로 조금씩 정도가 심해지는 것보다 훨씬 더 세차고 사납습니다. 따라서 중요한 사업에 착수하려는 시점에 말을 너무 많이 하고 끊임없이 한 발로 깡충깡충 뛰어대는 사람은 정작 시작도 하기 전에 완전히 기진맥진한 것처럼 보입니다. 그리고 피에트로 몬테가 잘 말했듯이 어둠 속에서는 어린이처럼 노래를 흥얼거리며 용기를 끌어 모읍니다. 마치 노래로 두려움을 몰아내려는 듯이 말입니다. 따라서 젊은이들에게는 신중함과 침착함이 가장 칭찬할 만한 특성입니다. 이 특성들이 그 시기에 나타나는 특유의 결점인 경솔함을 완화하고 바로잡아주기 때문이지요.

이와 마찬가지로 노인들은 생기가 넘치고 힘찬 노년을 누리려고 노력해야 합니다. 그래야 원기가 강해져서 약하고 냉랭한 노년기를 따뜻하고 인생에서 최고조인 한창때의 상태로 보낼 수 있을 테니까요.

궁정 신하가 지금까지 말한 모든 자질에 맞춰서 아무리 행동하고 말을 하더라도, 일상적인 인간관계에서 온화하고 상냥한 태도를 보이지 못한다면 군주와 기사와 귀부인들에게 보편적인 애정을 받지 못할 것입니다. 그렇지만 무한한 상황을 고려해야 하고 사람들마다 생각하는 것이 다 다르기 때문에, 이 문제에 관해서는 적당한 규칙을 설명하기가 참 어렵군요. 상대하는 다양한 사람들에 따라서 적절하게 행동을 조절해야겠지요. 각 사람들의 차이점을 파악하고, 대화를 나누는 사람들의 성격에 따라서 자신의 태도와 방식을 바꿔야 합니다. 나는 모렐로 나리가 어렸을 때 신앙 고백을 통해 배운 거라고 우리에게 말한 내용 말고는 이 주제에 대해서 아는 바가 더 없습니다."

이 말을 듣고 에밀리아 여사가 웃으며 말했다.

"페데리코, 귀하는 자신의 역할을 축소하려고 너무 안달이 나 있군요. 그렇지만 그래 봤자 소용이 없습니다. 잠자리에 들 시간이 되기 전까지는 귀하가 계속 이야기를 하셔야 되니까요."

"부인, 내가 더 이상 할 이야기가 없다면요?" 페데리코가 물었다.

"그렇다면 귀하가 얼마나 독창적인지를 보여주시지요." 에밀리아 여사가 대답했다. "나는 아주 독창적이고 표현력이 뛰어나서 소재를 가리지 않고 글을 쓴 인물이 있었다는 이야기를 들은 적이 있습니다. 그는 파리 하나를 칭찬하는 내용으로 책을 한 권 썼고, 학질을 찬양하는 책을 여러 권 썼으며, 심지어 대머리를 칭송하는 책도 냈다고 하더군요. 그런데 귀하는 궁정주의에 대해서 하루저녁 내내 이야기할 의견도 없다는 말씀입니까?"

페데리코가 대답했다. "우리는 이미 너무 많은 이야기를 해서 그 내용만으로도 책 두 권은 충분히 나올 것입니다. 그렇지만 아무런 변명거리가 통하지 않으니 부인이 내가 적어도 능력이 닿는 데까지는 말을 다했다고 여길 때까지 이야기를 이어가야겠군요.

나는 궁정 신하들이 군주를 상대할 때는 군주의 장단을 잘 맞추기 위해서 노력해야 한다고 생각합니다. 물론 군주와 친교가 있는 궁정 신하는 보통의 통치자와 부하 사이라면 거의 존재할 수 없는 일종의 평등함이 형성된다는 점을 알고 있습니다. 그러나 일단 이 문제는 넘어가도록 하지요. 이야기를 계속하자면, 이상적인 궁정 신하는 어떤 상황에서도 모든 이들에게 자신이 우리가 지금까지 거론한 자질을 모두 갖추었다는 점을 명백하게 보여주는 것은 물론이고, 모든 힘과 생각을 바쳐서 자신이 섬기는 군주를 흠모하고 숭배해야 한다고 봅니다. 무엇보다도 자신의 야망과 온갖 행동을 다 쏟아서 군주가 흡족함을 느끼도록 노력해야지요."

이 말을 듣자 한 치의 망설임도 없이 피에트로 다 나폴리가 말했다.

"내가 보기에 귀하는 한마디로 최고의 아첨꾼이 되라는 것 같은데, 그런 사람이라면 최근에 아주 많이 널려 있습니다."

"아주 잘못 생각하신 겁니다." 페데리코가 답했다. "아첨꾼은 군주나 자신의 친구들을 흠모하지 않습니다. 이상적인 궁정 신하가 갖춰야 한다고 말한 것은 바로 이 점입니다. 그리고 이런 궁정 신하는 명령에 따라서 움직일 것이며 아첨을 하지 않고도 자신이 모시는 군주의 명령을 잘 진척시킬 것입니다. 내가 여기에서 말하는 명령이란 도리에 맞고 올바른 내용이거나 운동경기처럼 옳고 그름을 판단할 필요가 없는 것입니다. 또한 이상적인 궁정 신하라면 자신의 본성에 어긋난다고 하더라도, 군주에게 항상 군주의 뜻에 따를 것이라는 믿음을 주는 신하로서 행동했으면 합니다. 이렇게 행동할 수 있는 사람은 군주를 기쁘게 하는 것을 파악하는 분별력이 있고, 적절하게 행동하는 법을 아는 재치와 판단력을 지녔으며, 자신이 본능적으로 싫어하는 것마저 좋아할 수 있는 깊은 결의가 있는 인물입니다. 이런 자질을 갖춘 사람은 절대로 불쾌하거나 우울한 기분으로 군주를 대하지 않을 것입니다. 또한 자신의 주인에게 악의를 품은 사람들처럼 무뚝뚝하게 행동하지도 않을 것입니다. 이런 행동이야말로 밉살맞기 짝이 없습니다.

궁정 신하는 사악한 말을 하지 않아야 하며, 무엇보다도 자신의 군주 앞에서는 절대로 이런 모습을 보여서는 안 됩니다. 하지만 이런 모습이 종종 눈에 뜨입니다. 궁정에서는 군주가 가장 아끼는 사람이나 미천한 자리에서 높은 지위로 올라간 사람들에 대해서 불평을 늘어놓거나 험담을 해서 몰아내려는 소동이 항상 벌어지기 때문이지요. 이런 소동이 벌어지면 이를 일으킨 장본인이나 부당한 대우를 당하는 사람 모두 꼴사납게 보이기 마련입니다. 이상적인 궁정 신하라면 이처럼 어리석은 거만함을 피해야 합니다. 나쁜 소문을 퍼뜨려서도 안 되며, 다른 사람을 조금이라도 비방할 만한 이야기를 하는 경솔함을 보여서도 안 됩니다. 또한 파리 떼처럼 짜증스럽고 비위 상하는 행동을 하기 좋아하는 일부 사람들처럼 완고하고 다투기 좋아하는 모습을 보이거나, 앙심을 품은 채 모든 사람들에게 반대를 하는 버릇이 있는 사람을 따라 해서는 안 됩니다.

이외에도 게으르거나 거짓말을 일삼는 수다쟁이가 되거나 어리석은 아첨꾼이나 허풍쟁이가 되어서도 안 됩니다. 이상적인 궁정 신하는 항상, 특히 사람들 앞에서 주인을 향한 부하의 태도로서 경외감과 존경심을 유지하며 겸손하고 조심스러운 모습을 보여야 합니다. 그리고 너무 많은 사람들이 군주와 단 한 번 대화를 나눴을 뿐이면서도, 길을 가다 우연히 군주를 만나면 마치 동년배를 껴안거나 혹은 계급이 더 낮은 사람에게 호의라도 베푸는 양 웃음을 띤 다정한 표정으로 다가서는데, 궁정 신하는 이런 사람들처럼 행동해서도 안 됩니다.

이상적인 궁정 신하는 자신의 이익을 위해서 군주에게 무엇인가를 부탁함으로써 군주가 거절하기가 매우 곤란한 나머지 마지못해 승낙하는 일이 발생하도록 하면 안 됩니다. 그리고 다른 사람을 대신해서 군주에게 부탁을 할 경우에는 때와 장소에 주의해야 하며, 요청하는 내용은 항상 올바르고 도리에 맞아야 합니다. 한편 군주에게 요청을 할 때는 불쾌할 것으로 생각되는 내용은 빼고 곤란한 문제는 솜씨 좋게 잘 수습해서 군주가 어려움 없이 승인하도록 하고, 혹시라도 군주가 이를 거절할 때도 신하의 기분이 상하지는 않을까 걱정하는 일 없이 해야 합니다. 귀찮을 정도로 요청을 하던 사람의 부탁을 거절했을 경우에 대개의 군주들은 그 소망이 좌절되었으니 분명히 자신에게 악의를 품을 것으로 생각하기 때문입니다. 그리고 이러한 믿음 때문에 군주들은 관계가 있는 사람에게 반감을 갖게 되고, 결과적으로 그 사람을 볼 때마다 혐오감이 들 것입니다.

이상적인 궁정 신하라면 설사 자신이 상당한 권한을 가지고 있더라도 초대받지 않고는 절대로 군주의 침실이나 개인적인 처소에 드나들어서는 안 됩니다. 이는 군주들은 대개 혼자 있을 때 마음 내키는 대로 말하고 행동하는 자유를 만끽하기 때문에 비난을 할 위치에 있는 사람이 자신의 이런 모습을 보거나 엿들는 것을 원하지 않기 때문이며, 이는 상당히 타당한 바람입니다. 군주들도 우리와 마찬가지로 자유롭게 휴식을 즐길 수 있는 법인데, 이를 모르고 군주가 개인 공간에 가치가 없는 사람을 들인다고 비난하는 사람들은 잘못 생각하고 있는 것입니다.

혹시라도 중요한 사안을 다루는 데 익숙한 궁정 신하가 군주를 개인적으로 만나야 할 일이 생긴다면, 군주의 평화롭고 고요한 마음을 어지럽히지 않도록 다른 시간과 장소에서 보이던 심각한 모습을 벗어던지고 평소와 다른 사람이 되어서 군주가 기분 좋게 대화에 참여할 수 있는 분위기를 만들어야 합니다. 그렇지만 이 자리에서도 다른 때와 마찬가지로 군주를 성가시게 굴지 않도록 주의를 기울여야 합니다.

또한 군주가 자신의 의지에 따라서 총애하기를 기다려야지 억지로 이를 얻으려고 해서는 안 됩니다. 많은 사람들이 너무 매달리는 통에 거절을 받으면 당장에라도 죽을 것처럼 보이고, 총애를 잃거나 다른 사람이 더 애정을 받으면 매우 고통스러워하며 질투심을 여실히 드러내지만 이래 봤자 사람들에게 비웃음을 들을 뿐입니다. 또한 이런 이들은 단지 사람들을 괴롭히려고 무차별적으로 은혜를 베풀라고 군주를 부추기기도 합니다. 어쩌다 보통과 다르게 총애를 입기라도 하면 너무 감동을 받아서 마치 즐거움에 취해 버린 사람처럼 보이고, 자신의 손과 발을 제대로 가누지도 못하며, 새로운 일이라도 일어난 양 온 세상을 향해서 큰 소리로 자랑을 해대며 축하를 받으려 합니다. 물론 이것은 잘못되었지요. 궁정 신하라면 이런 모습을 보여서는 아주 곤란하지요.

내가 바라는 이상적인 궁정 신하는 총애를 잘 받아들이되, 너무 높은 가치를 부여해서 이것 없이는 살아갈 수 없다는 등의 자세를 보이지 않는 사람입니다. 그리고 은전을 입었을 때는 이것을 새로운 경험으로 받아들이는 모습을 드러내거나 그와 같은 일이 일어난 것이 너무 놀랍다는 인상을 줘서도 안 됩니다. 완전히 무식해서 이를 받아들이기를 거부하다가 스스로를 가치 없게 여긴다는 것을 인정한 꼴이 되어버린 몇몇 사람들처럼 군주의 은전을 사절해서도 안 됩니다. 항상 자신의 신분보다 약간 더 낮은 자세를 유지하며 자신에게 주어진 은총이나 명예를 너무 쉽게 받아들이지 않되 그 가치만은 높게 생각한다는 점을 보여줘야 합니다. 그렇게 해서 은총이나 명예를 내려줄 군주의 마음에 그 궁정 신하가 꼭 그것을 받아들여야 한다는 생각이 들도록 만들어야 하지요. 은총을 받아들이는 것을 더 고사할수록 이를 베푸는 군주는 그 궁정 신하를 더 귀하게 평가할 것이고, 자기에게 주어진 명예를 더 감사하게 여기고 존중할수록 군주가 베푸는 은총이 더 가치 있게 보일 것이기 때문입니다. 이것이야말로 진정 확실한 은총으로, 이를 받는 사람의 명성을 높여줄 것입니다. 받는 사람이 요구하지 않았는데도 부여되었으므로 진정한 공로를 보상해 주는 것이라는 사실을 모두가 알게 되기 때문입니다. 앞에서 말한 대로 받는 사람이 겸손한 자세를 보이면 이 가치는 더욱 올라갈 것입니다."

그러자 체사레 곤차가가 말문을 열었다. "내가 보기에 귀하는 복음서에 나온 구절을 도용하고 있군요. '결혼식에 초대를 받으면 가장 낮은 자리에 가서 앉아라. 그러면 너를 초대한 사람이 와서 "내 친구여, 더 높은 자리로 가서 앉으시오. 다른 손님들 사이에서 존경을 받게 될 것이오"'라고 말한 부분을 말입니다."

페데리코가 웃으며 말했다. "복음서를 도용하다니요. 그것은 매우 불경스러운 일이지요. 어쨌든 귀하는 내가 생각했던 것보다 성서를 더 많이 알고 있는 것 같군요."

그러고 나서 그는 이야기를 계속했다. "군주가 참석한 자리에서 요청도 받기 전에 조급하게 대화를 시작하는 사람들이 어떤 위험에 빠지는지는 여러분도 다 알고 있을 것입니다. 군주는 종종 이러한 사람을 망신시키려고 대답을 하지 않거나 아예 다른 쪽을 바라보곤 합니다. 따라서 자신이 모시는 군주에게 총애를 받기 위한 최고의 방법은 그에 맞는 행동을 하는 것입니다. 어떤 이유가 되었든지 군주를 즐겁게 한 사람을 보고 자신도 그대로 따라 하면 같은 결과를 얻을 것이라는 기대를 아예 하지 말아야 합니다. 같은 행동이나 말이라도 모든 사람에게 똑같이 들어맞지 않기 때문이지요. 천성적으로 재기가 넘쳐서 무슨 말을 하든지 웃음을 유발해 처음부터 그런 목적으로 태어난 것처럼 보이는 사람들이 종종 있습니다. 그렇지만 좀 위엄이 있는 사람이 이와 똑같이 행동하려고 하면 이 사람이 아무리 영리한 사람일지라도 그 결과가 너무 시시하고 어색해서 창피만 당하게 되겠지요. 이런 사람은 개 흉내를 내며 자신의 군주와 함께 놀리고 하는 바보와 완전히 똑같습니다. 그러니 스스로의 능력을 파악하고 때에 따라서 해야 할 행동과 삼가야 할 행동을 잘 판단할 줄 알아야 한답니다."

여기에서 빈센초 칼메타가 끼어들었다. "이야기가 더 진행되기 전에 할 말이 있습니다. 내가 이해한 것이 맞다면 귀하는 총애를 받는 최고의 방법은 그럴 가치가 있게 행동하는 것이며, 이상적인 궁정 신하라면 주제넘게 이를 받으려고 노력하지 말고 군주가 베풀어주기를 기다려야 한다고 말했습니다. 그러나 유감스럽게도 이 교훈은 별로 쓸모가 없으며 사실 우리 경험에 의하면 완전히 반대의 경우가 맞습니다. 오늘날에는 아주 오만한 사람만 군주의 총애를 얻는 것 같으니 말입니다. 게다가 군주의 총애를 받지 못하던 사람들이 단지 뻔뻔스러움으로 일순간에 군주를 기쁘게 하는 장면들을 귀하도 직접 목격해 왔지 않습니까? 나는 겸손함을 통해서 지위가 올라간 사람을 한 사람도 못 봤습니다. 귀하 역시 이런 사람들을 거의 찾을 수 없을 거라고 확신하지만 필요하다면 생각할 시간을 좀 드리지요. 오늘날 기독교 국가 가운데 가장 웅장한 프랑스 궁정을 생각해 본다면 보편적인 총애를 받는 사람들은 자기들끼리 있을 때는 말할 것도 없고 심지어 왕 앞에서도 모두 오만한 경향이 있다는 사실을 깨닫게 될 겁니다."

"그런 말씀 하지 마시오." 페데리코가 대답했다. "그렇기는커녕, 프랑스의 귀족이야말로 대단히 예의가 바르고 겸손합니다.

이들이 자신들만의 소탈함은 물론이고 일정한 자유를 누린다는 것은 사실이나 이처럼 형식에 얽매이지 않는 면은 그들만의 고유하고 선천적인 특성이니 뻔뻔함이라고 불러서는 안 됩니다. 사실 이들의 처신을 잘 살펴보면 오만한 사람을 비웃고 무시하는 반면에 가치가 있고 겸손하다고 생각하는 사람들에게는 대단한 존경을 보낸답니다."

칼메타가 말했다. "궁정주의의 선구자인 스페인 사람들을 떠올려보고, 귀부인과 귀족들을 상대할 때 극단적인 오만함을 보이지 않는 사람이 몇 명이나 되는지 찾아보시오. 가장 위대한 겸손함의 전형을 처음으로 만들었던 이 스페인 사람들은 프랑스인보다 더 심각합니다. 이들은 궁정에서 아주 약삭빠르게 행동하지요. 앞서 말한 대로 오늘날의 통치자들은 이런 식으로 행동하는 사람들을 총애하기 때문입니다."

페데리코가 이 말을 듣고 대답했다. "빈센초, 그런 식으로 현대 통치자들의 명예를 훼손하는 행위는 더 이상 용납하지 못하겠군요. 겸손함을 좋아하는 사람들이 많이 있다는 것은 사실이지 않습니까? 물론 겸손한 사람들이 모두 다른 사람들과 잘 어울린다는 뜻은 아닙니다. 그렇지만 이 겸손함에 진정한 용맹이 겸비되면 이를 가진 사람에게 대단한 명예가 된다고 주장합니다. 비록 겸손함은 잘 드러나지 않지만 칭찬할 만한 행동은 자체만으로 주목을 받기 마련이고, 오만하고 무분별함과 결합되었을 때보다 훨씬 더 감탄할 만합니다. 오만한 스페인 사람들이 많다는 점은 부정하지 않겠습니다. 그러나 높은 존경을 받는 사람들은 대체로 대단히 겸손하다는 점을 강조하고 싶군요.

한편 대단히 무뚝뚝해서 다른 사람과 교제를 피하는 어리석은 짓까지 하고, 너무 불안정해서 과도하게 소심하거나 지나치게 거만하다는 평가를 받는 사람들이 있습니다. 나는 이런 사람들을 절대로 칭찬하지 않으며, 겸손함이 너무 심해서 무미건조하고 냉랭한 데다 상스럽게 타락하는 것도 바라지 않습니다. 그러니 이상적인 궁정 신하라면 자신의 목적에 맞을 때는 웅변술을 과시하고 국사를 토론할 때는 신중하고 현명한 모습을 보여야겠지요. 그리고 함께 사는 사람들의 관례에 적응하는 법을 알만큼 사리 분별력이 있어야 하고 사소한 문제에서는 즐길 줄도 알아야 하며 모든 사안을 잘 처리할 수 있는 상식도 겸비해야겠지요. 이런 궁정 신하는 질투를 하거나 비방해서는 안 되며 사악한 방법이나 정직하지 못한 수단으로 자비나 총애를 얻으려고 노력해서는 절대 안 됩니다."

칼메타가 의견을 토로했다. "귀하가 비판한 방법이야말로 사람들을 판단하는 데 가장 수월하지만, 귀하가 옳다고 주장하는 방법은 모두 불확실하고 시간이 오래 걸린다는 점을 분명히 밝혀두고 싶군요. 내가 아까 한 말을 반복하자면 오늘날 통치자들은 올바르지 않은 길을 걷는 사람들을 총애하니까요."

"그런 말씀 마십시오." 페데리코가 대답했다. "오늘날의 통치자가 모두 사악하고 부도덕하다는 논란은 너무 단순하지 않습니까? 그 가운데에도 훌륭한 군주가 있으니 귀하의 말이 완전히 옳은 것도 아닙니다. 그렇지만 궁정 신하는 자신이 모시는 군주가 사악하고 악의를 품고 있다는 사실을 깨닫게 되면 그 즉시 그곳을 떠나서 악덕한 지도자를 모시는 훌륭한 인물들이 맛보는 쓰라린 고뇌를 겪지 않도록 해야 합니다."

칼메타가 답했다. "우리는 훌륭한 군주를 내려주신 하느님을 찬양해야겠군요. 일단 사악한 군주가 있다면 우리 역시 고통을 감내해야 할 테니까요. 아시다시피 자신이 모시기 시작한 통치자를 떠나는 일은 현실적으로 매우 어렵지 않습니까? 일단 올바르지 않은 지도자의 휘하에 들어간 이상 불운을 피할 수 없으며, 이런 점에서 궁정 신하들은 마치 철창에 갇힌 새나 마찬가지입니다."

페데리코가 말했다. "내가 보기에 궁정 신하가 맡은 임무가 어떤 사항보다도 중요합니다. 물론 궁정 신하들은 전쟁에 처하거나 심각한 어려움에 빠져 있을 때는 절대로 지도자를 버려서는 안 됩니다. 만약 그렇게 행동한다면 자신만의 이익을 추구하기 위해서 지도자를 떠났다는 평가를 듣게 될 테니까요. 그러나 이렇게 위태로운 상황이 아니라면 궁정 신하는 지도자를 모시는 것을 그만둘 권리와 의무가 있습니다. 지도자로 인해 자신이 불명예를 당하게 될 것이 확실하다면 말이죠. 훌륭한 지도자를 모시는 신하는 훌륭한 반면에 나쁜 지도자를 모시는 신하는 나쁘다고 모든 사람들이 생각하기 때문이지요."

이때 로도비코 피오 나리가 입을 열었다. "귀하가 내 마음속에 드는 의구심에 분명하게 답을 해주었으면 좋겠군요. 즉, 귀족은 자신이 섬기는 군주가 명령하는 모든 것에 복종할 의무가 있는가 하는 문제입니다. 설사 그 명령이 불명예스럽고 수치스럽더라도 말입니다."

"누구의 명령이라고 하더라도 불명예스러운 경우에는 복종할 의무가 없습니다." 페데리코가 대답했다.

로도비코 나리가 계속 말했다. "그렇다면 내가 나에게 잘 대해 주는 군주를 모시고 있으며 이 군주를 위해서 모든 것을 다하겠다고 확신하고 있다고 가정해 봅시다. 그런데 이 군주가 나에게 어떤 사람을 죽이라는 명령을 내렸을 경우에 이를 거절하는 것이 옳을까요?"

페데리코가 답했다. "귀하는 군주의 이익과 명예를 높일 수 있는 모든 명령에 복종하되, 군주에게 손해를 입히고 수치를 안겨줄 명령은 따르면 안 됩니다. 만약 군주가 나쁜 행동을 저지르라고 명령하더라도 귀하를 위해서나 군주가 치욕을 당하는 것을 막으려면, 그런 행동은 할 의무가 없으며 하지 않는 것이 마땅합니다. 처음에는 옳게 보였던 많은 일들이 사실 나쁜 결과를 가져오고, 나빠 보였던 행동들이 결론적으로 보면 옳은 것이 세상살이 아닙니까? 그러니 지도자를 섬기면서 상황에 따라서 수많은 사람들을 죽이거나 실제로는 올바른 일이지만 표면상으로는 부도덕하게 보이는 행동을 하는 것은 어느 정도 용납할 수 있습니다."

이번에는 가스파레 팔라비치노 나리가 발언을 했다. "그렇다면 이 점을 좀 더 설명해서 오직 보이는 것만으로 진정한 옳고 그름을 구별하는 방법을 가르쳐주시지요.”

“그 청을 거절하는 것을 부디 이해해 주십시오.” 페데리코가 대답했다. “그 부분은 설명할 것이 너무 많을 것 같으니까요. 모든 것은 귀하의 판단에 따라서 결정하셔야 할 것 같습니다.”

“그렇다면 적어도 내 의구심 중에 하나는 해결해 주시지요.” 가스파레 나리가 말했다.

“그것이 무엇입니까?” 페데리코가 물었다.

가스파레 나리가 말을 이었다. “내가 어떤 사업이나 중요한 사안에서 할 일을 꼼꼼하게 지시받았다고 가정해 보지요. 그런데 그 일을 진행하는 과정에서 군주의 상세한 지시를 다소 어겼을 때, 명령을 내린 지도자에게 더 낫고 이득이 되는 결과를 얻을 수 있다는 생각이 들면 어떻게 해야 할까요? 지도자가 처음에 문서로 내린 명령에 따라야 할까요, 아니면 내 생각에 최선으로 보이는 방법대로 해야 할까요?”

페데리코가 대답했다. “그런 문제라면 귀하가 말한 것과 같은 상황에서 명령에 너무 충실한 나머지 아들을 죽인 만리우스 토르쿠아투스(Manlius Torquatus)의 예를 들어 내 의견을 밝혀야겠군요. 나는 만리우스의 행동이 전혀 칭찬을 받을 가치가 없다고 생각합니다. 그렇다고 해도 그를 비난하는 모험은 하지 않겠습니다. 상관의 명령을 위반하거나 내가 법적으로 복종해야 하는 사람의 판단력보다 자신의 판단력을 믿는 것은 명백하게 위험한 행동이라는 것이 수많은 세월 동안 지속되어 온 견해이니까요. 자신의 판단력을 믿고 실행했다가 실패해서 계획이 좌절될 경우, 이 사람은 그 실패는 물론이고 불복종이라는 죄까지 저질렀으니 어떤 변명이나 용서도 통하지 않을 것입니다. 그러나 설사 자신의 뜻대로 했다가 목적을 달성했더라도 그 공을 행운의 여신에게 돌리고 여기에 만족해야 합니다. 사실 이처럼 자신의 판단력을 믿는 행동은 사람들로 하여금 상관의 명령을 경시하게 만듭니다. 또한 이런 사람(아마도 대단히 신중한 사람으로 많은 고심 끝에 상관의 명령을 어겼을 것이며 행운의 여신의 도움도 받았을 것입니다)의 전례를 따른답시고 무지한 데다 천박하기 그지없는 수많은 사람들이 자신의 판단을 믿고 아주 중요한 사안을 자기 의향대로 처리함으로써 지혜와 권력을 과시하려고 하거나 군주의 명령을 어기는 부작용도 일어날 것입니다. 이는 대단히 가증스런 범죄인 데다 종종 막대한 실수마저 불러일으킵니다.

어쨌든 내 생각에 이런 문제에 봉착한 사람은 심사숙고하여 명령에 불복종했을 때 자신에게 생기는 이익과 강점을 잘 평가해 봐야 합니다. 반대로 명령에 불복하고 자신의 계획대로 했다가 실패한 후에 생길 것이 분명한 손해와 불리한 입장 역시 잘 생각해 봐야 합니다. 실패할 경우에 생길 좋지 않은 결과가 성공했을 때 얻을 이익보다 더 크고 심각하다는 판단이 들면 자숙을 하고 받은 명령을 꼼꼼하게 따라야 합니다. 반면에, 성공했을 때 오는 이득이 실패했을 때 생길 손해보다 훨씬 크다고 판단되면 자신의 판단력과 일반적인 상식에 따라 사리에 맞게 일을 처리하는 가운데 명령을 조금 이기는 것은 괜찮다고 봅니다.

이때는 더 큰 이득을 얻기 위해서 약간의 손실을 감수하는 상인의 예를 본받되, 단지 아주 작은 이익을 위해서 큰 손해를 감수해서는 안 됩니다.

　나는 무엇보다도 중요한 점은 자신이 모시는 군주의 성품을 잘 연구해서 이에 맞게 행동하는 것이라고 생각합니다. 많은 지도자들처럼 엄한 태도를 가진 군주를 모시는 궁정 신하가 내 친구라면, 명령을 받은 내용을 절대, 조금이라도 변경하지 말고 시행하라고 충고할 것입니다. 이렇게 한다면 아테네의 한 군사 기술자가 받았던 처벌과 같은 위험에서 벗어날 수 있을 것입니다. 푸블리우스 크라수스 무시아누스(Publius Crassus Mucianus)는 어느 도시를 공격할 때 사용하려고 아테네에서 본 적이 있었던 배의 돛대 두 개 중에 하나를 보내달라고 기술자에게 요청했습니다. 성문을 파괴하는 대형망치를 만들어야 하니 둘 중 큰 것을 보내달라는 조건을 내걸었지요. 그러나 아주 숙련된 전문가였던 이 기술자는 큰 돛대는 망치를 만드는 데 적합하지 않으며 작은 돛대가 옮기기도 쉽고 만들려는 기계에도 더 적합할 것으로 판단하고 작은 돛대를 무시아누스에게 보냈습니다. 무시아누스는 큰 돛대가 오지 않았다는 이야기를 듣고 이 불쌍한 기술자를 불러들여서 명령을 어긴 이유를 물었지요. 하지만 어떤 해명도 받아들이지 않은 채 그를 발가벗겨 죽을 때까지 채찍질을 했답니다. 무시아누스는 이 기술자가 명령에 따르지 않고 오히려 그에게 충고하려 했다고 여긴 것입니다. 따라서 이처럼 완고한 지도자를 대할 때는 반드시 늘 경계를 해야 합니다.

이제 군주를 대하는 법은 그만 정리하고 신분이 같거나 비슷한 관계의 사람들을 대하는 문제를 이야기해 보지요. 이것이 더 흔하게 겪는 일이고 군주보다는 동료들과 상대하는 일이 더 많기 때문에 이 문제를 잘 고심해 봐야 합니다. 물론 세상에서 가장 친한 친구들과 함께 즐겁게 시간을 보내다가도 옷을 잘 차려입은 사람을 만나면 즉시 그 사람에게 접근했다가 더 옷을 잘입은 사람이 오면 다시 그 새로운 사람에게 옮겨가는 바보들도 많습니다. 또한 공공장소에서 군주가 지나가는 모습이라도 볼라치면 팔꿈치로 사람들을 떼밀고 군주 옆으로 다가가서 할 말이 하나도 없으면서도 억지로 이야기를 시작해서 긴 토론으로 끌고 가는 사람들도 많습니다. 그들은 연신 웃고 손뼉을 치고 머리를 손으로 찰싹 치면서 마치 중요한 일을 논의하고 있는 것처럼 보이게 해서 사람들이 군주가 그를 마음에 들어 한다고 생각하게 만듭니다. 이런 사람들은 군주하고만 이야기를 하려고 하니, 우리도 그들을 거들떠볼 필요가 없습니다."

이 말을 듣고 마그니피코 줄리아노가 의견을 내놓았다. "페데리코, 귀하가 옷을 잘 차려입은 사람들과 함께 있는 모습을 보이려고 열성인 사람들을 거론했으니, 이상적인 궁정 신하가 복장을 갖추는 법과 어떤 옷을 입는 것이 가장 적당한지 일반적으로 체형에 맞게 옷을 입는 방법에 대해 물어보고 싶군요. 이런 질문을 하는 이유는 복장에 수많은 다양성이 존재하기 때문입니다. 요즘에는 모두가 선호하는 스타일이 달라 저마다 프랑스나 스페인이나 독일의 관습을 각각 따르더군요. 어떤 사람은 터키풍으로 옷을 입기도 합니다. 일부는 수염을 기르는 반면에 그렇지 않은 사람들도 많지요. 따라서 이 모든 것들 중에서 무엇이 최고인지를 아는 것은 충분한 가치가 있다고 봅니다."

페데리코가 대답했다. "대다수가 따르는 관습에 맞춰야 한다는 점을 제외하고는 복장에 적용해야 할 규칙에 대해 아는 게 없습니다. 귀하가 말했듯이 복장은 너무 다양해서 이탈리아 사람들은 다른 스타일을 받아들이는 데 아주 열성적이지요. 그러니 내 생각에는 그저 자신의 기호를 따르는 것이 최선이라고 봅니다.

그건 그렇고, 나는 무엇 때문에 우리나라에서 이탈리아 고유의 복장이 더 이상 통용되지 않는지를 모르겠습니다. 새로 유행하는 패션은 과거의 옷을 구식으로 만들지만, 그런 상황에서 과거의 복장을 고수하는 자세는 어떤 면에서는 자유로움을 상징하기도 한답니다. 과거에는 복장이 앞으로 닥칠 노예 상태를 암시하는 전조의 역할을 했다는 점을 다 아실 겁니다. 알렉산더 대왕과 싸우기 전해에 다리우스(Darius)가 자신의 옆구리에 차는 검의 스타일을 페르시아풍에서 마케도니아풍으로 바꾸자, 예언자들이 이를 보고 다리우스가 따라 하는 나라가 결국 페르시아의 지도자가 될 것이라고 해석했다는 기록이 있습니다. 이와 마찬가지로 우리 고유의 이탈리아풍 복장을 다른 나라의 것으로 바꾸는 것은 곧 이 나라들이 언젠가 우리나라를 정복할 것임을 의미한다고 봅니다. 역사상 전 세계적으로 우리나라를 침략하지 않은 나라가 없고, 비록 더 이상 남은 것이 거의 없는 지금도 약탈 행위가 계속되고 있다는 점은 이 주장을 확실하게 입증해 줍니다.

그러나 이렇게 비통한 이야기를 계속하고 싶지 않으니 이상적인 궁정 신하가 입어야 하는 복장에 대해 이야기하는 게 낫겠군요.

나는 아주 기이하거나 임무에 부적절한 옷만 아니라면 입는 사람의 마음에 드는 옷은 어떤 것이라도 상관이 없다고 생각합니다. 나는 개인적으로 지나치게 몸치장을 하는 프랑스풍이나 너무 인색한 독일풍처럼 과장된 스타일의 옷은 별로 좋아하지 않습니다. 하지만 이런 옷들도 우리 이탈리아 사람들이 좀 수선을 해서 입으면 더 멋진 모습으로 연출되더군요. 나는 개인적으로 너무 멋을 부린 옷보다는 수수하고 차분한 옷을 좋아합니다. 따라서 내 생각에는 검정색이 가장 적당하며, 그렇지 않을 경우 좀 어두운 계열이 적당하다고 봅니다. 물론 지금 내가 말하는 옷은 일상적인 복장이며, 갑옷 위에는 밝고 화사한 색을 입어야 한다는 점에는 의심의 여지가 없지요. 그리고 휴가용 옷은 장식이 달려 있고 매우 화려한 것이 적당합니다. 축제나 놀이나 가장무도회와 같은 대중 행사 때도 똑같은 원리가 적용됩니다. 화려하고 장식이 달린 옷은 활력과 윤택함을 드러내며 무기를 다루거나 운동을 할 때 아주 알맞기 때문이지요. 그렇지만 이외의 경우에는 이상적인 궁정 신하라면 스페인 옷처럼 진지한 분위기를 풍기도록 옷을 입어야 한다고 생각합니다. 대개 겉보습이 내면의 모습을 반영하기 마련이니까요."

이 말을 듣고 체사레 곤차가가 입을 열었다. "귀하의 발언에
상당히 만족합니다. 다른 분야에서 뛰어난 가치가 있는 신사라
면 옷 때문에 명성이 올라가거나 내려가지는 않지요."

"맞는 말입니다." 페데리코가 말했다. "만일 갖가지 색으로 4
등분이 되어 있거나 온갖 종류의 끈과 리본과 나비넥타이와 레
이스로 장식된 가운을 입고 지나가는 사람을 본다면 이 자리에
있는 누구라도 그 사람을 바보가 아니면 광대라고 생각할 것입
니다."

그러자 피에트로 벰보가 이의를 제기했다. "롬바르디에서 조
금이라도 살아본 사람이라면 그런 사람을 바보나 광대로 여기
지 않을 것입니다. 그곳에서는 모두가 그런 차림으로 돌아다닌
답니다."

공작부인이 웃으면서 말했다. "모두가 그렇게 다닌다면 비난
할 필요가 없지요. 베네치아 사람이 소매를 부풀려 올린 옷을
입거나 피렌체 사람이 모자가 달린 옷을 입는 것처럼 그들에게
는 적절하고 잘 어울리는 복장일 테니까 말입니다."

"나는 지금 롬바르디가 다른 곳보다 더 문제가 있다는 이야
기를 하는 게 아니랍니다." 페데리코가 말했다. "모든 나라마다
어리석은 사람들과 지각이 있는 인물들이 각각 있을 테니까요.
그렇지만 이 이야기는 그만 하고 옷을 입을 때 중요한 점으로
돌아가지요. 이상적인 궁정 신하는 항상 단정하고 세련되게 옷

을 입고 기품 있는 우아함을 유지해야 한다고 생각합니다. 하지만 여자처럼 옷을 입거나 너무 멋을 부려서는 안 되며, 머리나 수염이나 신발이나 모자 및 두건 같은 데 너무 신경을 쓰느라고 오히려 다른 부분은 소홀히 하는 사람처럼 한 부분을 무리하게 강조해서도 안 됩니다. 너무 집중한 부분은 마치 다른 사람에게서 빌려온 것 같고 나머지 무미건조한 부분만 실제 자신의 것처럼 보입니다. 따라서 나는 이상적인 궁정 신하라면 이런 종류의 복장은 피해야 한다고 충고하고 싶습니다. 자신이 풍기고 싶은 분위기와 사람들에게 인식되고 싶은 모습을 잘 생각해서 여기에 맞게 옷을 입어야 한다는 점도 덧붙이고 싶습니다. 이렇게 하면 한 번도 그의 말을 듣거나 행동을 보지 못한 사람들도 그가 원하는 이미지대로 평가해 줄 것입니다."

가스파레 팔라비치노 나리가 말했다. "듣자하니 품격을 가진 사람들은 한 사람의 특성을 말이나 행동보다 옷으로 판단하는 것이 옳거나 일반적이라는 뜻인 것 같군요. 그렇지만 이런 방법으로는 많은 실수를 저지르게 될 텐데요. 이를 잘 증명해 주는 격언으로 '장삼을 입었다고 중이 되는 것은 아니다'라는 말도 있습니다."

페데리코가 대답했다. "옷이 한 사람의 특성을 엄중히 판단하도록 하는 기본 요소라거나, 말이나 행동보다 옷을 통해서 그 사람을 훨씬 잘 파악할 수 있다는 뜻이 아니랍니다. 그러나 복장이 한 사람의 성격을 보여주는 데 많은 부분을 차시한다는 점은 사실이라고 생각합니다. 가끔씩 잘못된 인상을 주기는 하지만요. 더구나 행동과 말은 물론이고 습관과 태도도 한 사람의 특성을 파악하는 실마리가 되어주지 않습니까?"

"그렇다면 사람을 판단할 때 말이나 행동을 제외하고 어떤 부분을 기본으로 삼아야 한다고 생각합니까?" 가스파레 나리가 물었다.

페데리코가 대답했다. "내가 보기에 귀하는 지나치게 세밀하게 들어가시는군요. 어쨌든 내가 의미하는 것을 설명하자면, 세상에는 건물이나 글처럼 계속 세상에 남는 '활동'이 있는 반면에 바로 사라져버리는 것들도 있으며, 이 후자가 내가 지금 거론하려는 부분입니다. 걸음걸이나 웃음이나 얼굴 표정을 두고 '활동'이라고 부를 수는 없지만, 이 표면적인 사항들은 내면을 반영하는 정보를 제공한답니다. 가스파레 나리, 귀하는 바로 오늘 아침에 우리가 이야기를 나눴던 한 친구가 머리를 추켜들고 사람들 사이를 헤집고 다니며 누구에게랄 것도 없이 매력적인 미소를 보내는 모습을 보자마자 우쭐대고 경박한 사람이라고 평하지 않았습니까? 바보처럼 초점 없는 눈으로 뚫어지게 쳐다보거나 베르가모 산에 사는 벙어리처럼 어리석게 웃는 사람을 보면 이들이 아무런 말이나 행동을 하지 않더라도 바로 저능아라는 생각이 들지 않던가요? 그러니 말씀드린 대로 의식적인 행동에 속하지 않는 이러한 습관이나 태도가 사람들을 평가할 수 있는 중요한 부분이라는 점을 아셨겠지요?

그렇지만 내가 보기에 한 사람의 명성에 큰 타격을 입히거나 강화시킬 수 있는 부분이 하나 더 있습니다. 이것은 진정으로 가까운 친구를 어떻게 선택하느냐입니다. 아주 가깝게 지내며 돈독한 우정을 맹세한 사람들을 통해서 그 사람의 소망과 사상과 의견과 기질을 확인할 수 있다는 것은 명백한 사실이기 때문이지요. 따라서 무지하거나 부도덕한 사람과 친하게 지내는 사람 역시 무지하거나 부도덕하게 여겨지는 반면에 훌륭하고 현명하며 사려가 깊은 인물과 가까이 하는 사람은 역시 이런 인물과 같은 품성을 지녔다고 생각되기 마련이지요. 유유상종이라는 말도 있지 않습니까? 이처럼 누구라도 가까운 두 친구는 같은 성격을 가졌을 것으로 생각하기 때문에, 가까운 벗을 사귈 때는 대단히 신중을 기하는 것이 올바르다고 생각합니다.”

이 말에 피에트로 벰보가 의견을 내놨다. “내가 보기에 귀하가 말한 것처럼 아주 가까운 우정을 맺을 때는 최고로 주의를 기울여야 합니다. 한 사람의 명성을 높여주거나 타격을 입히는 것은 물론이고 오늘날에는 진정한 친구를 거의 찾아볼 수가 없기 때문이지요. 나는 과연 세상에 필라데스(Pylades)와 오레스테스(Orestes), 테세우스(Theseus)와 피리토우스(Pirithous), 스키피오(Scipio)와 래리우스(Laelius) 사이에서 볼 수 있었던 우정이 현재에도 존재하는지조차 의심스럽답니다. 또 무엇 때문에 그토록 오랜 세월 동안 서로 진심에서 우러나오는 애정을 과시했던 두 친구가 결국 한 사람의 기만적인 행동 혹은 앙심이나 질시나 변덕스러움이나 기타 사악한 동기로 불행한 결별을 맞게 되는지 알 수가 없군요. 결국 사이가 벌어진 후에는 서로에게 말도 안 되는 잘못을 떠넘기기 일쑤이니 말입니다. 사실 나도 아주 애정을 쏟으며 누구보다도 확신을 가졌던 사람들에게서 여러 번 기만을 당했답니다. 이 때문에 나는 때때로 세상 그 누구도 다시는 믿어서는 안 되며, 아무리 소중하고 경애할 만한 친구라도 내 마음을 숨김없이 말할 정도로 친밀하게 사귈 필요가 없다는 생각까지 한답니다. 우리 마음속에는 감춰진 면이 너무 많기 때문에 그곳에 숨겨진 성향을 발견하거나 판단하는 것이 인력으로는 불가능하니까요. 때문에 한 사람의 미덕이나 가치에 따라서 다른 사람보다 더 사랑하고 섬기는 것이 옳겠지만, 나는 우정이라는 유혹적인 덫에 걸려 나중에 후회할 일을 만들 만큼 신뢰해서는 안 된다고 믿습니다."

그러자 페데리코가 의견을 내놓았다. "그렇지만 인간관계에서 우정이라는 최고의 요소를 빼버린다면 얻는 것보다 잃는 게 훨씬 많을 것이 분명합니다. 그러니 나는 귀하가 말한 내용은 전혀 사리에 맞지 않는다고 생각합니다. 오히려 나는 아주 설득력이 있는 이유로, 완전한 우정을 갖지 못한 사람이야말로 가장 불행한 생명체라고 주장합니다. 일부 상스러운 사람들이 우정이라는 신성한 이름을 더럽힌다고 해서 이를 우리 마음에서 완전히 근절해야 한다는 의미는 아닙니다. 부도덕한 사람들의 잘못 때문에 선한 사람들의 커다란 행복이 모두 빼앗겨서는 안 되기 때문입니다. 그리고 나는 이 혼란스러운 세상에도 귀하가 조금 전에 언급했던 고대사회의 사람들처럼 한결같고 서로 책략을 쓰지 않으며 죽음이 갈라놓을 때까지 영원히 유지되는 우정을 간직한 사람들이 적어도 한 쌍은 있을 것이라고 생각합니다. 이런 우정은 유명한 사람들의 영향을 받지 않고, 그저 자신과 비슷한 사람을 친구로 고르면 얼마든지 형성될 수 있습니다. 그리고 부도덕한 사람들의 관계는 진정한 의미의 우정이 아니므로, 내가 지금까지 말한 내용은 모두 선하고 덕이 높은 사람들에게 해당되는 것입니다.

또한 진정한 우정이라는 결속력은 두 사람 사이에서 이루어져야 한다고 보는데, 그 이유는 사람의 수가 많아지면 위험해질 수 있기 때문입니다. 여러분도 알다시피 여러 개의 악기로 연주를 하면 두 개로 연주했을 때보다 조화가 잘 이루어지지 않는 까닭이지요. 따라서 이상적인 궁정 신하라면 아주 충실하고 가까운 친구가 꼭 한 명은 있어야 합니다. 우리가 지금까지 묘사한 유형의 사람이라면 금상첨화겠지요. 물론 각자의 가치와 장점에 따라서 다른 모든 친구들에게도 애정을 보내고 예우하고 존경해야 합니다. 또한 비열하거나 가치가 없는 사람보다는 존중받고 고결하며 덕이 높은 것으로 잘 알려진 인물들과 친분을 유지함과 동시에 그들에게 애정과 존경을 받기 위해서 노력해야 합니다. 이런 관계를 성공적으로 만들려면 친구에게 예의 바르고 인정 많고 관대하고 상냥하고 재미있게 대해야 하지요. 그리고 친구가 있든지 없든지 간에 항상 친구의 장점과 명예를 공을 들여서 이야기해야 합니다. 또한 친구의 천성이나 용서힐 수 있는 결점은 너그럽게 대하고, 사소한 이유로 절교를 하지 않으며, 친구에게 지적받은 결점을 스스로 고치려고 노력해야 합니다. 절대로 다른 사람들 앞에서 강요를 하지 말아야 하며, 세상을 경멸하며 악영향을 미치거나 모든 사람이 진저리칠 정도로 법을 혹독하게 적용하기를 바라는 사람처럼 행동해서는 안 됩니다. 또한 적당한 때와 장소를 가리지 않고 모든 사소한 일에다 논쟁하기를 바라며 항상 친구에 대해서 불평거리만을 찾는 사람들을 따라 해서도 안 됩니다."

페데리코가 입을 다물자 가스파레 팔라비치노 나리가 다음과 같이 말했다. "친구들 사이에서 해야 할 행동을 놓고 귀하가 지금까지 이야기한 것보다 더 상세한 내용을 말해 줬으면 좋겠군요. 귀하는 일반적인 내용을 너무 많이 이야기하느라 정작 토론해야 할 내용은 다 빼먹은 것 같습니다."

"아니 빼먹었다니요. 그게 무슨 말입니까?" 페데리코가 대답했다. "귀하가 사용할 단어 하나하나까지 다 설명해 주기를 바라는 겁니까? 이미 이 주제로는 우리가 충분히 이야기를 나눴다고 생각하지 않으십니까?"

"내 생각에는 그 정도면 충분한 것 같군요." 가스파레 나리가 대답했다. "그러나 여성과 남성이 대화를 할 때 필요한 태도와 관련해서 좀 더 구체적인 이야기를 듣고 싶군요. 궁정에서는 이런 상황이 항상 발생하기 때문에 내 생각에는 상당히 중요한 면인 것 같습니다. 게다가 이런 대화가 항상 같은 식으로 이루어지면 금방 무미건조해질 테니까요."

페데리코가 대답했다. "내 생각에는 우리가 지금까지 이야기한 수많은 분야의 자질을 갖춘 궁정 신하라면 쉽게 대화를 다양한 쪽으로 이끌어갈 수 있으며 상대방의 특성에 따라서 스스로를 잘 맞출 수 있을 것입니다. 궁정 신하가 훌륭한 판단력을 가지고 이에 따라 행동하며, 진지한 문제를 토론하는 자리부터 축제나 놀이까지 상황에 따라서 모두 다 잘 어울릴 수 있는 사람이라면 말입니다."

"어떤 놀이를 말하는 건가요?" 가스파레 나리가 물었다.

페데리코가 웃으면서 대답했다. "이 점이라면 우리 모두 날마다 새로운 놀이를 창조해 내는 프라 세라피노에게 조언을 들어야겠지요."

가스파레 나리가 대답했다. "농담은 제쳐놓는다고 하더라도 궁정 신하가 카드나 주사위 놀이를 하는 것이 잘못되었다고 생각지 않습니까?"

"내가 볼 때는 아닙니다." 페데리코가 답했다. "이런 놀이를 계속하느라고 더 중요한 일들을 무시한다든지, 순전히 돈을 따거나 상대방을 속일 목적으로 하다가 지게 되었을 때 너무 낙담해서 화를 내며 자신의 탐욕을 드러내는 경우만 아니라면 문제가 없습니다."

가스파레 나리가 대답했다. "그렇다면 체스 게임은 어떻게 생각합니까?"

"체스야말로 세련되고 독창적인 오락거리이지요." 페데리코가 말했다. "그러나 내가 보기에 여기에는 결점이 있습니다. 이 게임은 매우 많은 지식이 필요하기 때문에 체스를 잘하고 싶은 사람이라면 마치 고상한 학문을 습득하거나 중요한 기능을 배우는 것처럼 수많은 시간을 들여서 연구를 해야 한다는 것이죠. 그리고 더 큰 고통은 그토록 노력한 사람이 아는 것을 다 말하고 보여줘도 이게 단지 놀이일 뿐이라는 점입니다. 그러니 적어도 체스를 논할 때만은 매우 특이한 결론에 도달하게 됩니다. 그것은 평범한 사람이 비범한 사람보다 더 칭찬을 받을 만하다는 것이죠."

가스파레 나리가 대답했다. "많은 스페인 사람들이 체스나 다른 다양한 놀이를 하지만 그렇게 아주 철저하게 연구를 하거나 다른 일을 내팽개치지는 않는답니다."

페데리코가 말했다. "귀하는 그들이 많은 시간을 들여서 연구하면서도 비밀에 부친다는 사실을 당연한 일로 생각하시는 것 같군요. 어쨌든 체스를 제외하고 귀하가 거론한 놀이들은 내가 봐온 다른 놀이들처럼 그저 잠시 동안 서민들을 즐겁게 하는 기능이나 할 뿐이지요. 그러니 나는 이런 놀이들이 아무리 실력이 좋다고 해도 칭찬이나 상을 받을 정도의 가치가 있다고는 생각하지 않습니다.

그러나 행운의 여신은 사람들의 의견에 아주 많은 영향을 미치기 때문에 아무리 많은 재능을 타고나고 머리가 좋은 사람이라도 군주의 마음에 들지 못하는 경우가 있습니다. 마땅한 이유도 없이 말입니다. 이런 사람이 다른 이들에게서 이런 사실을 듣기 전에 군주를 알현하면, 그가 하는 말이 아주 유창하고 능숙하거나 그의 행동이나 몸가짐이 훌륭하다고 하더라도, 군주는 그를 높게 평가하지 않는다는 점을 보여주며 멸시감을 드러낼 것입니다. 그러면 다른 사람들도 즉각적으로 군주의 뜻을 따라 행동할 것이며 이 사람을 아주 보잘것없다고 평가할 것입니다. 아무도 그를 높이 평가하거나 존경하지 않고, 어떤 재담에도 웃지 않으며, 어느 경우든 존재 가치를 인정해 주지 않을 것입니다. 오히려 즉시 그를 조롱하며 몰아세우겠지요. 모두가 군주의 사환으로 전락해서 마치 그가 세상에서 가장 보잘것없는 사람이라도 된 것처럼 공격하기 때문에 그가 아무리 상냥하게 대답하거나 좋은 뜻으로 말해도 왜곡되어 버릴 것입니다.

이와 반대로 군주가 어떤 사람에게 총애를 보내면, 올바로 말하고 행동하는 법을 모를뿐더러 대단히 어리석고 세련되지 못한 무지한 사람일지라도 모든 사람들이 하늘에 닿을 정도로 칭송을 해댑니다. 모든 궁정이 그를 숭배하고 존경하는 것처럼 보이며, 무미건조하고 허풍이 심하며 사람들에게 불쾌감을 주는 농담에도 모두가 기꺼이 웃을 것입니다. 바로 사람들이 군주의 총애와 멸시를 그대로 따라 하기 때문에 발생하는 문제이지요.

이런 근거로 나는 이상적인 궁정 신하라면 자신의 타고난 기질을 나름대로의 기술과 솜씨로 보강해야 한다고 봅니다. 일례로 자신이 알려지지 않은 낯선 장소에 갈 때마다 먼저 자신의 훌륭한 명성을 퍼뜨려야겠지요. 그래서 자신이 아주 높은 평가를 받는 사람이라는 사실이 그곳의 군주와 귀부인과 기사들 사이에 잘 알려지도록 해야 합니다. 많은 사람들의 의견에서 나오는 명성은 한 사람의 가치에 대해서 변치 않는 신념을 갖게 만들며, 일단 이렇게 되면 쉽게 유지되고 강화됩니다. 더구나 이러한 단계를 거치다 보면 내가 누구이고 이름이 무엇이냐는 질문을 받을 때마다 느끼는 짜증스러움도 없앨 수 있을 것입니다."

"귀하가 한 말은 전혀 도움이 되지 않는군요." 베르나르도 빕비에나가 말했다. "대단히 뛰어나다고 들었던 것을 직접 내 눈으로 보고 나서는 아주 실망한 나머지 기대했던 것에 훨씬 못 미친다는 것을 깨달은 적이 몇 번 있습니다. 다른 분들도 다 이런 경험이 있을 것이라고 믿습니다. 이것은 모두 들은 이야기에 너무 의지하고 마음속에 매우 과장된 기대치를 그려놓았기 때문에 직접 경험한 것과 비교해 봤을 때 훨씬 미천하고 중요하지 않게 보이는 것이지요. 유감스럽지만 이와 같은 원리가 궁정 신하에게도 일어날 것으로 봅니다. 그러니 우리가 어떤 사람인지를 미리 알려주고 높은 기대감을 갖게 하는 것은 옳지 않다고 봅니다. 인간의 마음은 현실과 맞지 않는 것들을 상상하기 때문에 그런 방법으로는 오히려 얻는 것보다 잃는 것이 더 많을 것입니다."

이 말에 페데리코가 답했다. "귀하나 다른 분들이 명성에 비해 감명을 받지 못한 부분은 모두 한눈에 봐서 결론을 내릴 수 있는 것들입니다. 예를 들어 나폴리나 로마에 한 번도 가본 적이 없지만 많은 이야기를 들은 사람들은 본래의 모습보다 훨씬 더 멋진 모습으로 상상합니다. 그러나 사람을 평가할 때 겉모습이 가장 미미한 요소란 점을 감안하면 이런 문제는 사람의 품성을 논할 때는 적용되지 않습니다. 예를 들어 귀하가 어떤 사람과 처음으로 이야기를 해보고 그동안에 기대하고 있었던 자질을 발견하지 못했다고 하더라도 재빨리 의견을 바꾸지는 않을 것입니다. 오히려 시간이 지나면서 감춰진 미덕을 발견하기를 기대하면서 다른 사람들의 말을 듣고 그동안 마음속에 그려왔던 느낌을 강하게 고수하겠지요. 이 인물이 궁정 신하가 당연히 갖춰야 하는 훌륭함을 지녔다면 그에 대해서 들었던 이야기들이 시간이 지나면서 확고한 사실로 굳어질 것입니다. 일단 이 인물이 행동으로 입증할 것이고, 귀하도 눈에 보이는 것보다 훨씬 더 많은 점이 있을 것으로 믿기 때문입니다.

물론 첫인상이 대단한 힘을 가졌으며 우리 모두 여기에 많은 주의를 기울여야 한다는 점은 확실합니다. 첫인상이 얼마나 중요한지를 여러분에게 알려드리기 위해서 내가 전에 알았던 한 신사 이야기를 해보겠습니다.

이 사람은 외모가 훌륭하고 겸손하게 행동하는 데다가 대단히 뛰어난 전사였지만 그와 비슷한 계층의 사람들이 가진 자질들을 고려해 봤을 때 그리 걸출한 인물은 못 되었습니다. 그렇지만 운이 좋게도 어느 여성이 그와 아주 깊은 사랑에 빠졌습니다. 이 여성은 그도 역시 자신과 같은 감정을 느낀다는 것을 알게 되었고 시간이 갈수록 사랑이 더 깊어졌으나 서로 직접 대화를 나눌 방법이 없자 자신의 감정을 한 친구에게 털어놓았습니다. 그 친구가 자신의 사랑을 이루도록 도와주기를 바란 것이지요. 그 친구는 신분이나 외모 면에서 앞에 말한 여성보다 조금 아래였지요. 친구는 자신이 한 번도 만난 적이 없는 그 남성이 아주 상냥하게 말한다는 이야기를 들은 적이 있었습니다. 그런데 친구는 대단히 분별력이 있고 영리한 그 여성이 말로 표현할 수 없을 정도로 그를 사랑한다는 사실을 알게 되자마자 그 사람이야말로 최고로 잘생기고 현명하며 사려 깊은 사람, 즉 한마디로 세상에서 자기가 사랑을 바칠 가치가 있는 유일한 사람이라고 생각하게 되었지요. 그렇게 해서 그 친구는 눈 한번 마주친 적이 없는 남성에게 너무 열정적인 사랑을 느끼고, 비밀을 털어놓은 여성이 아니라 자신을 위해서 그를 쟁취해야겠다고 결심하게 됩니다.

자, 그럼 흥미진진한 속편을 한번 들어보시지요. 얼마 지나지 않아서 이 친구가 그 남성에게 쓴 연애편지가 신분이나 매력이나 아름다움 면에서 훨씬 뛰어난 또 다른 여성의 손에 우연히 들어가게 되었답니다. 대부분 여성이 그렇듯이 호기심이 동하고 비밀 내용을 알고 싶어서 참을 수가 없었던 그녀는 편지를 열어서 읽게 됩니다. 누가 누구에게 보낸 편지인지를 잘 알고 있었던 그녀는 깊은 열망에서 우러나온 애정이 넘치고 열렬한 사랑의 어휘들로 채워진 내용에 처음에는 연민을 느꼈답니다. 그러나 편지 내용이 너무나 강력한 힘을 가지고 있어서 그처럼 위대한 사랑의 감정을 일으키는 남성에 대해 생각하다가 그녀 역시 그와 사랑에 빠져버렸답니다. 그 편지가 자신에게 온 것이라면 얼마나 더 감동적일지는 두말할 필요도 없겠지요. 그래서 종종 왕을 독살하려고 준비한 독 때문에 왕의 음식을 맛본 사람이 살해당하는 일이 발생하는 것처럼, 이 불쌍한 여성은 욕망에 눈이 멀어서 다른 사람의 몫인 마법의 약을 들이켜 버렸답니다. 더 이상 이야기할 것이 뭐가 있겠습니까? 이 문제는 만천하에 드러났으며 점점 일이 커져서 많은 여성들이 이 남성의 사랑을 얻으려고 다른 여성을 못살게 굴거나 그들의 전례를 따르면서 수단과 방법을 가리지 않았답니다. 체리를 놓고 다투는 남자 아이들처럼 얼마 동안 난장판이 벌어졌었지요. 이것은 모두 처음에 거론한 여성이 이 남성을 너무나 사랑한다는 사실을 알고 있던 그 친구가 마음대로 만들어 놓은 첫인상 때문에 일어난 결과랍니다."

가스파레 팔라비치노 나리가 이 말을 듣고 웃으면서 말했다. "상당히 이성이 없는 여성들이 한 행동을 예로 들었으니 귀하의 의견을 뒷받침해 주지는 못할 것 같군요. 더구나 전체 이야기를 다했다면, 그토록 많은 여성들에게 사랑을 받은 이 친구는 바보에다가 전혀 쓸모가 없는 인물이라는 사실이 분명해졌을 것입니다. 항상 최악의 것을 좋아하고 선과 악을 구별하지 못하며 마치 양 떼처럼 대장을 따라다니는 것이 여성들의 속성이니까요. 더구나 여성들은 질투하는 마음이 아주 강하니, 설사 그 남성이 괴물이었을지라도 다른 여성이 갖는 꼴을 못 보고 뺏으려고 안간힘을 썼을 것입니다."

이 말을 듣고 모두가 가스파레 나리의 말을 반박하려고 했으나 공작부인이 정숙하라고 말한 뒤에 입을 열었다. "다른 사람이 귀하가 한 말을 반박하도록 해서 귀하가 여성을 놓고 거론한 내용이 터무니없으며, 그래서 귀하가 수치스럽고 망신스러운 일을 벌였다는 사실을 인식하게 할 수도 있습니다. 그러나 그러한 논쟁을 통해서 그 나쁜 버릇을 미리 고쳐주고 싶지가 않군요. 귀하는 앞으로 저지른 죄에 마땅한 엄중한 벌, 즉 귀하의 의견이나 태도를 접한 사람이라면 누구나 내릴 그 벌을 피하지 못할 것입니다."

페데리코가 덧붙였다. "가스파레 귀하, 비록 여성들이 가끔 자신의 생각보다 다른 사람의 판단력에 따라 사랑에 빠지는 경향이 있다고 해도, 모든 여성들이 완전히 비이성적이라는 말을 해서는 안 됩니다. 아주 고상하고 현명한 남성들도 이와 같은 일을 종종 벌이지 않습니까? 사실대로 말하자면, 귀하나 우리도 자신의 생각보다는 다른 사람의 의견에 기대는 경우가 빈번하지 않습니까? 바로 이 순간에도 마찬가지일 겁니다. 이를 분명하게 증명해 주는 일이 얼마 전에 있었지요. 산나차로(Sannazaro, 이탈리아 시인이며 인문학자-역주)가 썼다는 운문이 이 자리에 소개되자 모두가 그 시들이 엄청나게 훌륭하다고 생각하고 하늘에 닿을 듯이 칭찬을 해댔지요. 그러나 정작 다른 사람들이 썼다는 사실이 밝혀지자 이 시들의 명성은 즉각 떨어졌고 그저 평범한 작품들처럼 보였습니다. 또한 전에 공작부인이 참석한 자리에서 공연된 성악곡도 생각해 보십시오. 그 노래는 조스캥 데 프레(Josquin des Près, 르네상스 시대 플랑드르 악파의 작곡가–역주)가 작곡했다는 사실이 알려지기 전에는 누구도 마음에 들어 하지 않아서 그저 쓸모없는 노래로 여겨졌습니다.

다른 사람의 의견이 가진 힘을 입증해 주는 증거가 더 필요합니까? 귀하는 예전에 첫 번째 잔의 와인을 마시면서 그야말로 완벽하다고 평했다가 다음 잔을 두고는 아무런 풍미가 없다고 했던 일을 기억하겠지요? 사실 그 포도주는 같은 병에서 나온 것이었지만, 귀하가 그건 두 종류의 와인이며 하나는 제노바의 리비에라(Riviera)산이고 다른 것은 이 근처에서 나왔다고 착각했기 때문에 그런 일이 벌어진 것이지요. 그런데 실수가 발견됐을 때조차 귀하는 사실을 믿으려 하지 않고, 다른 사람의 말을 듣고 가진 잘못된 의견을 고집스럽게 지켰지요.

본론으로 돌아오자면, 위에서 이야기한 내용들을 근거로 이상적인 궁정 신하는 처음부터 좋은 인상을 주도록 각별한 주의를 기울여야 하며, 반대의 상황이 벌어졌을 경우에 닥칠 손해와 위험을 항상 염두에 둬야 합니다. 특히 익살꾼처럼 남들을 즐겁게 하는 직업을 가진 사람들은 일반인보다 이런 위험에 더 많이 노출되어 있답니다. 이들은 자신들이 아무 생각 없이 원하는 대로 말하고 행동해도 되는 특별한 자격이라도 얻은 양 생각하기 쉬우니까요. 따라서 이런 사람들은 종종 결말을 짓는 법도 모른 채 새로운 일을 시작했다가 웃음으로 얼버무리며 곤경에서 벗어나려고 합니다. 그러나 이런 헛된 노력이 너무 어색하다 보니 원하는 성과를 얻기는커녕 그들의 모습을 보거나 말을 듣는 사람들에게 엄청난 혐오감을 줄 뿐입니다.

또 다른 예를 들자면 이들은 스스로가 대단히 재치가 넘치고 다른 사람을 즐겁게 해준다는 착각에 빠져서 상스럽거나 추잡한 말을 귀족 부인들이 있는 자리에서 사용하며 심지어는 직접 면전에 대고 내뱉기도 합니다. 이들은 여성들의 얼굴이 더 붉어질수록 스스로 더 훌륭한 궁정인의 역할을 하는 것으로 잘못 생각합니다. 이런 사람들은 늘 경박스러운 웃음을 흘리며 자신들이 가졌다고 믿는 훌륭한 재능을 너무 자랑스러워합니다.

이들이 이렇게 비위가 상하게 행동하는 유일한 이유는 그것이 삶에 파티와 같은 즐거움을 준다고 믿기 때문입니다. 이것이야말로 그들이 생각하는 최고의 칭찬거리이자 자랑거리입니다. 이런 명성을 얻으려고 이들은 세상에서 가장 수치스럽고 충격적인 무례한 행동을 마음대로 저지릅니다. 다른 광대를 바닥으로 밀어붙이거나 막대기나 벽돌로 세게 치는 일은 다반사이고, 모래 한주먹을 상대방의 눈에 던져서 타고 있던 말이 도랑이나 언덕 아래로 굴러 떨어지게 만들기도 하지요. 또 식탁에서는 수프나 소스나 젤리를 상대방의 얼굴에 던져놓고는 갑자기 웃음을 터뜨립니다. 이런 종류의 말도 안 되는 행동을 많이 알수록 더 훌륭한 궁정 신하라고 당당하게 여기며 스스로 득의만만해합니다. 이들은 때때로 귀족을 자신들의 놀이에 참여시키려고 하는데, 만일 요란스러운 장난질에 협조하지 않으면 즉시 귀족이 자기들보다 신분이 높고 중요한 사람이라고 뻐기는 증거라고 우기는 데다 파티 정신이 없다고 비난합니다. 이보다 더 심각한 문제도 있는데, 심지어 이들 중에는 가장 메스껍고 더러운 것들을 먹거나 마시는 대회를 열면서 돈까지 거는 사람들도 있답니다. 우리의 판단으로는 너무 역겨운 이들의 생각과 행동은 진저리를 치지 않고는 이야기하기가 불가능할 정도입니다."

"어떤 일을 말하는 건가요?" 로도비코 피오가 물었다.

"페부스 후작에게 말해 달라고 하시지요." 페데리코가 답했다. "프랑스에서 이런 광경을 많이 봤을 테고, 심지어 직접 참여하기까지 했을 테니까요."

페부스 후작이 말했다. "글쎄요. 이탈리아에서 보지 않은 것은 프랑스에서도 하나도 못 봤습니다. 사실 그런 경박한 행동은 프랑스로부터 받아들인 옷을 입고 오락을 하며 연회를 열고 무기로 재주를 부리는 이탈리아 사람들에게 더 잘 어울리는 것 같은데요."

페데리코가 대답했다. "프랑스에 학식이 높고 훌륭한 태도를 가진 신사들이 없다는 뜻이 아닙니다. 오히려 나는 칭송이 자자한 존경할 만한 인물을 개인적으로 많이 알고 있습니다. 그러나 아주 부주의한 사람 역시 많은 것이 사실입니다. 일반적으로 말하자면 프랑스의 관습보다 스페인의 관습이 이탈리아 사람들에게 더 잘 맞는 것 같습니다. 차분한 위엄을 가진 스페인 사람들의 특성이 대부분의 프랑스 사람들이 행동할 때마다 선보이는 활기보다 우리에게 더 잘 들어맞는 까닭이지요. 물론 프랑스 사람들에게는 이런 섬이 잘 어울립니다. 사실 자연스럽고 적합하며 허식을 드러내지 않는다는 점에서 매력적으로 보이기까지 하지요. 그리고 프랑스 사람들이 행동하는 법을 모방하려고 최선을 다하는 이탈리아 사람들이 많이 있는 것도 인정합니다. 그러나 그들이 따라 하는 것이라고는 말할 때 머리를 흔들거나 어색하게 한쪽으로 인사를 하거나 같이 가는 사람이 보조를 맞추지 못할 정도로 길거리에서 너무 빨리 걷는 것이 고작이지요. 그들은 이런 식으로 행동하면서 스스로가 훌륭한 프랑스인이라도 된 양 착각에 빠져 활기찬 태도를 보인다고 생각합니다. 그렇지만 프랑스에서 자랐거나 어렸을 때부터 이런 행동을 교육받은 사람을 제외하고는 따라 하기가 거의 불가능한 모습이지요.

이런 점은 다른 나라의 다양한 언어를 익힐 때도 마찬가지입니다. 나는 이상적인 궁정 신하라면 외국어, 특히 프랑스어와 스페인어를 잘해야 한다고 생각합니다. 이탈리아는 이 두 나라와 빈번하게 교류를 하며, 이 언어들이 다른 나라말보다 우리말과 더 비슷하기 때문입니다. 또한 전시에는 강력한 군사력을 과시하고 평화로울 때는 훌륭하게 정치를 하는 이들 나라의 통치자들이 뛰어난 신사들로 궁정을 가득 채워놓기 때문입니다. 우리는 이들과 대화를 나눌 의무가 있지 않습니까?

궁정 신하가 너무 식탐을 부리고 술을 많이 마시거나, 나쁜 습관에 빠지거나, 생활 방식이 혐오스럽고 방탕하거나, 멀리까지 악취를 풍기는 농부처럼 행동해서는 안 된다는 점은 여러분도 이미 잘 알고 있습니다. 그러니 이런 문제까지 너무 상세하게 설명하지는 않겠습니다. 방금 열거한 것과 같은 사람들은 훌륭한 궁정 신하가 되는 것은 아예 꿈도 꿀 수 없으며, 이들에게는 차라리 농장의 동물을 돌보는 임무가 가장 잘 어울릴 것입니다.

결론을 말하자면, 나는 이상적인 궁정 신하는 우리가 지금까지 궁정 신하에게 어울린다고 이야기한 모든 점들을 잘 염두에 두고 올바르게 행동해서 모든 일을 할 수 있고, 사람들이 다 그모습에 경탄하도록 만들어야 합니다. 그렇지만 자신들이 누구보다도 뛰어나다고 생각하고 다른 사람들의 업적에 감탄을 하지 않거나 거론할 가치도 없다는 듯이 무언의 조소를 내보이는 사람들처럼 잘난 척을 하거나 몰인정하게 냉정함을 드러내서는 절대로 안 됩니다. 이런 사람들은 자신과 동등한 사람은 아무도 없으며 그들만이 자신들이 가진 심오한 지식의 가치를 인정할 능력이 있다는 것처럼 행동합니다.

이상적인 궁정 신하는 이처럼 증오스러운 행동을 피하고 다른 사람들의 성과를 아주 선한 태도와 온정으로 칭찬해 주어야 합니다. 그리고 설사 자신이 다른 사람들보다 훨씬 뛰어나서 존경을 받을 자격이 있다고 여기더라도 이런 생각을 드러내면 안 되겠지요. 그렇지만 인간의 본성 때문에 이와 같은 완벽함을 찾기란 힘든 것이 당연합니다. 따라서 자신이 동경하는 최상의 완벽함에 도달할 수 없다고 해도 자신 없어 하거나 최고의 위치에 오르려는 꿈을 버리면 안 됩니다. 모든 재주는 꼭 최상의 자리가 아니더라도 칭찬할 만한 단계가 많이 있으며, 꼭대기를 목표에 둔 사람은 적어도 반까지는 도달하기 마련입니다. 궁정 신하가 무술보다 다른 부분에 더 솜씨가 있다면 석낭

한 방법으로 여기에서 이득과 명예를 끌어내기를 바랍니다. 그리고 능숙하고 적당하게 자신의 분별력과 훌륭한 판단력을 사용해서 자신이 솜씨가 있다고 생각하는 부분을 사람들이 알아채도록 만들어야 합니다. 이때는 허식을 드러내지 않고 자신의 의지와 상관없이 다른 사람의 요청에 응답하는 것처럼 무심코 행동해야 합니다. 또한 가능하다면 행동하거나 말해야 하는 모든 것을 요약하고 준비를 해두되, 사람들에게 보여줄 때는 즉석에서 하는 인상을 주어야 합니다. 확신이 없는 부분은 너무 깊숙이 들어가지 말고 그냥 지나치되, 철학이나 기타 어려운 문제를 놓고 시인들이 그러는 것처럼 자신이 그 분야에 훨씬 많은 지식을 가지고 있다고 다른 사람들이 생각하도록 만드는 자세를 지녀야 합니다. 더구나 전혀 모르는 분야에서는 그것을 알고 있는 척하려고 노력하기보다 완전히 침묵을 지켜야 하며, 필요한 경우에는 차라리 자신이 무지한 분야라는 점을 솔직하게 털어놓는 편이 낫습니다."

칼메타가 말했다. "그것은 니콜레토(Nicoletto)가 했을 만한 행동이 아니군요. 그는 매우 훌륭한 철학자였지만 법에 대해서 아는 바가 하나도 없었지요. 파두아의 행정관이 법률을 놓고 강연을 하라고 했을 때 많은 학자들이 성가시게 하는데도 불구하고 자신의 생각을 바꾸려고 하거나 아는 바가 하나도 없다는 것을 밝히지 않았습니다. 그는 항상 소크라테스의 의견에 동조하지 않는다고 했으며 철학자는 스스로 무지를 인정해서도 안 된다고 말했습니다.”

페데리코가 대답했다. “나는 궁정 신하가 그럴 필요도 없을 때조차 무조건 자발적으로 자신의 무지를 고백해야 한다는 뜻이 아닙니다. 나 또한 자신을 비난하거나 명예를 훼손하는 어리석은 버릇을 아주 혐오한답니다. 그래서 나는 가끔씩 아무런 잘못도 저지르지 않았으면서 불필요하게 스스로를 비하하는 말을 하는 사람들을 보면 혼자 비웃곤 합니다. 여러분도 모두 아는 한 귀족이 바로 그렇습니다. 그는 누군가 파르마(Parma)에서 찰스(Charles) 황제를 만났다는 이야기를 들을 때마다 마치 전투에 대해서 아는 바가 아무것도 없다는 인상을 풍기며 자신이 전장에서 도망쳤던 이야기를 즉시 떠벌리기 시작하지요. 그리고 유명한 경기 이야기가 나오면 항상 말에서 떨어졌던 이야기를 꺼냅니다. 또한 그는 대화를 할 때마다 어느 날 밤에 한 여성을 방문했다가 채찍질을 당했던 사연을 자세히 열거할 기회를 잡으려고 발악하는 것처럼 보입니다. 나는 궁정 신하가 이런 식의 바보짓에 탐닉해서는 안 된다고 봅니다.

그렇지만 나는 자신이 전혀 모르는 분야에 대해서 이야기해야 할 상황이 닥치면 그냥 넘어가되, 사람들이 계속 억지로 강요한다면 그땐 위험을 감수하기보다는 차라리 자신이 무지하다는 사실을 담담하게 인정하는 편이 낫다고 생각합니다. 이렇게해야 잘못된 직감이나 비이성적인 이유 때문에 하지도 못할 일을 하려고 노력한다거나 도리어 잘 아는 것을 회피하려는 인상을 줌으로써 그런 사람들이 듣게 되는 비평으로부터 벗어날 수 있을 겁니다.

　한 음악가의 예를 들어 이 내용을 입증해 보겠습니다. 내가 아는 이 남성은 아주 뛰어난 음악가였는데 자신이 위대한 천재라는 착각에 빠져서 어느 날 음악을 포기하고 시를 짓는 데 완전히 매진하기 시작했지요. 그는 사람들의 조롱거리가 되었고 결국 음악적인 자질까지 잃어버리고 말았답니다. 또 다른 예로 세계적으로 뛰어난 한 화가를 들어보겠습니다. 그는 미술에 아주 드문 재능을 가지고 있었지만 이를 경멸하며 철학 공부를 하기 시작했습니다. 이 결과 그는 기이한 관념과 비현실적인 계시를 갖게 되어서 그토록 숙련된 솜씨를 지녔음에도 더 이상 그림을 그릴 수가 없었습니다. 이처럼 어리석은 행동을 하는 사람이 수없이 많습니다. 자신이 한 분야에서 걸출한 실력을 갖췄다는 사실을 알면서도, 정작 거의 알지 못하는 다른 분야에 힘의 대부분을 소진하는 것이지요. 이에 비해서 자신이 재능을 가졌다는 사실을 아는 분야에서 솜씨를 선보일 기회가 있을 때마다 경이로운 능력을 선보이는 사람도 있습니다. 사람들은 그가 자신의 주요 영역이 아닌 분야에서도 유능한 실력을 가졌기 때문에 주요 분야에서는 훨씬 더 뛰어난 능력을 발휘할 것이라고 지레짐작하게 됩니다. 이런 전략을 사려 깊게 사용하면 보는 사람을 아주 기쁘게 해주고 자신에게도 이익이 되지요.”

　그러자 가스파레 팔라비치노가 말했다. “귀하가 말한 내용은 기술이라기보다 조잡한 사기처럼 여겨지는군요. 게다가 나는 명예를 아는 인물이 되고자 하는 사람에게 그러한 속임수는 어울리지 않는다고 생각합니다."

"이것은 속임수의 문제가 아니랍니다." 페데리코가 대답했다. "행동에 장식을 조금 더하는 것이니, 설사 그것이 사기라고 하더라도 비판받을 일은 아닙니다. 펜싱을 하는 두 사람을 놓고 봤을 때 더 많은 기술을 가져서 승리를 거둔 사람이 패자를 기만했다고 할 수 있습니까? 또 귀하가 가지고 있던 훌륭한 보석을 세공인이 훨씬 더 아름답게 세공을 해놨다고 해서 이 사람이 사람들의 눈을 속인 것이라고 할 수 있습니까? 이 세공인은 훌륭한 판단력과 기술을 가지고 능수능란한 솜씨로 상아나 은이나 아름다운 보석들을 금으로 세공해서 우아함과 장식성을 덧붙였으니 오히려 그 속임수에 대해서 칭찬을 들어야 마땅할 것입니다. 그러니 그런 기술, 또는 가스파레 귀하의 말을 빌자면 속임수가 비판을 받아야 한다는 등의 말은 하지 맙시다.

또한 어느 분야에서 유능한 사람이 그 능력을 선보일 기회를 교묘하게 찾는다거나 자신이 생각하기에 칭찬받을 가치가 없다고 생각하는 부분을 감추는 것은 잘못된 행동이 아닙니다. 물론 이런 행동에는 모두 세심한 주의와 신중함이 필요하지요. 귀하는 페르디난드 전하가 겉으로는 전혀 드러내지 않았지만 이따금 더블릿(doublet, 허리가 잘록한 남자 상의-역주)을 입고 외출할 기회가 생기면 절대로 놓치지 않았던 것을 모르십니까? 이는 그만큼 전하가 몸매에 자신이 있었기 때문이지요. 반면에 페르디난드 전하는 손이 그리 멋있지 않았기 때문에 장갑을 잘 벗지 않았지요. 시저가 대머리를 감추려고 선뜻 월계수관을 쓰곤 했

208

다는 내용을 읽은 기억이 납니다. 이와 같은 행동을 할 때는 항상 분별력 있고 신중하게 행해서 어느 면에서도 과장이 있어서는 안 되겠지요. 실수를 만회하려다가 오히려 더 많은 실수를 저지르고, 칭찬을 받으려고 지나친 행동을 하다가 결국 비난만 듣게 되는 경우가 있다는 사실을 명심해야지요. 따라서 사람들을 만나거나 일상생활을 할 때 가장 안전한 길은 중용을 지키는 것입니다. 중용이야말로 사람들의 질시에 찬 시선을 막을 수 있는 든든한 방패이자 반공호이지요.

또한 이상적인 궁정 신하라면 거짓말쟁이나 허풍쟁이라는 말을 듣지 않도록 조심했으면 합니다. 이런 모함은 아무 이유도 없이 듣게 되는 경우가 많으니까요. 사실 늘 기적같이 경이로운 이야기를 떠벌려야 직성이 풀리는 사람들이 많습니다. 이상적인 궁정 신하라면 이런 사람들과 달리 비록 사실이더라도 현실성이 없어 보이는 이야기로 화제를 시작하거나 이런 이야기를 자주 거론하지 않도록 조심해야 합니다. 세상에는 친구를 사귈 때 환심을 사려고 처음 만난 사이인데도 세상에서 그 친구를 가장 좋아하며 그 친구를 위해서 기꺼이 죽을 각오도 되어 있다는 등의 어이없는 말을 해대는 사람들도 있습니다. 그러다가 그 친구와 헤어지면 눈물을 흘리거나 슬픔에 젖어서 말문을 닫아버립니다. 결국 사랑받고 있다는 말을 듣고 싶은 욕심에 스스로 거짓말쟁이나 아첨꾼이라는 좋지 않은 명성을 얻게 되는 것이지요.

어쨌거나 이 자리에서 사람들을 대할 때 저지르는 잘못들을 모두 다 토론하기에는 너무 시간이 오래 걸리고 장황해질 것입니다. 그러니 이상적인 궁정 신하에게 원하는 바는 지금까지 내가 말한 내용을 덧붙이면 충분할 것 같습니다. 즉, 대화하는 사람에 따라서 적절한 이야기를 유창하게 해야 하고, 듣는 사람을 기분 좋고 즐겁게 하는 법을 알아야 하며, 유쾌한 재치와 농담으로 사람들을 흥겹게 만들고, 항상 스스로가 즐거움의 제공자가 되어 지루하거나 따분하다는 소리를 들어서는 안 됩니다.

이쯤 되면 에밀리아 여사도 나에게 침묵을 지킬 권한을 줄 것 같은데요. 부인이 또 거절한다면 나는 스스로 지금까지 이야기한 이상적인 궁정 신하에 걸맞은 유창한 말솜씨를 가지지 못한 사람이라는 생각을 하게 될 겁니다. 웅변 실력을 보여주는 데 실패한 것은 물론이고 이상적인 궁정 신하가 가져야 할 자질에 대해서도 더 이상 할 말이 없으니까요."

이 말을 듣고 제독이 웃으면서 말했다. "이 자리에 참석한 사람 중 누구도 페데리코 귀하가 훌륭한 궁정 신하가 아니라는 생각을 해서는 안 됩니다. 페데리코 귀하가 침묵을 지키려는 이유는 더 이상 할 말이 없어서가 아니라 골치 아픈 문제를 피하고 싶어서일 테니까요. 그러니 이처럼 기품 있는 분들이 모여서 훌륭한 토론을 벌이는 자리에서 간과된 내용이 있다는 인상을 남기는 것을 막기 위해서 부디 귀하가 거론했던 기분 좋은 농담을 잘 사용하는 법을 알려주시지요. 또한 공손하면서도 적절한 예절을 갖추고 명랑하게 즐기며 웃을 수 있는 즐거운 대회에 적합한 기술을 설명해 주시지요. 내가 보기에 대단히 중요하고 이상적인 궁정 신하에게 꼭 필요한 부분인 것 같습니다."

페데리코가 대답했다. "전하, 농담과 재치는 기술이 아니라 조물주의 선물이자 은혜입니다. 물론 일부 특정한 사람들은 이런 면에서 다른 사람들보다 두뇌 회전이 빠르기도 하며, 특히 토스카나 사람들은 진짜로 기지가 넘칩니다. 또한 스페인 사람들은 천성적으로 재치를 타고난 것 같습니다. 그렇지만 종족을 막론하고 대화하는 사람과 장소를 고려하지 않거나 항상 침착하고 겸손해야 한다는 규칙을 무시하고 수다를 떨다가 자제심을 잃어 무미건조하고 어리석은 이야기로 치달아버리는 사람들이 많이 있습니다."

이 말을 듣고 제독이 답했다. "귀하는 농담을 하는 데는 기술이 필요 없다고 하나, 사실 방금 귀하가 침착하고 겸손해야 한다는 규칙을 무시하고 대화를 나누는 사람이나 상대방에게 주의를 기울이지 않은 사람을 비평하면서 이런 것들이 우리가 배워야 할 점이며 하나의 행동방침이 될 수 있다는 점을 보여준 것 같습니다."

페데리코가 말했다. "나리, 이런 규칙들은 너무 일반적이어서 모든 것에나 다 적용할 수 있답니다. 그럼 내가 가벼운 대화에는 특별한 기술이 필요 없다고 말한 이유를 알려드리지요.

일단 즐거움을 주는 대화에는 항상 두 종류가 있습니다. 첫 번째는 긴 이야기 형식으로, 자신에게 일어났던 일 혹은 보거나 들은 일을 실감나는 표현과 몸짓으로 듣는 사람이 마치 눈앞에서 생생하게 벌어지는 일인 것처럼 느끼도록 재미있고 멋있게 묘사하는 것입니다. 이런 대화는 굳이 이름을 붙이자면 '품위 있는' 혹은 '세련된' 화법이라고 부를 수 있습니다. 두 번째는, 보통 여기 계신 분들이 날카롭게 혹은 신랄하게 하는 형식으로, 대단히 간결하고 장황한 말이 별로 들어가지 않습니다. 이런 말에 상당한 통렬함이 들어가 있지 않다면 품위가 좀 떨어져 보이긴 하지요. 고대사회에서는 이를 격언이라고 불렀고 오늘날 일부 사람들은 빈정대는 말이라고 합니다. 간단한 대화를 할 때 처음 말한 형식인 세련된 화법에서는 어떤 기교도 필요 없습니다. 애초에 조물주는 인간이 흥미롭게 이야기할 수 있는 재능을 갖도록 창조했으며, 말하고 싶은 내용을 그대로 표현하는 데 알맞은 얼굴 표정과 몸짓과 목소리를 주었기 때문입니다. 두 번째 말한 빈정대는 말에는 아예 기교가 들어갈 자리가 없지요. 이 경우에는 날카로운 비판이 반드시 포함되고, 말하는 사람이 미처 깨닫기도 전에 목표물을 관통해 버리고 맙니다. 이런 유연성은 순전히 천재성과 천성에서 비롯된다고 생각합니다."

여기에서 피에트로 벰보가 대화에 끼어들었다. "귀하가 말한 내용, 즉 천성과 천재성이 가장 주요한 역할을 하며 특히 창작 능력 면에서는 더 그렇다는 점에 대해서는 제독 나리도 부정하지 않을 것입니다. 그렇지만 아무리 영특한 사람이라 할지라도 사람인 이상 누구나 좋거나 좋지 못한 생각을 품게 마련입니다. 그 생각이 가치가 있든 없든 관계없이 말입니다. 그렇나면 이런 점들은 판단력과 기술을 통해서 바로잡고 정제를 해서 그른 생각을 거부하고 올바른 생각을 선택해야 합니다. 그러니 천재성에서 비롯된 유연성은 제외하고, 기술, 다시 말하면 웃음을 유발하는 농담과 재치가 담당하는 부분을 설명해 주시지요. 궁정신하가 갖춰야 할 적합한 기술은 무엇이고 어떤 경우에 어떤 태도를 취해야 하는지를 말입니다. 전하가 귀하에게 요청한 내용이 바로 이런 부분이 아니겠습니까?"

그러자 페데리코가 웃으며 말했다. "이 자리에 있는 분들은 모두 익살스러움이라는 부분에 있어서 나보다 월등할 것입니다. 종종 현명한 말보다 훨씬 더 많은 웃음을 자아내는 어리석음도 기지에 포함된다면 말입니다."

그러더니 로도비코 백작과 베르나르도 빕비에나를 바라보며 덧붙였다. "여기에 이 부분에서는 대가라고 할 만한 분들이 계시지 않습니까? 즐거운 이야기에 대해 거론해야 한다면 먼저 이분들에게 어떤 말을 할지 배워야 할 것입니다."

로도비코 백작이 말했다. "귀하는 스스로 아는 바가 하나도 없다고 말한 행동을 이미 하고 있군요. 나와 베르나르도를 비웃어 좌중에 웃음을 자아내려고 하면서 말입니다. 여기 있는 사람들은 귀하가 우리를 칭찬한 면에서는 귀하가 훨씬 더 출중하다는 사실을 모두 다 알고 있지 않습니까? 그러니 이제 말하는 것에 지쳤다면 그렇게 기만적인 방법으로 짐을 덜어내려고 하기보다 차라리 공작부인에게 나머지 토론을 내일로 미뤄달라고 요청하는 것이 더 나을 듯싶군요."

페데리코가 입을 열려는 찰나에 에밀리아 여사가 즉시 말을 막았다.

"이 토론은 귀하를 칭송하는 자리가 아닙니다. 이미 귀하가 매우 훌륭하다는 사실을 알고 있으니까요. 친애하는 백작, 마침 귀하가 어제 내가 과업을 공정하게 나누지 않았다고 주장하던 일이 생각나는군요. 그러니 페데리코를 잠시 쉬게 하고 농담에 대해서 말하는 과업을 베르나르도 빕비에나에게 넘기는 것이 어떨까요? 우리 모두 알다시피 그는 다양한 주제로 가장 재미있게 이야기를 이끌어가는 데다가 몇 번이나 그 주제로 책을 쓰겠다고 약속을 했으니 그 분야를 많이 생각해 왔을 것입니다. 그러니 우리들을 완벽하게 만족시킬 수 있겠지요. 일단 농담에 대한 이야기를 끝낸 다음에 페데리코가 이상적인 궁정 신하에 대해서 더 하고 싶은 말을 계속하게 하지요."

그러자 페데리코가 말했다. "부인, 이상적인 궁정 신하에 대해서는 더 이상 할 말이 없습니다. 그렇지만 작열하는 태양 속에서 오랜 여행으로 지친 여행가가 아름답고 그늘진 나무 아래에서 휴식을 취하며 넘쳐흐르는 샘물의 부드러운 속삭임을 듣는 것처럼, 베르나르도의 연설과 그의 목소리를 들으면서 평온을 되찾을 수 있을 것입니다. 그렇게 좀 기운을 차리고 나면 이야기할 게 더 생각날 수도 있겠지요."

베르나르도가 웃으면서 답했다. "그늘이라고요? 귀하가 내 머리 꼭대기를 들여다본다면 머리가 다 빠져서 그늘이 하나도 없다는 사실을 금방 알게 될 겁니다. 그렇지만 샘물을 기대하신다면 운이 좋은 셈입니다. 예전에 프라 마리아노 때문에 샘에 빠진 적이 있는데 그 이후로는 항상 몸에 물이 넘쳐난답니다."

그러자 모두가 한바탕 웃음을 터뜨렸다. 베르나르도가 암시한 그 농담은 로마에 있는 산 피에트로 대성당(San Pietro in Vincoli)의 갈레오토(Galeotto) 추기경의 면전에서 일어난 일화로, 모두가 그것을 잘 알고 있었기 때문이다.

웃음이 가라앉자 에밀리아 여사가 말했다.

"이제 귀하의 농담으로 우리를 웃기는 것은 그만두고 농담을 사용하는 법과 어떻게 생각해 내야 하는지 등 귀하가 아는 모든 내용을 우리에게 가르쳐주시지요. 더 이상 시간을 낭비하지 말고 즉시 시작해 주기 바랍니다."

베르나르도가 말했다. "이미 시간이 너무 늦은 데다가 농담에 대한 내 이야기가 환영을 받지 못하거나 따분할까 봐 걱정이 되는군요. 차라리 내일로 연기하는 게 나을 듯싶습니다."

이 말을 듣고 모두가 일반적으로 토론을 끝내려면 아직 시간이 많이 남았다며 반발하기 시작했다. 결국 베르나르도는 공작 부인에 이어서 에밀리아 여사를 쳐다보며 말을 시작했다.

"내 과업을 축소시키고 싶지 않답니다. 그렇지만 나는 늘 자코모 산세콘도(Giacomo Sansecondo) 앞에서 감히 비올에 맞춰서 노래를 불렀던 사람들의 대담함에 경탄을 금치 못한지라, 내가 말하려는 부분을 나보다 훨씬 많이 알고 있는 여러분 앞에서 농담에 대해 의견을 밝힌다는 것이 옳은 일인지 의심스럽습니다. 하지만 여기 계신 분들이 나를 따라서 공작부인에게 받은 지시를 거절하는 상황은 피해야겠기에 웃음의 원인을 주제로 가능하면 간단하게 떠오르는 대로 말해 보겠습니다.

웃음은 인간에게 너무 자연스러워서, 일반적으로 인간을 웃을 줄 아는 동물이라고 정의 내리는 것이 관례이지요. 유일하게 인간에게서만 볼 수 있는 웃음은 정신의 내면적인 환희를 나타내는 신호로 자연적으로 즐거움을 유발합니다. 따라서 축제와 다양한 구경거리처럼 웃음을 목적으로 인간들이 고안해 낸 것들이 많이 있습니다. 그리고 인간은 본질적으로 오락거리를 제공해 주는 사람을 좋아하기 마련이어서 고대사회의 황제들과 로마인, 아테네인 등 많은 인물들이 대중의 정서를 끌어 모으고 즐거움을 제공하려는 목적으로 화려한 대형 극장이나 공공건물을 지어서 새로운 종류의 운동, 마차 경주 혹은 이륜전차 경주, 결투, 기이한 동물, 희극, 비극, 무언극을 선보이곤 했습니다. 아무리 엄숙한 철학자들도 이러한 연회가 개최되는 것을 반대하지는 않았지요. 오히려 이런 공연이나 연회에 참석해서 그동안 강연과 학습을 통해 지쳤던 몸과 마음을 쉬곤 했답니다. 이것이야말로 계급과 성향을 막론하고 인간이라면 누구나 원하는 행복일 것입니다. 논밭에서 일하는 농부와 힘들고 거친 일을 하는 노동자들은 물론이고 신성한 성직자들이나 시시각각 처형식을 기다리는 죄수까지 모두 이처럼 가벼운 기분 전환을 통해서 마음의 안정을 찾습니다.

216

따라서 웃음을 유발하는 것은 모두 인간의 정신을 고양시키고 즐거움을 주며 잠시나마 인생에 가득한 시련과 고통거리를 잊게 만들어줍니다. 여러분도 웃음이야말로 모든 사람을 기분 좋게 하며 적절한 때와 장소에서 사람들을 웃게 만드는 사람은 칭찬을 들어 마땅하다는 점을 인정하실 겁니다.

그러나 웃음이 무엇이고, 어디에서 웃어야 하며, 어떻게 인간의 핏줄과 눈과 입과 옆구리를 점유하며, 아무리 노력해도 통제할 수 없게 터져 나오는 이유가 무엇인가에 대한 설명은 철학자 데모크리투스(Democritus)에게 맡기겠습니다. 그러나 데모크리투스 역시 적당한 대답을 찾기는 어려울 것 같군요.

먼저 웃음이 유발되는 원인, 말하자면 우스꽝스러움의 근원은 일종의 결함에서 유발됩니다. 내가 이렇게 생각하는 이유는 인간은 보통 조화롭지 못한 요소가 들어 있거나 본질과 반대로 불쾌해 보이는 현상에만 웃음을 터뜨리기 때문입니다. 이외에는 설명할 방법이 없군요. 여러분도 잘 생각해 보면 무엇인가 모순적이면서도 그리 불쾌하지 않은 것은 변함없이 웃음을 유발한다는 사실을 깨닫게 될 겁니다.

그다음으로 이상적인 궁정 신하가 웃음을 유발하는 방법과 꼭 지켜야 하는 한계에 대해서는 내가 아는 대로 설명해 보겠습니다. 웃음을 유발하는 것은 궁정 신하에게 그리 적합한 일은 아니며, 바보나 술고래 혹은 어릿광대나 익살꾼의 행동을 따라 해서도 안 되니까요. 물론 어릿광대와 같은 사람들이 궁정에 필요한 것은 사실입니다. 그러나 이들을 궁정 신하라고 칭해서는 안 되며 본명이나 하는 일에 맞춰서 다른 명칭으로 불러야 한다고 봅니다. 한편 이상적인 궁정 신하는 늘 세심한 주의를 기울이면서 신랄한 비판의 의미가 담긴 웃음을 잘 살피고 그 비판이 누구를 목표로 하는지를 파악해야 합니다. 여러분도 아시겠지만, 불행한 사람이나 악한 혹은 유명한 범죄자를 조롱할 때는 웃음을 보이지 않기 때문입니다. 악한이나 범죄자에게는 조롱이 아니라 이보다 훨씬 강한 벌이 내려져야 하며, 스스로의 불행을 떠벌리며 뻔뻔스럽게 자랑하지 않는 한 고통받는 사람들을 조롱해서는 안 되니까요. 이상적인 궁정 신하라면 보편적으로 모든 사람들의 총애를 받는 사람들이나 권력이 강한 사람들을 조롱하는 것도 억제해야 합니다. 이런 행동을 했다가는 위험한 적개심을 불러일으키기 십상이지요. 그러나 동정심을 유발할 만큼 비참하지 않고, 극형을 받을 만큼 사악하지 않은 사람 혹은 아주 사소한 분노로도 다른 누군가에게 커다란 해를 끼칠 수 있을 만큼 대단히 높은 지위에 있지 않은 사람들을 조롱거리로 삼고 웃는 것은 괜찮습니다.

또한 여러분은 웃음을 주는 재기 발랄한 말이 다른 상황에서는 칭찬이나 비판을 목적으로 한 진지한 논평으로 해석되기도 한다는 점을 잘 아실 것입니다. 따라서 친구들에게 자신의 물건을 아낌없이 내주는 관대한 사람을 칭찬할 때 흔히 쓰는 '가진 물건이 다 자신의 소유물은 아니다'는 말이 도둑질이나 다른 사악한 수단으로 획득한 물건을 소유한 사람을 책망하는 뜻으로 사용될 수도 있습니다. 마찬가지로 '많은 사랑을 받는 여성'이라는 말이 신중하고 덕이 높은 여성을 칭찬하는 말로 사용되는 반면에, 누구에게나 헤프게 애정을 주는 여성을 비판하는 뜻으로 쓰이기도 합니다.

이렇게 같은 말이 반대의 뜻을 가지고 있는 경우보다 더 자주 볼 수 있는 광경은 하나의 상황을 놓고 여러 가지로 해석하는 경우입니다. 예를 들어 지난번에 한 여성이 자신의 애인을 포함한 세 명의 남성들과 함께 교회에서 미사를 드리고 있었는데 이때 다가온 한 불쌍한 거지가 그녀 앞에 서서 구걸을 했습니다. 거지가 구슬프게 울며 끈질기게 구걸을 했지만 그녀는 아무것도 주지 않았을 뿐만 아니라 그를 쫓아낼 생각도 하지 않았습니다. 오히려 다른 생각을 하고 있는 듯이 심란한 표정으로 서 있었습니다. 이 모습을 본 그녀의 애인이 두 명의 친구에게 말했습니다. '대체 저 여성에게 무엇을 기대할 수 있겠는가? 어찌나 잔인하던지, 배가 고파서 죽어가는 저 발가벗은 불쌍한 사람이 그렇게 오랫동안 간절하게 애원했는데도 자비를 베풀지 않은 데다가 그를 쫓아버릴 생각조차 하지 않더군. 다른 사람이 고통 속에서 괴로워하며 헛되이 간청하는 모습을 좋아하는 걸세.' 그러자 친구 한 명이 대답했답니다. '그것은 잔인한 것이 아니라 너무 귀찮게 조르는 것을 좋아하지 않는다는 점을 자네에게 암묵적으로 가르치는 것이라네.' 그러자 다른 친구가 말했습니다. '아닐세. 거지가 애원하는 것을 주지는 않았지만, 그녀가 간청받는 것을 좋아한다는 뜻이라네.'"

베르나르도가 이야기를 계속했다. "자, 이제 여러분도 아시 겠지요? 거지를 쫓아버리지 않은 그 여성의 행동 하나가 냉혹 하다는 비판, 겸손하다는 칭찬, 통렬한 빈정거림을 모두 유발한 것입니다.

이제 우리 주제에 맞는 농담의 종류로 돌아가겠습니다. 페데 리코가 앞서서 익살맞은 대화의 종류에는 두 가지가 있다고 말 했지만 내 생각에는 세 가지입니다. 첫째는 세련된 형식으로 하 나의 사건을 자세히 설명하는 즐거운 이야기이며, 둘째는 무심 한 태도를 지니고 한마디 말로 날카롭게 비판하는 논평입니다. 내가 덧붙이고 싶은 세 번째는 바로 장난말로, 여기에는 이야기 와 간단한 비평과 어느 정도의 동작이 모두 포함됩니다.

거침없는 이야기로 구성된 첫 번째 종류의 대화는 짧은 소설 이나 마찬가지입니다. 그럼 여기에 맞는 예를 들려드리지요. 교 황 알렉산더 6세가 사망하고 피우스 3세(Pius III)가 교황으로 추 대되자, 로마에 있던 공작부인의 친구인 만토바 사람 안토니오 아그넬로(Antonio Agnello)가 바티칸 궁전에서 전임 교황의 사망 과 후임 교황을 추대하는 문제를 논의했습니다. 안토니오는 몇 몇 친구들에게 안건에 맞는 자신의 의견을 밝히다가 갑자기 이 야기를 꺼냈습니다. '여러분, 카툴루스(Catullus, 로마의 시인-역주) 가 살던 시대에는 혀와 귀가 없는 문이 말을 하고 듣기 시작해 서 그동안 저질러졌던 많은 불륜을 폭로했답니다. 물론 현대의 사람들이 그 시대의 인물들만큼 덕망이 높지는 않지만 일부 문 들, 적어도 고대 시대의 대리석으로 만들어진 이곳 로마의 문들은 과거의 문과 같은 능력을 가졌을 수도 있습니다. 내 생각에는 우리가 원하기만 한다면, 저 앞에 있는 문 두 개가 우리가 봉착한 문제를 어떻게 풀어야 할지를 알려줄 것 같습니다.' 이 말을 듣자 사람들이 어떤 결과가 일어날지 마음을 졸이며 기다렸답니다. 안토니오는 계속 앞뒤로 걷다가 갑자기 눈을 돌려 그들이 왔다 갔다 하던 복도 쪽에 있는 문 하나를 쳐다보더니, 잠시 동작을 멈추고 문에 새겨져 있는 글을 사람들에게 보여줬습니다. 그곳에는 여러분도 알다시피 여섯 번째를 상징하는 V와 I 다음에 알렉산더 교황의 이름이 나와 있었습니다. 이를 보고 안토니오가 말했습니다. '보시다시피 이 문이 교황 알렉산더 6세라고 말하는 것은 그가 폭력이라는 수단으로 교황이 되었다는 점과 이성보다 폭력을 더 많이 사용했다는 사실을 의미하는 것입니다.(VI는 '여섯 번째' 혹은 '힘으로' 라는 뜻을 가진 라틴어 vis의 탈격형 명사이다-역주) 그럼 이제 새로운 교황에 대해서 문이 무슨 말을 하는지 한번 봅시다.' 이 말을 마치고 다른 문으로 자연스럽게 몸을 돌린 안토니오는 니콜라우스 파파 퀸투스(Nicolaus Papa Quintus)를 줄인 N, PP, V라는 글자가 들어가 있는 부분을 가리키고는 바로 외쳤습니다. '아, 맙소사. 정말 안 좋은 소식이군요. 이 문이 말하길, 니힐 파파 발레트(Nihil Papa Valet, '그 교황은 보잘것없다' 라는 뜻-역주)랍니다."

베르나르도가 잠시 멈췄다가 말을 다시 시작했다. "여러분도 이제 이런 식의 농담이 우아하고 재미있으며, 이야기가 사실이냐 허구이냐를 떠나서 궁정 신하에게 적합하다는 점을 이해하셨을 겁니다. 이런 말은 비난받지 않고도 원하는 대로 얼마든지 만들어낼 수 있으니까요. 그리고 실제로 일어난 일을 말할 때는 필요에 따라 약간의 거짓을 덧붙여서 포장할 수도 있답니다. 이런 이야기에 담긴 최고의 품격과 진정한 가치는 무엇보다도 몸동작과 말을 이용해서 쉽게 원하는 내용을 그대로 표현할 수 있으며, 이를 통해서 이야기를 듣는 사람들로 하여금 마치 눈앞에서 장면이 생생히 펼쳐지는 느낌을 갖게 한다는 점입니다. 이 효과는 종종 별로 재미가 없고 평범했던 이야기들을 훨씬 즐겁게 만드는 힘이 있답니다. 그리고 이런 이야기들은 몸짓과 말이 필요하지만 때로는 글로 옮겨놔도 원래의 목적을 효과적으로 이룹니다.

보카치오의 『데카메론(Decameron)』 가운데 '여덟 번째 날(Eighth Day)'이라는 작품을 예로 들어보죠. 바르룽고(Varlungo)의 성직자가 벨콜로레(Belcolore)가 교회에 와 있다는 사실을 발견한 후에 키리에(Kyrie, '천주여 우리를 불쌍히 여기소서'의 뜻을 가진 기도문-역주)나 상투스(Sanctus, 성찬식 때 감사송 다음에 부르는 노래-역주)를 부를 때 얼마나 힘이 들었을까, 라고 한 부분에서 웃지 않은 사람이 없었을 것입니다.(『데카메론』의 '여덟 번째 날'은 바르룽고의 성직자와 농부의 아내인 벨콜로레 사이의 불륜 및 이 성직자가 그녀가 좋아하는 물건을 사려고 맡겼던 망토를 찾기 위해 부리는 속임수를 다룬다-역주) 보카치오가 칼란드리노(Calandrino, 보카치오 소설 네 편에 등장하며, 장난을 치는 사람들에게 보기 좋게 이용당하는 어리석은 인물-역주)를 다룬 부분에서도 그의 다른 이야기와 마찬가지로 아주 즐거운 폭로전이 펼쳐집니다. 같은 맥락으로 사람들의 말이나 행동을 흉내 내는 것도 웃음을 자아낼 수 있을 것입니다. 이 부분에서는 로베르토 다 바리가 최고로 뛰어나지요."

"귀하의 말이 사실이라면 그것 참 놀라운 일입니다. 내가 그렇게 능력이 뛰어나다는 사실을 알았다면 훌륭한 사람들을 따라 하려고 노력했을 겁니다." 로베르토가 말했다. "더구나 귀하의 말처럼 사람들을 모방하는 면에서 최고의 실력이 있다면 그보다 더 기쁜 일이 없겠지요. 그렇지만 유감스럽게도 사람들, 그것도 귀하가 말한 대로 결점이 있는 사람들을 흉내 내서 웃기는 것만 할 수 있답니다."

베르나르도가 대답했다. "결점이요? 맞는 말이지만 그리 불쾌해지는 않으니 걱정 마시죠. 그리고 우리가 지금 다루고 있는 모방은 재능이 없이는 절대로 불가능한 일이라는 점을 꼭 강조해야겠습니다. 적당한 말과 몸짓을 고르는 것은 물론이고, 사람들 바로 앞에서 모방을 당하는 사람의 얼굴 표정과 태도를 그대로 재현해 내야 하므로 대단히 분별력이 있어야 하고, 때와 장소와 이야기하는 사람들에게 상당한 주의를 기울여야 하며, 저속한 익살로 추락하거나 한계를 넘어서는 안 됩니다. 워낙 감탄을 하면서 이런 흉내들을 지켜보니 여러분도 여기에 대해서는 다 잘 알고 있을 것입니다. 물론 귀족 신사라면 얼굴을 찌푸리거나, 울다가 웃거나, 베르토(Berto)처럼 목소리를 흉내 내고 혼자서 레슬링을 한다거나, 스트라스시노(Strascino)처럼 농부의 옷으로 꾸미고 사람들 앞에 나오는 행동은 올바르지 않습니다. 이렇게 본격적인 행동들은 이것을 직업으로 가지고 있는 사람들에게나 적합하지요.

이와 달리 우리들은 누군가를 흉내 낼 때 항상 신사로서 위엄을 지켜야 한다는 점을 기억하고 혐오감을 주는 말이나 버릇없는 행동을 피하며 얼굴을 찡그리거나 우스꽝스럽게 만들지 않아야 합니다. 대신 지켜보는 사람들이 우리의 말이나 행동을 통해서 그 속에 감춰진 의미를 찾아내고 웃음을 터뜨리도록 하는 자연스러우면서도 섬세한 흉내 내기가 제격이지요. 이런 흉내 내기를 할 때는 너무 잔인한 풍자, 특히 결함이 있는 얼굴이나 몸에 관련된 것은 삼가야 합니다. 신체적인 결함은 사람들을 웃기기에 아주 좋은 소재이지만, 너무 잔인해지면 어릿광대짓으로 추락하거나 적을 만들기가 쉽기 때문입니다. 그러니 어렵더라도 로베르토가 하는 방식을 따라 할 필요가 있습니다. 로베르토는 모든 사람의 말투를 따라 하고 쓰라린 부분을 건들지만, 아무도 화를 내거나 그것이 역겨운 행동이라고 생각하지 않습니다. 로베르토가 날마다 실생활에서 많이 보여주고 있으니, 이 부분에 대해서는 아무 예도 들지 않겠습니다.

결점이 작은 것이어서 큰 벌을 받지 않을 정도라는 전제 하에, 사람들의 결점을 고상한 자세로 하나하나 드는 것도 상당히 분위기를 명랑하게 만듭니다. 이럴 때 거론되는 결점으로, 평소에는 솔직함으로 보이지만 때때로 너무 심해지는 방종한 언행이나 너무 유별난 애정 행각 혹은 허무맹랑한 거짓말 등을 들 수 있습니다. 며칠 전에 체사레가 자신이 목격한 최고의 어리석은 광경을 이야기해 주었는데 이 내용을 예로 들어보겠습니다. 체사레와 지방 행정관이 함께 있던 자리에 한 소작농이 당나귀를 도둑맞았다며 항의를 하러 왔습니다. 소작농에게서 가난한 집안 사정과 도둑에게 사기를 당한 과정을 듣다 보니 당나귀를 도난당한 일이 아주 심각하게 느껴졌습니다. 그러던 중에 농부가 말했습니다. '나리가 그 당나귀를 직접 보셨다면 내가 이렇게 항의를 하는 이유를 더 잘 이해하셨을 겁니다요. 그 당나귀의 등에 짐짝을 올려놓으면 위대한 키케로와 똑같아 보였다니까요.'"

사람들이 웃음을 터뜨렸고 베르나르도는 계속 이야기를 했다. "또 여러분도 알다시피 이 자리에 계신 한 분은 일전에 우연히 커다란 숫염소가 이끄는 염소 떼와 마주치자 가던 길을 멈추고 깜짝 놀라서 말했지요. '저 숫염소를 보시오! 틀림없는 성 바울(St. Paul)입니다!' 라고 말입니다.(전통적으로 성 바울은 긴 수염을 가진 사람을 의미함-역주) 그리고 가스파레 나리가 전에 알았던 한 사람의 이야기를 들려준 적이 있습니다. 페라라의 에콜(Ercole) 공작의 충복이었던 이 남성은 공작에게 두 아들을 시동으로 바쳤습니다. 그러나 아들들은 공작의 휘하에 들어가기도 전에 세상을 뜨고 말았습니다. 공작이 이 이야기를 듣고 진심을 담아서 문상을 하고 언젠가 아들들을 봤는데 매우 준수하고 사려가 깊은 소년들로 보이더라고 회상하며 몹시 마음이 아프다고 말했답니다. 그러자 자식을 잃은 아버지가 대답했습니다. '나리가 본 것은 아무것도 아닙니다. 요 며칠 사이에 믿을 수 없을 정도로 더 멋있어지고 늠름해진 데다 벌써 한 쌍의 매처럼 멋들어지게 노래도 불렀답니다.'

또 다른 이야기도 있습니다. 궁정 의사 중에 한 분이 얼마 전에 광장 근처에서 채찍 형을 선고받은 사내를 보고 불쌍한 마음에 다가가 봤더니 어깨에서 피가 줄줄 흐르고 있더랍니다. 그런데 이 가련한 사내는 마치 산책이라도 나온 양 느릿느릿 걷고 있었지요. 의사가 그에게 말했습니다. '서둘러 가게나, 불쌍한 사람 같으니라고. 그리고 어서 회복하게.' 그러자 이 사내는 몸을 돌려서 놀란 눈으로 의사를 응시하더니 말했답니다. '댁이 채찍질을 당하거들랑 그때는 댁 마음대로 하구려. 지금은 내가 알아서 하게 내버려두고요.'"

베르나르도가 또 다른 이야기를 했다. "여러분도 얼마 전에 공작이 이야기해 주었던 그 대수도원장의 어리석음을 기억하실 것입니다. 페데리코 공작이 이 궁전을 지을 당시에 토대를 만들면서 나온 엄청난 흙을 어떻게 처리할 것인지를 논의하던 중 그 자리에 있던 수도원장이 한마디 했습니다. '전하, 그 흙을 처리할 최고의 방안이 있습니다. 큰 구덩이를 하나 파서 흙을 묻으면 더 이상 고민할 필요가 없을 것입니다.' 이 말을 듣고 페데리코 공작이 웃으면서 반문했습니다. '그러면 그 구덩이에서 나온 흙은 어디에 묻어야 할까요?' 수도원장이 답했습니다. '아주 거대한 구덩이를 파면 두 군데에서 나온 흙을 다 묻을 수 있을 것입니다.' 공작이 큰 구덩이를 팔수록 더 많은 흙이 나올 것이라고 아무리 설득해도, 수도원장은 이해하지 못하고 계속 같은 말만 되풀이했답니다. '그러면 구덩이를 더 크게 만들면 되지요.' 이 정도면 그 수도원장이 얼마나 어리석은지를 아셨을 겁니다."

그러자 피에트로 벰보가 물었다. "귀하의 고향인 피렌체의 주교 대리 이야기는 왜 안 하십니까? 그는 칼라브리아(Calabria) 공작이 카스텔리나(Castellina)를 공격했을 때 전장에서 발사된 화살에 독이 묻어 있다는 사실을 발견했답니다. 그래서 공작에게 편지를 써서 '전쟁을 그토록 야만스럽게 할 작정이라면 나도 포탄에 독을 발라서 쏘겠소. 결국 하늘은 가장 타격을 많이 입은 쪽을 도와줄 것이오' 라고 말하지 않았습니까?"

베르나르도가 큰 웃음을 터뜨린 뒤에 말했다. "피에트로, 가만히 계시지 않으면 내가 보고 들은 수많은 베니스 사람들의 어리석은 행각을 다 이야기해 버리겠습니다. 특히 말을 탈 때 어떻게 하는지를 말입니다."

"부디 그것만은 하지 말아주십시오." 피에트로가 대답했다. "그러면 피렌체 사람들이 벌였던 엄청나게 어리석은 이야기 두 가지에 대해서도 말하지 않기로 하지요."

"그 사람들은 분명히 시에네스(Sienese) 사람들이었을 겁니다." 베르나르도가 말했다. "이들은 종종 실수를 저지르곤 하지요. 예를 들어 한 사람이 평의원회에서 문서를 낭독하는 것을 듣고 있었습니다. 이 문서에는 관련된 사람들의 이름을 반복하는 것을 피하려고 '앞서 말한(aforesaid)' 이라는 단어를 사용하고 있었지요. 가만히 듣고 있던 이 사람이 낭독하는 사람의 말을 막고 물었답니다. '잠깐만요. 아포레사이드라니요. 이 도시에 사는 사람인가요?'"

피에트로가 웃고 나서 말했다. "내가 말하려던 사람은 시에네스가 아니라 피렌체 출신입니다."

"그렇다면 자유롭게 이야기하시지요." 에밀리아 여사가 말했다. "그렇게 너무 조심스러워하지 않아도 됩니다."

이렇게 해서 피에트로가 말을 계속했다. "피렌체의 통치자가 피사(Pisa)인들과 전쟁을 벌이고 있을 때 경비가 너무 많이 들어서 때때로 재정이 고갈되는 처지에 이르렀습니다. 그래서 어느 날 평의원회에서 긴급하게 필요한 재정을 충당할 방법을 놓고 토론이 벌어져 다양한 제안이 나왔습니다. 이때 시민 중에서 가장 나이가 많은 사람이 말했습니다. '너무 힘들이지 않고도 많은 돈을 벌어들일 수 있는 방법이 두 가지 있습니다. 첫 번째는 국고 가운데 성문에서 징수하는 세금의 수익이 가장 높다는 점에서 착안했습니다. 현재 피렌체에는 11개의 성문이 있습니다. 그러니 즉시 성문 11개를 더 지읍시다. 그러면 국고도 두 배로 늘어날 테니까요. 두 번째 방법은 피스토리아(Pistoria)와 프라토(Prato)에 피렌체와 같은 조폐국을 당장 만들게 해서 밤낮으로 쉬지 않고 금화만 주조하도록 하는 것입니다. 내 생각에는 두 번째 방법이 훨씬 빠르고 비용도 덜 들 것 같습니다.'"

모든 사람들이 이 시민의 대단한 독창성에 엄청난 웃음을 터뜨렸다. 웃음소리가 가라앉자 에밀리아 여사가 말했다. "베르나르도, 피에트로가 피렌체 사람들을 놀림감으로 삼고 있는데 보복하지 않고 그냥 둘 참인가요?"

여전히 웃고 있던 베르나르도가 대답했다. "피에트로의 무례를 용서하겠습니다. 그가 피렌체 사람들을 놀림감으로 삼은 것은 불쾌하나, 내가 항상 그렇듯이 결국 그 역시 공작부인의 말을 따른 것뿐이고 그런 행동은 칭찬받을 만하니까요."

그러자 체사레가 말했다. "나는 한 브레시아(Brescia) 사람에게 엄청나게 바보스러운 이야기를 들은 적이 있답니다. 그는 올초에 연회에 참석하러 베니스에 갔었는데, 그때 베니스에서 본 가장 멋진 것들을 나와 친구들에게 이야기해 줬답니다. 얼마나 많은 상품들과 은제품과 향신료와 옷과 원단이 있었는지 등을요. 그리고 나서 잘 차려입은 수많은 귀족들과 천국의 소리처럼 들리던 음악과 노랫소리로 화제가 바뀌었지요. 그의 친구가 베니스에서 들은 것 중에서 어떤 음악이 가장 마음에 들었느냐고 묻자 그 브레시아인이 대답했답니다. '다 좋았다네. 그런데 아주 특이한 악기를 하나 발견했지 뭔가. 나팔의 한 종류인데 굉장히 기이하게 생겼더군. 연주자가 한 악기를 연주하면서 그 악기를 손바닥 두 개 길이만큼이나 목구멍 속으로 집어넣다가는 다시 빼내는 동작을 반복하는 게 아닌가. 자네들도 그런 장면은 한 번도 못 봤을 걸세!'"

관악기의 앞부분을 그 악기 속으로 넣고 빼며 연주하는 동작을 보고 목구멍 속으로 집어넣는다고 상상했던 그 브레시아인의 어리석음 때문에 좌중은 웃음바다가 됐다.

베르나르도가 덧붙였다. "적당한 허식은 그저 따분할 뿐이지만 아주 과장될 경우에는 대단히 많은 웃음을 유발하지요. 보통 우리가 위대함이나 고귀한 탄생에 대한 주제를 놓고 이야기하거나, 여성들이 미모나 세련된 태도를 놓고 이야기할 때 흔히 볼 수 있듯이 말입니다. 최근에 어느 성대한 축제에 참석했다가 극도로 고민스럽고 넋이 나간 모습을 보였던 한 부인이 있었습니다. 도대체 무슨 생각을 하기에 그토록 불행해 보이냐고 물었더니, 그 부인은 이렇게 대답했답니다. '떠올리기만 해도 몸서리가 쳐지고 내 마음을 압박하는 것을 생각하고 있었습니다. 바로 심판의 날이 닥치면 우리는 하늘로 올라가서 발가벗은 채 하늘의 심판관 앞에 서게 될 것 아닙니까? 내가 발가벗은 채 누군가의 앞에 나선다는 생각만으로도 얼마나 스트레스를 받는지 이루 말할 수 없답니다.' 이렇게 너무 과장된 허식은 짜증스럽기보다 오히려 웃음을 더 자아냅니다. 여러분은 모두 너무 허무맹랑하고 멋져서 오히려 우리를 웃게 만드는 거짓말들에 정통하시지요? 이런 이야기를 절대 놓치지 않는 나의 친구 중 한 사람이 지난번에 아주 훌륭한 이야기를 해주었답니다."

이 말을 듣고 마그니피코 줄리아노가 말했다. "그 이야기가 아무리 멋지더라도 나처럼 토스카나의 한 상인(실제로는 루카

(Lucca) 출신이라더군요)이 사실이라고 맹세한 이야기보다 더 훌륭하고 정교하지는 못할 겁니다."

"그 이야기를 해주시지요." 공작부인이 재빨리 부추겼다.

마그니피코 줄리아노는 웃으면서 이야기를 시작했다. "내가 들은 바에 따르면, 이 상인은 폴란드에 갔을 때 검은담비 모피를 대량으로 이탈리아에 수입하면 두둑한 이윤을 남길 것이라고 생각했습니다. 그러나 당시에 폴란드 황제와 모스크바대공국(Muscovy, 14~15세기 러시아 여러 나라를 통일하여 러시아제국의 기초를 이룬 중앙집권적 봉건국가-역주) 사이에 전쟁이 벌어지고 있어서 혼자 모스크바대공국에 들어갈 수 없자 그 나라 주민들에게 일을 맡기기로 했습니다. 수차례 협상을 거친 후에 그는 모스크바 상인들에게 약속한 날에 담비 모피를 가지고 자신이 거래를 위해서 기다리고 있는 폴란드 국경으로 오도록 했습니다.

이 상인이 폴란드 동료들과 국경에 도착했을 때 강 표면이 대리석처럼 단단하게 얼어 있는 것을 발견했습니다. 모스크바 사람들은 이미 강 건너편 둑에 나와 있었지만 전쟁 때문에 폴란드 사람들에게 겁을 먹어서 더 이상 가까이 다가오려고 하지 않았답니다. 서로를 발견한 양측은 신호를 보냈으며, 모스크바 사람들이 원하는 모피 값을 큰 소리로 외치기 시작했지만 날씨가 너무 추워서 들리지 않았습니다. 말소리가 상인과 통역인이 함께 서 있던 반대편 강둑에 닿기도 전에 꽁꽁 언 채로 공중에 걸려 있었기 때문입니다. 그러자 폴란드 사람들은 강 한가운데에 커다란 불을 피우기로 결정했지요. 그러면 얼어붙은 채 공중에 걸려 있던 말소리가 불의 온기에 녹아서 상대방이 있는 방향으로 전달될 것이라고 판단했기 때문입니다. 더구나 강이 아주 단단하게 얼어서 불의 무게를 쉽게 견딜 수 있었습니다. 불을 지피자, 언 채로 공중에 한 시간 정도 걸려 있던 단어들이 녹기 시작하더니 5월의 산에서 날리는 눈송이처럼 중얼거리는 소리를 내며 떨어졌답니다. 물론 모스크바 사람들은 이미 돌아간 뒤였지요. 어쨌거나 이 상인과 폴란드 동료들은 그들이 좀 전에 했던 말을 분명하게 듣게 되었습니다. 그런데 이 상인은 뒤늦게 그들이 부른 값을 듣고 나서 모스크바 사람들이 모피 가격을 너무 높게 불렀다며 거래를 거절하고 그냥 집으로 돌아왔답니다."

모두가 한바탕 웃고 난 뒤에 베르나르도가 말했다. "내가 말하려던 것은 귀하의 이야기처럼 독창적이지는 못합니다. 그렇지만 아주 훌륭한 내용으로 다음과 같습니다.

조금 전에 말했던 그 친구가 며칠 전에 포르투갈 해군들이 발견한 나라와 이들이 그곳에서 포르투갈로 가져온 다양한 동물에 관해 이야기를 했습니다. 친구는 우리가 평소에 보던 종류와 다른 원숭이 한 마리를 보게 됐는데 그렇게 체스를 잘하더랍니다. 어느 날 그 원숭이를 들여온 귀족이 포르투갈 황제가 참석한 자리에서 체스를 두고 있었는데, 원숭이가 영리하게 체스 말을 몇 번 움직여서 주인을 궁지로 몰아넣더니 마침내 이기고 말았습니다. 결국 주인은 화를 벌컥 내며(체스에서 진 사람들은 늘 그렇습니다) 장군 말(포르투갈 사람이 만들었으니 크기가 어마어

마했지요)을 들어서 원숭이의 머리를 힘차게 내리쳤습니다. 원숭이는 즉시 옆으로 잽싸게 도망쳐서 시끄럽게 울어댔는데, 그 모습이 마치 왕에게 자신을 때린 주인을 벌주라고 부탁하는 것 같았지요. 그래서 주인은 원숭이에게 체스를 한 판 더 두자고 했습니다. 원숭이는 몇 번 거절의 몸짓을 하다가 체스를 두게 되었는데 앞 판과 마찬가지로 다시 주인을 앞서기 시작했답니다. 원숭이는 '장군'을 할 때가 되자 주인에게 다시 맞는 것을 피하려고 잔꾀를 쓰기로 했지요. 원숭이는 계획을 들키지 않으려고 조심스럽게 오른쪽 앞발을 명주 쿠션에 기대고 있던 주인의 왼쪽 팔꿈치 밑에 놨습니다. 그리고 왼손을 이용해서 졸로 '장군'을 하면서 갑자기 쿠션을 잡아챈 것과 동시에 자기 머리 위로 올려서 주인이 때리는 것을 막았습니다. 그러고 나더니 승리를 자축하듯이 기쁨에 차서 황제 앞에서 팔짝팔짝 뛰었답니다. 이 이야기는 원숭이가 얼마나 현명하고 조심성이 있으며 신중한지를 보여줍니다."

체사레 곤차가가 말했다. "그 원숭이가 자신의 종족 가운데 대단히 박식한 일원이었으며 엄청난 권력을 가졌던 것이 분명합니다. 내 생각에는 인도원숭이의 나라에서 자신들의 명성을 외국에 알리려고 그 원숭이를 포르투갈로 보낸 것 같습니다."

이 말을 듣고 모두 웃었다. 베르나르도가 말한 황당한 거짓말과 체사레 곤차가가 여기에 덧붙인 논평이 모두 재미있었기 때문이다.

베르나르도가 말을 시작하면서 토론이 재개되었다. "여러분은 방금 마그니피코와 체사레와 나의 계속된 이야기를 통해서 세 가지 종류의 대화 가운데 첫 번째를 직접 확인했습니다. 즉, 끊임없이 계속되는 이야기로 이루어지는 농담이지요. 여러분은 이 부분에 대해서 내가 할 이야기를 이미 다 들은 셈입니다. 그러면 이제 두 번째인 간단한 논평과 세 번째인 날카로운 재치가 짧은 문장이나 단어에 응축되어 있는 말장난에 관해 토론해 봅시다. 이상적인 궁정 신하는 간단한 논평을 위해 재미있는 이야기를 하거나 다른 사람을 흉내 낼 때도 역시 어릿광대 혹은 식객이나 범할 만한 어리석은 행동을 해서는 안 됩니다. 또한 이런 간결한 논평을 통해서 심술궂거나 악의에 찬 사람으로 비치지 않도록 조심해야 하며, 사람을 놀리거나 상처를 줄 목적으로 익살을 떨거나 빈정거림을 반복해서도 안 됩니다. 자칫하면 혀가 저지른 죄 때문에 몸 전체가 고통스러운 벌을 받는 경우가 종종 있답니다.

간결한 논평으로 구성된 거침없는 농담은 애매모호하게 표현하는 것이 가장 효과적입니다. 이들은 보통 유머 감각보다는 독창성으로 인정받기 때문에 즐거운 웃음을 주지 않는 경우도 많습니다. 예를 들어 며칠 전에 아니발레 팔레오토(Annibale Paleotto)는 아들들에게 문법을 가르칠 개인교사를 소개해 준 사람과 이야기를 나누고 있었습니다. 소개해 준 사람이 먼저 아니발레에게 교사의 학식을 칭찬했습니다. 그러고 나서 봉급 이야기가 나오자 교사에게 잠자리와 가구가 갖춰진 방이 하나 필요하다고 말했습니다. 아니발레는 즉시 반박했지요. '책을 읽지 않았다면 어떻게 공부를 할 수 있단 말이오?'(동음이의어를 이용한 일종의 말장난. letto는 '침대'와 '읽다'라는 두 가지 뜻이 있다-역주) 여기에서 그는 'non aver letto(영어의 'not to have read'에 해당하는 이탈리아어-역주)'라는 애매모호한 표현을 아주 잘 이용한 것을 여러분도 눈치 채셨을 겁니다."

베르나르도는 설명을 계속했다. "이와 같은 말장난은 이해하기가 상당히 어려우며 사람들이 일반적으로 알고 있는 단어의 의미와 다르게 사용되기 때문에 조금 전에 말한 대로 웃음을 유발하기보다 감탄을 이끌어내는 경우가 더 많습니다. 관례상 웃음을 유발하는 종류의 재담은 기대하고 있던 내용과 완전히 다른 내용을 이야기하는 것이며, 이를 '불시의 역습'이라고 부릅니다. 또한 이중적인 의미가 들어 있는 재담도 대단히 재미있습니다. 지난번에 우리가 공작부인의 침실 바닥에 질이 좋은 벽돌을 까는 문제를 의논하던 중에 바로 이런 종류의 재담이 나왔지요. 당시에 많은 이야기가 오고 간 후에 잔 크리스토포로(Gian Cristoforo)가 이런 말을 했습니다. '포텐차(Potenza)의 주교를 데려와서 바닥에 눕히면 아주 적당할 텐데요. 그 사람은 내가 아는 사람 중에서 가장 덩치가 큰 타고난 바보거든요.' 이 말에 모두가 큰 소리로 웃었답니다. 크리스토포로가 마토나토(mattonato)라는 말을 두 부분으로 나누어서 말장난을 했기 때문이지요. 게다가 주교를 눕혀놓고 방바닥으로 사용해야 한다는 말은 전혀 예기치 못했던 기발한 착상이었기 때문에 이 농담은 아주 예리하면서도 재미가 있었던 것입니다.(matto nato는 '타고난 바보'라는 뜻이며, mattonato는 '벽돌 바닥'이라는 의미이다−역주)

이외에도 말장난의 종류는 매우 다양합니다. 따라서 이를 사용할 때는 아주 주의를 기울여 조심스럽게 적당한 단어를 찾아야 하며, 무미건조하거나 너무 억지스러운 농담 혹은 이미 말한 대로 남에게 지나치게 상처를 줄 농담은 만들지 말아야 합니다. 예를 하나 들어보지요. 옛날에 어떤 사람의 집에 가까운 친구들이 몇몇 모였는데, 마침 그 집 주인이 장님이었답니다. 서로 이야기를 나눈 뒤에 주인은 남아서 저녁 식사를 하고 가라고 손님들에게 청했답니다. 그러나 다들 사정이 있어서 돌아가고 한 사람만 남게 되었습니다. 그 손님은 '나는 더 있다가 가겠습니다. 귀하에게는 빈 공간이 많은 것 같으니까요'라고 말하며 주인의 눈을 손가락으로 가리켰습니다. 아무런 목적이나 이유도 없이 눈먼 사내의 감정에 깊은 상처를 준 이 말과 행동은 너무 잔인하고 무례했습니다. 더구나 이런 조롱은 눈이 먼 모든 사람을 모욕하는 결과를 낳을 수도 있지요. 계획적으로 보이는 이런 종류의 모욕을 남발하는 것은 전혀 즐거움을 주지 못한답니다. 코가 잘린 남성에게 '그러면 안경은 어떻게 쓰나요?' 혹은 '매년 새로 피어나는 장미향을 어떻게 맡습니까?'라고 물어보는 것이나 마찬가지니까요.

이에 비해서 상대방의 신랄한 비평을 역이용해서 공격하는 재담은 대단히 품격이 높답니다. 상대방이 사용한 단어를 그대로 쓰거나 상대방이 자기 꾀에 스스로 넘어가게 만드는 것이지요. 이런 재담의 예로 판사 앞에서 상대편 피고인의 질문을 잘 받아넘긴 한 남성의 이야기를 해보지요. 그는 상대편이 '무엇 때문에 으르렁거리는 거요?'라고 묻자 '내 앞에 도둑이 있기 때문입니다'라고 바로 받아쳤답니다. 이와 같은 종류의 농담은 갈레오토 마르치(Galeotto Marzi)의 일화에도 나옵니다. 그가 시에나 지방을 통과하던 중에 여인숙에 가는 길을 물어보려고 길에서 멈추었습니다. 그때 한 시에나 사람이 그의 몸집이 뚱뚱한 것을 보고 웃으며 말했습니다. '다른 사람들은 가방을 등에 메는데 이 사람은 앞에 달고 다니는군.' 축 처진 배를 놀리는 것이었지요. 그 말을 들은 갈레오토가 단번에 쏘아붙였답니다. '강도가 득실거리는 땅에서는 바로 이렇게 다녀야 한다오.'

또 다른 종류로 우리가 '단어 놀이'라고 부르는 것이 있습니다. 이것은 단어에서 알파벳이나 음절을 하나씩 더하거나 빼서 의미를 바꾸는 것입니다. 누군가 '그리스 문학보다 화장실(고대 로마라는 뜻의 Latins에 알파벳 r을 더해서 화장실인 latrines로 바꾸어놓은 농담-역주) 문학을 더욱 공부해야 한다'고 말했다고 생각해 보십시오. 그리고 에밀리아 여사의 이름으로도 농담을 만들 수 있습니다. 에밀리아 여사 앞으로 온 편지 봉투에 '신앙심이 없는 에밀리아 귀하에게(To signora Emilia impia, 에밀리아 여사의 원래 성인 'Pia' 앞에 'im'을 덧붙인 농담. 'impia'는 스페인어로 '신앙심이 없는' '경건하지 못한'으로 해석됨-역주)'라고 써져 있다고 상상해 보십시오.

또한 위대한 시 한두 개를 인용해서 작가의 의도와 다르게 사용하거나, 잘 알려진 속담을 같은 뜻으로 쓰되 단어를 바꿔주는 것도 큰 즐거움을 줍니다. 아주 못생긴 데다 앙알거리기까지 하는 아내를 둔 남자에게 한 친구가 어떻게 지내냐고 물었답니다. 그러자 그 남성은 '가장 표독스러운 여자가 나와 자고 있으니 (Furiarum maxima iuxta me cubat)' 그냥 상상해 보라고 대답했다는 군요. (베르길리우스가 쓴 장편 서사시 『아이네이스(Aeneid)』 중 'Furiarum maxima iuxa accubat'를 인용함. '복수의 여신 가운데 최고의 옆에 눕다'라는 뜻이다-역주)

그리고 지롤라모 도나토(Girolamo Donato)가 사순절 기간에 친구들 여러 명과 함께 로마에 배치되었을 때의 일화입니다. 이들은 길을 걷다가 아름다운 로마 여성들 한 무리를 우연히 만나게 되었습니다. 이때 지롤라모의 일행 중 한 명이 '당신네 로마에는 하늘의 별만큼이나 처녀들이 많습니다(Quot coelum stellas, tot habet tua Roma puellas, 고대 로마의 시인 오비디우스(Ovidius)의 『사랑의 기교(Ars Amatoria)』에 나온 구절-역주)'라고 말했답니다. 그러자 지롤라모는 마침 다른 방향에서 걸어오던 젊은 남성들을 가리키며 재빨리 말했답니다. '당신네 로마에는 초원에서 뛰노는 아이들만큼이나 동성연애자가 많습니다(Pascua quotque haedos, tot habet tua Roma cinaedos)'라고 말입니다.

그런가 하면 마르크 안토니오 달라 토레(Marc' Antonio dalla Torre)가 어느 파두아 주교에게 말한 것과 같은 방법도 있습니다. 파두아에 있는 수녀원을 총괄하는 한 성직자는 대단히 믿음이 깊고 학식이 높은 것으로 잘 알려져 있었습니다. 그는 비공식적으로 수녀원을 정기 순찰했으며 이 과정에서 수녀들의 고해성사를 자주 들었습니다. 그러던 중 다섯 명의 수녀가 임신을 하게 되는 사태가 벌어졌습니다. 수녀들을 임신시킨 남성은 도망을 가려 했으나 결국 실패하고 주교 앞에 잡혀 옵니다. 그는 즉시 악마의 유혹 때문에 수녀 다섯 명을 임신시키게 되었다고 고백했으며, 주교는 이 남자에게 매우 엄중한 벌을 내리기로 마음먹었습니다.

그러나 범인은 학식이 높은 사람이었던 까닭에 친구들이 많았고 이들은 모두 그를 구해 내려고 최선을 다했습니다. 마르크 안토니오는 다른 친구들과 함께 주교를 찾아가서 선처를 베풀어달라고 간청했습니다. 그들은 평소 친구가 보였던 칭찬할 만한 행실을 설명하며 워낙 범행을 저지르기 쉬운 상황이었고 인간은 천성적으로 유혹에 빠지기 쉽다는 등의 다양한 이유를 대면서 정상을 참작해 달라고 끈질기게 간청했습니다.

마침내 주교가 입을 열어 '모든 것은 하나님의 결정에 달려 있으니 내가 할 수 있는 일이 전혀 없군요'라고 말했습니다. 그래도 친구들이 범인을 풀어달라고 우기자 주교가 덧붙였습니다. '심판의 날에 전능하신 하나님이 '너의 책무 중에서 하나를 말해 보아라(Redde rationem villicationis tuae, 누가복음 16장 2절-역주)'라고 물으면 대체 어떻게 답해야 한다는 말이오?' 그러자 마르크 안토니오가 재빠르게 답했답니다. '주교님, 복음 전도

자들이 하는 말 가운데 '주님이 나에게 주신 다섯 달란트를 가지고 내가 또 다섯 달란트를 남겼나이다(Domine, quinque talenta tradidisti mihi; ecce alia quinque superlucratus sum, 마태복음 25장 20절-역주)'라는 구절이 있습니다.' 이 말을 듣고 주교는 터져 나오는 웃음을 참지 못했으며 이후 분노를 많이 누그러뜨리고 애초 작정했던 것보다 범인의 벌을 훨씬 경감해 주었답니다.

또한 다른 사람의 이름이 가진 뜻을 추측해 내 그런 이름으로 불리는 이유를 생각해 내거나, 특정한 일이 벌어지는 원인을 창안해 내는 것도 즐거운 일입니다. 며칠 전에 여러분도 다 알듯이 아주 재미있는 사람인 프로코 다 루카(Proco da Lucca)가 카그리(Cagli) 주교직을 내려달라고 청하자 교황이 대답했습니다. '스페인어로 카글리오(caglio)가 '나는 조용하다'는 의미인 것을 모릅니까? 귀하가 수다쟁이라는 사실은 주교직에 절대 도움이 되지 못할 것입니다. 모두가 그 직함을 부를 때마다 거짓말쟁이 이름을 들먹일 것입니다. 그러니 내가 할 수 있는 말은 카글리(cagli), 즉 조용히 하시오, 뿐입니다.' 그러자 프로코는 미사여구를 섞은 다른 말로 계속 교황을 설득하려 했습니다. 그는 몇 번이고 계속 요청을 했지만 효과가 없다고 느끼자 마침내 이런 말을 했습니다. '성스러운 교황이시여, 성하가 나에게 주교직을 내려주시면 대가를 받으실 겁니다. 나는 사무실 두 개(two offices)를 증여할 작정이랍니다.' 그러자 교황이 물었습니다. '어떤 사무실을 바칠 생각입니까?' 프로코는 이렇게 대답했답니다. '첫째는 완전하게 임무(full office)를 수행할 것이며, 둘째는 성모마리아의 이름으로 기도(Office of the Madonna)를 올리겠습니다.' 이 말에 아주 엄한 교황도 웃지 않을 수가 없었답니다.(사무실이라는 뜻 외에도 예배, 호의, 관직, 직무 등 다양한 뜻이 있는 office라는 단어를 중의적으로 사용한 농담-역주)

한편 카밀로 팔레오토(Camillo Palleotto)는 안토니오 포르카로(Antonio Porcaro)와 이런 종류의 농담을 한 적이 있습니다. 안토니오는 자신의 친구와 관련된 일화를 카밀로에게 말해 주었습니다. 그 친구는 고해성사를 하면서 신부에게 자신이 아무 망설임 없이 단식을 했고 모든 미사와 종교재판에 참석했으며 세상에서 선한 일은 다 실천했다고 고백했다는군요. 안토니오는 카밀로에게 이 일화를 들려주고 나서 말했답니다. '사실 이 친구는 죄를 고백한 게 아니라 스스로를 칭송했던 걸세.' 그러자 카밀로는 '아닐세, 그 친구는 성직자들을 수치스럽게 하려고 그런 말을 한 것이라네'라고 대답했습니다. 그리고 여러분들도 프란체스코 마리아 제독이 일전에 대단히 재기가 넘치는 말을 했던 것을 기억하실 겁니다. 제독의 친구인 조반토마소 갈레오토(Giovantomaso Galeotto)는 어떤 사람이 말 한 마리에 금화 2백 냥을 요구하자 깜짝 놀랐습니다. 조반토마소는 그 말이 단돈 1페니의 가치도 없으며, 무기 소리만 들어도 기겁을 하고 재빨리 도망가는 바람에 무기 가까이로 끌고 올 수도 없다며 단점들을 늘어놓았지요. 그러자 제독은 조반토마소의 비겁함을 비난하는 뜻으로 '무기만 보면 달아나는 버릇이 있는 말이라면 오히려 금화 1천 냥을 달라고 하지 않은 게 놀랍군요'라고 말했답니다.

이외에 똑같은 말이라도 독특하게 사용되는 경우가 있지요. 이는 과거에 물살이 아주 빠른 강을 건너기 직전에 구이도발도 공작과 나팔수 사이에 오간 대화에 나타납니다. 공작이 나팔수에게 '지금 건너'고 하자, 나팔수는 손에 모자를 들고 공작을 보며 아주 공손하게 말했답니다. '전하 먼저 건너십시오.' (Passa 가 사용된 말장난의 일종. 공작은 '지금 건너라'는 뜻의 'Passa'로 말했고, 나팔수는 '먼저 가십시오'라는 뜻의 'Passi la Signoria Vostra'로 말했다-역주)

또한 어떤 말을 자체의 의미가 아니라 글자 뜻대로 받아들이는 것도 상당히 재미있답니다. 올해 초에 로마에서 어떤 독일인이 스승인 필리포 베로알도(Filippo Beroaldo)를 우연히 만나자 '평안한 죽음이 되길(Domine magister, Deus det vobis bonum sero)'이라고 말했답니다. 이에 베로알도는 즉각 '그대에게는 악마의 저주를(Tibi malum cito)'이라고 답변했다고 합니다. (라틴어에 서투른 이 독일인은 '좋은 아침(May God grant you a good morning)'이라고 말하려 했으나 'late'를 사용해서 'May God give you good late'이라고 잘못 말했으며, 여기에 베로알도는 'May he quickly give you evil'라고 농담으로 응수한 것이다-역주)

이와 비슷하게 디에고 데 퀴노네스(Diego de Quinones)가 어느 저명한 대령과 식탁에 앉아 있을 때의 일입니다. 그 자리에 동석하고 있던 한 스페인 사람이 술을 더 달라는 의미로 'Vino'

라고 말했답니다. 이에 디에고가 그를 이교도라고 비난하며 'Y no lo conocistes'라고 답변을 했다고 하더군요. (Vino는 스페인 말로 '와인' 혹은 '그가 왕림했다'는 의미이다. 디에고는 여기에 신약성서의 한 구절인 '왕림하지 않았다는 사실을 그대도 안다'를 인용해서 답한 것이다-역주)

그리고 어느 날 이아코포 사도레토(Iacopo Sadoleto)는 볼로냐에 가겠다고 우기는 베로알도에게 물었습니다. '도대체 무엇 때문에 이토록 즐거움이 가득한 로마를 떠나서 혼란스럽기 그지없는 볼로냐에 가겠다는 겁니까?' 그러자 베로알도가 대답했습니다. '나는 세 가지 이유 때문에 그곳에 꼭 가야만 합니다.' 그러면서 세 가지 이유를 말하려고 오른손 손가락 세 개를 펼쳐 들었는데 갑자기 이아코포가 끼어들었습니다. '귀하가 볼로냐에 가야 하는 세 가지 이유는 첫째, 로도비코 다 산 본파치오 백작, 둘째, 에르콜레 란고네 백작, 셋째, 페폴리 백작이지요.' ('백작' 혹은 '숫자를 세다'는 뜻인 'count'를 중의적으로 사용-역주) 이 말을 듣고 모두가 호탕하게 웃었답니다. 이 세 명의 백작은 모두 베로알도의 제자였으며 당시 볼로냐에서 공부를 하고 있던 잘생긴 젊은이들이었기 때문이지요. 이런 종류의 재담은 예상하지 못했던 답변으로 받아들일 때 기분 좋은 충격을 주기 때문에 우리에게 아주 많은 웃음을 줍니다.

이뿐만 아니라 엄숙하고 진지한 토론에서나 사용될 법한 흥미로운 수사법과 연설 형식이 놀이나 재담에서 사용되는 경우도 아주 많습니다. 상대방이 한 말에 대조되는 단어를 이용해서 공격하면 효과가 크며 이런 대화에는 재치가 넘치지요. 예를 들어 인색한 어느 고리 대금업자가 낭비벽이 심한 제노바 사람을 비난하며 '그렇게 돈을 낭비해 대는 버릇을 대체 언제쯤 고칠 겁니까?'라고 말했답니다. 그러자 제노바 사람은 '그럼 당신은 다른 사람의 돈을 훔치는 버릇을 언제쯤 고칠 겁니까?'라고 즉각 반박했다더군요.

그리고 우리가 이미 이야기한 대로 예리한 재담이 오가는 상황에서 진지한 칭찬의 말이 나오기도 합니다. 이렇게 세련되고 즐거움을 주는 칭찬은 겉으로 보기에는 말하는 사람의 의견에 따르거나 동의하는 것처럼 보이지만, 사실 이와 반대의 의미를 내포하고 있을 수도 있습니다. 이런 예를 들어보지요. 얼마 전에 어느 마을의 한 신부가 일주일 동안 잔치를 베푼 후에 교구민들과 미사를 올리고 있었습니다. 신부는 모든 참가자들을 대신해서 다음과 같이 총고해를 시작했습니다. '나는 죄를 지었습니다. 나쁜 행동을 했으며 나쁜 말을 하고 나쁜 생각을……' 그는 계속해서 다른 사람들을 대신해서 지옥에 떨어질 대죄를 모두 고했습니다. 그러자 그의 오랜 친구 하나가 옆에 있던 구경꾼들에게 농담을 했답니다. '이 자리에 있는 모든 분들은 저 신부가 자신의 입으로 직접 고백한 죄를 들었습니다. 그러니 나는 마땅히 저 죄를 주교에게 일러바쳐야겠습니다.' 살라자 달라 페드라다(Sallaza dalla Pedrada)도 대화를 나누던 한 여성을 칭찬하며 이와 같은 기교를 사용한 적이 있습니다. 살라자가 고귀한 성품과 미모를 칭찬하자 그 여성은 자신의 늙은 나이를 생각하면 그런 찬양을 받을 자격이 없다고 대답했답니다. 그러자 살라자가 말했습니다. '그 많은 나이 때문에 부인이 천사처럼 보이는 거랍니다. 하나님이 만든 창조물 중에서 최초이자 가장 나이가 많은 천사 말입니다.'

또한 잘 표현된 은유법도 진지한 칭찬에 사용되면 아주 해학적이면서 신랄함을 더해 줍니다. 특히 재치 있는 응답으로 이어지거나, 답을 하는 사람이 처음에 사용된 은유법을 다시 이용할 경우에는 더 효과가 크지요. 팔라 스트로치(Palla Strozzi)가 들었던 답변에서 이런 화법이 잘 표현되어 있습니다. 피렌체에서 추방을 당한 팔라는 아들 중 하나에게 심부름을 시키면서 위협적인 표정으로 '코시모 데 메디치(Cosimo de' Medici)에게 가서 암탉이 알을 품고 있다고 전하거라' 라고 말했습니다. 전령사로 간 그의 아들이 팔라가 시킨 대로 말하고 나자 코시모는 그 자리에서 '팔라에게 암탉은 둥지를 떠나서 알을 품으면 안 된다고 전해라' 라고 맞받아쳤답니다.(팔라 스트로치는 피렌체 출신의 부유한 귀족 정치가로, 1434년 코시모 데 메디치에게 추방당했다. '암탉이 알을 품고 있다' 는 말은 '복수할 계획을 세우고 있다' 는 뜻으로 한 것−역주)

카밀로 포르카로(Camillo Porcaro) 역시 마르크 안토니오 콜로나(Marc' Antonio Colonna)를 칭찬하면서 은유법을 아주 품격 있게 사용했지요. 카밀로는 한 연설회에서 전쟁에서 유명한 성과를 올린 다양한 이탈리아 귀족들을 축복했으며 마르크에게 명예로운 칭호를 주었지요. 마르크는 이에 감사를 표시하고 말했습니다. '카밀로 귀하가 친구들을 대하는 모습이 일부 상인들의 자세와 비슷합니다. 위조 금화를 발견하고도 버리기는커녕 아무도 보지 않을 때 진짜 금화 통 속에 섞어버리며 얼렁뚱땅 넘어가려는 상인들 말입니다. 영광스럽게도 무능한 나를 뛰어난 능력을 지닌 인물들 속에 포함시켜서 그들의 미덕 사이에 내 결점이 묻히게 만들어주니까요.' 그러자 카밀로가 대답했다. '대체로 금화를 위조하는 사람들은 도금 솜씨가 아주 뛰어나서 진짜 금화보다 훨씬 더 아름답게 만든답니다. 그러니 귀하를 금화에 비교한다면, 진짜 금화보다 질이 좋고 훌륭하게 도금이 된 위조 금화가 되겠지요.'

여러분도 아시겠지만 위에서 말한 두 재담은 동일한 기반을 가지고 있습니다. 이 점은 다양한 예, 특히 진지한 논평에서 나타나는 특성과 비슷합니다. 예를 들어 어느 날 위대한 장군(Great Captain, 곤살보 페르란도의 예명—역주)이 식탁에 앉아 있었습니다. 마침 식탁 좌석은 많은 사람들로 꽉 차 있었지요. 이때 장군은 전쟁에서 훌륭한 업적을 올린 이탈리아 신사들이 앉을 자리가 없어서 한 귀퉁이에 서 있는 것을 보고 즉시 몸을 일으켰습니다. 그는 다른 사람들에게도 다 일어나라고 한 후에 이탈리아인들에게 앉을 자리를 만들어주고 다음과 같이 말했습니다. '이 신사 두 분이 앉아서 식사를 하게 합시다. 이들이 없었다면, 우리에게는 먹을 게 하나도 남지 않았을 테니까요.' 또한 이 장군은 포격을 받고 있는 위험한 진지에서 급하게 몸을 피하던 디에고 가르시아(Diego Garcia)에게 이렇게 말한 적도 있습니다. '하나님이 그대의 영혼에 어떤 두려움도 넣지 않았으니, 그대도 자신의 마음에 두려움을 갖지 마시오.' 한편 현재 프랑스를 다스리는 루이(Loius) 황제가 왕위에 오른 직후에 사람들은 그의 적들을 처벌하라고 부추겼습니다. 그 적들은 루이 황제가 오를레앙의 공작으로 있던 당시에 그에게 수많은 잘못을 저질렀지요. 그러나 정작 루이 황제는 '과거 오를레앙의 군주 때 부당하게 당했던 모욕을 두고 복수하는 것은 프랑스 왕으로서 개입할 일이 아니다'고 말했답니다.

또한 아주 엄숙한 말투로 날카로운 비평을 할 때면, 재미있기보다 오히려 익살스러운 느낌이 들기도 한답니다. 현재 로마에서 옥살이를 하고 있는 어느 위대한 터키 사람의 형제인 디젬 오스만(Djem Othman)은 일전에 이탈리아에서 성행하는 마상 창 시합이 놀이라고 하기에는 너무 과하고, 본격적으로 연마하기에는 무게가 떨어진다는 의견을 밝힌 적이 있습니다. 그리고 어린 페르디난드 전하가 몸이 민첩하다 보니 달리기와 뜀뛰기와 높이뛰기 솜씨가 좋고 심지어 노예들까지 그런 운동에 빠져 있지만, 귀족들은 어린 시절부터 품격 있게 행동하는 법을 배워왔으며 이를 통해서 칭송을 들었다고 일침을 가했답니다. 피렌체의 대주교가 알렉산드리아의 추기경에게 한 말은 이와 거의 비슷하지만 조금 더 재미있는 재담입니다. 그는 모든 사람은 자기만의 재산과 육체와 정신을 가지고 있는데, 재산을 두고는 변호사와, 몸을 두고는 의사와, 정신을 두고는 신학자들과 투쟁을 벌이고 있다고 말했답니다."

그러자 마그니피코 줄리아노가 한마디 했다. "여기에 니콜레 토가 하던 말을 덧붙이면 딱 알맞겠군요. 그는 요즘 세상에는 소송을 좋아하는 변호사와 약을 복용하는 의사와 훌륭한 기독 교도인 신학자를 보기가 드물다고 했지요."

베르나르도는 이 말을 듣고 웃더니 말했다. "위대한 군주나 아주 위엄이 있는 인물들 덕택에 이와 같은 재담은 수없이 많답 니다. 피스토이아(Pistoia)가 세라피노에게 쓴 편지에서 사용한 비교법도 사람들에게 큰 웃음을 준답니다. 그는 '자네처럼 생긴 큰 여행 가방을 보내주게나'라고 했지요. 여러분도 아시겠지만 실제로 세라피노의 생김새는 대형 여행 가방과 매우 흡사하거 든요. 일부는 사람을 말이나 개나 새, 심지어 장롱과 의자나 수 레나 샹들리에에 비교하는 것을 좋아한답니다. 이런 비교법은 대단히 익살스러운 효과를 주지만, 가끔 아무런 반응도 얻지 못 하지요. 따라서 때와 장소와 상대방을 비롯해서 우리가 지금까 지 수없이 거론한 모든 부대 상황을 잘 고려해야 한답니다."

그러자 가스파레 팔라비치노 나리가 덧붙였다. "그렇지만 조 반니 곤차가 나리가 자신의 아들 알레산드로(Alessandro)와 알렉 산더 대왕을 비교한 것은 아주 재미있답니다."

"나는 처음 듣는 이야기인데요." 베르나르도가 대답했다.

그러자 가스파레 나리가 설명했다. "어느 날 조반니 나리는 주사위 놀이를 하고 있었습니다. 늘 그렇듯이 이미 금화를 많이 잃은 뒤에도 계속 지고 있었답니다. 아직 어렸던 알레산드로 나리 역시 아버지 못지않게 주사위 놀이를 좋아해서 조반니 옆에 서서 열심히 지켜보고 있었는데 웬일인지 매우 우울해 보이더랍니다. 그러자 많은 사람들과 그 자리에 있던 피아넬라 (Pianella) 백작이 말했습니다. '조반니 나리, 나리가 지는 것 때문에 알레산드로가 얼마나 우울해하는지 보십시오. 나리가 이겨야 딴 돈의 일부를 받을 수 있는데 계속 지기만 하니 안달이 나는 겁니다. 그러니까 이제 그만 아드님을 고통에서 벗어나게 해주시지요. 나머지 돈까지 다 잃기 전에 금화 하나라도 던져줘야 나가서 친구들하고 놀 수 있을 것 아닙니까?' 이 말을 듣고 조반니 나리가 대답했습니다. '귀하가 오해하신 것 같군요. 알레산드로는 그렇게 사소한 생각을 하고 있지 않답니다. 알렉산더 대왕이 어렸을 때 아버지 필립이 아주 큰 전투에서 이겨 어느 왕국을 점령했다는 이야기를 듣고 큰 소리로 통곡했다는 내용을 책에서 읽은 적이 없습니까? 이때 알렉산더 대왕은 아버지가 너무 많은 나라를 정복해 버리면 자신이 정복할 곳이 더 이상 남지 않을까 봐 염려가 되어 울었다고 했답니다. 내 아들 알레산드로도 이와 마찬가지입니다. 내가 지는 모습을 보고 슬퍼하며 눈물을 머금은 것은 아버지가 너무 돈을 많이 잃어버리면 자신이 더 이상 잃을 돈이 없을까 봐 걱정이 되기 때문이랍니다."

이 말을 듣고 모두 한동안 큰 소리로 웃었다. 베르나르도가 다시 말을 이어갔다. "한편 비종교적인 내용의 농담은 하지 말아야 합니다. 자칫하면 재치를 과시하려는 시도가 신성모독으로 전락해 버리기 십상이고, 그러다 보면 나날이 불경스러운 언사에만 독창성이 느는 폐해가 생기게 되니까요. 요즘에는 이처럼 비난은 물론이고 엄중한 벌까지 받아야 마땅한 행동을 통해서 명성을 얻으려는 사람들이 있으니 참으로 혐오스러운 일입니다. 따라서 전능하신 하나님을 경외하지 않는 말로 즐거움을 주려는 사람은 상류사회에서 추방을 당해야만 합니다. 외설스럽거나 부정한 말을 일삼는 이들도 마찬가지입니다. 이들은 유쾌한 재담이나 창피해서 얼굴을 살짝 붉힐 정도의 빈정거림을 좋아하는 여성들이 참석한 자리에서조차 막말을 하곤 하지요. 이런 예를 하나 들어보겠습니다. 올해 초에 페라라에서 한 연회가 열렸지요. 많은 여성들이 참석한 자리였는데 마침 그곳에서 피렌체 사람과 시에네스 사람이 대면하는 사태가 벌어졌답니다. 여러분도 알다시피 두 종족은 원래부터 서로 사이가 아주 안 좋습니다. 먼저 시에네스 사람이 피렌체 사람을 비방하려는 의도로 '옛날에 한 시에네스 여성이 황제와 결혼할 때 지참금으로 피렌체를 주었다는 사실을 아십니까?'라고 말했습니다. 그가 이런 말을 한 이유는 과거에 시에네스 사람들은 황제의 보호를 받는 대가로 많은 돈을 바쳤다는 기록이 남아 있기 때문입니다. 이 말을 듣자 피렌체 사람이 망설이지 않고 '당분간은 그 여성이 황제와 자는 것으로 충분할 테니 그 지참금은 천천히 갚아도 되겠군요'라고 쏘아붙였답니다. 여러분도 느낀 대로 이 농담은 아주 독창적이었지만 그 자리에 여성들이 있었다는 사실을 감안하면 한편으로는 음란하고 부적당한 내용이었답니다."

그러자 가스파레 나리가 반론을 폈다. "원래 여성들은 그런 이야기가 아니면 절대로 즐거워하는 법이 없답니다. 그런데 그런 즐거움을 앗아가는 것은 부당한 일이지요. 사실 나는 남성들의 농담보다 여성들이 한 말 때문에 당황해서 얼굴이 붉어지는 경우가 더 많답니다."

베르나르도가 즉각 답했다. "나는 그런 종류의 여성이 아니라 모든 신사들이 존경하고 찬미해야 하는 고상한 여성들을 말하는 겁니다."

가스파레가 말했다. "대부분의 경우 최고로 보이는 여성들이 알고 보면 최악인 경우가 많으니 그 미묘한 차이점을 포착할 방법을 배우셔야 할 겁니다."

그러자 베르나르도가 웃으며 말했다. "귀하의 의견에 반박해야 마땅하겠지만, 그 분야는 모든 여성의 보호자로 널리 알려진 마그니피코 나리의 전문 분야이니 그 영역을 침범하지 않겠습니다."

그러자 에밀리아 부인 역시 웃으며 덧붙였다. "여성들은 보호자가 없더라도 그처럼 말도 안 되는 억지 비평에는 스스로 맞설 능력이 충분히 있답니다. 그러니 가스파레 나리의 별난 의견에는 신경을 쓸 필요가 없습니다. 사실 가스파레 나리가 그런 생각을 갖게 된 것은 여성들 자체의 결점 때문이 아니라 자신을 좋아해 주는 여성을 한 번도 만난 적이 없어서이니까요. 그럼 이제 재담에 관한 토론을 계속 진행하시지요."

베르나르도가 다시 본론으로 돌아왔다. "나는 지금까지 재미 있는 이야기의 한 부분으로서 효과를 배가시키는 뛰어난 재담 을 활용하는 방법을 다양하게 이야기했습니다. 이외에도 거론 할 종류가 많이 있답니다. 그중 하나가 사실을 과장하거나 축소 해서 하는 이야기이며, 이런 표현은 대부분 진실과 아주 거리가 멀지요. 마리오 다 볼테라(Mario da Volterra)가 어떤 대수도원장 에게 한 이야기가 여기에 속합니다. 그는 자신의 몸집이 아주 우람하다는 사실을 잘 알기 때문에 성베드로 성당에 들어갈 때 면 항상 몸을 웅크려서 머리가 대들보에 부딪히지 않도록 주의 한다고 말했답니다. 또 이 자리에 계시는 마그니피코가 전에 들 려준 하인 볼피노(Volpino)의 일화도 과장의 미학을 보여주는 이야기이지요. 마그니피코의 말에 의하면 그 하인의 몸이 어찌 나 말랐던지 어느 날 아침에 불을 피우려고 입김을 불던 중에 연기에 실려서 굴뚝까지 날아갔는데 다행히 작은 통로 하나에 몸이 걸려서 죽음을 면했답니다. 그리고 아고스티노 베바차노 (Agostino Bevazzano)가 해준 구두쇠 이야기도 이 부류에 속합니 다. 한 구두쇠가 좋은 가격에도 곡식을 팔지 않고 값이 오르기 만을 기다리고 있었는데 갑자기 가격이 폭락하기 시작하자 절 망에 빠져서 침실 서까래에 목을 매달았답니다. 바로 이때 이상 한 기척을 듣고 달려온 하인이 죽어가는 주인을 보고 재빨리 로

프를 잘라서 목숨을 구해 냈지요. 그런데 시간이 지나서 건강을 되찾은 구두쇠는 하인에게 로프 값을 내놓으라고 우겼다는 겁니다.

이와 같은 종류의 농담으로 로렌초 데 메디치는 아주 따분한 어릿광대에게 '설사 네가 내 몸을 간질인다고 해도 날 웃기지는 못할 것이다'라고 한 적이 있지요. 그리고 한 허풍쟁이도 이와 똑같은 해학성을 발휘합니다. 이 허풍쟁이는 어느 날 늦은 아침까지 침대에서 자고 있는 로렌초를 보고 다음과 같은 말로 야단을 칩니다. '나는 벌써 산책 삼아서 뉴마켓과 올드마켓에 들렀다가 산 갈로 성문 밖을 거쳐서 성벽 주변까지 다 돌고 오는 길이라네. 그러고도 다른 일을 천 개나 처리했지. 그런데 자네는 아직도 잠을 자고 있구먼!' 그러자 로렌초가 응수했답니다. '내가 한 시간 동안 꿈을 꾼 것이 자네가 네 시간 동안 한 것보다 훨씬 값어치가 있다네.'

그리고 의도하는 바를 들키지 않는 대답으로 상대방을 비난하는 것도 아주 유쾌한 일이랍니다. 예를 들어 여기 계신 공작 부인의 아버지인 만토바의 페데리코 후작이 많은 측근들과 식탁에 앉아 있을 때의 일입니다. 한 측근이 수프 한 접시를 다 비우고 '후작, 실례합니다'라고 말하고는 접시에 남은 고기 육즙을 꿀꺽거리며 게걸스럽게 마시기 시작했습니다. 그러자 후작이 즉시 쏘아붙였습니다. '돼지한테 실례를 구하시오. 나한테는 해가 될 것이 아무것도 없으니까 말이오.' 또 니콜로 레오노코(Niccolo Leonoco)가 너그럽다는 거짓 명성을 즐기는 어떤 폭군을 비난하는 뜻으로 한 '자신의 재산은 물론이고 다른 사람의 재산까지 다 나눠주다니 얼마나 너그러운 분인가'라는 말을 통해서도 이를 엿볼 수 있습니다.

내면에 다른 뜻이 담긴 말을 시치미를 뚝 떼고 하면 아주 세련된 농담이 됩니다. 그렇지만 난쟁이를 두고 거인이라고 하거나 혹은 흑인을 보고 백인이라고 하거나 추남에게 아주 잘생겼다고 추켜세우는 것처럼 정반대의 의미를 담은 말은 여기에 속하지 않습니다. 설사 가끔은 웃음을 유발한다고 하더라도, 이런 종류는 너무 환히 들여다보이는 대조이니까요. 내가 말하는 것은 엄숙하고 진지하게 말하면서 본심과 다른 내용을 재미있는 방법으로 표현하는 이야기입니다.

예를 들어 어떤 남성이 아고스티노 포그리에타(Agostino Foglietta)에게 빤히 들여다보이는 거짓말을 했답니다. 그러나 그가 믿지 않는 것 같아 보이자 그 이야기가 사실임을 증명하느라고 열성을 다했습니다. 마침내 아고스티노가 '귀하, 부탁이 하나 있습니다. 부디 귀하가 말한 내용을 믿지 않아도 된다고 허락해 주시오.' 그래도 그 남성이 계속 우기며 자신이 말한 내용이 사실이라고 맹세하자 결국 아고스티노가 말했습니다. '그토록 바라시니 어쨌든 그 이야기가 사실이라고 믿겠습니다. 귀하를 위해서라면 무슨 일인들 못하겠습니까?' 돈 조반니 디 카르도나(don Giovanni di Cardona)도 로마를 떠나기로 결정한 어떤 사람을 두고 이와 비슷한 말을 했습니다. '내 생각에 그 사람은 잘못된 결정을 내린 것 같습니다. 그 사람 같은 악당이 계속 로마에 머무른다면 얼마 지나지 않아서 추기경으로 추대될 텐데 말입니다.' 알폰소 산타 크로체(Alfonso Santa Croce)도 파비아 (Pavia)의 추기경에게 수많은 학대를 당한 직후에 이와 비슷한 농담을 하지요. 당시 그는 신하 몇 명과 공개 처형장 근처에 있는 볼로냐 외곽을 산책하다가 얼마 전에 목이 매달린 시체를 발견했습니다. 그는 송장을 향해 묵념을 하고 나서 모든 사람들이 들을 만큼 큰소리로 말했습니다. '다시는 파비아의 추기경을 상대하지 않아도 되니 그대야말로 행복한 사람이로다!'

풍자라는 요소가 들어간 이런 종류의 농담은 위엄과 신랄함이 모두 담겨 있어 높은 인물을 빗대기에 적당하며 재미있거나 진지한 문제에 모두 사용될 수 있습니다. 이 때문에 이런 화법은 카토와 스키피오 아프리카누스와 같이 고대사회의 걸출한 인물들 사이에서 인기가 높았답니다. 많은 인물들 중에서도 철학자 소크라테스가 이런 점에서 가장 재치 있는 인물이었다는 평을 듣고 있으며, 현대사회에서는 아라곤의 알폰소 1세 전하가 최고로 꼽힙니다. 한 예로 어느 날 아침에 알폰소 전하가 아침을 먹기 직전에 손을 씻으면서 있었던 일을 들어보겠습니다. 알폰소 전하는 물을 묻히지 않으려고 손가락에 끼고 있던 진기한 반지들을 모두 뺀 후에 누구인지 얼굴도 보지 않고 가장 가까이에 있던 신하에게 건넸습니다. 황제가 반지를 줄 때 자기 얼굴을 보지 않았다고 여긴 하인은 엄청나게 귀한 반지들을 손에 쥐자 욕심이 생겨서 황제가 반지를 건네준 사실을 모두 잊어버리기를 은근히 고대하고 있었답니다. 그리고 황제가 다시는 반지에 대해서 물어보지 않자 자신의 생각에 확신을 갖게 되었죠. 그렇게 몇 달이 흐르도록 황제는 반지에 대해서 아무런 언급도 하지 않았고 급기야 하인은 자신이 아주 안전하다고 믿었습니다. 그러다가 거의 1년이 흐른 어느 날 황제가 식사를 하기 직전에 손을 씻으며 반지들을 빼자 그 하인은 그것들도 챙길 욕심으로 잽싸게 황제 옆으로 다가갔답니다. 그러자 황제는 몸을 구부려 하인의 귀에 대고 '전에 받았던 것으로 충분하지 않느냐? 이 반지들은 다른 사람에게 주는 것이 좋겠구나'라고 말했답니다. 이 재담이야말로 아주 독창적이고 신랄하며 진지해서, 진정으로 너그러운 황제라는 명성을 들을 만하다는 것을 여러분도 느꼈을 것입니다.

이와 비슷한 풍자적인 유머로 무해한 말을 이용해서 가치 없는 사람을 비판하는 경우가 있습니다. 세리뇰라(Cerignola) 전투가 성공적으로 끝나 군사작전이 거의 마무리되어 가던 참이었습니다. 앞에서 말한 위대한 장군의 한 측근은 그제야 전투에 참전할 태세로 최고로 화려한 갑옷을 차려입고 나타났답니다. 이 모습을 본 위대한 장군이 그를 바라보며 '이제 전장의 두려움을 버려도 된다. 바로 이곳에 성 엘모가 등장했도다'라고 말했습니다. 무해하고 거슬리지 않는 말로 제대로 교훈을 준 것입니다. 여러분도 알다시피 성 엘모는 폭풍이 가라앉은 뒤에 선원들에게 나타나서 날씨가 고요해질 것이라는 신호를 주는 존재입니다. 위대한 장군은 이 점에 비추어서 이제 그 사람이 나타났으니 전쟁의 위험은 모두 과거의 이야기가 됐다고 비꼰 것이지요. 이외에도 오타비아노 우발디노(Ottaviano Ubaldino) 나리가 피렌체에서 영향력을 가진 위치에 있는 시민들과 군인들에 관한 이야기를 나누다가 안토넬로 다 포를리(Antonello da Forli)를 아느냐는 질문을 받고 했던 대답에도 이런 풍자가 들어 있습니다. 안토넬로라는 인물은 전쟁이 일어나기 직전에 피렌체에서 달아난 사람이었지요. 오타비아노는 '모르는 사람입니다. 그러나 아주 재빠른 군인이라는 이야기는 들었지요.' 이 말을 들은 한 시민이 말했습니다. '맞습니다. 정말로 재빠른 사람이지요. 가라는 말도 듣기 전에 허겁지겁 도망갔으니까요.'

그 외에 다른 사람이 한 말을 원래의 의도와 다르게 해석하는 화법도 아주 인상적입니다. 구이도발도 공작이 예전에 카스텔란(Castellan)에게 한 말도 여기에 속한다고 봅니다. 교황 알렉산더가 우르비노 영지를 포위해 발렌티노 공작에게 넘겼을 때 카스텔란은 산 레오(San Leo)를 사수하지 못했습니다. 당시 공작은 베니스에 있었는데 많은 부하들이 영지에서 일어나는 사태에 대한 비밀 정보를 계속해서 그에게 전달하고 있었지요. 바로 이때 카스텔란이 다른 전령사들과 함께 찾아와서 변명을 늘어놓으려고 혈안이 되어 모든 것을 불운의 탓으로 돌렸습니다. '전하, 걱정하지 마십시오. 산 레오를 확실하게 수복할 자신이 있습니다.' 그러자 공작이 '더 이상 걱정하지 마시오. 귀하가 산 레오를 잃었으니 이제 우리는 틀림없이 그곳을 되찾을 수 있을 것이오.'

카밀로 팔레오토처럼 재치가 넘치는 것으로 잘 알려진 사람이 일부러 어리석은 말을 하며 빈정대는 경우도 많습니다. 카밀로는 예전에 한 사람에게 '막 부자가 되기 시작했는데 죽다니 참 바보로군'이라고 말한 적이 있습니다. 분별력이 뛰어난 인물이 이미 잘 아는 상황을 이해하지 못한 척하며 세련되고 멋지게 시치미를 떼는 말도 이와 비슷한 종류입니다. 최근에 아주 골칫덩어리인 한 민원인이 페데리코 후작을 찾아와서 괴롭혔지요. 그 성가신 사람은 이웃 사람이 자신의 비둘기장에 있던 비둘기들을 덫으로 잡아 죽였다고 탄원을 했는데 이야기하는 내내 덫에 발이 걸려서 죽은 비둘기를 손에 들고 있었습니다. 후작이 그 문제를 조사하겠다고 했지만 골칫덩어리인 이 민원인은 끊임없이 비둘기 이야기를 해대며 한탄했지요. 그는 죽은 비둘기를 들고 서서 '나리, 대체 이 일을 어찌한단 말입니까?'라고 되풀이해서 물었습니다. 그러자 마침내 후작이 한마디 했답니다. '내가 보기에 그 비둘기는 스스로 자살을 하는 죄를 저질렀으니 교회에 안장할 수는 없겠구려.'

스키피오 나시카(Scipio Nasica)도 이와 아주 비슷한 답변을 엔니우스에게 한 적이 있답니다. 엔니우스에게 할 말이 있었던 스키피오는 그를 찾아가 집 앞 길거리에서 그의 이름을 불렀습니다. 그러자 시녀 한 명이 엔니우스가 집에 없다고 대답했습니다. 그렇지만 스키피오는 엔니우스가 하인에게 자신이 집에 없다고 말하라고 지시하는 소리를 분명하게 들었습니다. 그래서 그는 일단 자리를 뜨기로 했답니다. 얼마 후에 엔니우스가 스키피오의 집에 찾아와 아래층에서 그를 불렀습니다. 그러자 스키피오는 큰 소리로 자신이 집에 없다고 대답했습니다. 이 말을 듣고 엔니우스가 '뭐라고? 내가 자네 목소리도 모를 줄 아는가?' 그 말에 스키피오는 반격을 했습니다. '자네는 기가 막힐 정도로 무례하구먼. 지난번에 그 시녀가 자네가 집에 없다고 했을 때 나는 그 말을 믿었다네. 그런데 지금 자네는 그런 내 말을 믿지 않겠다는 말인가?'

또한 예전에 상대방이 자신에게 했던 말로 다시 공격을 하는 것도 아주 멋진 방법이지요. 스페인 궁정에 있던 알론소 카르릴로(Alonso Carrillo)는 젊은이 특유의 혈기를 누르지 못해 황제의 규칙을 어기고 경범죄를 저질렀답니다. 결국 그는 하룻밤 동안 감옥에 갇혀 있었지요. 그는 풀려난 다음 날 아침에 다시 궁전에 갔는데 현관에 들어서던 순간에 한 무리의 귀족 및 부인들과 우연히 마주쳤답니다. 그들은 그가 옥살이를 했다는 사실을 비웃었지요. 그중에서 보바딜라(Bobadilla) 마님이 '알론소 나리, 귀하에게 그런 불행한 일이 일어나다니 정말로 마음이 아픕니다. 귀하를 아는 모든 사람들은 폐하가 귀하를 교수형에 처하기를 바랐답니다.' 그러자 곧바로 알론소가 응수했습니다. '부인, 나도 그렇게 될까 봐 두려웠답니다. 그러다가 혹시 부인이 나한테 청혼을 할지도 모른다는 희망을 품게 되었지요.' 이 얼마나 신랄하고 재치가 넘치는 대답입니까? 많은 나라와 마찬가지로 스페인에서도 교수형 선고를 받은 사람이라도 매춘부가 청혼을 하면 목숨을 살려주는 관습이 있기 때문입니다.

이런 재담의 종류는 유명한 화가 라파엘로가 막역한 사이였던 추기경 두 명에게 한 답변에서도 나타납니다. 추기경들은 라파엘로를 자극하려고 SS 피터 & 폴(SS. Peter and Paul)이 그려진 그림에서 억지로 흠집을 찾아냈습니다. 그림에서 두 사람의 얼굴이 너무 붉다고 지적한 것입니다. 그러자 라파엘로는 즉시 받아쳤습니다. '전하들, 일부러 그렇게 그린 것이니 놀라실 필요 없습니다. 성 피터와 성 폴 역시 하늘나라에 올라가면 귀하들 같은 사람들이 교회를 통치한다는 생각에 수치스러워서 그림 속 인물들처럼 얼굴이 붉어질 테니까요.'

유머 감각이 미묘하게 들어가 있는 재담도 역시 아주 효과적입니다. 한 남성이 무화과 나무에 목을 매달아 죽은 부인을 애도하고 있던 남편을 만나게 되었습니다. 그는 우는 남편의 코트를 잡아끌면서 물었답니다. '여보게, 큰 부탁 하나만 들어주게나. 그 무화과 나뭇가지 하나만 잘라줄 수 있겠나? 우리 집 정원에 있는 나무에 접목을 해야겠네.' 그런가 하면 카토처럼 진지하고 중후하게 표현하는 절제된 재담도 있습니다. 어깨에 짐을 올리고 가던 한 농부가 카토와 부딪히자 '조심하시오!'라고 소리를 질렀습니다. 그러자 카토는 '그 짐 말고는 어깨 위에 달린 게 없소?'라고 반문했답니다.

또한 큰 실수를 저지른 사람이 이를 만회하려고 심사숙고를 거친 끝에 중얼거리듯이 내뱉는 말도 아주 큰 웃음을 유발하지요. 물론 다른 사람들에게는 어리석게 들리지만 당사자의 욕구를 충족시켜서 창피함을 면케 주는 역할을 합니다. 얼마 전에 피렌체에서 평의원회가 열렸답니다. 이 공화국에서 흔히 볼 수 있듯이 여기에도 두 명의 맞수가 있었답니다. 이들 중에서 알토비티(Altoviti) 가문의 사람이 졸기 시작했습니다. 그러자 바로 옆에 앉아 있던 사람이 장난을 칠 속셈으로 알토비티의 사람을 옆구리로 슬쩍 쳐서 깨운 후에 말했습니다. '알라만니(Alamanni) 가 하는 말을 못 들었습니까? 귀하의 의견을 물어봤으니 어서 답을 하시지요.' 물론 알라만니 가문의 사람은 아무 말도 하지 않았었지요. 그러나 아무것도 모르는 알토비티 사람은 여전히 잠에 취한 채 벌떡 일어나더니 자신이 무슨 말을 하는지도 모른 채 입을 열었습니다. '여러분, 알라만니 사람이 방금 한 말에 무조건 반대입니다.' 알라만니 사람이 말했습니다. '그렇지만 나는 아무 말도 하지 않았다오.' 그러자 알토비티가 즉시 쏘아 붙였습니다. '그렇다면 이제부터 말할 내용에 반대합니다.'

이와 비슷한 종류의 말을 바로 이 우르비노의 의사인 세라피노가 어떤 농부에게 한 적이 있습니다. 그 농부는 어떤 사람의 주먹에 맞아 눈알이 빠져버리자 치료를 받으러 왔답니다. 세라피노는 농부를 보자마자 치료가 불가능하다는 사실을 알았지만 농부에게서 약간의 돈이라도 짜낼 작정으로 낫게 해주겠다고 거짓 약속을 했습니다. 그래서 5일에서 6일 내에 시력이 회복될 것이라고 설득하면서 날마다 돈을 재촉했답니다. 가진 것 없던 불쌍한 농부는 그나마 자신이 가진 작은 돈을 모두 내주었지요. 그러나 시간이 오래 지나도 회복되지 않자 농부는 세라피노에게 항의하기 시작했습니다. 차도는커녕 애초에 눈이 달려 있지 않았던 것처럼 아무것도 보이지 않는다고 말입니다. 마침내 세라피노는 더 이상 짜낼 돈이 없다고 판단하고 말했답니다. '이보게나, 참아야 하네. 자네는 눈을 잃었고 치료 방법도 없다네. 그나마 다른 쪽 눈까지 잃지 않은 것만으로도 다행이야.' 이 말을 듣고 농부는 울면서 큰소리로 항의했습니다. '의사 나리가 나를 망쳐놓고 내 돈도 다 빼앗아갔습니다. 공작님에게 탄원을 할 것입니다.' 그러고는 농부는 귀가 멍멍해지도록 계속했던 말을 되풀이했지요. 이에 이성을 잃은 세라피노는 스스로를 합리화하려고 소리쳤습니다. '이 파렴치한 시골뜨기 같으니라고! 그래, 너도 도시 사람이나 훌륭한 인물들하고 똑같이 눈두 개를 갖고 싶다는 말이냐? 저리 가거라! 괘씸한 녀석!' 세라피노가 격분해서 이런 말을 내뱉자 가련한 농부는 겁이 나서 입을 다물었으며, 아, 슬프게도 아주 조용하게 돌아갔답니다.

또한 무엇인가를 해학적인 방법으로 설명하거나 해석하는 것도 아주 멋지답니다. 예를 들어보겠습니다. 어느 날 아침에 스페인 궁정에 아주 못생긴 기사가 대단히 아름다운 부인을 대동하고 나타났습니다. 둘 다 흰색 다마스크(damask, 수자직 바탕에 금실과 은실로 무늬를 짜 넣음-역주)천으로 된 옷을 차려입고 있었는데 이를 본 여왕이 알론소 카르릴로에게 물었습니다. '저두 사람이 누구일까요, 알론소?' 알론소는 '여왕 폐하, 내 생각에 여자는 다마(dama)이고 남자는 아스카(asca)인 것 같습니다' 라고 대답했습니다.(dama는 '숙녀', asca는 '혐오감을 주는' 이라는 의미이다-역주)

그리고 라파엘로 데 파치(Rafaello de' Pazzi)가 메시나(Messina)의 부수도원장이 어떤 여인에게 보낸 편지를 봤을 때의 일입니다. 그 편지의 수취인 주소에 '이 편지는 나에게 고통을 주는 사람에게 전달해 주시오(Esta carta s'ha de dar a quien causa mi penar)'라고 되어 있었지요. 라파엘로는 이를 보고 '이 편지는 파올로 톨로사(Paolo Tolosa)에게 가는 편지인가 보군'이라고 말했답니다. 구경꾼들이 이 말을 듣고 얼마나 많이 웃었는지 짐작이 가시겠지요? 모두 알고 있듯이 파올로 톨로사는 부수도원장에게 금화 1만 냥을 빌렸지만 워낙 낭비벽이 심한지라 돈을 갚을 길이 없었던 사람이랍니다.

　쉽게 알아채기 힘든 충고가 들어 있는 호의적인 훈계도 이와 비슷한 종류의 재담이랍니다. 코시모 데 메디치가 부유하지만 그리 학식이 높지 못했던 한 친구에게 이런 훈계를 했습니다. 코시모가 주선을 해줘서 피렌체에서 멀리 떨어진 곳에 사절단으로 가게 된 친구가 임무에 알맞게 행동하려면 어떻게 해야 하는지를 물었습니다. 그러자 코시모는 이렇게 대답했답니다. '귀족답게 옷을 입고 입을 다물고 있게나.' 이와 아주 비슷한 충고를 로도비코 백작도 한 적이 있지요. 위험한 지역을 여행하기 위해 신분을 숨겨야 하는 한 사람이 백작에게 어떻게 변장을 해야 할지 질문을 던졌습니다. 그러자 백작은 '교사나 학식이 있는 사람처럼 옷을 입게나'라고 답했습니다. 그리고 지안노토 데 파치(Giannotto de' Pazzi)는 가능하면 다양한 색으로 군대 망토를 만들려고 하는 사람에게 다음과 같이 조언했답니다. '자

신의 인생을 현란한 색으로 꾸몄던 파비아 추기경의 방법을 따라 하시오.'

　모순적인 이야기 역시 우리를 웃게 만든답니다. 이런 예는 지난번에 누군가 안토니오 리초(Antonio Rizzo)에게 했던 말에서 볼 수 있지요. 그는 포를리(Forli) 출신의 어떤 사람에 대해 이야기하면서 '바르톨로메오(Bartolomeo)라는 이름으로 불렸으니 얼마나 화가 났겠습니까?' 라고 말했답니다.(위대한 책략가인 바르톨로메오 콜레오니처럼 무시무시하고 만만치 않은 성격을 가진 사람에게 붙이는 이름-역주)

　부조화가 명백하게 드러나는 화법도 아주 재미있습니다. 예를 들어 최근에 우리 친구 중의 한 사람이 성직록(성직자의 봉급-역주)을 가로채려다가 포기했다는 의심을 받은 적이 있지요. 이 일이 있고 얼마 지나지 않아서 한 성직자가 병에 걸리자 안토니오 토렐로가 그 친구에게 말했습니다. '빨리 귀하의 변호사를 보내서 이 성직록도 채가지 그러십니까?'

　이외에도 우리는 서로 조화가 잘 안 되는 장면을 보고도 많이 웃곤 합니다. 일전에 교황이 회계감사를 맡기려고 조반 루카 다 폰트레몰로(Giovan Luca da Pontremolo)와 도메니코 델라 포르타(Domenico della Porta)를 불렀습니다. (여러분도 알다시피 둘 다 곱사등이입니다.) 교황은 이들에게 최고법원의 문제점을 바로잡는 일을 맡길 작정이었지요. 이 말을 들은 라티노 지오베날레(Latino Giovenale)가 한마디 했습니다. '곱추들이 최고법원을 바로 세울

수 있다고 믿다니요. 이는 성하가 아주 잘못 생각한 것입니다.'

자신이 들은 이야기가 다 사실이라고 인정하면서도 그것을 다른 의미로 받아들이는 척 표현하는 것도 종종 웃음을 자아낸답니다. 다음은 페랄타(Peralta) 장군이 알다나(Aldana)와 초원에서 결투를 벌일 때의 일입니다. 알다나의 부관인 몰라르트(Molart) 장군은 페랄타에게 부상을 방지하는 부적을 전혀 지니지 않았다고 맹세하게 했습니다. 이에 페랄타는 5각 별 모양(중세에 부적으로 사용-역주)을 비롯해서 부적이나 성보 등 성령이 깃든 물건은 하나도 없다고 맹세했습니다. 그러자 몰라르트는 이 말을 이용해서 그에게 신앙심이 없다고 조롱하며 쏘아붙였습니다. '맹세 같은 것은 그만 해도 좋습니다. 굳이 더 이상 듣지 않아도 귀하가 예수 그리스도조차 믿지 않는 인물이라는 점이 확연히 드러나니까요.'

이외에 적절한 순간에 은유법을 사용하는 화법으로도 훌륭한 효과를 얻게 됩니다. 예를 들어 마르크 안토니오는 자신이 한 말로 그동안 그를 놀려온 보톤 다 체세나(Botton da Cesena)를 역습했답니다. '보톤, 보톤. 언젠가 귀하는 단추(button)가 될 것이며, 귀하의 코가 바로 단추 구멍 역할을 할 것이오.' 한편 마르크 안토니오는 일전에 여러 장으로 구성된 아주 긴 희극을 쓴 적이 있었습니다. 이것을 본 보톤이 '귀하의 희극으로 연극을 상연하자면 슬라보니아(Slavonia)에 있는 목재가 다 필요하겠습니다.' 그러자 안토니오는 '반면에 널빤지 세 장만 있으면 귀하의 비극을 공연할 수 있을 겁니다'라고 반박했지요.

우리는 종종 전달하려고 하는 뜻과 아주 다른 의미가 숨겨져 있는 단어를 사용하기도 합니다. 예를 들어 여기 계시는 제독이 한 장군을 평하는 자리에서 있었던 일을 들어보겠습니다. 사실 이 장군은 거의 모든 전투에서 패배를 당했으나 어찌해서 그때만은 우연히 승리를 거뒀답니다. 한 사람이 이 장군을 칭찬하면서 승리를 거둔 뒤에 항상 하는 관례처럼 진홍색 벨벳으로 만든 아주 멋진 망토를 걸치고 입성할 것이라고 하자 제독은 '그렇다면 그 망토는 정말로 새것이겠군요'라고 말했답니다.

묻는 말에 맞지 않은 답변을 하거나, 마땅히 했어야 할 친절을 베풀지 않은 사람에게 그 친절을 받은 척하는 것도 대단한 웃음을 불러일으키지요. 안드레아 코스시아(Andrea Coscia)가 한 신사를 방문했는데 어찌나 예의가 없는지 자신은 앉아 있으면서도 안드레아를 계속 서 있게 했답니다. 그러자 안드레아는 '각하가 명령하시니 이에 따르기 위해서 어쩔 수 없이 앉겠습니다'라는 말을 하고 자리에 앉았답니다.

우리는 또한 누군가가 자신의 잘못을 기분 좋게 책망하는 모습을 보고도 웃곤 하지요. 얼마 전에 나는 공작의 담당 목사에게 이런 말을 한 적이 있습니다. '미사를 드릴 때 귀하보다 더 말을 빨리 하는 목사도 있더군요.' 그러자 공작의 목사는 '그건 불가능해요'라고 답하더니 나에게 가까이 다가와서 귀에 대고 말했답니다. '사실 나는 묵념을 드릴 때 세 번째로 빨리 말하는 사람이랍니다.'

또한 밀라노에서 한 신부가 사망하자 비아지오 크리벨리

(Biagio Crivelli)는 공작에게 그 신부의 성직록을 달라고 했지만 공작은 이를 다른 사람에게 줄 생각이었지요. 비아지오는 계속 공작을 설득했으나 소용이 없다는 사실을 깨닫고 마침내 말했습니다. '왜 그러십니까? 내가 그 신부를 죽였더라도 그의 성직록을 안 주실 겁니까?'

불가능한 것을 바라는 열망을 담은 말을 듣는 것 역시 재미있습니다. 여기 계신 한 분이 이전에 침대에 대자로 누워서 다른 신사들이 마상 창 시합을 하는 장면을 보고 '훌륭한 신사와 군인들에게 가장 적합한 운동이 이렇게 침대에 누워 있는 것이라면 얼마나 좋을까?'라고 말했던 것처럼 말입니다.

그리고 아주 착실하고 중요한 인물이 실제 의미와 정반대의 말을 아주 천천히 그리고 망설이는 태도로 이야기하는 것도 아주 재미있고 통쾌한 일이지요. 옛날에 한 하인이 알폰소 1세 전하에게 전날 밤에 꿈을 꿨는데 황제가 무기와 말과 옷을 하사하더라는 말을 했습니다. 그러자 황제는 하인의 꿈에 나온 대로 해주었습니다. 얼마 후에 그 하인이 다시 찾아와서 이번에는 황제가 아주 많은 금화를 내리는 꿈을 꾸었다고 했습니다. 그러자 전하가 '지금부터는 꿈을 믿지 말거라. 모두 사실이 아니다'고 말했답니다. 교황 역시 이와 똑같은 말을 세르비아(Cervia)의 교주에게 했답니다. 교주는 교황의 의중을 떠보려고 '교황님, 로마와 궁전의 사람들은 교황이 나를 총독으로 부임시킬 거라는 말을 합니다.' 이 말을 듣고 교황은 '불한당들이 뭐라고 말하든지 신경 쓰지 마시오. 걱정할 것 하나도 없습니다. 다 거짓말이니까요'라고 말했답니다.

여러분, 이외에도 재치와 유머가 넘치는 다양한 재담이 있습니다. 놀라거나 무서워서 머뭇거리며 하는 말이나, 요점을 벗어나거나 분노에 차서 내뱉는 말이나, 과묵함으로 웃음을 유발하는 경우도 있지요. 그렇지만 생각나는 농담 종류를 거의 거론했으니 이제 내가 할 말은 다한 것 같군요.

물론 행동으로 웃음을 유발하는 농담도 있으며 어떤 경우는 그저 머리를 몇 번 움직이기만 해도 말하려는 내용이 잘 드러납니다. 어쨌거나 모든 종류의 농담에서는 사람들의 기대감을 완전히 무너뜨리고 전혀 예상하지 못했던 답변을 하는 것이 가장 중요합니다.

또한 농담의 품격을 높이려면 여기에 책략이나 시치미나 비웃음이나 비난이나 비교 등이 포함되어야 합니다. 모든 농담의 목적이 웃음을 유발하는 것이지만 다른 결과가 생기는 경우도 있습니다. 농담에 따라서 조심스러운 유머와 품격이 들어 있는가 하면 숨겨진 혹은 노골적인 신랄함이 담겨 있는 경우도 있고, 이와 달리 약간 천박한 내용도 있습니다. 또한 어떤 농담은 듣자마자 웃음이 터져 나오지만, 일부의 경우는 좀 곱씹어야 웃게 되고, 웃음뿐만 아니라 당황스러움을 주는 농담도 있는가 하면 분노를 유발시키는 것도 있습니다. 결국 농담은 고통받는 사람을 더 힘들게 하거나 상처를 훨씬 악화시킬 수도 있기 때문에 항상 상대방의 성향이나 상태에 많은 주의를 기울여야 합니다. 따라서 이상적인 궁정 신하라면 재담을 펼치거나 농담을 할 때 항상 때와 상대방과 자신의 신분을 잘 고려해야 하며, 너무 남용해서도 안 됩니다. 아무 목적도 없이 날마다 해대는 농담은 지겹기 짝이 없을 테니까요. 이 두 가지 점만 잘 지킨다면 분명히 재미있는 사람이라는 말을 듣게 될 겁니다.

그렇지만 악의에 가득 찬 사람이라는 평을 들을 수 있으므로 너무 날카롭고 신랄한 태도를 보이지 않도록 주의해야 합니다. 아무 목적도 없이 강력한 권력을 가진 인물에게 분명한 혐오감을 드러내며 공격하는 것은 대단히 분별력이 없는 행동이며, 무방비 상태에 있는 사람을 공격하는 것은 아주 잔인한 일입니다. 더구나 누구나 인정하는 사악한 사람을 공격하는 것은 그저 시간 낭비일 뿐입니다. 또한 상처 주고 싶지 않은 사람을 공격하는 말을 해서도 안 되며, 이런 행동은 그저 무지를 드러낼 뿐입니다. 그런데도 기회가 있을 때마다 결과에 개의치 않고 모든 사람들을 비판해야 할 의무가 있다고 생각하는 사람들이 많으니 유감스러운 일입니다. 여성의 명예를 서슴지 않고 비난하는 사람들이 바로 여기에 해당되는데, 이것이야말로 아주 사악한 행동으로 엄중한 벌을 받아야 합니다. 여성들은 스스로를 보호할 무기가 전혀 없이 그야말로 무방비 상태에 처해 있기 때문에 이런 대우를 받아서는 안 됩니다.

지금까지 말한 내용에 한 가지를 더 덧붙이겠습니다. 일단 재미있고 재치가 넘친다는 평가를 받으려면 반드시 천성적으로 익살스러운 재능을 타고나야 합니다. 그다음으로 상황에 따라서 행동과 태도와 표현을 적절하게 바꿀 줄 알아야 합니다. 여러분도 알겠지만 더 진지하고 엄격하며 확고부동한 자세를 가진 사람이 하는 말이 훨씬 신랄하고 날카롭게 들리는 법입니다.

페데리코 귀하, 귀하는 내가 말하는 동안에 시원한 그늘 밑에서 휴식을 취하며 낮잠을 즐기겠다고 하셨지요. 그러나 이쯤 되면 내 이야기가 이파리 하나 남지 않은 황량한 나무였을 뿐이며, 결국 내리쬐는 햇볕을 피해서 몬테피오레(Montefiore) 여인숙으로 잘못 들어선 것 같은 느낌이 들어서 후회하고 계실 것 같군요. 그러니 노련한 궁정인답게 평소보다 빨리 잠자리에서 일어나 여행길에 나설 채비를 하고, 이 형편없는 여인숙에서 서둘러 탈출하시는 게 어떨까요?"(몬테피오레는 우르비노에 있는 작은 마을로 그곳에 있는 형편없는 여인숙으로 오래전부터 악명이 높았다. 베르나르도는 토론을 자신에게 넘기고 쉬고 있는 페데리코를 나무라기 위해서 자신의 이야기를 형편없는 '몬테피오레 여인숙'에 비교하고 있다-역주)

페데리코가 답했다. "그렇기는커녕 이 여인숙이 너무 마음에 들어서 원래 계획보다 더 오래 머무를까 생각 중이랍니다. 그러니 귀하가 이야기를 다 마칠 때까지 계속 쉬고 있으렵니다. 앞서서 우리가 제안했던 주제, 즉 짓궂은 장난에 대한 의견을 아직 펼치지 않으셨지 않습니까? 귀하는 지금까지 아주 뛰어난 재치를 지닌 걸출한 인물과 군주와 황제와 교황들의 수많은 일화를 통해서 농담에 관해 여기 있는 모든 사람들에게 큰 교훈을 주었습니다. 게다가 우리가 직접 사용하고 싶은 마음이 들도록 용기까지 북돋아주었습니다. 이와 마찬가지로 짓궂은 장난에

270

관해서도 훌륭한 의견을 들려주어서, 우리들이 자신 있게 귀하에게 직접 장난질을 걸 수 있는 대담성을 부추겨줄 것이라고 믿습니다."

"아무리 귀하라도 나에게 짓궂은 장난을 치고 싶지 않을 겁니다." 베르나르도가 웃으면서 답했다. "어차피 성공하지 못할 테니까요. 나는 장난을 너무 많이 쳐봐서 어떤 것이라도 다 막을 수 있답니다. 한번 뜨거운 물에 덴 개가 찬물에도 겁을 먹는 것처럼 말입니다. 어쨌거나 이 주제로 내 의견을 듣고 싶다니 간단하게 이야기를 해보겠습니다.

나는 모욕감을 주지 않는 한 짓궂은 장난질은 그저 유쾌한 속임수라고 봅니다. 농담에서 예상하지 못했던 말을 듣고 웃음이 나오는 것과 마찬가지로, 짓궂은 장난도 생각했던 것과 정반대의 상황이 펼쳐졌을 때 즐거움을 준답니다. 그리고 장난에 빈틈이 없고 사려 깊을수록 여기에서 얻는 재미가 커지고 진가도 더 인정받게 되지요. 경솔하게 짓궂은 장난을 쳤다가 앙갚음을 당하거나 심각한 적개심을 유발하는 경우가 많으니까요. 어쨌거나 짓궂은 장난질은 우리가 이미 이야기한 농담과 거의 같은 상황에서 발생됩니다. 같은 내용을 반복하고 싶지는 않으니 그저 장난에는 두 가지 종류가 있고, 두 종류는 다시 몇 가지 부류로 나누어진다는 말만 하겠습니다. 먼저 첫 번째 종류는 교묘하고 즐거운 방법으로 솜씨 좋게 누군가를 속이는 장난이고, 두 번째는 이미 계략을 짜놓고 미끼를 던져서 당하는 사람이 스스로 함정에 빠지게 하는 것입니다. 이름을 밝히고 싶지 않은 두 여성이 최근에 카스틸로(Castillo)라는 스페인 사람에게 당한 것은 첫 번째 종류에 속하지요."

공작부인이 끼어들었다. "왜 그 여성들의 이름을 밝히지 않으려는 겁니까?"

"그 여성들이 모욕적으로 받아들일까 봐입니다." 베르나르도가 대답했다.

공작부인이 미소를 지으며 말했다. "위대한 군주들에게 짓궂은 장난질을 하는 행동은 타당하지 않지만, 사실 많은 사람들이 페데리코 공작이나 아라곤의 알폰소 전하나 스페인의 이사벨라(Isabella) 여왕 등 훌륭한 통치자들에게 그런 장난을 쳤다는 이야기를 들었습니다. 그러나 그분들은 모욕으로 받아들이지 않고 오히려 장난을 친 사람들에게 상을 내렸다고 하더군요."

베르나르도가 대답했다. "아무리 그런 말씀을 하셔도 그 여성들의 이름을 밝히지 않을 겁니다."

"그렇다면 좋을 대로 하십시오." 공작부인이 대답했다.

베르나르도가 말을 계속했다. "며칠 전에 베르가모의 한 농부가 귀족의 심부름을 받고 한 궁정에 도착했습니다. 이 농부는 평생 동안 가축만 돌봐와서 다른 분야에는 아는 것이 하나도 없었지만 워낙 제복을 잘 차려입고 겉모습을 고상하게 꾸미고 있어서, 대화를 나눠보지 않은 사람이라면 아주 훌륭한 신사라고 생각할 정도였답니다. 조금 전에 말했던 두 여성은 보르지아(Borgia) 추기경의 신하인 카스틸로가 도착했으며, 그는 음악과 춤과 발레를 아주 잘하는 데다 대단히 영리하다고 전해 들은 상태였습니다. 이 여성들은 당연히 그와 이야기하고 싶어서 견딜 수가 없었지요. 그래서 즉시 그를 불러들여서 정중하게 환영한 뒤에 앉을 자리를 내주고 다른 사람들에게 대할 때와는 사뭇 다른 자세로 대화를 시작했답니다.

그러나 그 자리에 있던 사람들 대부분이 사실은 그가 베르가모에서 온 농부라는 사실을 알고 있었답니다. 그러니 이 두 여성이 대단한 존경심을 보이며 그를 즐겁게 해주려고 필사적으로 노력하는 모습을 보고 떠들썩하게 웃어댔지요. 게다가 이 농부는 아주 쉰 목소리로 베르가모 사투리를 썼는데 그 모습이 썩 재미있었거든요. 마침 농담을 즐기는 신사 몇 명이 그 여성들에게 미리 그 방문객이 모든 언어, 그중에서도 롬바르디 지방의 사투리를 아주 잘 구사하는 데다 짓궂은 장난을 몹시 좋아한다고 슬쩍 거짓 언질을 준 상태였답니다. 당연히 그 여성들은 그가 연기를 하고 있다고 생각하고 순간순간 아주 즐거워하며 자기들끼리 '세상에! 사투리 흉내를 정말로 잘 내지요?'라는 이야기를 주고받았습니다. 그러니 이들의 대화가 오래 지속될수록 모든 사람들이 웃느라고 옆구리가 쑤실 지경이었답니다. 농부 역시 너무 신사다운 모습을 보여줘서 그 두 여성은 그야말로 자신들이 상상하던 바대로 최고로 멋진 사람이라고 완전히 믿어버리게 되었죠.

이런 장난은 매우 자주 발생합니다. 그러나 이보다 더 재미있는 농담은 처음에 공포에 떨다가 결국 행복한 결말을 맞는 경우입니다. 당한 사람 역시 결국 처음부터 무서워할 이유가 하나도 없었다는 사실을 깨닫게 되기 때문입니다.

어느 날 내가 파글리아(Paglia)에 머물 때 목격한 장난을 예로 들어보겠습니다. 마침 내가 머물던 여인숙에 세 명의 손님들이 있었습니다. 이들 중 두 명은 피스토이아(Pistoia) 출신이었고 나머지는 프라토(Prato)에서 온 사람이었지요. 항상 그렇듯이 이들은 저녁 식사를 마치고 카드놀이를 시작하더군요. 그런데 얼마 되지 않아서 피스토이아 사람 중 하나가 가진 것을 다 잃고 빈털터리가 되어버렸답니다. 그는 한참 동안 힘껏 욕지거리와 저주를 내뱉으며 불평을 하더니 매우 불경스러운 말을 퍼부으며 잠자리로 향하더군요. 남은 두 사람은 얼마간 더 카드를 하던 중에 먼저 자리를 뜬 친구에게 짓궂은 장난을 하기로 작정했답니다. 그래서 친구가 잠이 들자 촛불을 다 끄고 난롯불이 새어 나오지 않게 가린 뒤에 여전히 게임을 하는 척 일부러 크게 말하며 시끄러운 소리를 냈답니다. 한 사람이 '속임수 쓰지 말게나'라고 하면 다른 사람이 '플러시에 걸었군. 좋아, 판돈을 올리자고'라는 식으로 응수를 하며 아주 소란을 떨어댔지요. 잠에서 깬 사내는 친구들이 여전히 게임을 하고 있는 소리가 들렸지만 아무것도 보이지 않자 '어떤 녀석들이 한밤중에 시끄럽게 하는 거야?'라고 말하고는 다시 잠이 들었습니다.

그러나 친구들은 계속 카드를 하는 척 연기를 하며 떠들썩한 소리를 냈답니다. 완전히 잠에서 깬 사내는 친구들이 카드를 하면서 말다툼을 벌이는 것이 분명한데 자기 눈에는 촛불도 난롯

불도 보이지 않자 이상한 생각이 들어 말했습니다. '이렇게 캄캄한데 카드가 보이나?' 그러자 한 친구가 대답했습니다. '자네는 돈뿐만 아니라 시력까지 잃어버렸나 보군. 여기 촛불 두 개가 있는데 무슨 소리를 하는 거지?' 침대에 누워 있던 사내는 이 말을 듣고 팔꿈치를 짚고 일어나 화난 목소리로 말했습니다. '내가 눈이 멀었거나 술에 취했나 보군. 아니면 자네들이 거짓말을 하고 있거나.' 그러자 두 친구는 웃으면서 사내가 장난을 친다고 생각하는 척 연기하며 침대 쪽으로 다가갔습니다. 그사이에도 사내는 계속 '정말이라네. 자네들이 안 보인다고'라고 되풀이했습니다. 마침내 친구들은 아주 놀란 척하며 서로에게 말했답니다. '맙소사, 저 친구 말이 사실인가 보네. 저 촛불 좀 쥐보게나. 진짜로 시야가 흐려진 건지 확인해 봐야겠네.' 불쌍한 사내는 자신이 장님이 돼버렸다고 확실히 믿은 채 펑펑 울면서 말했습니다. '친구들, 내 눈이 멀어버렸으니 이를 어쩐단 말인가.' 그리고 성모 마리아를 부르며 돈을 잃은 뒤에 내뱉은 욕지거리와 불경스러운 언동을 용서해 달라고 간청을 했습니다. 그사이에 친구들은 그를 안심시키며 '자네가 눈이 멀었다니 말도 안 되네. 지금 공상에 빠져 있는 것 아닌가?'라고 말했습니다. 사내는 '아이고, 공상이 아니라네. 원래부터 맹인이었던 것처럼 자네들 모습이 하나도 안 보인단 말일세'라며 한탄했습니다. 그들은 '그렇지만 자네 눈동자는 아주 맑다네'라고 말하고는 서로에게 '저것 좀 보게. 눈을 잘 뜨고 있지 않은가. 눈동자도 아주 밝은데. 아무것도 안 보인다는 말을 누가 믿겠는가?'라고 속삭였습니다. 그동안에 불쌍한 사내는 더 시끄럽게 흐느껴 울며 하나님에게 자비를 구했습니다.

마침내 친구들이 말했습니다. '참회의 뜻으로 발가벗고 맨발로 성모 마리아의 성지를 순례하겠다는 맹세를 하게나. 그것이 유일한 해결책이네. 그사이에 우리는 근방의 도시를 돌아다니며 의사를 찾아보겠네. 절대로 자네를 저버리지 않을 것이니 걱정하지 말게나.' 그 즉시 불쌍한 사내는 침대 옆에 무릎을 꿇고 앉아 울부짖으면서 신성모독을 한 언행을 처절하게 회개했습니다. 그는 눈만 낫게 해주면 발가벗고 맨발로 성모 마리아의 성지에 가서 은으로 만든 눈동자 한 쌍을 바치고, 수요일에 고기를 안 먹거나 금요일에 계란을 안 먹으며, 성모 마리아를 기리며 토요일마다 물과 빵만 먹으며 금식하겠다고 맹세했답니다. 그러자 다른 방으로 갔던 친구들이 떠들썩하게 웃으며 불을 붙인 초를 들고 돌아왔습니다. 그렇지만 불쌍한 사내는 엄청난 충격에서 벗어난 후에도 한동안 너무 공포에 질려서 말 한마디는 커녕 웃음소리도 내지 못했답니다. 물론 두 친구는 그가 간청했던 은혜를 입었으니 약속한 대로 맹세를 지켜야 한다고 말하며 계속 놀려댔습니다.

스스로 함정에 빠져드는 두 번째 종류의 장난은 얼마 전에 내가 당했던 일을 예로 들겠습니다. 최근에 열린 카니발(사순절 직전 3일간의 떠들썩한 축제-역주)에서 있었던 일입니다. 내가 가장행렬에서 탁발 수도사들에게 장난치는 것을 아주 좋아한다는 사실을 아는 빈콜리(Vincoli)의 산 피에트로(San Pietro) 대성당 추기경은 미리 계획을 세운 뒤에 다른 추기경 몇 명과 함께 로마의 관습대로 가장행렬을 내다보는 것처럼 창가에 서서 내 모습을 지켜보고 있었답니다.

가장행렬에 참석한 나는 우연히 머뭇거리며 한쪽에 서 있는 탁발 수도사를 발견하고 장난을 칠 좋은 기회라고 생각했지요. 그래서 먹잇감을 낚아채는 매처럼 단번에 수도사를 덮치고는 이름을 물어봤습니다. 그가 대답을 하자 나는 그를 잘 아는 척하며 어떤 사람이 당신에게 아주 불리한 말을 해서 경찰 대장이 당신을 쫓고 있다고 거짓말을 했습니다. 그러고는 안전을 보장해 줄 테니 당장 재판소로 가자고 재촉했지요. 잔뜩 겁을 먹은 수도사는 온몸을 부들부들 떨면서 어찌해야 할 바를 몰랐습니다. 나는 계속 그를 부추겨서 결국 내 말 뒤로 올라타도록 설득했습니다. 그렇게 되자 나는 계획이 성공했다고 확신하고 반치(Banchi)를 향해서 말을 몰아 힘껏 달리기 시작했습니다. 생각해 보십시오. 가면을 쓴 사람 뒤에 앉은 탁발 수도사의 옷자락이 사정없이 휘날리고 머리가 앞으로 흔들리는 장면이 얼마나 웃기겠습니까? 더구나 이 수도사가 당장이라도 말에서 굴러 떨어질 것처럼 아슬아슬한 모습으로 앉아 있기까지 하다면요.

반치 사람들은 그들의 관습대로 가장행렬에 계란을 던지기 시작했습니다. 수많은 계란이 하늘에서 떨어지는 우박보다 강하게 창밖으로 떨어졌지요. 그러나 나는 가면을 쓰고 있었기 때문에 전혀 걱정하지 않았답니다. 사람들이 웃는 이유가 그저 우스꽝스러운 수도사의 모습 때문이라고만 생각했지요. 그래서 수도사가 눈물을 흘리며 옷이 더럽혀지지 않게 말에서 내려달라고 애원하는 것도 무시하고 빗발치듯 떨어지는 계란을 맞으며 반치 주변을 여러 번 돌았답니다. 당연히 나는 그곳에 대기하고 있던 한 하인이 나 몰래 수도사에게 계란 몇 개를 건넸다는 사실을 몰랐지요. 수도사는 떨어지지 않으려고 나를 꽉 붙잡는 척하면서 내 몸에 대고 계란을 깨뜨렸답니다. 그 수도사가 가슴은 물론이고 머리와 얼굴에 어찌나 많은 계란을 문질러댔던지 내 온몸 위로 계란이 줄줄 흘러내릴 정도였습니다.

마침내 모든 사람들이 웃으며 계란 던지는 것을 멈추자 그는 수도복을 벗어던지며 긴 머리를 보여줬습니다. '베르나르도 나리, 사실 나는 빈콜리의 산 피에트로 대성당 시종이랍니다. 나리의 노새를 돌보고 있습지요.' 나는 도무지 슬퍼해야 할지 화를 내야 할지 수치스러워해야 할지를 알 수 없었습니다. 어쨌든 나는 황급히 집으로 돌아갔습니다. 다음 날까지 도무지 밖으로 나갈 용기가 나지 않더군요. 어쨌든 그다음 날은 물론이고 지금 이 순간까지도 그때 들은 웃음소리가 귓가에 울리는 것 같습니다."

이 이야기를 듣고 다시 한 번 모두가 큰 웃음을 터뜨렸다. 베르나르도가 계속 이어갔다.

"농담을 하거나 장난을 칠 때 상대방의 의도를 전혀 모르면서도 아는 것처럼 생각할 때도 아주 재미있는 상황이 펼쳐집니다. 예를 들어 어느 날 저녁, 나는 식사를 마치고 체사레 베카델로(Cesare Beccadello)와 농담을 하면서 리온(Lyons)에 있는 다리 주변을 산책 삼아 거닐고 있었지요. 우리가 장난삼아 레슬링을 하려는 것처럼 서로의 팔을 움켜쥐었을 때 주변에는 아무도 없었습니다. 그런데 우리가 계속 장난을 치고 있는 사이에 마침 프랑스인 두 명이 그 옆을 지나가게 되었답니다. 그들은 우리가 몸싸움을 하는 줄 알고 왜 그러냐고 물으면서 우리를 서로 떨어뜨려 놓으려고 안간힘을 썼지요. 장난기가 발동한 나는 바로 소리를 쳤답니다. '도와주시오. 보름달 때문에 이 불쌍한 친구가 정신이 나가버렸답니다. 이 친구 좀 보십시오. 다리에서 뛰어내려 강물에 빠져버리려고 하는군요.' 그러자 두 사람은 잽싸게 달려들어 내가 체사레를 붙잡는 것을 도왔습니다. 그러는 동안에 체사레는 내가 미쳤다고 말하며 사람들을 떨쳐내려고 노력했지만 그러면 그럴수록 사람들은 그를 더욱 꼭 움켜잡았답니다. 점차 사람들이 소란을 구경하려고 모이기 시작했고 체사레가 점점 더 심하게 손과 발을 허우적거리며 빠져나가려고 버둥거릴수록(그는 이때쯤에는 정말로 화가 나 있었답니다) 더 많은 사람들이 몰려들었습니다. 체사레가 발버둥을 칠수록 사람들은 그가 강에 뛰어들려고 한다고 확신하고 그를 더욱 꼭 잡았답니다.

결국 많은 사람들이 직접 그를 들어 올려서 여인숙으로 데리고 갔지요. 모자가 벗겨진 체사레의 머리는 엉망으로 헝클어져 있었으며 아무도 자기 말을 믿지 않자 창피함과 분노로 얼굴이 창백해져 있었답니다. 사람들이 그의 말을 믿지 않은 까닭은 프랑스인들이 체사레가 한 말을 한마디도 알아듣지 못했고 여인숙으로 가는 도중에 내가 계속 그들에게 정신이 나가버린 불쌍한 친구의 불행이 안타깝다는 말을 했기 때문입니다.

여러분도 아시겠지만 짓궂은 장난에 대해서는 할 말이 무한합니다. 그렇지만 장난도 재담이나 익살이 일어나는 것과 같은 상황에서 발생한다는 말로 마무리하도록 하지요. 일상생활에서 겪는 수많은 예를 발견할 수 있으니까요. 한편 보카치오가 쓴 『데카메론』에는 브루노와 부팔마코(Bruno and Buffalmacco)가 친구 칼란드리노(Calandrino)에게 친 장난, 시모네(Simone)가 당한 장난, 혹은 많은 여성들이 벌인 아주 품위 있고 영리한 농담과 즐거운 장난들이 무수히 많이 나와 있습니다. 나는 짓궂은 장난을 기가 막히게 잘 치는 당대의 사람들을 많이 알고 있습니다. 그중에서도 파두아에서 만났던 폰치오(Ponzio)라는 시칠리아 학생이 생각나는군요.

어느 날 폰치오는 살이 통통하게 오른 수탉 두 마리를 들고 있는 농부를 보고 마치 살 것처럼 흥정을 벌였습니다. 그러더니 돈을 주고 점심도 대접할 테니 자신의 집으로 같이 가자고 말하고는 농부를 멀리 떨어져 있는 어느 교회의 종탑으로 데리고 갔답니다. 그곳에는 종탑의 사면을 빙 돌아서 걸을 수 있는 오솔길이 이어져 있었는데 한쪽 면에 난 길은 벽으로 가로막혀 있었지요. 이미 농부를 속일 계획을 세워뒀던 폰치오는 종탑에 도착하자 농부에게 말했습니다. '나는 수탉들을 놓고 한 친구와 내기를 걸었다네. 그 친구는 이 탑의 둘레가 40피트가 넘는다고 했고 나는 아니라고 했지. 다행히 자네를 만나기 직전에 탑의 둘레를 재려고 이 줄을 사두었다네. 그러니 집에 가기 전에 누가 내기에서 이겼는지 알아보고 싶군.' 곧이어 폰치오는 소매에서 줄을 꺼내더니 한쪽 끝을 농부에게 주며 말했습니다. '그 닭은 내가 들겠네.' 그는 닭 두 마리를 받아들더니 진짜로 탑의 둘레를 재려는 듯이 줄의 다른 쪽 끝을 잡고 탑을 빙 돌아서 걸어갔습니다. 그러자 농부도 줄을 잡고 반대 방향으로 향했지요. 폰치오가 걸어간 길은 끝이 막혀 있는 곳이었답니다. 그는 그곳에 도착하자 벽에 못을 박고 줄을 묶어놓은 뒤에 양손에 닭을 들고 조용히 큰 길로 나가서 도망쳤답니다. 한참 동안 폰치오가 측정을 마치기만을 기다리던 농부는 마침내 '왜 그렇게 오래 걸립니까?'라고 외쳤습니다. 몇 번이나 물어도 대답이 없자 폰치오를 찾아 나섰지만 벽에 고정된 못만 발견했답니다. 결국 이 못 하나가 닭 두 마리 값을 대신한 것이지요. 폰치오는 이런 장난을 수없이 쳤답니다.

그리고 곤넬라(Gonnella), 살아생전의 멜리올로(Meliolo), 이 자리에 있는 우리의 친구 프라 마리아노와 프라 세라피노를 비롯해서 여러분이 알고 있는 수많은 사람들이 폰치오와 같은 훌륭한 익살꾼이지요. 물론 이런 장난질을 치는 것이 직업인 사람들의 유머 스타일도 칭찬할 만합니다. 그렇지만 이상적인 궁정 신하가 치는 장난은 이들보다는 덜 천박해야 합니다. 또한 장난이 단순한 사기로 타락해 버리거나(다들 아시겠지만 곳곳을 돌아다니며 새로운 장난을 치는 척하며 갖가지 사기를 쳐서 돈을 버는 사악한 사람들이 많습니다) 너무 몰인정해지지 않도록 조심해야 합니다. 그리고 궁정 신하는 장난을 칠 때 무엇보다도 여성들에게 존경과 경외를 잃지 말아야 하며, 이들의 명예를 비난할 여지가 있는 경우에는 더욱 각별히 주의해야 합니다."

그러자 가스파레 나리가 반박했다. "의심할 여지없이 베르나르도 귀하는 여성들을 너무 편애하는 경향이 있답니다. 도대체 무엇 때문에 남성들이 여성에게 더 많은 존경을 보여야 하는 겁니까? 우리의 명예도 여성들의 명예 못지않게 소중합니다. 여성들은 아무런 제한을 받지 않고 농담이나 장난으로 남성들에게 상처를 입히는데, 남성들은 항변도 못하고 침묵 속에서 이 고통을 참아야 한다는 것은 말이 안 됩니다."

이 말에 베르나르도가 대답했다. "여성들이라고 해서 짓궂은 장난을 치거나 농담을 할 때 우리가 지금까지 이야기했던 존경을 남성들에게 보여주지 않아도 된다는 뜻이 아닙니다. 그저 남성들이 여성을 모욕하는 것보다는 조금 더 자유롭게 남성들을 비난해도 된다는 의미였습니다. 남성들은 대체로 인생에서 아주 타락한 면이 있어도 그리 나쁘거나 비난할 만하거나 불명예스러운 것으로 받아들이지 않는 경향이 있는 반면에, 여성들은 이를 아주 커다란 오욕과 수치로 생각하기 때문입니다. 따라서 여성들은 진위 여부를 떠나서 일단 비난을 받으면 평생 동안 망신을 당하게 됩니다. 어떨 때는 한 여성의 명예를 거론하는 것 자체가 부작용을 유발할 위험을 안고 있으니 이를 조심하자는 겁니다. 너무 무자비한 농담과 장난은 지금까지 우리가 신사에게 적합하다고 이야기한 한계를 넘어버리게 될 테니까요."

여기에서 베르나르도가 잠깐 멈추자 오타비아노 프레고소가 웃으며 말했다.

"가스파레 나리는 우리가 지켜야 한다고 말하는 규칙이 사실은 귀하가 생각한 것만큼 그렇게 합리적이지 않다는 말을 하려던 게 아니었을까요? 여성은 아주 불완전한 존재인 데다가 남성에 비하면 위엄이라고는 거의 찾아볼 수 없습니다. 따라서 과거에는 여성을 감금하는 일도 허다했습니다. 스스로 덕이 높은 행동을 할 능력이 없기 때문에 필요하다면 수치와 불명예를 통해서라도 훌륭한 품성을 기르는 데 도움을 주려는 의도였지요. 물론 여성을 감금해야 했던 가장 큰 이유는 정조를 지키게 하기 위해서였습니다. 그래야 자식들이 진짜 부모의 피를 이어받았다고 확신할 수 있었을 테니까요. 결과적으로 여성들을 순결한 상태로 유지하고 다른 면에서도 조금이라도 가치를 지니게 하며, 여성들의 본능을 억누르고 올바르게 행동하게 만들려고 모든 수단과 방법을 동원했던 것입니다."

오타비아노의 말에 공작부인이 한마디 했다. "오타비아노 귀하, 여성을 그런 식으로 비하하면서 귀하를 사랑해 주는 여성이 하나도 없다고 불평할 작정입니까?"

"여성들이 날 좋아하지 않아도 아무 상관없습니다." 오타비아노가 말했다. "오히려 고마워할 일입니다. 날 좋아하지 않으니 자신들을 좋아해 달라고 강요하지도 않을 테니까요. 게다가 내 의견을 말한 것이 아니라 가스파레 나리를 거들어드린 것뿐입니다."

그러자 베르나르도가 말했다. "여성들이 귀하나 가스파레 나리와 같은 적들을 자기편으로 끌어들인다면 아주 큰 도움이 될 것 같군요."

"나는 여성의 적이 아니랍니다." 가스파레 나리가 계속했다. "그러나 베르나르도 귀하가 남성의 적이라는 점은 분명하군요. 귀하가 아직도 여성들의 명예를 공격해서는 안 된다고 생각한다면, 여성들도 남성들의 수치스러운 부분을 공격해서는 안 된다는 규칙을 지키게 해야 합니다.

귀하는 앞에서 농담의 예로 알론소 카르릴로가 보바딜라 마님에게 했던 말을 들려주었지요? 당시에 보바딜라 마님이 먼저 사람들이 폐하가 그를 단두대에 매달기를 바랐다는 말을 했기 때문에, 알론소도 보바딜라 마님이 청혼할지도 모른다는 희망을 품었다고 쏘아붙였을 뿐입니다. 이 상황에서 보바딜라 마님이 알론소보다 품위가 떨어지게 행동했다는 점은 명백합니다. 또한 귀하는 아니키노(Anichino)와 바람을 피우던 베아트리체(Beatrice)가 남편인 에가노(Egano)를 침실 밖으로 유인해 내 애인에게 두들겨 맞도록 술수를 쓴 것이 옳은 행동이었다고 생각하시나 봅니다. 그렇다면 리치아르도 미누톨리(Ricciardo Minutoli)가 필리펠로(Filippello)의 부인을 속여 그녀를 목욕탕으로 꾀어내어 잠자리를 한 일을 용납해 줘야지요. 그리고 자신의 발가락에 실을 묶어서 남편이 자신을 다른 사람이라고 믿게 만든 여성은 어떻게 생각합니까?(모두 『데카메론』에 나오는 에피소드-역주) 이런 말을 하는 이유는 조금 전에 귀하가 보카치오의 소설에서 여성들이 하는 농담이 아주 품위 있고 영리하다고 주장했기 때문입니다.”

베르나르도가 이 말을 듣고 웃으며 대답했다. “여러분, 내 과업은 농담을 두고 이야기하는 것이기 때문에 그 이상 깊게는 들어가지 않겠습니다. 그리고 남성들이 말이나 행동으로 여성들의 명예를 모독해서는 안 되며, 여성들에게 남성들의 약점을 이용하지 말라고 강요할 수 없는 이유도 이미 설명을 다 드렸습니다. 가스파레 나리가 거론한 대로 알론소가 보바딜라 마님에게 말한 내용은 여성의 정절 문제를 건드린 것이 사실이지만 방법은 아주 내 마음에 듭니다. 워낙 솜씨 좋게 빙 둘러서 말해 진의를 포착하기가 어려우니 시치미를 뚝 떼고 보바딜라 마님을 모욕할 뜻이 없었다고 주장할 수 있었기 때문입니다. 물론 과거에 알론소가 아주 품위 없는 말을 한 적이 있기는 합니다. 그는 여왕 폐하 일행과 보바딜라 마님의 집을 지나칠 때 문가에 동물들의 음란한 모습을 담은 목탄화가 걸려 있는 것을 발견했습니다. 여인숙에서나 흔히 볼 수 있는 음탕한 그림과 비슷했지요. 그러자 알론소는 카스타네토(Castagneto) 백작부인에게 다가가서 ‘부인, 보바딜라 마님이 날마다 사냥터에서 죽인 저 동물들의 머리를 보십시오’라고 말했습니다. 여기에 쓰인 은유법이 아주 독창적이며 사냥꾼들이 승리를 기념하려고 문가에 죽은 동물의 머리를 걸어놓는 행위에 영리하게 접목시켰다는 점은 인정하지만, 이것은 아주 상스럽고 수치스러운 농담이었습니다. 더구나 상대방의 말에 반박하는 내용도 아니었습니다. 차라리 모욕을 당해서 자연발생적으로 내뱉은 말이었다면 정당한 항변이라는 점에서 훨씬 더 품위가 있었겠지요.

어쨌거나 이런 이야기는 그만두고 여성들이 하는 장난으로 다시 돌아와 보지요. 나는 여성들이 남편을 속이는 것이 올바르다고 주장하는 것이 아니라 조반니 보카치오의 소설에서 등장하는 여성들이 벌이는 속임수, 특히 가스파레 나리가 조금 전에 언급한 여성들의 속임수가 품위 있고 영리하다는 뜻이었습니다. 더구나 리치아르도 미누톨리가 저지른 행동은 베아트리체의 장난질보다 훨씬 심각하고 모욕적이라고 생각합니다. 베아트리체가 남편에게 준 상처에 비하면 미누톨리가 필리펠로의 아내에게서 앗아간 것이 훨씬 더 크니까요. 결국 미누톨리는 그 여성을 강간하며 원하지 않는 행동을 하게 만든 반면에, 베아트리체는 자유의지에 따라서 원하는 행동을 하려고 남편을 속인 것뿐입니다."

이 말을 듣고 가스파레 나리가 다시 나섰다. "베아트리체는 사랑이라는 이유 말고는 용서의 여지가 없습니다. 하긴 이 점은 여성들만큼 남성에게도 효력이 있겠군요."

베르나르도가 말했다. "사실 사랑이라는 감정은 모든 실수를 덮어주는 변명거리랍니다. 품격이 높은 신사라면, 다른 모든 행동과 마찬가지로 사랑에 빠졌을 때도 진실하고 정직한 자세를 유지해야 한다고 생각합니다. 그리고 사랑에 빠진 연인들이 수많은 고난과 잠 못 드는 밤을 이겨내고, 극심한 위험에 몸을 내맡기며, 많은 눈물을 흘리고, 연인을 기쁘게 하려고 수단과 방법을 가리지 않고 노력하는 이유는 단순히 여성의 몸을 차지하기 위해서가 아니라고 봅니다. 그것은 여성의 마음속에 있는 요새를 정복하고 단단한 다이아몬드를 부수며 차가운 얼음을 녹이기 위한 노력일 뿐입니다. 그리고 사랑이야말로 고귀한 모든 영혼들이 생각하는 인생의 목표이자 진정으로 완벽한 즐거움입니다. 내가 사랑에 빠진다면 여성의 의사와 상관없이 몸만 탐하기보다는, 내가 섬기는 그 여성이 진정 마음으로부터 내 사랑에 보답을 하고 있으며 그녀의 영혼을 모두 주었는지를 더 알고 싶을 것입니다. 그렇지 않으면 생명이 없는 육체만을 소유하고 있는 셈일 테니까요.

따라서 속임수를 써서 욕망을 채우려는 배반자들은 다른 사람들에게 상처를 주며, 상대방의 의지에 상관없이 육체만을 소유한다면 진정한 사랑에 수반되는 만족감을 얻을 수 없습니다. 이는 마법, 주문, 힘, 수면제 등을 사용해서 사랑을 이루려는 사람들도 마찬가지입니다. 그리고 선물은 사랑의 기쁨을 급속하게 감소시킨다는 사실도 명심해야 합니다. 시간이 갈수록 그 여성이 진정 자신과 사랑에 빠진 것인지 아니면 선물을 받고 싶어서 사랑하는 척만 하는 것인지 의심하게 될 테니까요. 바로 이 때문에 아무 목적 없이 그저 진실하고 성실한 감정으로 사랑을 하는 위대한 여성이 큰 칭찬을 받는 것입니다."

"사랑에 빠진 남성들이 수많은 눈물을 흘리며 잠 못 드는 이유가 단순히 여성의 몸이 아닌 마음을 정복하기 위한 것이라는 점에는 동의합니다." 가스파레 나리가 말했다. "그러나 결말로 가서는 어차피 사기 행위(귀하의 말에 의하면 남성이 하면 배반이고 여성이 하면 속임수)가 최고의 수단이라고 생각합니다. 여성의 육체를 차지하는 사람이 결국 마음도 얻게 되어 있으니까요.

귀하도 기억하시겠지만 필리펠로의 아내는 미누톨리에게 속았다고 수없이 항의했지만 남편보다 그와 키스를 할 때 더욱 기뻤다는 사실을 깨닫고 그에게 향했던 차가움이 달콤한 사랑으로 변해 버렸습니다. 그날부터 그녀는 아주 열정적으로 미누톨리를 사랑하게 되지요. 끊임없는 관심과 선물 등 수많은 방법을 써서도 움직이지 못했던 여성의 마음을 잠자리를 함께한 후에 단번에 쟁취해 버린 것입니다. 그러니 이 경우에 영혼의 요새를 점령한 확실한 방법은 속임수, 귀하의 말대로 하자면 배반이었다는 점이 확실히 증명된 셈이지요."

이 말에 베르나르도가 답했다. "나리의 전제는 완전히 틀렸습니다. 나리 말대로 여성들이 자신의 육체를 소유한 사람들에게 항상 영혼을 내준다면 모든 아내들은 세상에서 남편을 가장 사랑해야 할 것 아닙니까? 그렇지만 현실은 그렇지가 않지요. 어쨌든 조반니 보카치오 역시 나리와 마찬가지로 여성에게 독이 되는 적이었습니다."

가스파레는 즉시 쏘아붙였다. "나는 여성의 적이 아니라고 말하지 않았소? 그리고 일반적으로 지체가 높은 남성들 가운데 여성을 진정으로 존경하는 경우는 거의 없답니다. 물론 가끔씩 목적을 이루려고 그렇지 않은 척하지만요."

"나리는 여성은 물론이고 그들을 존경하는 남성들까지 모욕하고 있습니다. 그러나 아까 이야기한 대로 나리와 같이 강력한 전사에 맞서서 여성을 변호하는 힘든 일을 시작하느라고 본래의 주제에서 벗어날 생각은 없습니다. 그러니 처음 의도에 비해서 너무 길어진 데다 여러분의 기대를 충족시키지도 못했을 것이 분명한 이 연설을 이쯤에서 마치겠습니다. 더구나 여성분들이 너무 조용히 앉아서 나리가 내뱉는 모욕을 인내심 있게 참고 있으니, 아까 오타비아노 나리가 한 이야기 중에서 여성들은 자신의 순결이 모욕을 받지 않는 한 어떤 나쁜 말을 들어도 신경 쓰지 않는다는 말이 사실이라는 점에 감사해야겠군요."

베르나르도의 이 말을 듣고 공작부인이 신호를 보냈다. 그러자 그 자리에 있던 많은 여성들이 웃으면서 일어나서 가스파레 나리 쪽으로 뛰어갔다. 그러고는 "이제 여성들도 자신에 대해서 나쁜 말을 듣는 것을 싫어한다는 사실을 아시겠습니까?"라고 말하면서 바칸테스(Bacchantes)가 오르페우스(Orpheus)에게 한 것처럼 그를 때리며 몰아세웠다.(아폴론의 아들이자 에우리디케의 남편인 오르페우스는 저승의 신 하데스로부터 아내를 데려오려고 했으나 결국 데려오지 못한다. 오르페우스는 다른 여자들을 돌보지 않은 탓으로 바칸테스 즉, 바쿠스 제전에 참가하는 여자 신도들의 원한을 사서 죽임을 당하고 시체는 산산조각이 되어 강물에 던져졌다-역주)

모두가 큰 소리로 웃으며 자리에서 발딱 일어나는 바람에 그동안 사람들의 눈꺼풀을 무겁게 했던 졸음이 단번에 사라졌다. 그러자 가스파레가 말문을 열었다. "보셨지요? 이렇게 여성들은 꼭 브라체스치(Bracceschi)처럼 도리에 맞지 않게 폭력의 힘을 빌려 토론을 끝내려고 한단 말입니다."(용병인 브라치오 포르테 브라치오(Braccio Fortebraccio)에서 유래된 말로 그의 부하들인 브라체스치는 잔인한 폭력성으로 악명이 높았다-역주)

그러자 에밀리아 여사가 말했다. "나리의 의도대로는 안 될 것입니다. 나리는 너무 오랫동안 이야기를 한 베르나르도가 지친 기색이 보이자 아무도 반박하지 않을 것이라고 믿고 여성을 두고 나쁜 말을 수없이 늘어놓았습니다. 그러나 이제 나리와 싸울 챔피언을 새로 선정했으니 귀하의 죄는 형벌을 면치 못할 것입니다."

그리고 그때까지 거의 입을 열지 않은 마그니피코 줄리아노를 바라보며 말했다.

"귀하는 여성의 명예를 지키는 수호자로 명성이 자자합니다. 이제 귀하가 이 명성에 맞는다는 사실을 선보일 때가 왔습니다. 여성들의 지독한 적을 무찔러서 귀하가 과거에 공적을 세워서 받은 상 목록에 모든 여성들을 포함시키십시오. 그러면 여성들은 귀하에게 진 빚이 너무 커서 평생을 고통스럽게 갚아가더라

290

도 청산할 수 없다고 생각할 것입니다."

이 말에 마그니피코 줄리아노가 대답했다. "에밀리아 여사, 듣고 보니 여성들의 적에게 큰 영광을 주면서 여성들의 수호자에게는 너무 인색하신 것 같습니다. 사실 가스파레 나리는 여성을 비하하는 말은 하나도 하지 않았으며 베르나르도는 대부분의 질문에 충분히 답하지 않았으니까요. 이상적인 궁정 신하라면 당연히 여성에게 큰 존경을 보내야 합니다. 그리고 품격과 예의를 갖춘 사람이라면 진담 혹은 농담으로라도 순결하지 않다는 이유로 여성을 공격하는 일 따위는 하지 않으리라는 사실을 모두가 알고 있습니다. 그러니 이처럼 명백한 사실을 토론하는 것은 자명한 일을 두고 의심을 품는 것이나 마찬가지입니다. 그렇지만 내 생각에 오타비아노 나리가 여성들이 가장 불완전한 존재이며 품격이 있는 행동을 할 능력이 없으며 남성과 비교해서 위엄이 없다고 한 말은 너무 심했던 것 같습니다. 강력한 권력을 가진 인물들은 항상 진실을 말하며 농담을 사용하지 않더라도 믿음을 얻게 됩니다. 그러나 가스파레 나리는 현명한 남성들은 여성들을 존경하지 않는다고 주장하는 오타비아노 나리의 말에 이끌리고 말았습니다. 이것은 완전한 거짓입니다. 오히려 내가 보아온 현명한 남성들은 덕이 아주 높고 모든 면에서 남성들에게 조금도 뒤지지 않는 여성들에게 애정과 선물을 바치더군요.

여성들의 자질을 놓고 논쟁을 벌이자면 당연히 여성들에게 불리할 수밖에 없습니다. 지금까지 우리가 해온 토론에서 여러 분은 남성을 그 어떤 훌륭한 여성들과도 비교할 수 없을 만큼 탁월함과 뛰어난 자질을 갖춘 궁정 신하라는 이미지에 접목시켜 놓았으니까요. 그러니 균형을 맞추려면 남성에게 맞는 완벽한 자질을 가진 이상적인 궁정 신하를 형상화시켜 놓은 것처럼, 여성에게 맞는 완벽한 자질을 지닌 이상적인 궁정 숙녀의 모습도 만들어 놓아야 합니다. 로도비코 백작이나 페데리코에 버금가는 영리한 사람이 나서서 이런 토론을 이끌면 좋겠군요. 일반적인 말솜씨와 재치를 가진 사람이라면 여성들도 남성에 버금가는 덕을 많이 가졌다는 사실을 확실하게 보여줄 것입니다."

에밀리아 부인이 말했다. "악이 남성의 대명사인 반면에 덕은 여성을 상징한다는 점을 생각해 보십시오."(이탈리아어로 덕은 'la virtu', 악은 'il vizio'이며 la는 여성명사 앞에, il은 남성명사 앞에 붙는 정관사인 것을 두고 하는 말-역주)

이 말을 듣고 웃음을 터뜨린 가스파레 나리가 니콜로 프리지오를 바라보며 말했다. "프리지오, 에밀리아 부인의 말을 어떻게 생각하시오?"

프리지오가 답했다. "에밀리아 부인의 감언에 넘어가서 약속을 해버린 마그니피코가 불쌍합니다. 게다가 하지 말아야 할 말까지 내뱉는 실수를 저질렀으니 마그니피코 때문에 내가 부끄러워질 정도입니다."

여전히 웃고 있던 에밀리아 부인이 대답했다. "가스파레 나리가 패배를 당해서 프리지오 귀하와 자신의 잘못을 고백하며 용서를 비는 모습을 보면 귀하가 한 말이 부끄러워질 것입니다."

그러자 공작부인이 말했다. "이제 시간이 너무 늦었으니 나머지 토론은 내일로 미뤄야겠습니다. 무엇보다도 마그니피코의 충고를 따르는 것이 현명한 일이기 때문입니다. 우리가 이 논쟁을 다시 시작하기 전에 모든 면에서 완벽한 이상적인 궁정 숙녀를 형상화해야 합니다. 여기 계신 남성들이 완벽한 궁정 신하의 모습을 만들어 놓은 것처럼 말입니다."

에밀리아 여사가 말했다. "공작부인, 가스파레 나리와 한통속인 사람에게 이 과업을 맡기지 않은 것은 하늘의 축복입니다. 그랬다면 분명히 요리하고 실을 잣는 법만 알면 완벽한 궁정 숙녀라고 말했을 테니까요."

그러자 프리지오가 답했다. "그것이야말로 궁정 숙녀에게 딱 맞는 일 아닙니까?"

이 말을 듣고 공작부인이 이야기했다. "나는 재치와 훌륭한 사고력을 가진 마그니피코가 여성에게 가장 필요한 완벽한 자질을 생각해 내서 알맞은 언어로 표현해 줄 것이라고 믿습니다. 그러면 우리에게 가스파레 나리의 억지스러운 중상모략에 대항할 무기가 생길 것입니다."

마그니피코가 대답했다. "공작부인, 내 능력이 미치지 못하는 중요한 임무를 내가 잘 수행할 것이라고 그처럼 확신하시니 우려가 되는군요. 아시겠지만 나는 과거에 없었던 완벽한 궁정 신하의 모습을 뛰어난 말솜씨로 구체적으로 형상화시킨 백작과 페데리코와 같은 자질도 없습니다. 그렇지만 공작부인이 기쁘시다면 적어도 백작과 페데리코가 말한 자질에 견줄 수 있는 내용을 이야기하도록 노력해 보겠습니다. 토론을 할 때 여러분의 반론을 환영하며 이를 반박이 아닌 도움으로 받아들이겠습니다. 그렇게 내 실수를 고쳐가다 보면 우리가 원하는 궁정 숙녀에게 필요한 완전한 자질을 발견하게 되겠지요."

"귀하가 말하는 내용에 반론을 제기할 여지가 거의 없을 것이라고 확신합니다." 공작부인이 대답했다. "그러니 귀하의 모든 상상력을 발휘해서 여성들의 적대자들이 완벽한 궁정 신하와 동등한 가치를 가졌다고 인정할 수밖에 없는 여성의 모습을 형상화해 주기 바랍니다. 귀하가 그려낸 여성은 보통 여성들보다 몸치장을 훨씬 더 잘하는 페데리코일지라도 아무런 반론을 제기할 수 없을 겁니다."

그러자 페데리코가 말했다. "공작부인, 이제 나는 이상적인 궁정 신하를 놓고 더 이상 할 말이 없습니다. 그나마 생각해 뒀던 말도 베르나르도의 농담 때문에 다 잊어버렸답니다."

공작부인이 말했다. "그렇다면 내일은 조금 더 일찍 만나기로 하지요. 그래야 궁정 신하와 궁정 숙녀에 관한 토론을 마무리할 수 있을 테니까 말입니다."

공작부인이 말을 마치고 자리에서 일어나자, 방에 있던 모든 사람들이 자리에서 일어나 방을 나가는 공작부인을 정중하게 배웅한 뒤에 각자 자신들의 방으로 돌아갔다.

3

궁정 숙녀는 문학과 미술에 지식이 있고
춤을 추고 놀이를 하는 법을 알아야 합니다.
그리고 확고부동함과 관대함과 절제와 신중함 등의
덕목들을 잘 갖추고 있으면 밝게 빛나며
존경할 만한 여성으로 인정받을 것입니다.

알폰소 아리오스토 귀하

　우리는 피타고라스가 아주 미묘하고 놀라운 방법으로 헤라클레스의 신체 치수를 알아냈다는 사실을 책에서 읽어서 알고 있다네. 그 방법은 다음과 같지. 아카이아(Achaia) 지방의 엘리스(Elis) 근처에 있는 올림피아(Olympia) 앞에는 5년마다 한 번씩 올림픽이 개최되는 경기장이 있었지. 이 경기장은 헤라클레스가 자신의 발 치수를 기준으로 직접 측정했다고 알려져 있으며 전체 길이는 625피트였다네. 후대에 그리스 전역에 세워진 경기장들도 이 방법을 따라서 역시 625피트 길이로 만들었으나 어찌 된 일인지 모두 최초의 경기장보다 좀 작았다고 하더군. 피타고라스는 이 치수의 차이를 이용해서 헤라클레스의 발이 일반인보다 얼마나 큰지를 쉽게 밝혀냈다네. 또한 헤라클레스의 발 치수를 확인한 뒤에 그의 신체가 일반인보다 얼마나 컸는지도 알아냈다네. 이 비율이 최초의 경기장과 후대에 지어진 경기장 사이의 비율과 똑같다는 사실을 깨달았지.

친애하는 알폰소, 피타고라스의 추론과 같은 맥락으로 우르비노 궁정에서 벌어진 여러 놀이들(의욕적인 활동을 통해서 약해진 마음에 원기를 되찾게 해주는)의 탁월성을 고려해 보면, 이 작은 부분 하나만으로도 우르비노 궁정이 다른 이탈리아 궁정들에 비해서 얼마나 월등한지를 자네도 분명히 알 수 있을 것이네. 나는 모든 사람들이 내 이야기를 믿을 것이라는 희망과 확신을 가지고 있다네. 내 마음대로 날조할 소지가 있는 과거의 모습을 찬양하는 것이 아니라, 공작의 궁정에서 찬란하게 꽃을 피운 삶과 관습을 직접 목격하고 경험했던 신뢰할 만한 수많은 인물들의 입을 통해서 입증될 수 있는 이야기이기 때문이지. 나는 내 글을 통해서 이 찬란했던 시대의 기억이 망각되지 않도록 잘 보존되어 자손들에게 널리 전해지도록 모든 노력을 기울일 걸세. 그러면 후세의 사람들 모두 현재 우리가 사는 시대를 부러워하게 될 것이네. 누구나 과거의 훌륭한 업적을 읽을 때는 그 내용이 기록된 책이 아무리 훌륭할지라도 책 자체의 내용보다 당시의 사람들이 내린 높은 평가를 더 중요하게 생각하기 마련이라네. 따라서 나는 모든 독자들이(귀족 기사와 미덕이 높은 여성들이 이 책을 읽을 만한 가치가 있다고 여기기를 바라며) 우르비노 궁정이 내가 책에 서술한 모습과는 견줄 수도 없을 정도로 훨씬 더 훌륭한 곳이었으며 대단히 비범한 인물들로 더욱 돋보였던 걸로 생각하고 이를 믿어주기를 바란다네. 사실 내 글 솜씨가 우르비노 궁정 신하들의 훌륭한 자질만큼 뛰어났다면 우르비노 궁정을 모르는 사람들을 납득시키려고 잡다한 증거를 제시할 필요도 없었을 것이네.

다음 날 평소와 같은 시간과 장소에 모인 사람들은 조용히 앉아서 페데리코와 마그니피코 줄리아노를 응시하며 누가 먼저 토론을 시작할 것인지를 지켜보고 있었다. 그러자 얼마간의 침묵이 흐른 후에 공작부인이 입을 열었다.

"마그니피코 귀하, 우리 모두 귀하가 어제 말한 대로 화려하게 치장해 놓았을 그 이상적인 여성상에 대해서 듣고 싶어한답니다. 혹시라도 그 여성의 아름다움을 다 보여주지 않는다면 우리는 귀하가 그녀에게 질투심을 느낀다고 생각하겠습니다."

마그니피코가 이에 답했다. "공작부인, 사실 이 여성이 진정으로 아름답다면 굳이 많은 치장과 장식을 할 필요도 없을 것입니다. 절세미인들이 그렇듯이 그저 소박하게 치장한 모습만 보여주면 되지요. 그러나 혹시라도 절세미인들이 그렇게 치장하는 방법을 알려주지 않는다면, 가스파레 나리와 프리지오는 물론이고 여기 계신 모든 남성분들이 내가 지금부터 이야기할 이상적인 여성상을 비난하려고 들까 봐서 걱정이 되는군요. 그러니 여러분이 아직 이 여성상에 호의를 가지고 있는 동안 잠시 숨겨두고 싶습니다. 먼저 페데리코가 궁정 신하에 대해서 더 하고 싶은 말이 있는지 들어보는 게 낫겠습니다. 어쨌든 그가 말하는 이상적인 궁정 신하의 모습이 내가 생각해 놓은 여성보다는 월등할 테니까요."

페데리코가 말했다. "지금 내가 말하고자 하는 내용은 이상적인 궁정 신하에 딱 들어맞지는 않지만 꼭 지금 당장 생각해봐야 하는 부분입니다. 사실 이 주제는 지금까지 토론된 내용과 다소 다른 점이 있답니다."

"그 주제가 무엇인가요?" 공작부인이 물었다.

페데리코가 말했다. "나는 위대한 왕들이 만든 다양한 기사단과 기사 훈위(나라와 군주를 위해 드러나게 세운 공로와 벼슬의 등급-역주)의 기원을 설명하기로 마음먹었습니다. 프랑스 황실 궁정의 성 미가엘(St. Michael) 훈위, 영국 황실 궁정에서 수호성자 성 조지(St. George)의 보호를 받는 가르터(Garter) 훈위, 부르고뉴 지방의 황금양모 기사단(Golden Fleece) 같은 것들 말입니다. 이러한 기사들은 아주 위대한 궁정에서조차 항상 높은 존경을 받았기 때문에, 어떻게 영예가 수여됐으며 어떤 사람이 훈위를 받을 자격이 있고 누가 박탈을 당하는지를 살펴보는 것은 의미가 있다고 봅니다. 그래서 기독교인 궁정에서 왕을 섬기거나 축제를 개최하거나 공개 석상에서 놀이를 할 때 볼 수 있는 다양한 관습은 물론이고, 시간이 허용한다면 터키 궁정과 특히 페르시아왕의 소피(Sophi) 궁정에 대해서도 몇 가지 이야기하고 싶습니다. 그 이유는 페르시아에 오랫동안 머물렀던 상인들에게 들은 바에 의하면 그곳의 귀족 신사들은 아주 용맹스럽고 예의가 바르며, 벗과 교제를 하거나 여성들을 대하는 등의 모든 행동에서 최대한 정중하고 신중한 태도를 잃지 않는다고 합니다. 그리고 필요한 경우에는 무술 경연장이나 페스티벌에서 늠름함과 관대함과 품위를 과시한다더군요. 그래서 나는 오랫동안 페르시아인이 가장 높게 평가하는 자질, 이들의 복장과 무기의 형식과 고상함, 우리와 다른 점과 유사한 점, 여성들의 놀이, 자신을 섬기는 신하들에게 총애를 표현하는 방법을 연구하는 데 빠져 있었답니다. 그렇지만 우리 목적에 훨씬 걸맞은 이야깃거리들이 많이 있으니 이런 주제로 토론을 시작하는 게 적절치 않을까 봐 망설여지는군요."

가스파레 나리가 말했다. "무슨 소리입니까? 귀하가 말한 내용과 주제들이야말로 이상적인 궁정 숙녀를 형상화하는 것보다 우리 토론의 본래 목적에 훨씬 더 적합하다고 봅니다. 어차피 올바른 궁정 신하에게 필요한 규칙이 궁정 숙녀에게도 적용될 테니까 말입니다. 그 이유는 궁정 숙녀 역시 때와 장소를 잘 가려야 하며, 우리가 올바른 궁정 신하 유형을 토론하면서 거론한 모든 자질을 따라야(물론 여성의 체력과 감성이 허용하는 범위 내에서) 하기 때문입니다. 그러니 올바른 궁정 숙녀의 유형을 따로 토론하는 대신에 그저 개인적으로 군주를 섬길 때 필요한 올바른 방법 혹은 남성들이 말 타기나 무기 다루기나 레슬링 같은 운동을 할 때 필요한 태도와 이러한 활동에 관련된 문제점을 토론하는 것이 낫다고 봅니다."

그러자 공작부인이 웃으며 답했다. "그처럼 훌륭한 궁정 신하를 그저 개인 심부름꾼으로나 고용하는 군주는 없답니다. 그리고 오락거리와 신체적인 힘과 민첩성에 관한 이야기라면 당연히 피에트로 몬테가 나서야지요. 마그니피코 귀하는 이미 올바른 궁정 숙녀를 형상화하는 임무를 맡지 않았습니까? 내가 보기에 귀하는 겁이 나서 우리 관심을 다른 주제로 돌리려는 것 같군요."

그러자 프리지오가 나섰다. "그렇지만 지금 이상적인 여성에 대해서 이야기하는 것은 타당하지 않고 때도 적당하지 않습니다. 특히 올바른 궁정 신하에 대해서도 토론할 내용이 많이 남아 있지 않습니까? 두 주제를 서로 혼동하지 말았으면 합니다."

"귀하는 아주 잘못 생각하고 있습니다." 체사레 곤차가가 대답했다. "아무리 위대한 궁정이라고 해도 여성이 없으면 광채와 명랑함을 찾아볼 수 없습니다. 마찬가지로 아무리 품격이 높고 유쾌하고 대담한 궁정 신하라고 하더라도 애정이 넘치고 즐거움을 주는 여성에게서 영감을 받지 않는다면 신하의 용맹한 업적을 달성할 수 없습니다. 따라서 궁정 신하를 토론하는 데 있어 특유의 미덕으로 궁정을 장식하고 완전하게 만드는 역할을 하는 여성을 거론하지 않는다면 완벽한 결론을 낼 수 없습니다."

이 말에 오타비아노 나리가 웃으면서 말했다. "그뿐만 아니라 그들은 남성의 머리를 돌게 만드는 매혹의 빛을 발산하기도 하지요."

그러자 마그니피코는 공작부인을 보며 말했다. "비록 공작부인을 만족시키지 못할까 봐 두렵지만, 공작부인이 바라시니 내가 맡은 임무를 수행하겠습니다. 생각해 보니 오히려 궁정 숙녀보다 여왕으로 등극할 가치가 있는 여성을 형상화하는 일이 훨씬 더 쉬운 듯합니다. 이상적인 궁정 숙녀의 모델을 어디에서 찾아야 할지 도무지 알 수 없으니까요. 이에 비해서 올바른 여왕의 모습을 그리라면 멀리 찾아볼 것도 없이 한 여성의 신성한 특성만 고려하면 될 테니 그리 어렵지 않을 것입니다."

그러자 공작부인이 주장했다. "마그니피코 귀하, 놀이 규칙을 지켜야지요. 그러니 우리가 동의한 내용에 따라서 아주 위대한 통치자라도 인정할 만큼 완벽한 궁정 숙녀의 모습을 형상화해 주시지요."

마그니피코가 대답했다. "공작부인이 내가 알지도 못하는 내용을 설명하라고 하시니, 먼저 지금부터 묘사할 훌륭한 궁정 숙녀의 모습에는 순전히 내 개인적인 희망 사항만을 담겠다는 점을 분명히 하고 시작하겠습니다. 따라서 이 궁정 숙녀는 순전히 내 취향에 따라서 형상화시킨 인물이기 때문에, 피그말리온(Pygmalion, 사이프러스 섬의 왕이자 조각가. 자신이 상아로 만든 조각상을 사랑하게 됨-역주)처럼 나만의 여성으로 생각하겠습니다.

가스파레 나리는 조금 전에 올바른 궁정 신하에게 적용되는 모든 규칙은 궁정 숙녀에게도 들어맞는다고 주장했는데 나는 이 의견에 반대합니다. 물론 여성과 남성에게 공통으로 적용되는 자질이 있긴 하지만, 결국 이들도 어느 한쪽에 더 적합하기 마련입니다. 우리가 토론해 온 운동 경기를 생각해 보면 내 주장이 옳다는 점이 분명해질 것입니다. 무엇보다도 여성이 남성의 예의범절과 말과 태도와 몸가짐을 따라 한다는 것은 말도 안 됩니다. 남성은 강인하고 튼튼한 남성다움을 보여주는 것이 가장 보기 좋듯이, 여성도 부드럽고 섬세한 유연성을 지녀야 하며 정적이고 동적인 모든 동작에서 남성과 확연히 구분되는 여성다운 사랑스러움이 풍겨야 합니다. 그러니 이상적인 궁정 신하에 맞는 규칙에 일단 이런 점이 덧붙여져야, 가스파레 나리가 말한 대로 여성들도 그 규칙을 사용해서 훌륭한 공적을 올릴 수 있을 것입니다. 물론 나도 이상적인 궁정 신하에게 필요한 많은 미덕들을 여성들이 갖춰야 한다고 봅니다. 예를 들어 좋은 집안과 허식을 멀리하는 자세와 천성적으로 품위와 예의범절과 영특함 및 신중함을 지녀야 합니다. 반면에 너무 거만하거나 시기하거나 사악한 혀를 가지고 있거나 허영심이 강하거나 다투기 좋아하거나 재치가 없어서는 안 되지요. 또한 연인이나 다른 사람에게 사랑받고 이를 유지하는 법을 알아야 하며, 여성에게 알맞은 운동을 품위 있게 잘 소화해야 합니다.

한편 아름다운 외양은 남성보다 여성에게 훨씬 더 중요하다고 생각합니다. 대체로 아름다움이 결여되어 있는 여성은 다른 부분에서도 많이 부족하기 때문입니다. 또한 항상 신중하게 행동해야 하며 모욕당할 만한 틈이 보이지 않도록 세심한 주의를 기울여 비난은 물론이고 아예 의심받을 여지조차 주지 않아야 합니다. 여성들은 남성과 달리 모욕을 당했을 때 이에 맞설 만한 힘과 무기가 부족하기 때문입니다. 자, 그럼 이쯤에서 로도비코 백작이 이상적인 궁정 신하의 직업으로 군인을 아주 상세하게 설명했으니, 나 역시 궁정 숙녀의 역할을 이야기해야 할 것 같습니다. 이 이야기를 마무리하면 내가 맡은 과업은 다 끝난 것으로 생각하겠습니다.

지금까지 말한 대로 궁정 숙녀는 궁정 신하와 마찬가지로 신중함과 아량과 확고부동함 등의 미덕이 필요하며, 모든 여성들에게 필요한 자질인 선함과 분별력은 물론이고 기혼자인 경우에 남편의 소유물과 집과 자녀를 돌보는 능력과 훌륭한 어머니에게 필요한 미덕 역시 갖춰야 합니다. 그러나 일단 이런 자질을 논외로 했을 때 궁정 숙녀에게 가장 필요한 것은 상냥한 붙임성입니다. 그래서 때와 장소와 상대방의 신분에 맞춰서 매력적이고 진실한 대화를 하고 모든 신분의 남성을 품격 있게 대접하는 방법을 알아야지요. 그리고 침착하고 겸손하게 행동하며 이런 행동에는 솔직함과 동시에 민첩함 및 활기찬 정신이 묻어나야 합니다. 여기에는 재치와 분별력 못지않게 순수함과 신중함과 인자함이 더해진 고상한 태도도 결부되어야지요.
결론적으로 이상적인 궁정 숙녀는 이처럼 대조적인 특성들을 모두 겸비한 채 중용의 자세를 지키며 정해진 한계를 넘지 않도록 주의를 기울여야 합니다. 또한 상대하고 싶지 않은 사람이 있거나 대화 내용이 적절하지 않은 자리에서, 순결하거나 덕이 높다고 평가받으려는 의도로 입을 다물고 있거나 꽁무니를 빼는 행동을 해서는 안 됩니다. 그러다 보면 다른 사람들에게 들키고 싶지 않은 부분을 숨기느라고 엄격한 체한다는 오해를 받을 수 있으니까요. 어떤 상황에서도 비사교적인 태도는 아주 불쾌한 자세라는 점을 잊지 말아야지요. 그렇다고 해서 자신이 편견이 없고 상대하기 편한 사람이라는 점을 증명하려고 천박한 말을 하거나 오해를 살 정도로 거리낌이 없고 너무 친밀한 행동을 해서도 안 됩니다. 오히려 이처럼 천박한 이야기를 들을 때는 부끄러워서 얼굴이 달아오르는 것이 마땅합니다.

또한 내가 보기에 많은 여성들이 다른 사람의 부도덕함을 흉보거나 듣는 것을 아주 좋아하는데, 이상적인 궁정 숙녀라면 이런 실수를 저질러서는 안 됩니다. 일부 여성들은 다른 여성들의 천박한 행동을 들을 때면 필요 이상으로 흥분하고 불쾌해하지요. 믿을 수 없다는 태도를 보이며 그처럼 부정한 여성은 극악무도한 사람이라고 말합니다. 그러나 이렇게 부정한 행동을 엄청난 범죄로 생각한다는 점을 보여주려고 발악을 하는 여성들은 사실 자신이 현재 부정을 저지르고 있다는 사실을 은연중에 드러내는 것이나 마찬가지입니다.

그리고 끊임없이 다른 사람들의 연애 이야기를 상세한 부분까지 꼬치꼬치 파고들기를 좋아하는 여성들은 행복한 연인을 시기하고 있거나 문제에 봉착한 관계를 떠벌리기 좋아하는 경향이 있는 것 같습니다. 이런 여성들은 웃을 때 사람을 비웃는 느낌을 풍기는 특이한 태도를 보이는데, 이를 통해서 다른 사람의 불행을 즐기고 있다는 사실을 무의식중에 누설하곤 한답니다. 이런 여성들은 남성들이 성실하게 대화에 참여하려고 노력해도 이들을 존경하지 않고 나쁘게 평가하며 자신들의 특이한 태도가 대화를 이끌어간다고 제멋대로 상상합니다. 이런 행동이 너무 심해지면 당연히 안 좋은 평판을 듣게 되고, 결국은 누구에게도 존중이나 애정을 받지 못하며 혐오스러운 여성이라는 말만 듣게 됩니다.

이에 비해서 아무리 방탕하고 뻔뻔스러운 남성일지라도 정숙하고 덕이 높다고 평가받는 여성을 존중하기 마련입니다. 여성의 경건한 성품은 미덕과 분별력이 더해지면 더욱 큰 힘을 발휘하게 되어 거만한 남성들의 무례함과 음탕함을 막아주는 방패 역할을 하니까요. 따라서 아무리 사소하더라도 정직한 여성의 말과 웃음과 친절한 행동은 자제심이라고는 하나도 없으며 수치를 모르는 여성 혹은 음란한 웃음을 흘리며 수다스럽고 뻔뻔하며 상스럽게 행동하는 정숙하지 못한 여성이 쏟아놓는 감언이설과 애무보다 훨씬 더 높게 평가받게 됩니다.

그리고 말이란 중요한 주제가 없으면 무의미하고 유치하기 마련입니다. 따라서 궁정 숙녀들은 상대방의 지위에 맞게 다양한 주제로 대화할 수 있도록 여러 방면에 관심을 가지고 지식을 넓혀야 합니다. 대화할 때는 상대방에 맞는 이야깃거리를 선택하는 법을 알아야 하며 무의식중에 다른 사람에게 모욕을 주지 않도록 조심해야겠지요. 물론 품위 없이 자신을 칭찬하거나 너무 장황해지지 않도록 조심해야 합니다. 가벼운 대화에 어울리지 않는 심각한 주제로 이야기를 시작하거나 진지한 주제로 토론을 하는 중에 농담을 꺼내거나 익살을 부려서도 안 됩니다. 또한 모르는 내용을 아는 척하는 어리석은 짓을 해서도 안 됩니다. 오히려 아는 내용이라도 겸손하게 이야기해 품격을 높여야 하고 지금까지 여러 번 강조한 대로 절대로 허식적인 자세를 보여서는 안 됩니다. 이렇게 하면 훌륭한 태도 때문에 아름다움이 더욱 돋보이겠지요. 그 외에도 여성에게 적합한 오락거리가 있으면 최고로 품격이 있는 태도로 참가하고 대화할 때는 유창하게 말하고 자제력을 가져야 하며 점잖고 매력적인 자세를 유지해야 합니다. 결국 이런 여성은 모든 사람에게 사랑은 물론이고 존경까지 받게 되며 정신적이고 육체적인 모든 면에서 궁정 신하와 견줄 만한 가치를 지니게 될 것입니다."

여기까지 이야기한 뒤에 마그니피코는 입을 다물었다. 자신의 임무가 다 끝났다고 생각하고 자신이 말한 내용을 검토하는 듯이 보였다. 이 모습을 본 가스파레 나리가 말했다.

"마그니피코 나리, 이상적인 궁정 숙녀를 아름답게 꾸미고 아주 훌륭한 성품까지 부여해 주었군요. 그렇지만 대부분이 너무 일반적인 내용이군요. 더구나 말을 하는 귀하가 스스로 부끄러움을 느낄 정도로 너무 감동을 주는 뛰어난 자질들만을 거론한 것 같습니다. 사람들 대부분이 불가능하고 기적적인 일을 길망하는 것처럼, 귀하 역시 이상적인 궁정 숙녀의 모습을 설명한 게 아니라 그저 그런 여성이 있었으면 좋겠다는 소망을 빈 것 같습니다. 그러니 이제 궁정에서 여성들에게 적합한 오락거리가 무엇이며, 어떤 자세로 대화를 해야 하고, 지식을 갖춰야 하는 분야가 무엇인지를 구체적으로 설명해 주시지요. 또한 신중함과 관대함과 순수함 등 귀하가 말한 수많은 덕목들이 단지 가정에서 가족과 자녀를 돌보는 데 사용되어야 한다는 뜻이었는지, 아니면 대화 혹은 품격 있는 다양한 활동들을 하는 데 적용되어야 한다는 뜻이었는지도 분명하게 밝혀주기 바랍니다. 그리고 제발 부탁이니 미천한 주제를 논의하면서 그처럼 수많은 미덕들을 열거하며 미덕의 품격을 떨어뜨리는 것 좀 그만두십시오."

마그니피코가 웃으며 말했다. "가스파레 나리, 여성을 향한 악의를 드러내지 않고는 못 배기시겠나 보군요. 어쨌거나 나는 할 말을 다했다고 확신합니다. 특히 여러분과 같은 관중 앞에서 말입니다. 이 자리에 있는 모든 분들이 무기 다루기나 승마나 테니스나 레슬링 혹은 다른 남성들에게 어울리는 운동에 여성들이 참여하는 것이 부적절하다는 사실을 다 알고 있으니까요."

그러자 우니코 아레티노가 말했다. "과거에는 일부 여성들도 발가벗고 남성들과 레슬링을 했답니다. 그 훌륭한 관습이 사라졌다는 것이 안타깝군요."

체사레 곤차가가 덧붙였다. "나는 여성들이 테니스를 치고 무기를 다루며 승마나 사냥에 참여하고 기사들에게나 맞는 경기에 직접 참여하는 것을 목격한 적이 있답니다."

마그니피코가 답했다. "나는 처음에 밝힌 대로 순전히 내가 원하는 여성상을 형상화했습니다. 그러니 여성이 그처럼 거칠고 남성적인 운동을 탐닉하는 것은 사양하겠습니다. 나는 이상적인 궁정 숙녀라면 설사 여성에게 맞는 운동이더라도 매우 조심스럽게 참여해야 하며 조금 전에 강조했던 우아함을 잃지 말아야 한다고 생각합니다.

예를 들어 춤을 출 때 너무 강렬하고 힘이 넘치는 동작은 삼가고, 노래를 부르거나 악기를 연주하면서 갑작스럽고 빈번하게 디미누엔도(diminuendo, 점점 약하게-역주)를 사용하는 것도 자제해야 합니다. 이런 것들은 아주 독창적이지만 결코 세련미는 없으니까요. 그리고 항상 목적에 맞는 악기를 선택해야 한다고 생각합니다. 드럼이나 파이프나 트럼펫 등의 악기를 연주하는 여성의 모습이 얼마나 꼴사나울지 생각해 보십시오. 이는 이러한 악기들이 내는 귀에 거슬리는 소리에 여성의 행동을 아름답게 만드는 특성인 사랑스러운 온화함이 묻혀버리기 때문이지요. 그러니 혹시 사람들 앞에서 춤을 추거나 음악을 연주하게 되면 어느 정도 사람들의 부추김을 받은 다음에야 수줍은 모습을 약간 보이면서 시작해야 합니다. 이런 모습에서 뻔뻔스러운 여성들이 이해하지 못할 품격 높은 겸손함이 드러나는 겁니다.

그리고 항상 적절하게 몸치장을 잘해야 하며 너무 호화스럽거나 천박하게 보이는 옷은 피해야 합니다. 여성들은 당연히 남성들보다 미모에 더 관심을 갖기 마련이니, 이상적인 궁정 숙녀라면 자신의 품격을 향상시켜주며 각 활동에 가장 적합한 옷을 고를 줄 알아야 합니다. 얼굴이 밝고 쾌활해 보이는 여성은 움직임과 말과 옷 역시 명랑한 분위기로 연출해야 하고, 천성적으로 온화하고 진지한 여성은 그 성격에 맞게 외양을 꾸며야 합니다. 마찬가지로 자신의 체격이나 피부색에 맞춰서 결점을 가려주는 옷을 잘 골라 입되 가능하면 다른 사람이 이를 알아차리지 못하도록 해야 합니다. 또한 항상 섬세하고 예쁜 모습을 유지해야 하지만 이를 위해서 엄청난 고통을 감수한다는 인상을 줘서도 안 됩니다.

이제 가스파레 나리의 질문인 궁정에서 여성들이 꼭 지식을 갖춰야 하는 분야와 대화하는 법과 다양한 덕목들이 어느 분야에서 발휘되어야 하는지를 말해 보겠습니다. 나는 이상적인 궁정 숙녀라면 여기 계신 분들이 지금까지 올바른 궁정 신하에게 필요하다고 말한 지식을 다 가지고 있어야 한다고 주장합니다. 여성에게 적합하지 않은 활동은 이미 이야기했으니 이 부분은 거론하지 않겠습니다. 그저 나는 이상적인 궁정 숙녀라면 각자의 특성에 따라 참여해서는 안 되는 활동이 있다는 사실을 깨닫고, 남성들의 가치를 각 성품에 따라 공정하게 평가하고 칭찬하는 법을 익히기를 바랍니다.

지금까지 나왔던 이야기를 간단하게 요약하자면, 이상적인 궁정 숙녀는 문학과 미술에 지식이 있어야 하고 춤을 추고 놀이를 하는 법을 알아야 하며 이때는 신중한 겸손함과 좋은 인상을 주도록 노력해야 합니다. 그래야만 말을 하거나 웃거나 놀거나 농담을 하는 등의 모든 부분에서 항상 최고의 우아함을 잃지 않고 상대방에게 맞는 적절한 태도로 기분 좋은 재치와 농담을 섞어가며 대화할 수 있을 것입니다. 확고부동함과 관대함과 절제와 꿋꿋한 정신과 신중함 등의 덕목들을 잘 갖추고 있으면, 무슨 행동을 하든지 밝게 빛나며 존경할 만한 여성으로 인정받을 것입니다."

"그저 놀라울 따름입니다." 가스파레 나리가 웃으면서 말했다. "도시를 다스리고 법을 제정하며 군대를 이끄는 것은 여성들의 몫이고, 남성들은 집에서 요리하고 실이나 자아야 한다는 주장은 왜 안하십니까? 귀하는 이상적인 궁정 숙녀의 모습에 학문과 확고부동함과 관대함과 절제 등의 모든 덕목을 부여해놓고 있으니 그런 주장을 할 만도 하겠는데요."

마그니피코 역시 웃으면서 대답했다. "그것도 나쁘진 않겠군요." 그러고 나서 말을 이었다. "여성들에게 적대적이었던 플라톤마저 여성들에게 도시를 다스리게 하고 남성들에게는 병역의 의무를 주었다는 사실은 귀하도 아시지요? 많은 여성들이 남성 못지않게 도시를 다스리고 군대를 지휘할 능력이 있다고 생각하지 않으십니까? 그렇지만 지금 나는 여왕이 아니라 이상적인 궁정 숙녀를 거론하고 있기 때문에, 굳이 이런 의무까지 부여할 생각은 없습니다. 나리는 어제 오타비아노 나리가 그랬던 것처럼 여성들의 명예를 훼손하는 말을 다시 꺼내고 싶으신 것 같군요. 여성이야말로 가장 불완전한 존재인 데다가 덕이 높은 행동을 할 능력이 없고 남성에 비하면 위엄이라고는 거의 찾아볼 수 없다는 주장을요. 정말로 그렇게 믿는다면 나리와 오타비아노 나리나 아주 그릇된 생각을 하고 있는 겁니다."

그러자 가스파레 나리가 말했다. "나는 이미 말한 내용을 반복할 생각이 전혀 없습니다. 그런데도 귀하는 내가 여성들의 감정을 상하게 할 말을 하도록 유도해서 이 자리에 있는 여성들이 나를 적으로 여기게 만들려고 무진장 애를 쓰시는군요. 그런 기만적인 아첨으로 여성들의 총애를 얻으려고 하면서 말입니다. 그렇지만 여기 있는 숙녀들은 보통 여성들보다 훨씬 지각이 있어서 위선적인 칭찬보다 진실을 더 좋아한답니다. 비록 그 진실이 그들의 명예에 도움이 안 된다고 하더라도 말입니다. 또한 남성의 존엄성이 훨씬 크다는 주장을 듣더라도 화를 내지 않을 것입니다.

귀하는 지금 자신이 말도 안 되는 주장을 하고 있다는 점을 스스로 인정하고 계시겠지요. 귀하는 이상적인 궁정 숙녀에게 터무니없고 불가능한 자질과 너무 많은 덕목을 부여해 놓아서 소크라테스와 플라톤 등 세상의 모든 위대한 철학자들보다도 훨씬 월등한 여성을 만들어 놓았으니까요. 솔직히 말하면 그렇게 과장된 주장을 한 것이 창피하지도 않은지 궁금합니다. 이상적인 궁정 숙녀는 아름답고 사려가 분명하며 순수하고 상냥한 데다 궁정에서 날마다 벌어지는 춤과 음악과 놀이와 웃음과 재담 등을 천진하게 즐길 줄 알아야 한다고만 말했어도 충분했을 겁니다. 그러나 세상의 모든 것을 이해하고 역사를 통틀어서 남성에게서도 찾아보기 힘든 자질을 부여한 것은 묵인하거나 참고 들어줄 수가 없군요. 물론 나는 지금 여성들이 불완전한 존재이기 때문에 남성보다 위엄이 낮고 남성들이 선보이는 미덕을 따라할 능력이 없다는 주장을 할 생각 따윈 없습니다. 이 자리에 있는 여성들은 덕망이 높다는 것을 알고 있으니까요.

그렇지만 학식이 높은 많은 남성들이 쓴 책을 보면 조물주는 늘 완전한 완벽함을 목표로 하기 때문에 가능하면 남성들을 생산한다고 합니다. 또한 여성들이 태어난 것은 조물주의 의지에 상반되는 실수이며 당연히 여성들은 결함덩어리라고 나와 있습니다. 나무가 제대로 열매를 맺지 못하거나 인간이 장님 혹은 절름발이라는 결함을 가지고 태어나는 것과 마찬가지로요. 그러니 여성의 결함에 대한 비난은 애초에 그렇게 만들어 놓은 조물주에게 돌리고, 우리는 여성들을 경멸하거나 마땅한 존경심을 보이지 않는 행동은 삼가야겠지요. 그렇지만 여성들이 지닌 가치 이상으로 존경을 하는 것 역시 잘못되었다고 봅니다."

마그니피코 줄리아노는 가스파레 나리가 계속 이야기하기를 기다렸으나 그가 침묵을 지키자 입을 열었다.

"귀하가 여성의 불완전성을 놓고 벌이는 논쟁은 아주 빈약합니다. 지금 이렇게 민감한 주제를 다루는 것은 적합하지 않겠지만, 믿을 만한 각종 증거와 난순한 진리를 고려해 보면 남성이 여성보다 더 완전하다는 것은 말이 안 됩니다. 근본적인 본질을 놓고 보자면 어느 특정한 돌이 다른 돌보다 더 완전할 수 없고, 특정한 나무 조각이 다른 나무 조각보다 더 완전하다고 주장할 수 없으니까요. 마찬가지로 특정한 인간이 다른 인간보다 더 완전하다고 말할 근거가 없으니, 말씀드린 대로 남성이 더 완전한 존재라는 것도 어불성설이지요. 어차피 남성과 여성 모두 인간이라는 같은 종입니다. 따라서 부수적인 면에서는 차이가 있다고 하더라도 본질적인 측면에서는 같습니다. 귀하라면 본질은 같더라도 부수적인 면에서 남성이 여성보다 더 완벽하다고 반박할지도 모르겠군요. 그렇다면 나는 부수적인 면들은 단순히 신체와 정신적인 특성일 뿐이라고 답변하겠습니다. 그저 남성이 신체적으로 더 강하거나 빠르고 민첩하며 고통을 잘 견딘다는 점 때문에 여성보다 뛰어나다고 주장하는 겁니까?

그렇지만 이런 주장은 타당하지 않습니다. 우리 남성들 사이에서도 그저 이런 능력이 뛰어나다는 이유만으로 더 높게 평가받는 경우는 없기 때문입니다. 예를 들어 가장 격렬하고 힘이 많이 필요한 전쟁에서조차 강한 사람이라는 이유만으로 최고의 존경을 받지는 않는답니다. 그렇다면 이제 정신적인 면을 논해 볼까요? 분명히 말하지만 나는 정신적으로 남성들이 할 수 있는 것은 여성들도 모두 할 수 있으며, 남성의 지성으로 꿰뚫어 볼 수 있는 문제는 여성 역시 지성을 발휘해서 파악할 수 있다고 생각합니다."

잠시 정적이 흐른 후에 마그니피코가 웃으면서 다시 말을 시작했다. "내가 말한 명제가 철학에서도 거론됐다는 점을 알고 계시죠? 즉 나약한 신체를 가진 사람이 정신적으로는 더 뛰어날 수 있다는 명제를 말입니다. 이렇게 본다면 오히려 여성들이 신체적으로 남성들보다 약하기 때문에 정신적인 면에서 더 뛰어날 수 있고, 더욱 논리적으로 생각할 것이라는 면에서는 의심의 여지가 없겠군요."

그는 계속 말을 이었다. "그렇지만 일단 이 문제는 제쳐놓지요. 조금 전에 가스파레 나리는 각 행동을 예로 들어가며 남성과 여성의 완전함에 대해서 이야기해 보라고 하셨습니다.

먼저 나리가 조물주의 활동을 잘 생각해 보면 여성이 탄생한 것은 우연이 아니며 필연적인 목적이 있어서라는 점을 알게 될 겁니다. 조물주가 여성에게 부드러운 몸과 차분한 정신 그리고 남성과 정반대의 자질을 준 것은 사실입니다. 그러나 남성과 여성의 속성은 결국 하나의 동일한 목적을 향하고 있답니다. 여성들은 약한 기질 때문에 남성들보다 용기가 덜하고 바로 이 점이 더욱 신중한 자세를 만듭니다. 따라서 여성들은 자녀를 양육하고 부지런하게 가정을 돌보고, 남성들은 밖에 나가서 양식을 벌어오는 거지요. 나리가 고대와 현대 역사를 잘 살펴보면(물론 남성들은 항상 여성들을 칭찬하는 데 인색합니다만) 남성들뿐만 아니라 여성들도 자신들의 가치를 입증해 왔다는 점을 발견하게 될 것입니다. 게다가 전쟁을 지휘해서 영광스러운 승리를 거두거나 위대한 신중함과 정의로 왕국을 다스리는 등 남성들 못지않은 업적을 이룬 여성들도 있습니다. 그리고 학습 면에서는 철학에 정

통한 여성, 위대한 경지의 시를 지은 여성, 직접 법정에 나서서
훌륭한 웅변술을 선보이며 변호를 하거나 죄를 고발한 여성들
의 일화를 많은 책에서 읽었던 기억이 있을 겁니다. 여성들이
이루어낸 일을 거론하자면 시간이 너무 많이 걸릴 것이며, 사실
굳이 내 입으로 직접 일일이 예를 들 필요도 없다고 봅니다. 그
러니 본질적인 측면에서 남성이 여성보다 완전하다고 말할 수
없으며 이 점은 물론 부수적인 면에서도 마찬가지입니다. 그리
고 이것은 이론까지 들먹이지 않더라도 실제 생활에서 분명하
게 확인할 수 있습니다. 그러니 나리가 여성과 남성의 완전함을
어떻게 정의 내리고 그런 주장을 하는지 알 수가 없군요.

귀하는 조물주가 언제나 가장 완전한 사물을 만들기 때문에
가능하다면 남성만을 탄생시킬 것이라고 말했습니다. 또한 여
성은 조물주가 의도와 상관없이 실수로 태어났으며 자체적으로
결함을 가지고 있다고 말했습니다. 나는 이 의견에 완전히 반대
합니다. 생각해 보십시오. 조물주가 가장 원하는 것이 무엇이겠
습니까? 그것은 바로 인간 종족을 유지시키는 것입니다. 두말
할 필요 없이 이는 여성이 없이는 불가능한 일입니다. 그러니
조물주가 여성을 탄생시킬 의도가 없다는 주장은 전혀 말이 안
됩니다. 남성과 여성이 결합한 결과로 여성은 자녀를 생산하고,
이 자녀들이 성장한 다음에는 어렸을 때 부모의 양육을 받은 대
가로 나이 먹은 부모를 모십니다. 이 자녀들이 결혼해서 아이를
낳으면 다시 이 과정이 되풀이되어서, 자신들이 부모를 모신 것
처럼 자식들이 자신을 잘 섬기기를 기대합니다. 조물주는 이처

럼 순환되는 자연의 법칙을 통해서 세상이 계속 돌아가게 하며 죽어야 할 운명을 타고난 인간에게 영원한 생명을 부여합니다. 이 과정에서 여성은 필수적인 존재로서 남성과 대등한 역할을 합니다. 그런데 왜 자꾸 여성을 두고 우연의 소산물이라고 말하는지 이해를 못 하겠군요.

귀하가 말한 대로 조물주는 항상 가장 완전한 존재를 생산해 냅니다. 그리고 바로 이 때문에 여성을 통해서 인간이라는 종이 탄생하게 만든 것입니다. 더구나 조물주가 남성만 생산한다면 이것이야말로 세상을 불완전하게 만들 것입니다. 정신과 육체가 합쳐져야 온전한 고귀함이 발생하듯이, 남성과 여성이 결합되어야 인간이라는 종족이 제대로 유지될 수 있을 테니까요. 따라서 남성과 여성은 공존해야 하며 다른 하나가 없으면 존재 자체가 불가능합니다. 다시 말하면 암컷이 없다면 수컷이라고 부를 만한 것이 없을 것이며, 반대의 경우도 마찬가지입니다. 하나의 성은 자체만으로는 불완전하기 때문에 고대 신학자들은 신들도 남성과 여성의 성질을 동시에 가진다고 생각했습니다. 쉬운 예로 오르페우스는 제우스가 남성임과 동시에 여성이었다고 말했지요. 그리고 성서에는 하나님이 자신의 모습을 따라서 남성과 여성을 만들었다고 나와 있으며, 시인들은 종종 신들이 자신들의 성을 혼동했다고 말한답니다."

그러자 가스파레 나리가 말했다. "이 자리에 계신 여성들이 이해하지 못할 테니 그렇게 난해한 문제는 기론하지 않는 것이

318

좋겠군요. 또 설사 내가 훌륭한 논쟁으로 귀하의 의견에 반박하더라도 이 여성들은 계속 내가 잘못되었다고 생각하거나 적어도 그런 척할 겁니다. 그러고는 즉시 여성들에게 유리하게 판단을 내리겠지요. 어쨌든 일단 시작된 이야기이니 의견을 내놓자면, 귀하도 알다시피 학식이 높은 많은 인물들이 남성을 형식(form)으로, 여성을 내용(matter)으로 간주한다는 말만 하겠습니다. 이 개념을 빌리자면 형식은 내용에 존재 가치를 부여합니다. 그러니 여기에서도 남성이 여성보다 훨씬 더 완전하다는 것을 알 수 있지요.

언젠가 어느 위대한 철학자가 삼단논법의 문제로 던진 질문이 기억나는군요. 그 질문은 여성이 처음으로 육체관계를 맺은 남성을 항상 자연적으로 사랑하게 되는 이유가 무엇인가, 반면에 남성들이 처음으로 육체관계를 맺은 여성을 혐오하게 되는 이유가 무엇인가입니다. 이 철학자는 이 문제를 놓고 설명하면서 성관계를 맺으면서 여성은 남성을 통해서 완전해지는 반면에 남성은 불완전해지는데, 누구나 천성적으로 자신을 완벽하게 만드는 것을 사랑하고 불완전하게 만드는 것을 혐오하기 때문에 이런 결과가 생긴다고 주장합니다. 또한 예외 없이 모든 여성들이 완전해지려는 본능적인 열망에 따라 남성이 되기를 원한다는 점도 남성의 완전함과 여성의 불완전함을 설득력 있게 보여주는 근거입니다."

마그니피코 줄리아노가 즉시 답변했다. "그런 불쌍한 여성들이 남성이 되기를 갈구하는 이유는 자신을 더욱 완전하게 만들기 위해서가 아니라, 자유를 쟁취해서 남성들이 일방적인 권한으로 여성들에게 행사해 왔던 학대를 떨쳐버리고 싶어서랍니다. 게다가 귀하가 이야기한 형식과 내용의 유추법이 항상 적용되는 것도 아니지요. 형식과 내용의 개념은 남성과 여성을 빗대어서 설명하기에는 적절하지 않은 것 같군요. 물론 내용이 형식을 통해서 탄생되며 형식이 없으면 존재할 수 없다는 점은 사실입니다. 그리고 형식은 내용이 구체적일수록 불완전해지며, 내용과 분리될 때 가장 완전해집니다. 반면에 남성은 여성을 탄생시킬 수 없으며, 남성과 여성은 서로가 있어야 완전해집니다. 따라서 두 성은 생식을 목적으로 합해지며, 혼자서는 절대로 새로운 생명체를 만들 수가 없습니다.

한편 나는 여성이 처음으로 육체관계를 맺은 남성에게 영원한 사랑을 바치는 반면에 남성은 처음으로 소유한 여성을 혐오한다는 점에 동의합니다. 그 이유는 나리가 거론한 철학자가 삼단논법으로 우겨댄 주장 때문이 아니라 여성의 확고부동함과 절개 그리고 남성의 변덕스러운 성질 때문입니다. 여기에는 타당한 이유가 있습니다. 남성은 천성이 열정적이어서 성격이 경솔한 반면에 여성들은 냉담한 천성 때문에 변하지 않는 진중함과 침착함을 보이고 이 때문에 외부의 영향을 받지 않는 것입니다."

이 순간 에밀리아 부인이 마그니피코에게 말했다. "제발 부탁이니 그 '형식과 내용' 그리고 '여성과 남성'이라는 말 좀 들

먹거리지 마십시오. 다른 사람이 이해할 수 있는 말을 하셔야지요. 정작 오타비아노 나리와 가스파레 나리가 여성들을 두고 한 비난들은 이해하기가 쉬웠는데, 마그니피코 귀하가 여성을 변호한답시고 하는 말은 요점을 벗어난 데다 전혀 알아들을 수가 없군요. 그러니 내가 보기에 모든 사람들이 귀하의 말을 기억하기보다는 여성의 적인 오타비아노 나리와 가스파레 나리가 발언한 여성의 나쁜 점들만 기억하게 만들 것 같군요."

"우리를 여성의 적이라고 부르지 마십시오." 가스파레 나리가 말했다. "여성들의 진정한 적은 바로 마그니피코입니다. 여성들을 거짓으로 칭찬하면서, 여성이란 솔직하게 칭찬할 가치가 없는 존재라고 암시하고 있으니까요."

그러자 마그니피코 줄리아노가 말을 받았다. "여사, 나는 모든 것을 명백하게 설명할 답을 가지고 있답니다. 그러나 나는 남성들이 이유 없이 여성을 학대해 온 것과 같은 자세로 남성을 학대하고 싶지 않군요. 어쨌든 이 자리에 계신 분 중 누군가가 이 토론을 기록해 오랜 세월이 흐른 후에 형식과 내용의 개념을 이해하는 후대 사람이 그 내용을 읽는다면 내가 명백하게 가스파레 나리의 주장과 비평을 반박했다는 점을 이해할 것입니다."

가스파레 나리가 말했다. "여성은 차갑고 남성은 뜨거운 기질을 가지고 있습니다. 남성의 이런 천성적인 특성 자체만으로도 여성보다 완전하다는 사실이 명백한데, 대체 무슨 근거로 이를 부정하는 겁니까? 역동적이고 생산적인 따뜻함은 차가움보다 훨씬 고귀하고 완전하답니다. 귀하도 알다시피 하늘은 차가움이 아니라 온기를 발산하며, 차가움은 조물주의 역작에서 아무 역할도 하지 않습니다. 나는 여성이 차가운 이유는 바로 그들이 겁이 많고 용기가 없기 때문이라고 생각합니다."

"여전히 그 궤변을 버리지 못하시는군요." 마그니피코 줄리아노가 말했다. "항상 그러다가 호된 봉변을 당한다고 내가 그렇게 주의를 드렸는데도 말입니다. 이 말을 들으면 이유를 이해할 것입니다. 나는 따뜻함은 그 자체만으로 봤을 때는 차가움보다 완전하다고 인정합니다. 그러나 이들이 혼합되었을 때는 문제가 달라집니다. 귀하의 말대로 어떤 물질이 따뜻할수록 더 완전해진다면, 사실 절제를 하는 육체야말로 가장 완전하기 때문입니다. 그리고 여성이 기질적으로 차갑다고 한 점은 남성하고 비교했을 때의 이야기라는 점을 확실히 알아두셨으면 합니다. 남성들은 내면의 과도한 열기 때문에 절제와는 거리가 멉니다. 그렇지만 여성들은 늘 절제를 합니다. 설사 그렇지 못한 여성들일지라도 적어도 남성에 비해서는 더 많이 절제합니다. 여성들은 열이 넘쳐흐르다 못해 메마른 남성들에게서는 찾을 수 없는 습기를 간직하고 있기 때문입니다. 또한 여성들이 가진 차가움은 남성들의 천성적인 열기를 완화해서 적당한 상태로 만듭니다. 반면에 남성들의 과도한 열은 생명이 살 수 없는 최고 온도로 올라가서 곧 소멸해 버리고 맙니다. 때문에 일반적으로 남성은 과도한 생식활동으로 기력이 다 메말라 여성보다 빨리 죽는 경향이 있지요. 이런 점에서 여성에게 완전함의 증거를 하나 더 부여할 수 있겠군요. 즉 남성보다 오랫동안 살면서 조물주의 의도를 훨씬 잘 수행한다는 점을 말입니다.

한편 여성들이 겁이 많고 용기가 없다고 하신 부분에 대해 의견을 밝히겠습니다. 비록 이런 특성이 불완전함을 드러내기는 하지만, 이 점들은 보고 듣는 것을 재빨리 판단할 수 있는 예민함과 민첩한 지각에서 비롯된 것이랍니다. 죽음을 비롯해 그 어떤 것도 두려워하지 않는 남성이라도 위험을 인식하지 못하고 아무 생각 없이 성급하고 경솔하게 돌격하다가 결국 낭패를 보는 경우가 많다는 점을 아실 겁니다. 이는 바로 둔감함 때문에 일어난 결과이며 이처럼 어리석은 행동으로는 용기 있는 사람이라는 평가를 받지 못합니다. 사실 진정으로 위대한 정신은 명예와 직무를 충실히 이행하는 신중한 선택과 자유로운 의사결정을 통해서 어떤 위험이라도 감수한 채 정해진 길을 따라가는 데에서 발생합니다. 또한 이처럼 위대한 정신력은 죽음에 맞선 상황에서도 대담한 자세를 유지하는 가운데 머뭇거리지 않고 능력을 발휘하며 전혀 동요가 없다는 듯이 말을 하는 데서 찾을 수 있습니다. 우리는 과거와 현대를 통해서 이처럼 위대한 정신력을 과시하며 남성 못지않은 수많은 업적을 남긴 여성들을 많이 목격해 왔습니다.”

그러자 프리지오가 말했다. “그 업적의 시작이란 이브가 죄를 저지르면서 아담으로 하여금 하나님의 뜻을 어기게 만든 데

기인한 것이지요. 결국 인간에게 죽음이라는 운명과 산고 그리고 슬픔을 겪게 한 데다가 오늘날 세상에 발생하는 온갖 비참함과 재난까지 남긴 것이고요."

마그니피코가 맞받아쳤다. "귀하가 설교를 할 작정이라면, 이브가 저지른 죄는 이미 성모마리아의 속죄로 보상을 받았으며, 성모마리아는 이브가 실수를 저질러서 잃은 것보다 훨씬 더 많은 것을 얻어내 이브의 잘못마저 가장 행복한 죄로 인식되게 만들었다는 사실을 먼저 아셔야지요. 그렇지만 자칫하면 성스러운 능력과 우리의 어리석은 토론을 혼돈하게 만들 수 있으니, 지금 성모마리아가 일반적인 인간보다 얼마나 뛰어난 분인지를 거론하지는 않겠습니다. 또한 예수 그리스도를 위해서 폭군에게 잔인하게 살해당한 수많은 절개 있는 여성들을 열거하거나 여러 수준 높은 토론에서 어리석은 우상 숭배자들을 난처하게 만든 여성들을 거론하지도 않겠습니다. 그래도 귀하가 이런 일들은 모두 초자연적인 것이고 성령 때문에 발생한 것이라고 주장한다면, 하나님의 가르침을 통해 입증된 것보다 더 훌륭한 미덕은 없다고 말씀드리겠습니다. 그리고 귀하는 여러 책에서 그동안 제대로 평가받지 못한 훌륭한 여성들을 수없이 발견하게 될 겁니다. 특히 성 제롬(St. Jerome, 히브리어로 된 구약과 그리스어로 된 신약을 라틴어로 번역한 성서학자-역주)의 책을 읽으면 그가 당대의 일부 여성들에게 보낸 엄청나게 많은 찬사를 통해 이들이 최고로 신성한 남성들과 맞먹는 업적을 남겼음을 알게 될 것입니다.

그리고 신성한 업적을 남긴 수많은 여성들이 세상과 격리되거나 그저 오늘날의 위선자들처럼 명예를 얻으려는 허식을 부리지 않았다는 이유만으로 일반인의 기억에서 사라졌다는 점을 잊지 마십시오. 이런 여성들과 달리 오늘날의 저주받을 위선자들은, 단식을 하며 정진할 때는 얼굴에 성유를 발라서 단식하지 않은 것처럼 보이게 하고, 기도나 보시를 비롯한 선행은 사람이 많은 광장이나 교회에서 하지 말고 비밀리에 해서 오른손이 한 일을 왼손이 모르게 하라고 지시한 예수 그리스도의 가르침을 망각하거나 멸시하고 있습니다. 그래서 이런 사람들은 좋은 본을 보이는 것이 세상에서 가장 중요한 일이라고 주장한답니다. 따라서 고개를 숙이고 눈을 내리깐 모습으로 여성들과는 말을 하지 않을 것이며 생 약초만 먹고 살아간다는 점을 일부러 과시하고 단순한 사람들을 속이려고 안간힘을 씁니다.

또한 주저하지 않고 하나님의 뜻을 날조하며, 부부 사이에 치명적인 적개심을 유발하고, 독극물 혹은 악령의 힘을 빌려 마법을 사용하는 등 온갖 극악무도한 짓을 벌입니다. 그리고 '독실해지지 못한다면 행동을 조심하시오(Si non caste, tamen caute)'와 같이 권위가 담긴 말을 아무 생각 없이 인용합니다. 이들은 이런 말을 통해서 모든 악을 고칠 수 있다고 생각합니다. 또 아무리 큰 죄라도 비밀스럽게 저질러서 나쁜 선례만 남기지 않으면 하나님도 선뜻 용서해 주실 것이라는 황당한 주장으로 일부 무분별한 사람들을 설득시킬 수 있다고 믿는답니다. 그래서 이들은 신성함이라는 미명 아래 은밀한 태도로 일부 여성의 순수한 마음을 타락시키고 형제 사이에 증오심을 유발시키며 국정을 좌지우지합니다. 또한 사람들이 막대한 희생을 치르게 하며, 무고한 사람들의 목을 베거나 감옥에 넣거나 배척당하게 만드는 것은 물론이고, 많은 통치자들이 저지르는 도둑질을 묵과해주며 엄청난 범죄에 도움을 줍니다. 어떤 사람들은 수치스럽게도 사람들 앞에 화려하고 호사스러운 모습으로 나서기를 좋아한 나머지 수염을 말끔하게 밀고 좋은 옷을 입으며, 길거리를 지나다닐 때는 여기저기 인사하며 자신들의 당당한 풍채를 과시하려는 경향이 있습니다. 이외에 심지어 미사를 드리면서 특이한 몸짓이나 표정을 지으며 이런 점들이 자신을 우아하고 존경스럽게 만들어준다고 착각하는 사람들도 있습니다. 그러다가 방종한 행위로 책망을 듣기라도 하면 오히려 꾸짖는 사람들을 조롱하며 자신들의 악덕을 의기양양해합니다. 종교는 물론이고 올바른 삶의 방식에도 완전히 무지한 인간들이지요."

이 말에 에밀리아 부인이 반박했다. "귀하는 탁발 수도사를 비난하는 데 너무 탐닉해서 원래의 주제에서 한참 벗어나셨습니다. 그리고 종교인을 놓고 투덜대는 그릇된 행동으로 자신에게 부질없는 부담을 주고 있답니다. 만일 우리를 대신해서 신에게 기도해 주는 수도사들이 없다면 우리는 지금보다 훨씬 더 큰 괴로움으로 고통받게 될 것이라는 점을 명심하십시오."

그러자 마그니피코 줄리아노가 웃으면서 대답했다. "이름 하나 거론하지 않았는데 내가 탁발 수도사 이야기를 했다는 사실을 어찌 그리 쉽게 아셨습니까? 그나저나 아주 솔직하게 터놓고 이야기했으니 투덜거렸다는 말로 비난하지 마십시오. 나는 훌륭한 수도사가 아니라 그저 부도덕하고 죄 많은 사람들을 언급했답니다. 더구나 말한 부분은 내가 아는 사실 중에서 천분의 일도 안 된답니다."

"어쨌든 탁발 수도사 이야기는 이제 그만 하시지요." 에밀리아 부인이 쏘아붙였다. "귀하의 말을 듣는 것조차 엄중한 죄를 진 것 같은 생각이 드니 어떻게 해서든지 피하고 싶군요."

"그 주제를 더 이상 이야기하지 않는다고 해도 전혀 상관이 없습니다." 마그니피코 줄리아노가 말을 이었다. "그러면 여성을 찬양하던 원래의 주제로 돌아가겠습니다. 나는 가스파레 나리가 아무리 우수한 남성을 예로 든다고 해도 이와 대등하거나 훨씬 월등한 아내와 딸과 동생, 즉 여성의 일화를 들 수 있다고 자신합니다. 그리고 많은 여성들이 남성들에게 무한히 많은 이익을 제공해 왔으며 종종 그들의 잘못을 바로잡아주기도 한다는 점도 강조하고 싶군요.

내가 지금까지 제시한 대로 여성들은 천성적으로 남성과 똑같은 덕목을 발휘할 능력이 있으며 우리는 여기에서 얻은 성과를 많이 목격해 왔습니다. 나는 이처럼 여성들이 과거에 보여줬고 현재도 가지고 있는 덕목을 명백하게 제시했으니, 가스파레 나리가 여성들은 불가능하다고 주장한 점들에 대해 더 이상 일일이 반론을 제기할 필요성을 느끼지 못하겠군요. 이런 여성들은 전 세계적으로 늘 많았고, 현재에도 내가 형상화했던 이상적인 궁정 숙녀와 공통점이 있는 여성들이 많이 있으니 말입니다. 지금까지의 토론으로 여러분이 구현해 놓은 완벽한 궁정 신하를 따라 하려는 남성들의 수만큼 말입니다."

그러자 가스파레 나리가 말했다. "나는 토론에서 나오는 내용은 거의 자신의 경험에서 비롯된다고 봅니다. 만약 귀하가 말한 대로 남성보다 칭찬할 가치가 있는 아내와 딸과 동생들 혹은 남성들에게 무한한 이익을 제공했으며 그들의 잘못을 잡아주기까지 한 여성을 세 명만 대보라고 하면, 귀하는 당황해서 어찌할 바를 모를 것이라고 확신합니다."

마그니피코 줄리아노가 답했다. "오히려 예로 들 여성이 너무 많아서 어찌할 바를 모르겠습니다. 시간만 허락한다면 내 주장을 입증해 줄 마크 안토니(Mark Antony)의 아내인 옥타비스(Octavis), 카토의 딸이자 브루투스의 부인인 포르티아(Portia), 타르퀴니우스 프리스쿠스(Tarquinius Priscus)의 아내인 카이아 카에킬리아(Caia Caecilia), 스키피오의 딸인 코르넬리아(Cornelia)를 비롯해서 최고로 경이로운 수많은 여성들의 예를 들겠습니다.

우리나라 여성은 물론이고 다른 나라의 여성들도 들 수 있습니다. 예를 들어 유대인 왕 알렉산더의 부인인 알렉산드라(Alexandra) 이야기를 해보겠습니다. 그녀는 남편이 죽자 그동안 왕의 잔인하고 무자비한 폭정을 참아온 사람들이 이에 대한 복수로 왕이 남긴 두 아들을 살해하려고 팔을 낚아채는 것을 보고 즉시 용감한 기백으로 나서서 그들의 격렬한 분노를 진정시켰답니다. 그리고 분별력을 발휘해서 오랫동안 알렉산더가 벌여온 폭정 때문에 처절한 복수를 꿈꿔오던 적들과 자신의 아들들의 관계를 원만하게 만들었지요."

"알렉산드라가 한 행동을 구체적으로 말해 주시지요." 에밀리아 여사가 요구했다.

마그니피코가 답했다. "알렉산드라는 자식들이 처한 심각한 위험을 보자 즉시 알렉산더의 시신을 광장 한가운데에 던지고 시민들을 불러 모은 다음에, 그들이 죽은 남편 때문에 분노로 불타오르고 있다는 점을 알고 있으며 그가 시민들에게 저지른 잔인한 폭정의 결과는 당연히 모두 보상받아야 된다고 말했답니다. 그리고 그녀는 남편이 생존했을 당시에 자신이 언제나 그의 사악함을 없애주려고 많은 노력을 기울였으며, 이제 그가 죽었으니 그 증거를 보여줄 준비가 되어 있다면서 그를 벌하는 것을 돕겠다고 했답니다. 따라서 남편의 시신을 가지고 가서 개의 먹이로 주고 그들이 생각할 수 있는 가장 잔인한 방법으로 갈기갈기 찢어놓아야 한다고 말했답니다. 그렇지만 비난받을 점이 없을뿐더러 아버지의 사악한 행동을 몰랐던 죄 없는 자식들에게는 동정을 베풀어 달라고 간곡하게 청했습니다. 그녀가 한 말이 매우 설득력이 있어서 사람들의 펄펄 끓어오르던 화를 단번에 가라앉혔지요. 오히려 시민들은 그녀를 동정해서 그녀의 아들, 즉 알렉산더의 후계자를 새로운 통치자로 추대한 데다가 알렉산더의 시신도 아주 명예롭게 매장해 주었답니다."

잠시 정적이 흐른 뒤에 마그니피코가 덧붙였다. "여러분, 미트리데이테스(Mithridates)나 하스드루발(Hasdrubal)의 아내들이 정작 남편들보다 훨씬 의연한 자세를 취하며 죽음 앞에서 두려 움을 보이지 않았다는 사실을 모릅니까? 또한 시라쿠사 (Syracusa, 이탈리아 시칠리아 섬에 있는 도시. 고대 카르타고 사람이 기원전 734년에 건설-역주) 히에로(Hiero)의 딸인 하르모니아(Harmonia)가 고향 땅이 화재에 휩싸이자 차라리 그곳에서 죽기로 결정한 이 야기도 못 들어봤습니까?"

프리지오가 이 말에 반박했다. "하기야 고집을 놓고 보자면 여성들을 따라갈 수가 없지요. 목표를 위해서 끝까지 고집을 굽 히지 않는 여성들이야 얼마든지 많으니까요. 남편이 우물 안으 로 밀어버리자 물속에서 허우적거리면서도 계속 가위를 사달라 고 손짓하던 어느 여성처럼 말입니다."

마그니피코 줄리아노가 웃으면서 말했다. "덕이 있는 행동을 유발하는 고집은 끈기라고 불러야 한답니다. 노예 신분에서 해 방된 로마 여성 에피카리스(Epicharis)는 네로 황제의 통치에 반 대하는 거대한 음모에 연루됐었지요. 이 여성은 최고로 끔찍한 고문으로 고통받으면서도 위대한 끈기를 보여주며 동료를 한 사람도 배반하지 않았지요. 이와 같이 위태로운 상황에서 수많 은 귀족 기사와 평의회 의원들이 나약하게 형제와 친구를 비롯 해 세상에서 가장 가깝고 사랑하는 사람들을 고발한 것과는 아 주 대조되는 모습이었습니다. 그렇다면 레오나(Leona)라는 여성 은 어떻게 생각합니까? 아테네인들은 그녀가 확고한 침묵을 보여준 덕목을 기념하려고 성문 앞에 혀가 없는 청동 암사자를 만들어서 그녀에게 헌정했지요. 역시 폭군들에게 반대하는 공모에 가담했던 그녀는 절친한 친구였던 위대한 두 남성의 죽음에 낙담했지만 극악무도한 고문에 온몸이 찢기면서도 다른 가담자를 한 명도 배반하지 않았답니다."

그러자 마르게리타 곤차가가 입을 열었다. "그 여성들의 숭고한 업적을 너무 간단하게 설명하시는 것 같군요. 여기 계신 여성들의 적은 실제로 그런 이야기를 듣고 읽었다고 해도 전혀 모르는 척하면서 사람들의 기억에서 잊히기를 바랄 겁니다. 그러니 그런 이야기를 더 자세히 알려주시면 적어도 우리라도 그런 여성들을 자랑할 수 있을 겁니다."

마그니피코 줄리아노가 대답했다. "기쁜 마음으로 응하겠습니다. 그러면 이제부터 위대한 행적을 남긴 한 여성을 이야기하지요. 아무리 가스파레 나리라도 이런 일을 한 남성을 거의 찾아낼 수 없을 겁니다."

그리고 이야기를 시작했다. "마실리아(Massilia)에는 그리스에서 전해진 것으로 여겨지는 한 관습이 있었습니다. 이 관습에 따라서 사람들은 독초에서 뽑아낸 독을 공공연하게 보관했으며, 원로원 의원들 앞에서 극심한 슬픔으로 자신의 목숨을 끊어야 한다고 증명한 사람은 누구든지 이 독을 마실 수 있었습니다. 이 관습은 너무 괴로운 고통을 겪거나, 보기 드문 성공을 거둔 사람이 힘든 삶을 유지하거나, 다른 사람에게 피해를 줘서는 안 된다는 발상에서 시작되었습니다. 섹스투스 폼페이(Sextus

331

Pompey)가 자신이······."

여기에서 프리지오가 마그니피코 줄리아노의 말을 기다리지 않고 끼어들었다. "보아하니 너무 긴 이야기가 될 것 같은데요."

마그니피코 줄리아노는 웃으며 마르게리타를 보고 말했다.

"보시다시피 프리지오가 이야기를 못 하게 합니다. 나는 원로원 의원들에게 자신이 스스로 목숨을 끊는 정당한 이유를 주장한 뒤에 섹스투스 폼페이 앞에서 두려움 없이 기꺼이 독을 마신 한 여성의 이야기를 하려고 했습니다. 그녀는 이 과정에서 대단한 지조와 가족에 대한 사려 깊고 넘치는 애정을 보여주었지요. 따라서 섹스투스를 비롯해서 이 장면을 목격한 모든 사람들은 무시무시한 죽음의 문턱에서 드러난 한 여성의 현명함과 확고부동함에 감동받아서 눈물을 펑펑 흘렸으며 경이로움에 압도당했답니다."

여기에서 가스파레 나리가 미소를 지으며 말했다. "나 역시 한 불행한 남편이 원로원 의원들에게 자살할 수 있도록 허락해 달라면서 정당한 이유를 밝혔다는 이야기를 읽은 기억이 납니다. 이 남성은 아내가 끈질기게 해대는 악질적인 잔소리를 견딜 수가 없어서, 그것을 감수하느니 차라리 독약을 삼키겠다고 했답니다."

마그니피코 줄리아노가 대답했다. "그렇지만 지나치게 사악한 남편의 행동(부도덕한 말을 하기 싫으니 이 정도로 표현하지요)을 참느니 차라리 죽음을 선택할 여성이 얼마나 많은지 생각이나 해

332

보셨습니까? 나만 해도 지금 극심한 고통을 받으며 사느니 차라리 지옥으로 떨어지는 것이 낫겠다고 말할 여성들을 몇 명 알고 있답니다."

가스파레 나리가 답했다. "그렇다면 아내에게 엄청난 고문을 당하고 살면서 매 순간 죽고 싶다고 생각하는 남성들도 아주 많다는 사실을 아십니까?"

마그니피코가 바로 반박했다. "아무리 성가신 아내라고 하더라도, 아내에게 애정이 아닌 두려움으로 복종을 요구하는 남성들보다 더 큰 고통을 주지는 않는답니다."

가스파레 나리가 말했다. "여성들은 그나마 두려움을 느껴야 가끔씩이라도 착한 일을 조금 합니다. 이 점은 여성들 대부분이 남성을 증오하는 마음을 숨기지 않는다는 면에서 분명하게 볼 수 있지요."

마그니피코가 반박했다. "그러기는커녕 귀하가 책에서 읽은 내용을 되새겨본다면 역사적으로 모든 여성들은 남편이 준 사랑보다 훨씬 많은 사랑을 그들에게 바쳤다는 점을 깨달을 겁니다. 캄마(Camma)가 남편에게 바친 것과 같은 사랑의 징표를 자신의 아내에게 준 남편을 목격하거나 책에서 읽은 적이 있으십니까?"

"글쎄요." 가스파레 나리가 대답했다. "캄마가 누구이며 남편에게 무엇을 주었는지도 모르겠습니다."

"나도 처음 듣습니다." 프리지오가 덧붙였다.

그러자 마그니피코가 말을 이었다. "그렇다면 여러분은 내가 하는 말을 잘 들으십시오. 마르게리타 양은 이 내용을 꼭 잘 기억하기 바랍니다.

캄마는 최고로 아름다운 젊은 여성으로 대단히 겸손하고 매력이 넘쳤답니다. 따라서 외모는 물론이고 성품으로도 존경을 받았지요. 무엇보다도 그녀는 시나투스(Synattus)라는 남편을 충심으로 사랑했답니다. 그런데 그들이 사는 도시를 직접 다스리던 통치자가 이 젊은 여성을 보고 사랑에 빠져버립니다. 시노리스(Sinoris)라는 이 통치자는 오랫동안 수단과 방법을 가리지 않고 그녀를 차지하려고 노력했지만 모두 실패로 돌아가자, 자신의 열정을 가로막는 유일한 장애물이 남편을 향한 캄마의 사랑이라고 생각하고 남편을 살인하기에 이릅니다. 그러나 그토록 간청을 했건만 그녀는 오히려 이전보다 더 그를 차갑게 대했답니다. 날이 갈수록 캄마를 향한 사랑이 커지자 그녀의 사회적인 신분이 자신보다 훨씬 아래라는 점에도 아랑곳하지 않고 결혼을 하기로 결심합니다. 시노리스가 그녀의 부모에게 결혼에 동의해 줄 것을 청하자, 부모는 이 결혼이 대단히 유익하고 거절할 경우에는 그녀와 온 가족이 위험에 처할 것이라며 청혼을 받아들이라고 딸을 설득했지요. 캄마는 부모의 설득을 한 번 거절했지만 마침내 결혼을 하겠다고 말했답니다. 그러자 그녀의 부모는 시노리스에게 즉시 이 말을 전했고, 미칠 듯한 기쁨에 젖은 그는 바로 결혼식 준비를 서둘렀지요. 이들이 결혼식을 올리는 날 디아나 사원(Temple of Diana)에 입장한 캄마는 미리 준비해 둔 달콤한 음료를 가져오라고 했습니다. 그녀는 디아나 조각상 앞에 서서 음료의 반을 마시고 당시의 결혼식 관례에 따라서 나머지를 시노리스에게 건네줬으며 그는 바로 잔을 비웠습니다. 계획대로 되자 캄마는 디아나 조각상 앞에 무릎을 꿇고 큰 소리로 다음과 같이 말했지요.

'오, 디아나 여신이시여, 그대는 내 마음에 감춰진 생각을 다 아십니다. 사랑하는 남편이 죽은 후에 목숨을 끊지 않고 사는 것이 얼마나 어려웠으며 비통한 세상에 혼자 남겨진 슬픔을 견뎌내는 것에 얼마나 지쳤는지를 목격했습니다. 나는 지금까지 삶의 즐거움을 전혀 느끼지 못한 채 그저 복수를 향한 희망만으로 목숨을 지탱해 왔습니다. 이제 복수가 이루어졌습니다. 그러니 기쁨과 만족감을 안고 내가 살아생전 사랑했고 죽어서는 나보다 더 사랑할 그리운 내 영혼의 동반자를 만나러 가겠습니다. 그리고 시노리스, 나의 남편이 될 것이라고 착각했던 사악한 당신은 결혼식 침대를 놓을 자리에 무덤을 준비하라고 명령하도록 하시오. 나는 당신을 시나투스의 무덤에 재물로 바칠 것입니다.'

이 말을 듣고 깜짝 놀란 시노리스는 이미 독이 몸에 퍼져서 효력을 발휘하는 것을 느끼고 다양한 치료약을 써보았지만 아무 효과가 없었습니다. 캄마는 자신보다 시노리스가 먼저 죽어가는 모습을 목격하는 행운을 누렸답니다. 시노리스가 죽은 뒤에 그녀는 만족스러운 표정으로 침대에 누워서 하늘을 바라보며 계속 시나투스의 이름을 부르더니 말했습니다.

'오, 사랑하는 남편이여, 당신의 죽음에 대한 마지막 재물로 눈물과 복수를 바쳤으니 더 이상 할 일이 없습니다. 한때 당신과 함께여서 그토록 행복했으나 당신이 떠난 뒤 너무 잔인하기만 했던 이 세상과 삶을 이제 떠나렵니다. 나를 맞으러 와서 당신을 기다리는 나만큼이나 열정적으로 내 영혼을 받아주세요.'

그녀는 이 말을 마치고 마치 남편을 안으려는 듯 팔을 넓게 벌리더니 숨을 거뒀습니다. 프리지오, 이 여성을 어떻게 생각하는지 말해 보시오."

프리지오가 대답했다. "귀하는 이 자리에 있는 모든 여성들을 울릴 작정인가 보군요. 비록 귀하의 이야기가 사실이라고 할지라도 요즘 세상에는 더 이상 그런 여성이 없답니다."

그러자 마그니피코가 즉시 말했다. "현재에도 실제로 그런 여성이 있답니다. 증명해 보일 테니 이 이야기를 들어보십시오. 얼마 전까지만 해도 피사에 톰마소(Tommaso)라는 남성이 살았답니다. 그와 아주 절친한 친구였던 내 아버지가 그의 가문을 거론하는 것을 몇 번 들었으나 거기까지는 기억이 안 나는군요. 어느 날 톰마소는 일 때문에 작은 배를 타고 피사에서 시실리로 강을 건너던 중에 무어인의 전함 군대를 만나게 됩니다. 이 전함들이 너무나 갑자기 추적을 해오는 바람에 톰마소가 타고 있던 배의 사람들은 미처 전함들을 발견하지도 못한 상황이었죠. 습격을 당하자 작은 배에 있던 사람들이 사력을 다해서 싸웠지만 적에 비하면 수가 너무 적었기 때문에 곧 무어인들의 손에 넘어가고 말았습니다. 일부는 부상을 당했고 운이 좋았던 몇몇 사람들은 무사했습니다. 다행히 부상을 입지 않았던 톰마소는 용감하게 싸우며 함장의 형제 중 한 사람을 죽였답니다. 여러분이 상상하시듯이 동생을 잃고 분노한 함장은 톰마소를 감옥에 가둬놓고 바르바리로 돌아가는 항해 길에 날마다 그를 때리며 고문했답니다. 바르바리에 도착하자 그들은 톰마소를 평생 동안 포로로 잡아두면서 엄청나게 고통스럽게 고문해야 한다고 판결을 내렸답니다.

시간이 지나면서 여러 경로를 통해 자유를 되찾아 집으로 돌아간 사람들이 톰마소의 부인인 아르헨티나(Argentina)와 자식들에게 그가 겪고 있는 무시무시한 고통과 힘든 삶을 전했습니다. 그들은 신이 기적을 일으켜 그를 구출하지 않는 한 평생 동안 아무 희망 없이 살아가게 될 것이라고 말했답니다. 톰마소의 아내와 친구들은 그를 구하려고 온갖 방법을 쓰며 노력했지만 별 성과가 없었으며, 얼마 후 결국 그가 살아 나갈 것을 단념했다는 소식을 전해 듣게 됩니다. 그러자 아버지 걱정에 몸이 단 아들 중 하나인 파올로(Paolo)가 용기를 내어 어떤 위험을 무릅쓰더라도 직접 나서서 아버지를 구출할 것이며 실패할 경우 스스로 목숨을 끊겠다고 결심합니다.

마침내 파올로는 아버지를 비밀스럽게 구출하는 데 성공하여 바르바리의 사람들이 알아채기 전에 레그혼으로 탈출했습니다. 안전하게 자유의 몸이 된 톰마소는 그곳에서 아내에게 편지를 써서 자신이 탈출했으며 지금 레그혼에 있으니 그다음 날이면 만날 수 있다고 알렸습니다. 아르헨티나 부인은 더 이상 볼 수 없을 것이라고 생각했던 남편을 아들의 용기와 효심 덕택에 다시 만날 수 있다는 예상치 못한 기쁜 소식에 매우 감동을 받았지요. 편지를 읽은 이 착하고 여린 부인은 눈을 떠 하늘을 보고 남편의 이름을 부르더니 갑자기 바닥에 쓰러져 숨을 거두었습니다. 온갖 노력을 다 기울였지만 그녀의 영혼을 육체로 다시 되돌릴 수는 없었습니다. 물론 이것은 아주 잔인한 광경입니다. 한편으로는 완전하고 절대적인 행복을 너무 격렬하게 갈구하지 않도록 어느 정도 인간의 열망을 절제해야 한다는 점을 시사해 주는 일화이기도 하지요."

마그니피코의 말을 다 들은 프리지오는 웃으면서 이의를 제기했다.

"그 부인이 남편이 집에 돌아오는 길이라는 말을 듣고 너무 속상해서 죽은 게 아니라고 어떻게 장담합니까?"

그러자 마그니피코가 쏘아붙였다. "그거야 평소 부인의 삶을 통해서 확연히 알 수 있으니까요. 오히려 내 생각에는 편지를 읽으면서 남편을 직접 보고 싶은 그리움을 더 이상 참을 수 없었던 그녀의 간절한 마음이 영혼을 육체로부터 빠져나가게 한 것 같습니다."

가스파레 나리가 말했다. "대부분의 여성들이 항상 너무 극단적으로 치달아서 해를 당하는 것처럼 그 부인도 너무 사랑에 목을 맸던 것 같군요. 여러분도 알 수 있듯이 이 여성이 너무 유난을 떠는 바람에 자신은 물론이고 남편과 자식들에게도 해를 입혔습니다. 험난한 위험을 무릅쓰고 오랫동안 갈구하던 자유를 되찾은 기쁨을 비통함으로 바꿔놨으니까요. 그러니 세상에 많은 축복을 가져다준 여성들 속에 이 부인을 포함시키는 것은 옳지 않습니다."

마그니피코가 답했다. "나는 남편을 사랑하는 여성들이 있다는 사실을 증명하기 위해서 이 부인의 이야기를 꺼낸 것입니다. 귀하가 말한 대로 세상에 큰 축복을 가져다준 여성들이라면 너무 많아서 이름을 다 거론하기가 힘들 정도입니다. 여기에는 고대사회의 전설적인 여성들을 비롯해서 여신으로서 추앙받을 만한 공적을 처음으로 남긴 팔라스(Pallas, 아테나의 다른 이름. 전쟁과 지성의 여신–역주)와 케레스(Ceres, 풍작의 여신–역주)가 포함됩니다. 또 점쟁이들도 예로 들 수 있으며 신은 이들의 입을 통해서 세상에 앞으로 일어날 일을 알려주지요.

이외에도 아스파샤(Aspasia, 아테네의 창녀로 페리클레스의 정부–역주)와 디오티마(Diotima, 만티네이아의 전설상의 무녀. 플라톤의 『대화편』에 등장–역주)처럼 위대한 남성을 가르쳤던 여성들도 있습니다. 디오티마는 자신을 희생해서 아테네에 역병이 들어오는 것을 10년 동안 막았습니다. 고대 로마인들에게 글자를 가르쳤던 니코스트라타(Nicostrata)와 서정시를 전파한 핀다르(Pindar) 혹은 대단히 뛰어난 시인이었던 코린나(Corinna)와 삽포(Sappho)의 일화를 전해 드릴 수도 있습니다. 그렇지만 주제와 너무 멀리 떨어진 이야기는 하지 않겠습니다. 어쨌거나 다른 여성들을 다 제한다고 해도 위대한 로마를 세우는 데 남성 못지않은 공을 세운 여성들이 있다는 점은 아셔야 합니다."

가스파레 나리가 말했다. "그런 경우라면 들을 가치가 있겠군요."

"그러면 들어보시지요." 마그니피코가 말했다. "트로이가 정복을 당한 뒤에 폐허에서 탈출한 많은 트로이 사람들이 여러 지역으로 뿔뿔이 흩어졌습니다. 이 중에서 한 무리가 폭풍우에 휩쓸려 이탈리아의 티베르 강이 바다와 만나는 지점까지 오게 되었습니다. 이들은 필요한 물품을 확보하려고 육지에 정박했으며 곧 모든 남성들이 배에서 내려가 근방을 탐색하기 시작했습니다. 배에 남아 있던 여성들은 위험한 바다에서 오랫동안 정처 없이 헤매는 생활을 끝내고 잃어버린 고향 땅을 대신할 새 터전에 정착할 계획을 세우게 되었답니다. 아직 남성들은 돌아오지 않았고 이 틈을 타서 다 함께 토론을 거친 여성들은 배를 불태워버렸습니다. 이 계획을 제일 먼저 제안한 여성의 이름이 바로 로마였답니다. 그렇지만 여성들은 때마침 돌아오던 남성들이 터뜨릴 분노가 두려웠답니다. 그래서 먼저 배웅을 나가서 열렬한 애정을 보이면서 남편 혹은 친척들을 껴안거나 키스를 했습니다. 이렇게 그들이 충동적으로 일으킬 분노를 먼저 완화시킨 뒤에 차분하게 자신들이 그토록 재빠른 결정을 내린 이유를 설명했답니다. 선택의 여지가 없었고 주거지가 생긴 것만으로도 기뻤기 때문에 트로이 남성들은 여성들이 한 행동에 아주 만족해했습니다. 그래서 그곳에 정착해서 고대 로마인들과 함께 살게 되었고 이후 이곳이 로마라고 불립니다. 이 일을 계기로 로마인들은 친척을 만날 때마다 키스를 하는 관습이 생겼답니다. 자, 이 정도면 로마를 건설하는 데 이 여성들이 세운 공적을 깨달으시겠습니까?

트로이 여성들이 로마를 세우는 데 기여한 공 못지않게 사빈족(Sabine) 여성들도 로마의 확장에 큰 역할을 했답니다. 로물루스(Romulus, 로마 최초 국왕–역주)가 이웃 부족 국가들의 여성들을 너무 많이 포획해 가자 이에 사방에서 쉴 새 없이 로마를 공격했지요. 로물루스는 대단히 용맹한 인물이어서 수많은 전쟁에서 승리를 거머쥐었지만 사빈족과의 전투에서는 고전을 면치 못했답니다. 사빈족의 왕인 티투스 타티우스(Titus Tatius)가 워낙 능력이 뛰어나고 현명했기 때문이지요.

로마와 사빈족 간의 격렬한 접전이 양측 모두에게 심각한 손실을 가져다준 직후, 다시 한 번 치열한 전투를 눈앞에 두고 있던 때에 검정색 옷을 입은 사빈족 여성들이 풀어헤친 머리를 쥐어뜯으며 나타났습니다. 이 여성들은 눈물을 흘리고 통곡을 하며 이미 발사되고 있는 포탄 사이로 두려움 없이 걸어 들어갔답니다. 전장에서는 자신들의 부모 형제인 사빈족 남성들과 남편 혹은 자식인 로마인 남성들이 서로 무기를 겨누며 싸우고 있었지요. 여성들은 남성들을 붙잡고 손에 사돈의 피를 묻히지 말라고 간청했답니다. 과부로 남거나 아버지와 형제를 먼저 저세상으로 보내고 사느니 차라리 죽는 것이 낫다며 서로에게 불만이 있다면 차라리 여성들에게 무기를 겨누라고 말했지요. 이들은 사빈족 출신이었지만 로마의 남성들과 살고 있었으니까요. 과거에 두 나라 간에 일어난 전쟁에서 자신들의 친정아버지들과 남편들이 서로 살육했던 상황이 다시 벌어지는 것을 견딜 수가 없었던 것이지요. 서럽게 울면서 통곡하는 여성들 대부분이 팔에 어린 아이들을 안고 있었으며, 그 상황에서도 이 아이들은 할아버지들을 부르며 옹알이를 하고 재롱을 피웠습니다. 여성들은 손자들을 앞으로 내밀며 외쳤습니다. '당신의 친손자입니다. 이 아이들을 난폭하고 잔인하게 죽일 셈입니까?' 이 여성들의 효심과 현명함은 단번에 사람들의 마음을 움직여서 앙숙관계였던 두 왕은 확고한 우정을 약속하는 협정을 맺고 동맹관계를 유지하기로 했습니다. 무엇보다도 사빈족이 로마에 정착하면서 두 나라가 하나로 합병되는 성과를 이루어냈답니다. 이 조약은 로마의 힘을 강력하게 했고 로물루스는 사빈족 여성들에게 감사하는 의미에서 사빈족이 살고 있던 30개 도시의 이름을 그녀들의 이름을 따서 지었답니다."

마그니피코는 잠시 침묵을 지켰으며 가스파레 나리가 말할 의사가 없어 보이자 직접 질문을 던졌다. "이 여성들이 자신의 가족을 지키고 위대한 로마를 건설하는 데 큰 공헌을 했다고 생각지 않으십니까?"

"확실히 이들의 행동은 칭찬받을 만하군요." 가스파레 나리가 답했다. "그러나 귀하도 이 여성들의 선한 행동뿐만 아니라 범죄를 담은 노래를 들어본 적이 있을 텐데요? 그 노래에는 티투스 타티우스와 전쟁을 벌이넌 때에 로마를 배신하고 적군에게 제우스 신전으로 향하는 길을 알려준 여성이 나옵니다. 결국 침략을 받은 제우스 신전은 완전히 폐허가 되었으며 많은 로마인들이 탈출하지 못하고 숨을 거뒀습니다."

마그니피코가 답했다. "귀하는 단지 한 명의 사악한 여성을 거론하시지만, 나는 선량한 여성들의 예를 수없이 들었습니다. 나는 이외에도 로마에 이익을 가져다준 여성의 예를 수천 개는 인용할 수 있답니다. 사원들이 비너스 아르마타(Venus Armata)와 비너스 칼바(Venus Calva)에 헌정되고, 처녀들의 축제(Festival of the Maidens)가 주노(Juno)를 기리기 위해서 시작된 이유를 아십니까? 그것은 모두 적들의 공격으로부터 로마를 구해 낸 노예 소녀들의 공적을 기억하기 위해서였습니다. 그러나 이외에도 키케로가 그토록 스스로를 찬양했던 영웅적인 행동, 즉 카틸리네(Catiline)의 음모를 밝혀낸 일의 시초는 평범한 서민 여성의 공이 컸다는 사실을 들어보셨습니까? 그러니 키케로가 로마 공화국을 확고하게 지켰다고 자랑하는 업적은 그 여성 때문에 이루어졌다고 해도 과언이 아니랍니다. 시간만 있다면 의심할 여지없이 남성들의 잘못을 바로잡았던 여성들의 일화도 이야기하고 싶습니다. 그러나 이미 너무 말을 많이 해서 여러분을 불쾌하게 만드는 것 같아 걱정이 되는군요. 그러니 이제 내 능력의 한도에서 주어진 과업은 다 마쳤습니다. 내 주장보다 더 가치 있는 말을 하실 분에게 차례를 넘기겠습니다."

이 말을 듣고 에밀리아 여사가 말했다.

"부디 여성들이 진정한 칭찬을 들을 기회를 빼앗지 마십시오. 가스파레 나리나 오타비아노 나리가 귀하의 의견을 불쾌하게 받아들인 반면에 그 외의 모든 남성들은 귀하의 이야기를 아주 즐겁게 들었을 것이라는 사실을 잊지 마십시오."

마그니피코는 여전히 이야기를 끝내고 싶어했지만, 모든 여성들이 계속해 달라고 간청하자 미소를 지으면서 말문을 열었다. "그러면 더 이상 가스파레 나리를 내 적으로 만들지 않기 위해서, 내가 예로 들고 싶은 많은 여성들 가운데 그저 일부만 간단하게 거론하겠습니다."

그러고 나서 다음과 같이 이어갔다.

"데메트리우스(Demetrius)의 아들인 필립이 도시 키오스(Chios)를 포위하고 있던 중에 도시를 탈출해서 그의 군대에 지원하는 노예들에게는 자유를 주고 주인의 부인을 차지하게 해주겠다고 선언했습니다. 이 수치스러운 성명을 들은 키오스 여성들의 분노가 어찌나 강했던지 이들은 스스로 무기를 들고 성벽으로 몰려가서 대담하게 싸움을 벌였지요. 그곳은 이미 키오스의 남성들이 패배를 당했던 격전지였습니다. 그러나 얼마 지나지 않아서 여성들이 승리를 거두고 필립의 부대를 퇴각시켰습니다. 필립에게는 수치스러운 일이었지요.

이 여성들은 추방당할 위험에 처한 그들의 아버지와 남편과 형제들과 함께 류코니아(Leuconia)로 갔을 때도 위의 경우에 못지않은 업적을 세웠답니다. 그곳에 있던 사람들은 동맹군과 함께 키아(Chia)를 공격하고 있었는데, 승리를 서두자 키아의 남성들에게 망토와 겉옷만 걸친 채 도시를 떠나겠다는 협정을 맺게 했습니다. 수치스러운 협정 소식을 들은 여성들은 이에 반대하며 남성들을 꾸짖었습니다. 그리고 협정이 이미 맺어졌다는 소식을 전해 듣자 남성들에게 옷을 다 벗고 방패와 창만 든 채 나가서 그것이 바로 그들의 옷이라고 말하라고 했답니다. 여성들의 충고를 따른 키아의 남성들은 덕분에 그들이 받아 마땅한 수치에서 상당히 벗어날 수 있었답니다.

또한 페르시아 군대는 사이루스(Cyrus)에 대패하고 자신들의 도시로 퇴각하다가 성문 밖에서 기다리고 있던 부인들을 만났습니다. 부인들은 '비겁하군요. 왜 도망을 치는 겁니까? 여러분이 태어난 여성의 몸속으로 다시 들어가서 숨을 작정입니까?'라고 말했지요. 많은 여성들이 이렇게 꾸짖자 남성들은 자신들이 여성들보다 용기가 없었다는 점을 깨닫고 부끄러워져서 다시 전장으로 돌아가 전투를 개시했고 결국 이번에는 대승을 거두었답니다."

마그니피코 줄리아노는 여기까지 말하고 마무리를 지었다. "에밀리아 여사, 이 정도 말했으면 이제 입을 다물어도 괜찮겠지요?"

이 말을 듣고 가스파레 나리가 대신 답변을 했다. "더 이상할 말이 없을 테니 당연히 침묵을 지켜야지요."

마그니피코는 웃으면서 반박했다. "나리는 나를 너무 자극하시면서 위험을 자초하고 있습니다. 아무래도 오늘 밤새도록 여성들을 칭찬하는 내 말을 들어야겠군요. 아들의 영광스런 죽음을 기뻐했던 스파르타(Sparta) 여성들이나, 비겁자처럼 행동하는 것을 보고 모자간의 인연을 끊거나 심지어 친아들을 죽이기까지 한 여성들의 이야기를 말입니다. 그리고 사군티(Sagunti)의 여성들은 나라가 멸망한 뒤에 직접 무기를 들고 한니발 군대와 대적하기도 했답니다. 그렇다면 마리우스(Marius)가 독일 군대를 쳐부순 뒤에 로마에서 베스타의 처녀(Vestal Virgins, 베스타 여신의 제단을 지키는 여성-역주)로 자유롭게 사는 것을 규제하자, 이를 거부하고 어린 자식들까지 죽이고 스스로 목숨을 끊은 독일 여성들의 이야기는 아십니까? 이외에도 고대 역사에서 예를 들 수 있는 위대한 여성들은 수없이 많답니다."

가스파레 나리가 말했다. "마그니피코 나리, 그런 일이 어떻게 벌어졌는지는 신만이 아실 겁니다. 너무 오래전의 일이라 거짓말이 많이 섞였을 것이고 실제로 일어났던 일이라고 증명할 만한 사람이 여기에 하나도 없지 않습니까?"

마그니피코가 답했다. "나리가 여성들이 가진 장점을 연령대별로 남성들과 서로 비교해 보면 과거에는 물론이고 현재에도 절대로 남성들보다 뒤처지지 않는다는 점을 확인하게 될 겁니다. 그럼 수세기 전의 이야기는 제쳐두고, 고트족(Goths)이 이탈리아를 다스리던 때로 돌아가 보지요. 그곳에는 존경받을 만한 지혜로 오랫동안 나라를 다스린 아말라손타(Amalasontha) 여왕, 뛰어난 능력을 보여준 롬바르드의 테오돌린다(Theodolinda) 여왕, 그리스의 테오도라(Theodora) 황녀 등 수많은 여성들이 있었습니다. 이 중에서도 마틸다(Matilda) 백작부인은 그야말로 비범한 여성임을 보여줬으며, 이 이야기는 로도비코 백작부인에게 넘기도록 하겠습니다. 그는 마틸다 백작부인과 같은 가문이니까요."

백작이 대답했다. "이 이야기는 마그니피코 나리가 하는 것이 오히려 낫습니다. 자기 가문을 스스로 칭찬하는 것이 올바르지 않다는 점을 나리도 아시지 않습니까?"

그러자 마그니피코가 계속 말을 받았다. "그렇다면 몬테펠트로 가문 출신 중에서 역사적으로 유명한 여성이 얼마나 많은지 생각해 보십시오. 곤차가 가문이나 에스테 가문이나 피오 가문도 마찬가지입니다. 가스파레 나리가 말한 것처럼 현대의 여성들을 놓고 이야기하자면 이처럼 우리들 사이에서 예를 찾아야합니다. 뛰어난 여성들이 바로 이 궁정에 있으니까요. 그러나이 자리에 있는 여성들을 거론하지는 않겠습니다. 그저 남성들이 예의를 차리느라고 내 말을 인정하는 척할 수도 있으니까요. 그러니 이탈리아 밖으로 나가서, 덕을 보여준 위대한 여성인 프랑스의 앤(Anne) 여왕을 거론해 보겠습니다. 이 여왕은 결혼했던 두 남성, 찰스 왕과 루이스 왕과 비교했을 때 조금도 뒤처지지 않는 위대한 인물이었답니다. 그리고 막시밀리안(Maximilian) 황제의 딸인 마르게리타를 떠올려 보십시오. 그녀는 아직까지도 최고의 신중함과 공정함으로 국가를 다스리고 있습니다.

가스파레 나리, 이런 여성들은 다 제쳐두더라도 과거와 현재의 모든 기독교 국가들 가운데 스페인의 이사벨라(Isabella) 여왕과 견줄 만한 왕이나 왕자가 한 명이라도 있었나요?"

가스파레 나리가 대답했다. "그녀의 남편인 페르디난드 왕과 견줄 수 있겠지요."

마그니피코가 말했다. "그 점은 부정하지 않겠습니다. 이사벨라 여왕이 그를 남편감으로 맞아서 사랑하고 존경할 만큼 가치가 있는 인물이라고 판단했으니, 그 누구도 페르디난드 왕이 그녀와 비교될 자격이 없다고 생각할 수 없겠지요. 그렇지만 나는 그의 명성도 이사벨라 여왕이 카스틸(Castile) 왕국과 맞먹는 천부적인 재능을 가졌기 때문에 얻게 되었다고 믿습니다."

가스파레 나리가 반대 의견을 내놓았다. "오히려 나는 이사벨라 여왕이 수많은 행동으로 칭송을 받는 이유는 모두 페르디난드 왕의 덕이라고 생각합니다."

"글쎄요." 마그니피코가 답했다. "스페인 백성들, 군주와 서민들, 남성과 여성들, 부자와 가난한 사람들이 모두 일부러 거짓말을 하지만 않는다면, 그들은 입을 모아서 당대에 전 세계를 통틀어서 진정 이사벨라 여왕보다 더 선하고 종교적이며 위대한 정신력을 지녔고 신중하고 정숙하게 행동하며 예의 바르고 자유로운, 즉 한마디로 그처럼 모든 미덕을 갖춘 여성은 없었다고 말할 겁니다. 그녀의 명성은 대단히 높고 일반적으로 잘 알려져 있으며, 같이 생활하거나 그녀의 행동을 직접 지켜본 사람들은 모두 이 명성이 그녀 자체의 미덕과 장점에서 나왔다는 점을 입증해 줄 것입니다. 그녀가 해온 일을 생각해 본 사람이라면 누구라도 이 말이 사실임을 깨닫게 되겠지요. 수많은 공적

중에서도 다음 사례를 한번 생각해 보십시오.

그녀는 왕좌에 올랐을 때 대공들이 카스틸 왕국의 대부분을 차지하고 있는 상황을 발견하고 모두 왕국의 재산으로 환수했습니다. 하지만 이 과정에서 아주 공정하고 훌륭한 태도를 보여 준 덕에 땅을 빼앗긴 사람들도 악의를 품지 않고 계속 그녀에게 충성을 다했으며 오히려 기꺼이 재산을 포기하기까지 했답니다. 또 그녀가 위대한 용기와 신중함으로 강력한 적들로부터 왕국을 지켜냈다는 점도 주목할 만합니다.

이사벨라 여왕과 견줄 만큼 명예로운 사람은 오직 그라나다 (Granada) 왕국의 정복자밖에 없습니다. 완강한 적에 맞서서 그토록 오랫동안 전쟁을 치르던 이사벨라 여왕은 왕국의 재산과 사람들과 종교를 지키려고 싸우면서 항상 뛰어난 판단력과 현대의 통치자들이 감히 따라 할 엄두도 못 낼 위대한 인품을 보여줬습니다. 더구나 이사벨라 여왕을 아는 사람들에 따르면 그녀의 내각이 정신적으로 굉장히 고양되어 있어서 단순히 그녀가 바라는 바를 표현만 해도 모두 단 한마디 이의도 없이 임무를 수행했다고 합니다. 관리들은 심지어 집에 있거나 개인적인 시간을 가질 때조차 여왕을 불쾌하게 만들 일은 감히 생각도 하지 않았답니다. 그 이유는 여왕이 최고의 판단력으로 각 관직에 맞는 관리들을 찾아서 임명했기 때문입니다. 또한 여왕은 엄격한 판단 기준과 이와 상반되는 온화함 및 관대함을 조화롭게 지니고 있어서 그녀가 통치할 당시에 그 누구도 제대로 포상을 받지 못했다거나 너무 엄중한 처벌을 받았다고 불평하지 않았답니다. 때문에 사람들은 두려움과 애정을 가지고 여왕을 향한 존경심을 키워갔습니다. 이런 존경심은 아직까지도 영향을 미치고 있어서 백성들은 여왕이 하늘에서 자신들을 지켜보며 훌륭한 행동은 칭찬하고 나쁜 행동에는 비난을 보내고 있다고 믿는답니다. 따라서 이 국가는 아직도 그녀의 명성과 그녀가 정립한 통치 방법으로 운영되고 있습니다. 그녀는 더 이상 살아 있지는 않지만, 돌리는 사람이 없어도 스스로 오랫동안 힘차게 돌아가는 바퀴처럼 그녀의 권위는 여전히 남아 있습니다.

가스파레 나리, 여기에 덧붙여 당대의 모든 위대한 스페인 인물과 유명한 사람들은 이사벨라 여왕이 배출했다는 점을 생각해 보십시오. 위대한 장군인 곤살보 페르란도(Gonsalvo Ferrando)도 여기에 속합니다. 곤살보는 그가 거둔 유명한 승리들과 훌륭하고 강력한 업적들로 전시에나 평화로울 때나 걸출하고 저명한 인물로 이름을 날렸으며, 관대함과 지식을 비롯한 수많은 덕목에서 당대에는 그를 이길 만한 왕이나 왕자가 없을 정도였습니다. 그런 그도 자신의 업적들보다 이사벨라 여왕의 휘하에 있었다는 점을 훨씬 더 자랑스럽게 생각했답니다.

이제 다시 이탈리아로 돌아와 보죠. 물론 이곳에서도 진정으로 뛰어난 여성들을 수없이 찾을 수 있습니다. 일단 나폴리에는 두 명의 비범한 여왕들이 있습니다. 또한 얼마 전에 사망한 헝가리의 여왕은 여러분도 알다시피 뛰어난 자질을 가지고 있어서 불굴의 정신력과 수많은 영예에 빛나는 남편 마티아스 코르비누스(Matthias Corvinus)에 견줄 민했답니다. 나폴리 페르디난드 왕의 여동생이자 존경할 만한 여성이었던 아라곤의 이사벨라 공작부인도 수많은 역경 속에서도 미덕과 용기를 여실히 증명해 주었지요. 또한 롬바르디에 가시면 만토바의 이사벨라 후작부인을 만날 수 있으며, 그녀의 품성은 단순히 몇 마디 말로 묘사할 수 없을 정도로 아주 훌륭하답니다.　　.

한편 그녀의 동생인 밀라노의 베아트리체 공작부인을 여러분이 모른다는 사실이 슬프군요. 여러분이 일단 그녀의 탁월함을 접하고 나면 아무리 뛰어난 여성을 만나도 놀라지 않게 될 것입니다. 또한 페라라의 공작부인이자 조금 전에 거론한 두 자매의 어머니인 아라곤의 엘레아노라(Eleanora) 역시 뛰어난 여성으로 왕의 딸로서 마땅한 가치를 지녔으며 자신의 조상들보다 훨씬 더 많고 훌륭한 영지들을 다스렸답니다.

그러면 또 다른 여성을 살펴보지요. 나폴리의 이사벨라 여왕만큼 고통스러운 운명의 장난을 겪으면서도 의연한 모습을 보인 남성이 몇이나 될까요? 왕국이 점령당한 뒤에 남편인 페데리코 왕과 두 아들이 귀향 중에 사망하고 첫째 아들인 칼라브리아(Calabria) 공작이 포로 신세가 된 상황에서도 그녀는 여왕으로서의 기품을 잃지 않았습니다. 그녀가 많은 고난과 절망적인 가난이라는 시련을 이겨내면서 보여줬던 훌륭한 태도는 그토록 가혹한 운명 속에서도 성품이 하나도 변하지 않았다는 사실을 세상에 분명하게 대변해 주었답니다.

귀족 여성은 물론이고 서민 여성들 중에서도 여러분에게 이야기할 만한 훌륭한 예가 많답니다. 그중에서 피사의 여성들이 조국을 지키기 위해 피렌체에 맞서 싸우면서 보여줬던 숭고한 용기와 죽음을 두려워하지 않는 자세는 전 역사를 통틀어서 가장 뛰어난 불굴의 정신력이었다고 말할 수 있습니다. 따라서 이들 중 일부 여성들은 위대한 시에 등장해서 불후의 명성을 얻게 됐답니다.

이외에도 문학이나 음악이나 미술이나 조각에 대단히 조예가 깊은 여성들도 많이 있지만 이미 세상에 잘 알려진 여성들까지 거론할 필요는 없을 것 같습니다. 그저 여러분 주변에서 본 여성들만 떠올리더라도 그들의 아버지나 남편이나 형제에 비해서 절대 뒤처지지 않으며 남성들에게 많은 이득을 가져다준 데다 그들의 잘못을 바로잡아주기까지 했다는 점을 깨닫게 되실 테니까요.

오늘날에는 멀리 떨어진 땅을 정복하고 훌륭한 건물과 피라미드와 도시를 건설한 토미리스(Tomyris), 스키티아 여왕, 아르테미시아(Artemlisia), 제노비아(Zenobia), 세미라미스(Semiramis, 아시리아의 전설상의 여왕으로 바빌론 창건자-역주), 클레오파트라(Cleopatra)같이 훌륭한 여왕이 없다고 생각하십니까? 그렇지만 남성들도 마찬가지입니다. 과거의 시저, 알렉산더, 스키피오, 루쿨루스 그리고 로마의 장군들처럼 위대한 인물들을 오늘날 찾아보기는 힘드니까요."

"말도 안 됩니다." 프리지오가 웃으며 말했다. "오히려 요즘에는 클레오파트라와 세미라미스 같은 여성들이 아주 많답니

다. 이런 여성들이 그토록 많은 영토와 권력과 재산을 소유하지
만 않았더라도, 자신들의 욕망을 만족시키려고 혈안이 되어 그
런 여왕들의 부도덕한 행동을 따라 할 겁니다."

마그니피코가 말했다. "프리지오, 말이 너무 심하군요. 설사
클레오파트라 같은 여성들이 있다고 해도 그 정도는 괜찮습니
다. 이보다 더욱 사악했던 사르다나팔루스(Sardanapaluse)를 따
라 하려는 남성들이 훨씬 더 많으니까요."

"그런 비교는 옳지 않습니다." 가스파레 나리가 덧붙였다.
"그리고 남성들이 더 음란하다고도 생각하지 마십시오. 설사
그렇더라도 여성만큼 심각한 문제를 유발하지는 않습니다. 셀
수 없이 많은 죄악이 바로 여성의 음란함에서 발생되고 있지 않
습니까? 따라서 어제 내가 주장한 대로 여성이 정조만 잘 지킨
다면 다른 잘못을 하더라도 용서를 해주고 비난하지 말아야 한
다는 법을 정하는 것이 현명한 일입니다. 여성들에게 정조 관념
이 없다면 남성들은 자식이 과연 자신의 핏줄인지 의심하기 시
작할 것입니다. 그러다 보면 같은 혈통이라는 이유로 느꼈던 결
속력과 자신의 자식에게 쏟는 자연스러운 애정도 사라져버릴
것입니다. 여성은 방종한 생활을 할 수 없도록 남성보다 더 엄
중하게 다스려야 합니다. 9개월 동안 뱃속에 아이를 품고 다니
는 사람이 남성은 아니니까요."

"정말로," 마그니피코가 답했다. "귀하의 주장은 놀라울 정도
로 허무맹랑하군요. 그토록 훌륭한 내용을 글로 남기는 게 어떻
겠습니까? 또 여성 못지않게 방종하게 살아가는 남성들에게 유

죄 판결을 내리는 법을 만들자는 주장은 왜 안 하십니까? 남성들이 천성적으로 여성들보다 높은 가치와 미덕을 타고났다면 성욕도 더 쉽게 자제해야 할 것 아닙니까? 그렇게만 된다면 애초에 자식이 자신의 핏줄이 아닐 것이라는 의심 따위는 할 필요도 없어질 텐데요. 설사 여성이 정숙하지 못하더라도, 남성들만 정절을 지키고 음란한 여성에게 넘어가지 않는다면 자식이 생길 일도 없겠지요. 사실 귀하가 솔직하다면, 우리 사회에는 남성들이 저지르면 하찮게 보거나 심지어 칭찬까지 하는 죄라도 여성들이 저지르면 아주 가증스럽다고 비난하면서 수치스러운 죽음과 영원한 불명예의 형벌도 불충분하다는 생각이 팽배해 있음을 인정할 것입니다. 이런 생각이 너무 넓게 퍼져 있으니 오히려 거짓말로 여성을 중상모략하는 사람들 역시 엄중하게 다스리는 게 옳다고 봅니다. 또한 귀족 기사들은 진실을 수호하기 위해서 무기를 들고 맞서야 하며, 특히 여성들이 사실과 달리 정숙하지 못하다는 이유로 비난받을 때야말로 이들을 보호하기 위해서 더욱 노력해야 한다고 봅니다."

가스파레 나리가 미소를 지으며 답했다. "나 역시 귀하가 말한 행동은 숭고한 기사라면 마땅히 지켜야 할 의무라고 인정합니다. 또한 실수 혹은 사랑이 넘쳐서 저지른 여성의 잘못을 가려주는 것까지도 기사도에 맞는 신사적인 행동이라고 생각한답니다. 이쯤 되면 내가 올바르고 이치가 맞는 상황에서는 오히려 귀하보다 더욱 여성들을 위한다는 점을 아시겠습니까? 실제로 나는 남성들이 어떤 면에서는 너무 자유롭게 월권행위를 한다는 점을 부정하지는 않습니다. 그 이유는 남성들은 방종한 생활을 하더라도 어느 정도까지는 허용이 되며 여성보다는 오명을 덜 받는다는 사실을 알고 있기 때문이지요. 원래 여성들은 성적으로 유혹에 빠지기 쉬운 단점 때문에 남성들보다 훨씬 더 많이 자신의 열정에 영향을 받으니까요. 설사 여성들이 욕망을 자제했다고 하더라도, 이는 그럴 의도가 없어서가 아니라 단지 부끄러워서일 뿐입니다. 바로 이 때문에 남성들은 여성들에게 불명예를 얻을 것이라는 두려움을 서서히 주입시키면서 여성들이 정절을 지키도록 거의 강제적으로 구속해 왔습니다. 솔직히 남성들의 이런 노력이 없었다면 여성들은 지금처럼 존경을 받지도 못했을 겁니다. 아이를 가질 수 있다는 것을 제외하고는 여성들이 세상에 기여하는 바가 없으니까요.

그렇지만 남성들은 이와 달리 도시를 다스리고 군대를 지휘하며 그 외에도 중요한 많은 일들을 해냅니다. 나는 이런 남성들의 활동들은 여성들이 할 수 없으며 해서도 안 된다고 주장합니다. 물론 귀하는 동의하지 않겠지만 남성들은 다른 분야와 마찬가지로 자제력이라는 면에서도 여성들을 훨씬 능가합니다. 이 문제에 관해서라면 귀하처럼 수많은 이야기와 전설을 예로 들 수 있지만, 가장 점잖은 남성이라도 자제력을 잃게 만드는 젊은 나이와 승리의 기쁨이라는 유혹 속에서도 뛰어난 절제력을 보인 위대한 통치자 두 명만 거론해 보지요.

먼저 알렉산더 대왕이 자신에게 패배를 당한 다리우스(Darius)

의 아주 아름다운 여성 앞에서 보였던 자제력을 들 수 있습니다. 또한 스키피오의 자제력도 높게 살 만합니다. 그가 23세라는 어린 나이로 스페인의 한 도시를 무력으로 점령했을 때 생포한 많은 사람들 가운데 아주 아름답고 젊은 귀족 여성이 하나 있었답니다. 그러나 이 여성이 한 지방 군주의 아내라는 사실을 알게 되자 그녀를 탐하려는 열망을 자제한 것은 물론이고 이 여성에게 손끝 하나 건드리지 않은 상태로 다른 귀중한 선물과 함께 남편에게 보냈답니다. 또한 크세노크라테스(Xenocrates, 고대 그리스의 철학자-역주)의 예도 들 수 있습니다. 언젠가 아주 아름다운 여성이 벌거벗은 채로 크세노크라테스의 옆에 누워서 아주 숙련된 갖가지 기술과 애무로 그를 유혹했답니다. 그 여성은 밤새도록 그의 욕망을 부추기려고 노력했지만 그의 자제력이 너무 강해서 결국 실패하고 말았지요. 그리고 한 소년의 아름다움을 열정적으로 칭찬하는 사람의 말만 듣고도 그를 엄하게 꾸짖었던 페리클레스(Pericles, 아테네의 장군이자 정치가-역주)도 여기에 속하는 인물이지요. 이외에도 자신의 자유의사로 자제심을 보인 남성들이 많이 있답니다. 여성들이 부끄럽거나 벌을 받을까 두려워서 정절을 지키는 것과 사뭇 다른 모습입니다. 어쨌든 이런 여성들도 칭찬받을 자격이 있기는 하지요. 귀하가 말한 대로 사실과 다르게 여성들의 정절을 공격하는 남성들이 엄중한 벌을 받아야 하는 것과 마찬가지로 말입니다."

그러자 한동안 침묵을 지키던 체사레가 한마디 했다. "가스파레 나리는 여성을 칭찬하면서도 비판하는 말을 꼭 빠뜨리지 않는군요. 마그니피코가 허락한다면 그를 대신해서 가스파레 나리가 여성을 비판한 말이 얼마나 잘못되었는지를 지적하고 싶습니다. 그렇게 되면 우리 두 사람 모두에게 이득이 될 것입니다. 마그니피코는 내가 이야기하는 동안 잠시 휴식을 취하게 되니 잠시 후에 이상적인 궁정 숙녀의 자질을 더 잘 설명해 줄 수 있을 것이고, 나는 가치 있는 기사의 임무, 즉 진실을 수호하는 일을 그와 함께할 수 있는 영광스러운 기회를 갖게 될 테니까요."

"오히려 내가 간청을 드리고 싶습니다." 마그니피코가 대답했다. "최대한의 능력이 닿는 범위에서 내가 할 수 있는 일은 다 마쳤다고 생각하니까요. 현재 이 토론은 원래의 내 의도를 벗어나 버렸습니다."

그러자 체사레가 덧붙여서 말했다. "나는 여성들이 세상에 공헌한 점들을 열거할 생각은 없으며 여기에 속하는 여성들의 출산 능력도 마찬가지입니다. 여성들의 이 능력이 필수적이라는 점은 우리가 세상에 태어나 현재 잘 살고 있다는 데서 충분히 입증이 되었으니까요. 가스파레 나리는 여성들이 남성들보다 욕망에 굴복하는 경향이 더 강하기 때문에 더욱 절제하려고 노력한다고 주장했는데, 그렇다면 여성들이 이처럼 본능적인 욕망을 거부할수록 더 칭찬할 만하지 않나요? 가스파레 나리는 여성들이 단지 수치심 때문에 욕망을 거부한다고 했는데, 그 주장을 통해서 오히려 여성들에게 두 가지 미덕을 부여해 주고 있는 셈입니다. 수치심이 열망보다 더 강하게 작용한다면 그 결과로 사악한 행위를 절제하게 될 테니, 내가 보기에는 이 수치심 (단순히 오명을 얻게 될 두려움 때문에 말과 행동을 조심하는)이야말로 대단히 보기 드문 미덕이고, 이 점은 남성들에게서 거의 찾아볼 수 없는 귀한 가치입니다. 아무런 수치심도 없이 부도덕한 짓을 저지르는 남성이 얼마나 많습니까?

더구나 개탄할 만한 사실은 신과 조물주의 뜻을 거스르는 이러한 남성들이 사실은 나이가 많은 성직자나 철학자 혹은 성스러운 법관이라는 점입니다. 이들은 겉으로는 세상에서 가장 고결함을 주장하며 혹독한 자제력을 발휘해 나라를 다스리는 척하면서, 여성들은 자제력이 없는 존재라고 끊임없이 우기고 있지요. 그렇지만 정작 자신은 더 이상 정력이 남아 있지 않다는 점을 엄청나게 안타까워한답니다. 나이가 너무 많아서 육체적으로는 불가능하지만 여전히 마음속에서 꾸물거리고 있는 자신들의 혐오스러운 성욕을 만족시킬 수 없기 때문에 말입니다. 그러다 보니 성교 능력이 없어도 되는 흉물스러운 방법들을 궁리해 내곤 한답니다.

그렇지만 이 이야기는 더 이상 하고 싶지 않군요. 단지 나는 여러분이 남성보다 여성이 더 자제력을 가지고 정숙하게 살아간다는 점을 인정해 주면 좋겠습니다. 여성들을 제어하는 굴레는 오직 여성들 자신의 절제뿐입니다. 철저하게 행동의 제약을 받거나 남편 혹은 아버지에게 매를 맞는 여성들이 어느 정도 자유를 누리는 여성들보다 정숙하지 못하다는 사실이 이를 증명해 줍니다. 대부분의 여성들에게 가장 강한 구속은 바로 진정한 미덕을 향한 그들의 애정이며 명예를 지키려는 열망입니다. 내가 아는 많은 여성들이 목숨보다 더 가치를 두는 것이 바로 이 명예랍니다. 사실 가스파레 나리와 나는 둘 다 분별력과 지혜와 재능과 아름다운 외모를 가진 젊은 여성들이 그들의 마음을 얻으려는 선물과 애원과 눈물과 관심을 모두 거부하고 오직 진정한 사랑만을 쫓는 것을 많이 봐왔습니다. 나 자신도 한 여성이 너무 철저하게 자신의 정절을 지켜서 애가 탄 나머지 죽음의 문턱까지 간 적이 있답니다."

가스파레 나리가 답했다. "당연하지요. 여성들은 항상 애원하며 매달리는 남성을 거부하고, 애원하는 남성이 없으면 스스로 매달리는 경향이 있으니까요."

체사레가 말했다. "나는 남성에게 애원하는 여성을 만난 적이 한 번도 없습니다. 그렇지만 한 여성에게 구애하면서 들인 노력이 헛수고였고 어리석게 시간만 허비했다는 사실을 깨달은 뒤에 자신을 고문하며 그래도 행복한 시간이었다는 말이나 떠벌리고 다니는 남성들을 많이 봤답니다. 이들은 나쁜 말을 하거나 거짓 이야기를 꾸며대는 것이 궁정 신하에게 아주 알맞은 행동이라고 착각하는 것 같습니다. 그래서 고귀한 여성을 비방하는 소문을 퍼뜨리기 일쑤이지요. 어떤 여성에게 사랑을 받았다는 비열한 허풍을 치고 다니는 이런 종류의 사람들은 이야기의 진위 여부와 상관없이 엄중한 벌과 고문을 받아야 합니다. 혹시라도 이들에게 이런 벌을 주는 직업이 존재한다면 그야말로 세상에서 가장 칭찬받을 일입니다. 거짓말을 퍼뜨려서 한 여성이 목숨보다도 중요하게 여기며 가장 칭찬받을 덕목을 깎아내리는 것보다 더 사악한 일은 세상에 없기 때문입니다. 혹시 남성이 내고 다닌 소문이 진실이라면 이것이야말로 어떤 벌을 준다고 해도 부족할 큰 범죄입니다. 감언이설을 하고 거짓 눈물을 보이며 끊임없이 애원하고 책략과 속임수에 거짓말까지 쳐서 손에 얻은 여성을 배반하는 악질적인 행동이니까 말입니다.

이쯤 되면 가스파레 나리는 내가 자신의 말을 귀담아듣지 않았다고 반박할 것 같으니, 알렉산더와 스키피오의 자제력이 칭찬할 만한 것이었다는 점은 인정하겠습니다. 그러나 이처럼 위대한 남성들보다 훨씬 훌륭한 자제력을 보여준 여성을 하나 소개하겠습니다. 내가 오래전에 일어난 이야기를 한다고 지적하지 못하도록, 이 여성은 우리와 같은 시대를 살아가는 평범한 여성이라는 점을 밝힙니다.

나는 옛날에 예쁘고 상냥한 처녀를 알고 있었습니다. 나는 이 여성이 사랑에 빠졌다는 말을 듣는 즉시 나쁜 선입견을 가질 것이 분명한 이 자리의 어리석은 남성들에게 헛소문을 퍼뜨리고 싶지 않기 때문에 실명은 말하지 않겠습니다. 훌륭한 성품을 가진 귀족 자제가 오래전부터 이 처녀를 사랑하고 있었습니다. 그녀 역시 모든 마음을 바쳐서 그를 사랑하게 되었습니다. 그녀는 나를 마치 정다운 큰언니쯤으로 생각하고 기꺼이 속마음을 다 털어놓고는 했답니다. 나뿐만 아니라 그녀가 사랑하는 청년과 같은 자리에 있는 것을 본 사람은 누구라도 그녀가 사랑에 빠졌다는 것을 분명히 알아챌 수 있습니다. 그러나 그녀는 그 사람을 그토록 열렬히 사랑하면서도 2년 동안이나 속마음을 숨겼고, 자기도 모르게 드러나는 행동을 빼놓고는 자신의 애정을 보여주는 신호를 손끝만큼도 주지 않았답니다. 그녀는 매 순간 그토록 원했으면서도 절대로 그와 이야기하지 않았고 그가 보내는 편지와 선물도 받지 않았답니다. 그러나 나는 그녀가 이 젊은이를 굉장히 열망한다는 것을 알 수 있었습니다. 아무리 사소하더라도 그가 가졌던 물건을 남몰래 손에 넣게 되면 대단히 기뻐하면서 생명의 원천이라도 되는 것처럼 귀하게 간직했기 때문이지요. 그러나 이러면서도 그녀가 할 수 있었던 것은 오직 그를 지켜보거나 자신의 모습을 드러내는 것 혹은 가끔씩 다른 사람들이 있는 축제 자리에서 그와 춤을 추는 것이 전부였습니다.

둘은 아주 잘 어울렸으며, 이들은 서로를 향한 사랑이 좋은 결말을 얻어서 부부의 연을 맺게 되기를 열망했답니다. 그 도시의 모든 사람들도 이들의 결혼을 바랐지만, 포악한 그녀의 아버지만은 다른 생각을 하고 있었답니다. 그는 더 부유한 다른 남성에게 딸을 결혼시키려는 비이성적인 야망을 고집스럽게 품고 있었지요. 그녀가 할 수 있는 반항은 오직 비통한 눈물을 흘리는 것뿐이었답니다. 많은 사람들이 안타까워하는 가운데 불행한 결혼식이 열렸고, 불쌍한 연인들은 절망에 빠졌습니다. 그러나 아무리 운명이 가혹한 장난질을 한다고 하더라도 두 사람의 마음에 깊게 파묻힌 사랑을 송두리째 뽑아낼 수는 없었답니다. 이 여성은 현명하게 속마음을 숨기고 더 이상 희망이 없는 열정을 몰아내기 위해 자신과 싸움을 벌였지만 3년이라는 세월이 지나도록 그녀의 마음은 변하지 않았습니다. 그러는 동안에도 그녀는 정절을 지키겠다는 결심을 절대로 무너뜨리지 않았답니다. 그리고 자신이 사랑하는 유일한 남성과 함께할 수 있는 명예로운 방법이 없다는 사실을 깨달은 그녀는, 어떤 식으로도 그를 원하지 않기로 결정했지요. 그래서 그가 보내는 편지나 선물을 거절하는 것은 물론이고 그의 시선조차 받아주지 않았습니다. 이 모진 결심을 하고 나자 격렬한 비탄에 빠져 기운을 잃고 사랑의 미련으로 완전히 소진되어버린 이 불쌍한 여인은 결국 3년 뒤에 숨을 거두고 말았습니다. 사실 그녀가 명예를 손상당하거나 다른 위험을 무릅쓰지 않더라도 비밀스럽게 자신의 열망을 실현할 수 있는 방법이 있었을 것입니다. 그렇지만 그녀는 자신이 원하는 열망을 억제했으며, 그녀가 행복하게 해주고 싶었던 유일한 사람이 그토록 바랐던 열망도 거부했습니다. 그렇다고 그녀가 두려움을 느꼈거나 다른 걱정거리가 있었던 것도 아닙니다. 그저 진정한 사랑의 미덕을 가졌을 뿐입니다.

또한 6개월 동안 거의 매일 밤마다 목숨보다 소중한 사람의 애원과 눈물은 물론이고 자신의 타오르는 열정을 거부한 채로 끝까지 정절을 지킨 여성도 있답니다. 그녀는 달콤한 과일이 풍성하게 열린 정원에서 벌거벗은 채로 사랑하는 사람의 팔에 꼭 껴안겨 있으면서도 절대로 굴복하지 않았다고 합니다.

가스파레 나리, 앞서 말한 두 여성이 알렉산더와 견줄 만하다는 생각이 안 드십니까? 그 이유는 알렉산더는 다리우스의 여성을 진정으로 사랑한 것이 아니었으며, 그저 승리를 노리는 과정에서 자신에게 박차를 가하게 만드는 명성과 열렬히 사랑에 빠져 있었기 때문입니다. 그리고 무엇보다도 알렉산더는 이 세상 누구보다 가장 많은 명성을 얻으려고 노력하면서 자신의 목숨조차도 우습게 생각했습니다. 그러니 그토록 커다란 야망을 가진 인물이 거의 원하지도 않는 여성을 거부하는 것은 별로 힘든 일도 아니었을 것입니다. 알렉산더는 이 여성들을 처음 만난 것이었으므로 즉시 사랑에 빠졌을 리가 없습니다. 어쩌면 적인 다리우스의 여자라는 이유 때문에 그녀들을 혐오했을 수도 있습니다. 설사 알렉산더가 유혹에 넘어갔다고 하더라도 그러한 호색적인 행동은 사랑이 아니라 유린에 불과했을 것입니다. 따라서 방대한 군사력에 맞먹는 관대함을 과시하며 세계를 정복한 알렉산더는 적의 여성들에게 그와 같은 폭행을 저지르는 행위를 스스로 억제한 게 아닐까요?

스키피오의 자제력 또한 아주 칭찬할 만합니다. 그렇지만 잘 살펴보면 앞서 예로 든 여성들과 견줄 수가 없다는 점을 깨달으실 겁니다. 스키피오 역시 자신이 그리 원하지 않았던 것을 억제했을 뿐이니까요. 당시 적국에 있었던 그는 새로운 지도자였으며 아주 중요한 군사 활동을 막 시작한 참이었습니다. 그리고 그는 본국에서 아주 사소한 범죄에도 막중한 벌을 내리는 엄격한 판단력을 가진 인물로 사람들의 신망을 받아왔습니다. 게다가 스키피오가 마음을 줬던 여인은 아주 신분이 높은 귀족이었고 가장 존경받는 군주의 아내였기 때문에, 자신이 잘못된 행동을 하면 많은 적들의 반발을 사서 자신이 승리를 거머쥐는 데 커다란 피해를 줄 수 있다는 사실을 알았던 겁니다. 이처럼 중요한 이유들을 모두 고려했기 때문에 그는 위험하게 즉흥적인 행동을 하는 것을 억제하고 자신의 자제력과 관대함과 청렴함을 보여준 거지요. 결과적으로 그는 사람들의 신의를 얻었으며 군사력으로는 절대로 정복할 수 없었을 적군의 군대까지 자신의 손아귀에 넣은 것입니다. 따라서 이 문제는 자제력이 아니라 군사 작전의 일환이었을 뿐입니다. 그렇지만 일부 자서전 작가들은 그가 실제로는 그 여인과 밤을 보냈다고 주장하고 있으니, 가스파레 나리가 한 주장 역시 그리 믿을 만한 것이 못 됩니다. 물론 내가 말한 두 여성의 이야기는 의심할 여지가 없는 사실입니다."

프리지오가 끼어들었다. "그렇다면 복음서에서 읽은 이야기인가 보군요."

"그 여성들이 정절을 지킨 것은 내 눈으로 직접 목격한 일들입니다." 체사레가 대답했다. "그러니 누구보다도 내가 확실히 아는 일이지요. 이것은 마치 부모의 침대에서 자는 어린이처럼 알키비아데스가 항상 소크라테스의 침대에서 잠을 잤던 것이나 마찬가지입니다. 한밤에 그것도 침대라니, 사실 알키비아데스가 있기에는 이상한 시간과 장소였지요. 기록에 의하면 소크라테스는 비정상적인 욕구를 발산한 것이 아니라 그저 순수한 아름다움을 사랑했다고 전해집니다. 특히 그는 육체가 아닌 정신적으로 아름다움을 사랑했으며 그 내심은 성인보디 현명했던 어린 소년들이었지요.

남성의 자제심을 놓고 보자면 자신의 분야, 즉 말이 아니라 훌륭한 행동을 강조하는 철학 연구에 몸을 바친 크세노크라테스만큼 적절한 예도 없지요. 그러나 그가 유혹을 받았을 때는 이미 나이가 들어 몸에서 힘이 다 빠졌을 때였던 데다가, 그가 거부했던 여성의 직업은 바로 그가 듣기만 해도 질색을 했던 창녀였습니다. 차라리 그가 처음에는 그 여성에게 혹했다가 마음을 다잡았다거나, 일반적으로 노인들이 좋아하는 와인을 거부했다면 단연코 자제력이 있는 사람이라고 인정할 수 있을 것입니다. 게다가 작가들은 당시 그가 술에 취해서 졸고 있었다고 기록하고 있답니다. 술에 취한 노인이 자제력을 보인다는 것은 말도 안 되지요.

가스파레 나리가 이미 활동력이 둔해지고 사랑에 메말라버린 한 노인이 육체적인 행위를 하지 않은 일을 두고 그토록 칭찬을 하신다면, 내가 앞에서 거론한 마음 약한 두 젊은 여성에게는 얼마나 많은 칭찬을 해야 하겠습니까? 처음에 예로 든 여인은 스스로 아주 강한 규칙을 정해 놓고 그녀의 눈에서 사랑하는 사람을 지워버린 것은 물론이고 마음에서도 자신의 인생을 달콤하게 유지해주던 생각을 몰아냈답니다. 그리고 두 번째 여인은 열정적인 사랑에 빠져 있던 연인의 품에 안겨서조차 자신과 상대방의 불타오르는 열망을 억누르고 정절을 지켰답니다. 과거나 현재나 아무리 현명한 사람이라도 너무 쉽게 굴복하고 마는 그 뜨거운 열망을 말입니다. 가스파레 나리, 이 경우에는 작가들이 크세노크라테스를 영웅으로 떠받들면서 그의 자제심을 거론하는 것이 부끄러운 일이라는 생각이 들지 않습니까? 나는 그가 술에 취해서 밤새, 어쩌면 그다음 날 저녁을 먹을 때까지 송장처럼 누워 있었을 것이라고 보증합니다. 그 여성이 아무리 강하게 흔들어 깨웠더라도 그는 약에 취한 것처럼 눈을 꼭 감고 있었을 것이 분명합니다."

이 말을 듣고 자리에 있던 사람들이 다 웃었다. 에밀리아 여사는 여전히 미소를 머금은 채로 말했다. "가스파레 나리, 조금 더 열심히 생각해 보시면 귀하가 이미 말했던 것과 같은 자제력의 예를 얼마든지 찾으실 수 있을 겁니다."

체사레가 대신 대답했다. "에밀리아 여사, 가스파레 나리가 페리클레스를 언급한 것이 그나마 남성의 자제심을 보여주는 훌륭한 예랍니다. 나는 나리가 하룻밤의 대가로 너무 많은 돈을 요구하는 여성에게 '후회할 일을 하면서 그렇게 큰 대가를 지불할 생각이 없다'고 말한 남성을 자제심이 대단한 훌륭한 사람이라고 평하지 않는 것이 이상할 정도입니다."

모두가 계속 큰 소리로 웃고 있는 가운데 잠시 침묵을 지켰던 체사레가 다시 입을 열었다. "가스파레 나리, 적군이 수많은 장비와 군인들을 동원해 끊임없이 공격해 들어오는데 끝까지 요새를 사수하는 것은 불가능한 일입니다. 여성의 자제력도 마찬가지입니다. 첫 공격에 결코 항복하지 않았던 여성이 무력을 이기지 못하고 결국 정절을 잃었다고 해서 자제력이 없다고 비난해서는 안 됩니다. 많은 왕자들은 수많은 병사들을 모아서 훈련시키고 강화합니다. 역시 수많은 남성들이 국가와 백성과 온갖 사물들을 보호해 주는 요새와 성을 관리합니다. 이런 남성들 중 대다수가 탐욕에 눈이 멀어서 반역자라는 말을 듣는 것도 부끄러워하거나 우려하지 않은 채 자기 편을 배반하고 적에게 힘없이 항복해 버립니다. 수많은 남성들이 날마다 숲 속에서 사람들을 죽이고 재산을 강탈하려고 바다를 헤매고 다닙니다. 수많은 고위 성직자들이 신성한 교회의 물건을 팔아넘기고 있습니다. 또한 수많은 법률가들이 유언장을 위조하고, 법정에서 스스로 위증을 하며, 이익을 위해서 거짓 증언을 합니다. 수많은 의사들 역시 돈에 눈이 멀어서 환자를 독살합니다. 게다가 수많은 남성들이 죽음을 두려워한 나머지 가장 비겁한 행동을 저지릅니다. 그렇지만 남성에 비해서 매우 허약하고 여린 여성들은 종종 무시무시하고 가혹한 공격에 맞서서도 끝까지 저항을 합니다. 정절을 잃는 것보다 차라리 죽음을 선택한 많은 여성들을 생각해 보십시오."

그러자 가스파레 나리가 말했다. "오늘날에는 그런 여성들이 없다고 봅니다."

체사레가 대답했다. "그렇다면 이제 고대사회의 여성은 예로 들지 않겠습니다. 같은 상황에 놓인 현대의 여성 가운데 죽음을 두려워하지 않고 당당히 맞선 예를 들어보겠습니다. 이것은 카푸아(Capua)가 프랑스군의 침입을 받았을 때 실제로 일어났던 일이며, 오래되지 않았으니 가스파레 나리도 분명히 기억하실 겁니다. 한 아름다운 처녀가 집에서 가스코뉴(Gascogne) 사람들에게 억류되어 있다가 다른 장소로 끌려가는 중이었습니다. 카푸아를 가로질러서 흐르는 강에 다다르자 그녀는 신발 끈을 묶고 싶다고 했습니다. 그래서 그녀를 잡고 있던 사내가 잠시 놔주는 순간, 그녀는 바로 강으로 몸을 던졌습니다.

또한 얼마 전에 만토바 근처의 가주올로(Gazzuolo)에서 한 시골 처녀에게 벌어진 일은 어떻게 생각하십니까? 이 처녀는 여동생과 논에서 벼를 수확하던 중에 갑자기 목이 말라 물을 마시러 어느 집으로 뛰어 들어갔습니다. 그 집의 젊은 주인은 그녀가 아름다운 데다가 혼자인 점을 알고 갑자기 그녀를 껴안았답니다. 처음에는 부드러운 말로 설득하다가 점차 위협을 하면서 자신이 원하는 대로 하려고 했지요. 그러나 그녀가 더욱더 완강하게 거부하자 결국 마구 주먹질을 하며 강제로 겁탈했습니다. 처녀는 옷과 머리가 엉망이 된 채 눈물을 흘리면서 동생이 있던 논으로 돌아왔습니다. 그러나 동생이 아무리 재촉해도 그 집에서 일어났던 일을 절대 말하지 않았답니다. 집에 돌아가는 길에 처녀는 점차 안정을 되찾고 차분한 목소리로 동생에게 무엇인가를 부탁했습니다. 그러다가 가주올로를 지나서 오글리오(Oglio) 강에 다다르자 아무 영문도 모르는 동생 옆에서 조금 비켜서더니 갑자기 강물로 뛰어들었습니다. 동생은 눈물을 흘리고 애통해하면서 급속한 속도로 강물에 휩쓸려가는 언니를 따라서 강둑을 있는 힘껏 뛰어 내려갔습니다. 동생은 불쌍한 처녀가 강물 위로 떠오를 때마다 곡물 다발을 묶으려고 가져왔던 밧줄을 던졌답니다. 처녀는 강기슭 쪽으로 떠내려가고 있었기 때문에 여러 번 밧줄에 손이 닿았지만 결심이 너무 확고해서 밧줄을 잡지 않고 오히려 멀리 던져버렸습니다. 충분히 살아남을 수 있었던 도움을 계속 거부하고 물에 떠내려가던 처녀는 결국 곧 죽음을 맞았습니다. 그녀가 이런 결정을 한 것은 고귀한 집안 출신이거나 수치심을 느꼈기 때문이 아닙니다. 그저 이 시골 처녀는 자신의 처녀성을 잃은 것이 너무 비통했던 것입니다.

가스파레 나리, 이 이야기를 통해서 우리에게 알려지지 않았지만 수많은 여성들이 진정으로 존경받을 만한 행동을 한다는 점을 유추해 볼 수 있을 겁니다. 이처럼 숭고한 미덕을 설득력 있게 잘 보여준 처녀의 일은 바로 얼마 전에 일어났는데, 이 사건을 이야기하거나 그녀의 이름을 아는 사람이 아무도 없답니다. 마침 그때에 공작부인의 삼촌인 만토바의 추기경이 사망했기 때문이지요. 만약 그 일과 겹치지만 않았더라도 시골 처녀가 몸을 던진 장소는 가장 아름다운 기념물로 장식되어 숭고한 정신을 추모하는 자리가 되어 있겠지요."

잠시 동안 말을 멈춘 체사레가 다시 덧붙여 말했다. "얼마 전에 로마에서도 이와 비슷한 일이 일어났습니다. 그곳에는 아름다운 로마인 귀족 처녀가 하나 있었지요. 한 남성이 오랫동안 그녀에게 깊은 애정을 보였지만, 그녀는 눈길 한번 주지 않았답니다. 그래서 이 남성은 하녀 한 명을 매수하지요. 이 하녀는 더 많은 돈을 받아내려고 처녀를 설득해 축제일에 성 세바스티아노(San Sebastiano) 성당에 가자고 부추긴 뒤에 그 남성에게 이 사실을 말하고 어떻게 해야 할지를 알려주었습니다. 하녀는 성 세바스티아노 성당에 방문한 사람들이 일반적으로 구경을 가는 동굴 가운데 가장 어두운 곳으로 처녀를 이끌었답니다. 미리 와서 몰래 숨어 있던 남성은 자신이 그토록 사랑하는 처녀가 혼자 있는 것을 보자 처음에는 부드러운 말과 태도로 간청하며 그녀의 동정심을 사려 했습니다. 그는 그녀가 이전에 보여줬던 차가움이 사랑으로 바뀌기를 바랐지만 어떤 애원도 효과가 없자 협박까지 동원을 했답니다. 그래도 가망이 없어 보이자 거칠게 그녀를 때리기 시작했지요. 그는 필요하다면 폭력이라도 써서 원하는 것을 차지하려고 굳게 마음먹고 있었습니다. 그는 처녀를 동굴로 유인해 온 사악한 하녀에게까지 도움을 요청했습니다. 그러나 두 사람이 아무리 노력해도 처녀는 완강하게 거부했습니다. 비록 힘은 거의 떨어졌지만 여전히 저항하며 자신을 지키려고 안간힘을 썼답니다.

마침내 그는 자신이 원했던 것을 차지하지 못한 분노와 혹시 그녀의 친척이 소리를 듣고 와서 상황을 목격하고 자신을 벌할지도 모른다는 두려움에 휩싸였습니다. 그래서 똑같은 걱정을 하고 있던 하녀와 함께 이 불쌍한 처녀의 목을 조르고 난 뒤 그곳에 시신을 버려두었답니다. 그는 계단을 뛰어 올라가서 잽싸게 도망을 쳤지요. 반면에 자신이 지은 죄에 정신이 나가버린 하녀는 도망갈 생각도 못하고 있다가 결국 사람들에게 잡히고 말았습니다. 그녀는 체포되어 모든 경위를 고백하고 죄에 마땅한 처벌을 받았습니다. 사람들은 강인하고 숭고한 정신력을 가진 처녀의 시신을 정중하게 동굴에서 빼냈으며 머리에 월계관을 씌워서 로마로 옮겨가 장례를 치렀습니다. 그곳으로 가는 장례 행렬에는 수많은 여성과 남성들이 함께했으며 집에 돌아온 이들은 모두 애도의 눈물을 가득 담고 있었습니다. 일반적으로 모든 사람들은 이처럼 훌륭하고 고귀한 죽음을 함께 애도하고 찬양하기 마련입니다.

그러면 가스파레 나리가 아는 여성을 이야기해 보겠습니다. 가스파레 나리도 펠리스 델라 로베레(Felice della Rovere) 부인의 이야기를 들으셨겠지요? 사보나(Savona)에 가던 펠리스 부인은 배 몇 척이 눈에 띄자 교황 알렉산더의 배가 추격해 오는 것으로 생각하고 두려워했습니다. 그래서 이들이 공격해 와 탈출할 수 없을 때를 대비해서 차분하고 신중하게 바다에 뛰어들 준비를 했다고 합니다. 여러분도 아시다시피 펠리스 부인은 미모는 물론이고 지성과 분별력을 갖추고 있는 분이니 경솔하게 이런 결정을 했을 리가 없다는 점은 분명합니다.

자, 그러면 이쯤에서 남편과 살면서도 15년 동안이나 과부처럼 지내온 공작부인 이야기를 꼭 해야겠습니다. 공작부인은 자신의 이런 사정을 누구에게도 이야기하기를 거부했으며, 그녀의 측근이 과부 생활을 청산하라고 아무리 설득해도 모든 사람들이 운명의 여신이 준 선물이라고 여기는 것을 받아들이지 않고 유배와 빈곤을 비롯한 온갖 종류의 고난을 감내하며 살기로 결정했답니다."

체사레가 이런 식으로 계속 이야기하려고 하자 공작부인이 막고 나섰다. "이젠 다른 이야기를 하고 그 주제는 더 이상 꺼내지 마십시오. 그 외에도 할 이야기들이 많을 텐데요."

그러자 체사레가 말했다. "알겠습니다. 가스파레 나리, 지금 내가 말하려는 내용에는 반대하지 못할 겁니다. 프리지오, 귀하도 마찬가지입니다."

"그럴까요?" 프리지오가 대답했다. "너무 조급하게 판단하지 마시지요."

체사레가 말을 이었다. "앞에서 든 예와 같은 훌륭한 여성들이 드문 것은 사실입니다. 그러나 사랑을 빙자한 폭력에 끝까지 저항한 여성들은 진정으로 존경할 만하며, 종종 이런 상황에서 희생을 당하는 여성들을 측은히 여기고 따뜻하게 동정해야 합니다. 사랑에 빠진 남성들이 쓰는 술책과 덫은 너무 많고 끝이 없어서 가녀린 젊은 여성이 여기에서 벗어난다는 것이 경이로울 정도이기 때문입니다. 시간이 갈수록 사랑에 빠진 남성은 돈과 선물을 비롯해서 상대방을 기쁘게 해줄 것이라고 생각되는 갖가지 방법으로 여성을 설득합니다. 얼마 지나지 않아서 여성은 창밖을 내다볼 때마다 집요하게 구애를 하는 남성이 눈에 감정을 가득 담은 채 비통에 잠긴 모습으로 한숨을 내쉬거나 심지어 눈물까지 펑펑 흘리며 지나가는 모습을 보게 됩니다. 교회에 가려고 집을 나설라치면 어김없이 당장이라도 폭발해 버릴 것처럼 눈에 애처로운 열정을 가득 담은 그 남성을 길모퉁이에서 만나게 되지요. 이런 상황이 반복되다 보면 이 여성은 한밤중에 잠에서 깨어 애절한 음악 소리나 잠들지 못하고 집 주위를 헤매고 다니는 영혼의 비탄에 잠긴 한숨 소리가 들리는 것 같은 착각에 빠지게 됩니다.

그럴 때쯤 이미 그 구혼자에게 매수가 된 하녀가 그를 대신해서 설득에 들어갑니다. 그 불쌍한 남성이 아주 깊은 사랑에 빠져서 인생을 허비하고 있으며, 그녀를 위해서라면 무엇이든지 희생할 준비가 되어 있고, 그야말로 지조가 있는 사람이며, 그녀 이외에는 누구와도 대화조차 나누려고 하지 않는다고 말합니다. 하녀는 열쇠를 복사하고 밧줄 사다리를 준비하는가 하면 수면제까지 동원합니다. 그들의 관계에는 걱정거리가 하나도 없다며 다른 여성들이 벌이는 훨씬 부도덕한 연애 이야기를 들려주고 남성을 받아들이라고 강요하지요. 한마디로 모든 것이 완벽하게 준비되어 있어서 그 여성은 그저 '동의합니다'라는 말만 하면 될 정도입니다.

그러나 그래도 계속 거부하면 자극제가 동원되고 남아 있는 장애 요인을 제거할 온갖 수단이 동원됩니다. 갖가지 수단이 효과가 없을 때는 서슴지 않고 남편에게 거짓말을 하겠다고 협박까지 합니다. 어떤 남성들은 원하는 것을 얻으려고 여성의 아버지나 남편에게 돈 혹은 호의를 대가로 뻔뻔스러운 협상을 벌입니다. 그러면 이들은 딸이나 아내가 자신의 의지와 상관없이 스스로 항복하도록 강요를 하지요. 심지어 주술이나 마법을 사용해서 신이 여성에게 준 자유의사를 강탈하려는 남성들도 있으며 이런 술책의 결과는 놀라울 정도입니다. 이 자리에서 남성들이 여성들을 자신이 원하는 대로 행동하게 만드는 수천 년 동안 이어져 온 술책들을 일일이 열거할 생각은 전혀 없습니다. 남성들이 알고 있는 것 외에도, 약삭빠른 많은 작가들이 여성을 유혹하는 다양한 방법을 책으로 가르치며 도움을 주고 있으니까 말입니다.

이렇게 도처에서 위협적인 매가 돌아다니면서 미끼를 들이밀고 유혹하는 상황에서 비둘기처럼 순진한 여성들이 어떻게 안전할 수 있겠습니까? 수년 동안 사랑과 동경을 보이고 그녀를 섬기려고 하루에도 수천 번씩 목숨을 걸며 오직 그녀의 기쁨만 생각하는, 잘생기고 좋은 집안에 예절까지 훌륭한 젊은 남성에게 설득을 당하는 것이 당연하지 않습니까? 가스파레 나리가 주장한 대로 남성보다 본래 더 많은 것을 욕망한다는 여성 자체의 나약함 때문에 남성에게 굴복하고 만다는 것이 이상하다는 말인가요? 수많은 유혹에 빠져든 불쌍한 여인의 실수가 너무 심각해서 심지어 살인자나 도둑 혹은 암살자나 매국노에게 베푸는 자비마저 받을 자격도 없다는 이야기입니까? 귀하는 단지 일부 여성이 커다란 실수를 저질렀다는 이유로 평생 한 번도 잘못을 저지른 적 없는, 끊임없는 유혹에도 단호한 자세를 보이는 다른 모든 여성들까지 비열하고 음란한 존재라고 비방하실 생각입니까?"

체사레가 더 이상 이야기를 하지 않자 가스파레 나리가 답변을 하려던 참에 오타비아노 나리가 빙그레 미소 지으며 끼어들었다. "가스파레 나리, 이 토론은 나리에게 불리하니 부디 체사레 귀하의 승리를 인정하시지요. 사실 나리는 여기 계신 모든 숙녀는 말할 것도 없고 대부분의 남성들까지도 적으로 만들고 있습니다."

가스파레 나리가 웃으면서 말했다. "오히려 그 반대입니다. 여성들은 모든 면에서 나에게 감사해야 합니다. 내가 마그니피코와 체사레의 의견에 반론을 제기하지 않았다면 그들이 칭찬한 수많은 여성들의 이야기를 들을 수 없었을 테니까요."

체사레가 다시 입을 열었다. "마그니피코와 내가 여성을 칭찬하려고 든 일화들은 이미 다 잘 알려져 있습니다. 그러니까 우리가 이야기한 내용은 불필요한 것이었지요. 이 세상에 여성이 없다면 남성은 인생의 즐거움과 만족감도 얻을 수 없고 아름다움이 사라진 자리에서 야생동물보다 더욱 거칠고 사납게 살아갈 것이라는 사실을 누가 모르겠습니까? 또한 여성들이 남성들의 마음에서 비열하고 천한 생각과 걱정거리와 절망과 불쾌한 유머 감각을 제거해 준다는 사실을 누가 모르겠습니까? 그리고 우리가 진실을 직시한다면, 여성들이 남성들을 일깨워 중요한 문제의 본질을 파악하게 하며, 전쟁 시에 남성들이 두려움 없이 대담하게 돌진하게 만들어주는 것도 여성이라는 사실을 알게 될 것입니다. 남성의 마음속에서 사랑의 불꽃이 격렬하게 타오를 때는 그 무엇도 겁내지 않는다는 점은 분명합니다. 사랑에 빠진 사람은 항상 사랑을 받으려고 노력하는 까닭에 혹시나 그가 갈망하는 여성에게 존경받지 못할 행동을 해서 체면이 떨어질까 봐 늘 경계하기 때문이지요. 그래서 사랑하는 여성을 섬기기 위해 하루에 수천 번 목숨을 걸어야 할지라도 물러서지 않습니다. 사실 사랑하는 여성이 지켜보는 가운데 전쟁을 치르는 사람은 세상을 얻은 것 같은 기분이 들 것입니다.

트로이가 10년 동안 그리스에 계속 저항할 수 있었던 이유는 오직 사랑에 빠진 남성들 덕분이었습니다. 사랑하는 연인이 전장으로 떠나기 전에 일부 여성들은 직접 갑옷을 입혀주기도 했으며, 이들이 당부하며 남긴 말은 남성들 가슴에 불꽃을 일으켜 남성으로서 최대한의 기상을 발휘하게 만들었습니다. 그리고 남성들은 적과 맞서 싸우면서, 사랑하는 여성들이 성벽이나 탑에서 지켜보고 있다는 사실을 의식하고 있었답니다. 따라서 단 한 번의 칼 놀림이나 용기를 증명해 주는 행동 하나로도 여성들에게 칭송받을 것이라고 믿었으며 이것이야말로 그들에게는 세상에서 가장 큰 상이었습니다.

또한 많은 사람들이 스페인의 페르디난드 왕과 이사벨라 여왕이 그라나다 왕에 맞서 치른 전쟁에서 승리를 거둘 수 있었던 것도 바로 여성들의 힘이었다고 생각하고 있답니다. 당시 대부분의 전투에서 이사벨라 여왕은 궁녀들을 이끌고 스페인 군대를 함께 따라갔다고 합니다. 당시 이 군대에는 이 여성들과 사랑에 빠진 귀족 기사들이 많이 있었지요. 이들은 적과 본격적으로 치열한 전투를 벌이기 직전까지 이 여성들에게서 용기를 북

돌워주는 격려의 말을 듣다가 이들이 지켜보는 가운데 격전지로 나섰답니다. 당연히 기사들은 사랑하는 여성들에게 자신이 용맹스럽게 전투에 임한 모습을 보여주려는 열망에 타올라 당당하게 적과 맞섰습니다. 이렇게 스페인 귀족들은 그토록 사랑하는 여성들 덕분에 적을 완패시키고 무어족 군인들을 물리칠 수 있었지요. 그러니 가스파레 나리가 어떤 잘못된 근거로 여성들을 비판하는지를 알 수가 없군요.

가스파레 나리, 여러 사람을 기쁘게 하는 즐거운 오락 활동에 있어서도 여성들이 많은 기여를 한다는 사실을 모르십니까? 여성들에게 즐거움을 주려는 목적이 아니라면 도대체 누가 우아하게 춤을 추는 법을 익히기 위해서 노력하겠습니까? 또한 여성 때문에 생긴 감정을 표현하려는 목적이 없다면 도대체 누가 외국어로 운문을 짓는 법을 배우려고 노력하겠습니까? 시인들이 여성에 대해 생각하지 않았다면 라틴어와 그리스어로 쓰여진 그토록 숭고한 시들은 세상에 태어나지 못했을 것입니다. 다른 예는 다 제쳐두더라도, 한 여성을 사랑하는 마음을 담은 수많은 시를 이탈리아어로 써서 우리에게 영감을 준 프란체스코 페트라르카를 생각해 보십시오. 만일 그의 마음을 산란하게 한 라우라(Laura)라는 여성이 존재하지 않았더라면 페트라르카는 그저 라틴어로만 시를 썼을 테니, 우리로서는 얼마나 통탄할 손실이었겠습니까? 현재 생존하고 있는 뛰어난 인물들(이 자리에 계신 분들도 일부 포함됩니다)의 이름은 일일이 거론하지 않겠습니다. 이들이 순전히 여성의 아름다움과 미덕을 주제로 한 숭고한 작품들을 끊임없이 창조하고 있다는 사실은 여러분도 잘 아실 겁니다. 솔로몬은 아주 고귀하고 신성한 주제에 관해 속뜻을 감춘 채 신비스럽게 글로 옮기고 싶을 때면 사랑에 빠진 남성과 여성 사이의 열렬한 대화를 떠올리곤 했답니다. 그는 한 여성을 향한 남성의 사랑이야말로 신성함과 가장 잘 어울린다고 믿었기 때문이지요. 그는 이런 식으로 자신의 부단한 학습과 하나님의 은총을 통해서 깨달은 신성함의 실체를 우리가 어렴풋이나마 이해하도록 했던 것입니다. 그러니 가스파레 나리, 이 부분에 이론을 제시하려는 시도는 아무 의미가 없으며, 귀하가 진실을 부정할수록 완벽한 궁정 숙녀와 관련된 훌륭하고 중요한 수많은 예만 더 듣게 될 것입니다."

가스파레 나리가 답변했다. "귀하에게는 더 이상 할 말이 없어 보이는데요. 어쨌든 귀하 생각에 마그니피코가 이상적인 궁정 숙녀에게 부여할 자질을 아직 충분히 설명하지 못했다면, 이는 그가 아닌 조물주의 탓이겠지요. 애초에 조물주가 여성들에게 부여한 미덕이 그게 다이니까 말입니다."

이 말을 듣고 공작부인이 웃으며 말했다. "마그니피코는 분명히 덧붙일 내용이 더 있을 겁니다."

마그니피코가 대답했다. "공작부인, 나는 정말로 이미 충분한 의견을 밝혔다고 생각합니다. 또한 내가 구현해 낸 이상적인 궁정 숙녀의 모습에 스스로 만족해하고 있답니다. 여기 계신 남성들 중에 내가 제시한 궁정 숙녀가 마음에 들지 않는 분이 있다면, 그 여성은 내 소관이니 관여하지 말라고 말씀드리고 싶군요."

모두가 침묵에 휩싸였다. 그러자 페데리코가 말했다. "마그니피코 나리, 귀하가 더 말을 하도록 부추기고자, 한 가지 질문을 하겠습니다. 나는 이상적인 궁정 숙녀는 내가 가장 중요하다고 생각하는 한 부분에서 어떻게 행동해야 하는지를 알고 싶습니다. 귀하는 이상적인 궁정 숙녀라면 재치와 이해력과 판단력과 현명함과 겸손함을 비롯한 많은 자질이 있어야 하며, 모든 사람과 다양한 주제로 이야기를 나눌 수 있어야 한다고 했습니다. 그러나 나는 무엇보다도 사랑이라는 주제로 이야기를 할 때는 관련된 사항을 잘 알고 있어야 한다고 생각합니다. 모든 남성들과 기사들은 여성의 사랑을 쟁취하려고 할 때 우리가 거론해 온 모든 오락거리와 훌륭한 복장과 우아한 태도를 사용합니다. 그들은 단순한 열정 때문이 아니라 대화를 하는 여성들을 존중하는 의미에서 올바른 자세로 말하지요. 이 남성들은 자신이 그 여성을 사랑한다는 것을 보여줌으로써 상대 여성이 사랑받을 가치가 있으며 그녀의 아름다움과 재능은 너무나 대단해서 다른 모든 이들이 그녀를 존경하지 않을 수 없다고 생각합니다. 따라서 나는 여성들이 이런 상황에서 보여야 할 올바른 태도와 자신을 진정으로 사랑하는 사람 혹은 기만하는 사람들에게 어떻게 대응해야 하는지를 알고 싶군요. 또한 남성들이 하는 사랑 고백을 이해하지 못하는 척해야 하는지, 이를 받아들여야 하는지 아니면 거절해야 하는지도 알고 싶습니다. 이외에도 사랑과 관련해서 일반적인 부분에서 어떻게 행동해야 하는지 알려주십시오."

마그니피코 나리가 말했다. "우선 올바른 궁정 숙녀라면 사랑하는 척하는 남성과 진정으로 사랑하는 남성을 구분할 수 있어야 합니다. 그다음으로 사랑 고백에 반응을 보이든 무시하든, 다른 사람의 의견에 영향을 받지 않고 스스로 결정을 내려야 한다고 봅니다."

페데리코가 대답했다. "그렇다면 남성의 진실한 사랑과 거짓 사랑을 구분할 수 있는 확실하고 안전한 징조가 무엇이며, 남성의 성실성을 입증할 만한 증거가 무엇인지를 알려주시죠."

마그니피코는 미소를 지으며 대답했다. "그 문제는 답하기가 어렵군요. 오늘날 남성들은 아주 교활해서 항상 거짓된 사랑의 행동을 하고, 사실은 웃고 싶으면서도 겉으로는 눈물을 보이는 데 능숙하니까요. 그러니 여성들을 연인들의 섬 이소마 페르마 (Isoma Ferma, 이소마 페르마라는 마법에 걸린 섬 안에는 나팔을 불고 있는 동상이 있는데, 이 나팔은 부정한 연인들이 지나갈 때는 끔찍한 소리를 내고 진실로 사랑하는 연인이 지나가면 달콤한 음악 소리를 낸다. 소설 『갈리아의 아마디스』에서 유래-역주)로 보내 보호받도록 하는 것이 마땅할 것 같군요. 그러나 어쨌든 내가 제시한 이상적인 궁정 숙녀는 내 창조물이니, 사랑한다고 고백하는 남성들에게 너무 쉽게 설득 당하는 나른 여성들과 같은 실수를 저지르지 않도록 내가 특별히 보호해야겠기에 몇 마디 하겠습니다. 이상적인 궁정 숙녀라면 사랑한다고 말하는 남성의 말을 이해하지 못하는 척하는 데 실패하거나, 거절이라기보다는 초대에 더 가까운 자세로 남성들을 거부하는 여성들을 본받으면 안 됩니다.

결론적으로 이상적인 궁정 숙녀는 열정을 담아서 사랑을 고백하는 남성들의 말을 절대로 믿어서는 안 됩니다. 혹시라도 남성이 여성을 존경하지 않은 채 뻔뻔스럽게 나온다면 그 사람 때문에 불쾌하다는 사실 또한 분명하게 전달해야 합니다. 설사 남성이 정중한 말과 미묘한 실마리로 사랑하는 마음을 세련되게 보여주며 분별력 있게 행동한다고 하더라도 이해하지 못하는 척하면서 다른 뜻으로 해석하려 노력해야 합니다. 그리고 항상 겸손한 자세를 유지하며 우리가 이미 궁정 숙녀에게 꼭 필요한 자질이라고 이야기한 재치와 분별력을 가지고 주제를 바꾸는 것이 좋습니다. 만약에 여성이 모른 척할 수 없는 말을 남성이 했다면 농담으로 받아들이면서 그저 자신을 추켜세우려고 한 말이라고 믿는 척해야 합니다. 이렇게 하면 이 여성은 사려가 깊다는 명성을 얻을 것이고 속임수에 넘어갈 일도 없을 것입니다. 내 생각에는 이것이 연애 문제가 관련된 대화에서 올바른 궁정 숙녀가 꼭 지녀야 할 태도입니다."

그러자 페데리코가 말했다. "마그니피코 귀하, 방금 한 말을 통해서 사랑을 표현하는 모든 남성의 말은 거짓이며 언제나 관심이 있는 여성을 속이려 한다는 의견을 넌지시 내비치고 있군요. 만약에 진짜로 그렇게 행동하는 남성이 있다면 상대방 여성은 당연히 귀하가 제시한 방법대로 행동해야 한다고 생각합니다. 그렇지만 한 여성이 귀하의 충고를 받아들여서 진실한 마음으로 열정적인 사랑을 바치는 남성의 말마저 전혀 믿지 않는다면 그 남성은 견딜 수 없는 고통과 비탄에 빠져들게 될 것입니다. 간절하게 사랑에 빠진 남성의 애원과 눈물과 여러 사랑의 표현이 아무런 가치가 없다는 말인가요? 마그니피코 귀하, 본능적으로 잔인한 여성들을 더 잔인하게 만들지 않도록 조심하십시오."

"나는 사랑에 빠진 일반적인 남성들을 뜻한 것이 아니랍니다." 마그니피코가 대답했다. "내가 말한 남성들은 연애 감정에 빠져서 연신 망설이는 기색을 보이며, 말을 하다가 갑자기 침묵에 빠져버리는 등 대화에 어울리지 않는 행동을 보이는 사람들이랍니다. 어쨌든 사랑에 깊이 빠진 남성들이 말을 아주 조금만 한다는 것은 사실인 것 같습니다. 그렇지만 남성들이 저마다 다양한 방법으로 행동하기 때문에 명확한 규칙을 제시하는 것이 불가능하다고 봅니다. 그러니 나는 이상적인 궁정 숙녀라면 항상 극도로 주의해야 하며, 남성들은 여성들보다 위험부담을 훨씬 덜 느끼면서 애정을 표현한다는 사실을 마음속에 잘 새겨두고 있어야 한다는 것 말고는 덧붙일 말이 없군요."

가스파레 나리가 웃으면서 말했다. "마그니피코 귀하, 귀하가 만들어 놓은 이상적인 궁정 숙녀는 적어도 진정으로 애정을 보내는 남성과는 사랑에 빠져도 된다고 생각하지 않으십니까?

올바른 궁정 신하라면 보답받지 못하는 사랑을 지속할 의사가 없을 것이고, 그렇게 되면 당연히 귀하의 궁정 숙녀는 그녀의 미덕을 존경하고 찬양하며 남성이 주는 진정한 사랑을 포함해서 많은 이득을 놓치게 될 것입니다."

"그 문제에는 할 말이 없군요." 마그니피코가 대답했다. "그렇지만 귀하가 지금 말한 그런 종류의 사랑은 미혼 여성에게만 적당하다고 주장합니다. 왜냐하면 기혼 여성의 경우, 관습에 어긋나는 행동을 저지르거나 여성에게 매우 중요한 정절에 오점을 남길 수 있는 위험성이 있기 때문입니다."

이 말을 듣고 페데리코가 웃으면서 답했다. "마그니피코 귀하, 그 의견은 일부 성직자에게 배운 것 같군요. 여성들을 자신의 곁에만 두려고 그들이 평신도들과 사랑에 빠지는 것을 비난하는 성직자들 말입니다. 내가 보기에 귀하는 기혼 여성에게 너무 가혹한 규칙을 적용하는 것 같습니다. 귀하도 알겠지만 타당한 이유도 없이 아내를 미워하며 다른 여성과 바람을 피우거나, 온갖 혐오감을 드러내며 아내에게 엄청난 상처를 입히는 남성들이 많으니까요. 심지어 일부 아버지들은 건강이 안 좋고 추잡한 데다 역겹기까지 한 노인에게 딸을 시집보내서 그들이 평생 동안 지옥 같은 고통을 경험하게 합니다. 이런 여성들이 자신들과 전혀 맞지 않는 남편과 이혼하고 사랑하는 남성을 만나면 음란하다는 비난을 받지요. 때때로 가혹한 운명의 장난 혹은 성격상의 부조화 때문에 화합과 사랑이 넘치는 낙원이 되어야 할 부부의 성생활이 괴롭고 지독한 불화의 원인이 되기도 한답니다.

여기서 생긴 분노와 의심 그리고 날카로운 미움의 가시 때문에 죽을 때까지 갈라놓을 수 없는 연으로 잔인하게 묶인 불행한 여성들이 고문과 같은 괴로움을 당하는 경우가 있답니다. 이러한 여성이라면 고통스러운 생활에서 탈출하여 자신을 속이고 혐오하는 남성에게 받지 못한 사랑을 다른 남성으로부터 찾는 것이 당연하지 않겠습니까? 물론 자신에게 잘 맞는 남편에게 사랑받고 사는 아내라면 절대로 다른 남성 때문에 남편에게 상처를 주면 안 되지요. 그러나 앞에서 말한 것처럼 남편 때문에 고통스러운 상황에 놓여 있으면서도 자신에게 사랑을 바치는 다른 남성에게 마음을 열지 않는 여성은 스스로를 상처 입히고 있다고 봅니다."

"그렇지 않습니다." 마그니피코가 대답했다. "남편이 아닌 사람을 사랑하는 것이야말로 자신에게 상처를 입히는 행동입니다. 그러나 어쨌건 이런 여성들이 사랑을 할 것인지 여부를 결정하는 것은 우리들의 권한이 아니기 때문에 더 이상 할 말이 없을 것 같군요. 그렇지만 혹시라도 이상적인 궁정 숙녀가 남편에게 고통받는 상황에서 자신에게 연정을 바치는 다른 남성과 사랑에 빠지는 불행한 사태가 발생한다면, 정신적인 사랑으로만 끝나야 한다고 강조하고 싶습니다. 또한 자신의 감정을 인정하는 말이나 행동을 보여서 상대방 남성이 그녀의 마음을 확신하게 만들어서도 안 됩니다."

그러자 로베르토 다 바리가 웃으며 말문을 열었다. "마그니피코 귀하, 나는 귀하의 의견에 반대하며, 나와 같은 뜻을 가진 사람이 많을 거라고 믿습니다. 귀하는 결혼한 여성이라면 아주 얌전을 떨면서 숙녀인 척해야 한다고 주장하시는 것 같군요. 그렇다면 미혼 여성도 기혼 여성과 똑같이 잔인하고 무례한 태도로 남자들의 사랑을 거부해야 한다고 생각하십니까?"

마그니피코가 말했다. "내가 제시한 궁정 숙녀가 미혼인 경우, 결혼할 수 있는 남성과 사랑에 빠져야 합니다. 이런 경우에 내가 제시하고 싶은 일반적인 규칙 한두 가지만 잘 지켜준다면 사랑의 표시를 마음껏 한다고 해도 문제가 없습니다. 그 규칙은 남성의 마음에 부도덕한 방법으로 여성을 얻을 수 있다는 희망을 일으키지 않게 하면서 사랑을 표현해야 한다는 것입니다. 특히 이 점은 아주 주의해야 합니다. 여성들이 무엇보다도 아름다워지기를 가장 바라는 성향을 가지고 있어서 쉽게 저지르는 실수이기 때문입니다. 여성들은 흔히 연인이 많다는 사실이 자신의 아름다움을 증명하는 척도라고 착각하고 가능하면 남성들을 손에 넣으려고 부단한 노력을 펼칩니다. 그러다 보니 무절제하게 행동하고 정숙함을 던져버린 채 유혹적인 시선이나 음란한 말을 던지거나 아주 수치스러운 행동을 저지릅니다. 많은 남성들이 자신에게 관심을 갖고 있으며 이런 행동으로 그들의 사랑을 쟁취할 수 있다고 생각하면서 말입니다. 그러다가 남성들이 자신이 원하는 대로 움직이지 않으면 여성들은 사랑이 아니라 단순히 정욕을 채울 목적으로 흐르는 경향이 있습니다.

따라서 이상적인 궁정 숙녀라면 음란한 의도로 접근하는 남성들에게 자신을 내던져서는 안 되며, 자신을 바라보는 사람들의 관심과 애정을 받으려고 발악해서도 안 됩니다. 그 대신에 자신의 기품과 고귀한 행동 혹은 상냥함과 우아함으로 남성의 진정한 사랑을 유발해서 남성들이 음란한 희망을 품지 못할 정도로 존경심을 갖게 만들어야 합니다. 이런 여성에게 사랑을 받는 사람이라면 아주 작은 표시에도 만족해하며 단순히 애정 어린 시선 하나라도 아주 소중하게 여길 것입니다. 그리고 이런 성품의 여성이라면 당연히 이 자리에 계신 분들이 형상화시켜 놓은 이상적인 궁정 신하처럼 훌륭한 남성과 사랑을 주고받아야 하며, 이를 통해서 절대적인 완전성을 획득할 수 있을 것입니다."

마그니피코는 이렇게 말을 마치고 침묵을 지켰다. 그러자 가스파레 나리가 미소를 지으며 말을 시작했다. "이제 여러분은 마그니피코 나리가 진정으로 훌륭한 궁정 숙녀의 모습을 만들지 못했다는 불평 같은 것은 못하겠군요. 지금부터 나는 혹시라도 그가 말한 자질을 갖춘 여성이 발견된다면 궁정 신하와 똑같은 대접을 받을 가치가 있다고 인정하겠습니다."

에밀리아 여사가 반박했다. "귀하들이 말한 것처럼 이상적인 궁정 신하가 있다면, 당연히 마그니피코 나리가 말한 것처럼 완벽한 궁정 숙녀도 있을 것이라고 확신합니다."

로베르토가 덧붙였다. "물론 마그니피코 나리가 형상화한 여성이 아주 완벽하다는 점을 부정할 수는 없습니다. 그러나 귀하가 주장한 사랑에 관련된 일부 성품, 특히 말과 몸짓과 행동으로 남성의 희망을 빼앗고 절망에 빠뜨리게 해야 한다는 점은 너무 가혹하다고 생각합니다. 다들 알다시피 남성들은 희망이 없는 것은 아예 바라지도 않기 때문이지요. 물론 자신의 가치와 미모에 자부심이 넘치는 일부 여성들은 자신을 얻을 수 있다는 희망조차 아예 갖지 말라고 구혼자에게 말하기도 합니다. 그러면서도 상냥한 태도와 표정으로 자신들의 오만한 말이 주는 느낌을 완화시키는 현명함을 발휘하지요. 그러나 모든 행동과 표정으로 남성의 희망을 송두리째 앗아가는 여성이라면, 현명한 궁정 신하에게는 절대로 사랑받지 못할 것이며 영원히 완전함이 결여된 채 살아가게 될 것입니다."

이 말에 마그니피코가 대답했다. "내가 말한 궁정 숙녀가 모든 희망을 송두리째 앗아가기를 원하지는 않습니다. 나는 그저 부도덕한 문제가 제기되는 상황을 말한 것뿐입니다. 여러분이 형상화시킨 것처럼 예의가 바르고 정중한 신사라면 결코 그처럼 부도덕한 행위를 하지 않겠지요. 여성을 향한 사랑이 미모와 올바른 생활 자세와 재능과 미덕과 신중함 등 우리가 말한 칭찬할 만한 가치 때문이라면 남성의 의도 또한 숭고해야 하기 때문입니다. 만일 이상적인 궁정 신하가 고결함, 무기를 잘 다루는 솜씨, 편지와 음악, 대화에서의 상냥함과 우아함 등을 통해서 여성의 사랑을 얻으려 한다면 사랑을 받는 여성 역시 이와 같은 자질을 가져야 할 것입니다.

그러나 여성의 아름다움에는 다양한 종류가 있듯이 남성들의 선호도도 다양하답니다. 일반적으로 남성들은 우리가 거론한 것처럼 엄숙하고 아름다운 여성이 지나가거나 농담을 하는 것만 봐도 모든 행동에서 드러나는 우아함에 존경심이 생겨서 감히 사랑을 품을 생각조차 못한답니다. 일단 희망이 생기면, 일부 남성들은 말이나 행동이나 표정으로 보아 성품이 아주 유약해서 쉽게 사랑에 빠질 것처럼 판단되는 매력적이고 도발적인 여성들을 선호한답니다. 그런가 하면 아예 좌절을 맞보지 않으려는 일부 남성들은 마치 아무 생각 없이 마음 내키는 대로 소박하게 행동하거나, 표정이나 말이나 동작이 아주 자유로운 부류의 여성들을 더 좋아하지요.

한편 진정한 성취는 어려움을 극복하는 데서 얻어지며, 가장 달콤한 승리는 사람들이 난공불락이라고 여기는 성벽을 부수는 것이라고 생각하는 남성들도 있습니다. 이런 대담한 정신력을 가진 남성들이 사랑에 빠지는 여성은 대체로 모든 어려움을 극복할 능력이 있다는 것을 증명하듯이 항상 신랄한 표정으로 혹독한 말을 하고 고집이 세며 힘에 부치는 성품을 가진 경우가 많습니다. 그리고 누구에게도 속지 않는다고 자신만만해하는 남성들은 교활하게 속임수를 부리는 여성 혹은 자신을 바라보거나 사랑하는 모든 남성을 경멸하는 태도로 웃음 한 번 보이지 않고 업신여기는 여성과 사랑에 빠지더군요. 또한 단 한 송이의 아름다운 꽃처럼 모든 표정과 말과 동작이 우아하고 예의 바르며 사려 깊은 여성만을 사랑하는 남성들도 있습니다.

이렇게 남성들마다 선호도가 다양하므로, 이상적인 궁정 숙

388

녀가 부도덕한 의도를 가진 남성을 거절한다고 해서 평생 다른 남성을 못 만난다는 주장은 말이 안 됩니다. 고귀한 여성이 사랑을 바칠 충분한 가치가 있는 남성을 언젠가는 만나게 될 테니까요."

로베르토가 반박하려 했으나 공작부인이 끼어들지 말라고 지적하며 마그니피코에게는 계속 하고 싶은 말을 하라고 지시했다. 그러고 나서 공작부인은 덧붙였다. "마그니피코의 말에 반론을 제기할 이유가 없습니다. 그가 형상화한 궁정 숙녀는 여러분이 말한 이상적인 궁정 신하 유형에 견줄 만하고 어떤 면에서는 훨씬 월등하다는 것이 분명하니까요. 마그니피코 귀하는 이상적인 궁정 숙녀가 사랑에 대응하는 법까지 이야기했으나, 여러분은 이상적인 궁정 신하를 형상화하면서 이 점을 빼먹지 않았습니까?"

이 말을 듣고 우니코 아레티노가 말했다. "지금까지 내가 올바로 사랑하는 법을 아는 여성을 거의 본 적이 없다는 점을 고려해 보면 여성들에게 사랑하는 법을 가르치는 것은 명백하게 현명한 일입니다. 아름다운 여성 대부분이 자신을 가장 충실하게 사랑해 주며 상을 받아 마땅할 정도로 숭고함과 관대함과 높은 덕을 갖춘 남성들에게 오히려 더 잔인하고 배은망덕한 짓을 하기 때문입니다. 또한 종종 가장 어리석고 가치 없는 악질에게 자신을 내던지곤 하지요. 이들이 자신을 사랑하기는커녕 속임수를 쓰고 있는데도 말입니다. 이처럼 여성들이 역겨운 실수를 하지 않게 하려면 자신의 사랑에 맞는 가치 있는 남성을 고르는 방법과 그들을 올바르게 사랑하는 방법까지 가르쳐야 할 것 같습니다. 그러나 남성들은 이런 점들을 잘 알고 있으니 교육받을 필요가 없지요. 나 자신을 예로 들어 입증할 수도 있습니다. 나는 사랑하는 법을 배운 적이 없지만 내가 사랑할 수밖에 없었던 한 여성의 아름다움과 영감을 주는 태도 앞에서 어떤 설명이나 스승도 필요 없었으니까요. 나는 진정으로 사랑에 빠진 모든 남성들도 이와 마찬가지라고 생각합니다. 그러니 궁정 신하에게 가르쳐야 할 주제로는 사랑하는 법보다 사랑받는 법이 더 적절할 것 같군요."

"그러면 부디 그 내용을 말해 보시지요." 에밀리아 여사가 말했다.

우니코가 말을 이었다. "남성들이 여인을 잘 섬기고 기쁘게 해서 사랑을 받는 것이 가장 도리에 맞다고 생각합니다. 그러나 남성들이 어떻게 해야 여성을 흡족하게 만들 수 있는지는 여성들이 직접 알려줘야 한답니다. 여성들은 때때로 그 어떤 남성도 이해하지 못하는 기이한 요구를 하며, 심지어는 자기 스스로 원하는 바가 무엇인지조차 모르는 경우가 흔하니까요. 그러니 에밀리아 여사, 귀하가 여성이고, 무엇이 여성들을 기쁘게 만드는가를 알 테니 지금부터 여사가 의견을 내놓는 것이 가장 적절하다고 봅니다."

에밀리아 여사가 답했다. "그렇지만 귀하는 모든 여성들에게 그토록 많은 총애를 받으니 그들의 사랑을 얻는 방법을 알고 있음이 틀림없습니다. 그러니 귀하가 의견을 내놓는 것이 적절할 것 같군요."

"에밀리아 여사." 우니코가 말했다. "내가 사랑에 빠진 남성에게 할 수 있는 유용한 충고는 딱 하나뿐입니다. 마음을 두고 있는 여성에게 에밀리아 여사의 영향력이 미치지 않도록 조심하라는 것이죠. 모든 사람들이 나를 사랑에 가장 충실하고 갖가지 좋은 품성을 지닌 사람으로 생각하는데도 여사는 나를 사랑하기는커녕 오히려 미워하고 있으니까요."

에밀리아 여사가 답했다. "우니코 나리, 하나님 덕분에 내가 귀하가 싫어할 만한 행동과 생각을 자제하는 것을 다행으로 생각하십시오. 옳지 않은 것은 물론이고 어리석은 일일 테니까요. 어쨌든 여성을 기쁘게 하는 것이 무엇인지를 말하라고 재촉하시니 귀하의 뜻에 따르겠습니다. 설사 내 답변이 만족스럽지 않더라도 모든 비판은 이런 질문을 한 귀하의 몫으로 돌리셔야 합니다. 그럼 이야기를 시작해 보지요.

나는 사랑받고 싶은 남성은 먼저 자신을 사랑해야 하며 매력적이어야 한다고 봅니다. 이 두 가지 점만 잘 갖춘다면 여성의 사랑을 받기에 충분합니다. 귀하가 한 비난에 답변을 하자면, 모두가 귀하야말로 최고로 매력적인 인물이라고 생각한다는 점은 사실입니다. 그렇지만 나는 귀하가 주장한 대로 귀하나 다른 남성들이 그토록 사랑에 진지한 자세를 보이는지에는 확신이 가지 않는군요. 귀하는 자신의 매력을 통해서 수많은 여성들과 사랑을 나눠왔으니까요. 아시겠지만 아무리 거대한 강줄기라도 여러 운하로 나눠진 뒤에는 점차 작은 물줄기로 줄어듭니다. 이와 마찬가지로 여러 사람을 향한 사랑은 힘이 약해지기 마련이지요. 그러나 귀하가 끊임없이 비탄에 젖어서 사랑했던 여성들을 두고 배은망덕하다고 비난하는 것은 귀하가 경험해 온 사랑의 기쁨과 즐거움을 감추려는 은폐 수단일 뿐입니다. 또 귀하를 너무 사랑한 나머지 모든 것을 바친 여성들이 귀하의 곁을 떠나지 않게 하려는 핑계이지요. 그러니 지금 귀하가 사랑하는 척하는 여성들이 더 이상 속아 넘어가지 않는다면, 그것은 내 탓이 아니라 그녀들이 귀하의 속임수를 파악하기 시작했기 때문이랍니다."

그러자 우니코가 반박했다. "여사가 말한 내용을 부정할 필요가 없겠군요. 나는 아무리 진실을 말하더라도 의심을 받는 운명을 타고났다는 사실을 스스로 깨닫고 있으니까요. 마치 여사가 아무리 거짓말을 하더라도 사람들이 믿는 것처럼 말입니다."

에밀리아 여사가 말했다. "어쨌거나 귀하가 말한 것처럼 그렇게 진실한 사랑을 하지 않는다는 사실을 인정하시지요. 귀하가 진정한 마음으로 사랑을 했다면 오직 귀하의 연인을 행복하게 만들 생각만 하고 그녀가 바라는 것만 원했을 테니까요. 이것이 바로 사랑의 규칙입니다. 그러나 귀하는 연인을 비난하면서 귀하가 속임수를 부리고 있다는 사실을 넌지시 드러내고 있습니다. 설사 그렇지 않더라도 귀하의 소망이 그녀의 소망과 다르다는 점만은 명백하게 증명되었습니다."

우니코가 말했다. "그와는 정반대로 나는 무엇이든지 내 여인이 원하는 것만을 소망하며, 이 점은 내가 진정으로 그녀를 사랑한다는 것을 증명합니다. 그러나 내 여인이 내가 바라는 것을 원하지 않는다는 점에는 불만이 있습니다. 여사가 인용한 사랑의 규칙에 따르면 그녀는 나를 사랑하지 않는 것이니까요."

에밀리아 여사가 답했다. "그러나 사랑을 시작한 남성이라면 그 여인을 행복하게 하려고 노력하며 자신의 모든 소망을 여성의 것에 맞추면서 여성의 의사에 따라서 움직여야 합니다. 또한 자신의 모든 열망이 여성의 열망에 속해 있고 자신의 영혼이 여성의 노예라고 생각하며, 가능하다면 여성의 영혼 속으로 자신의 영혼이 전이되게 하려고 노력해야 합니다. 이 모든 것을 자신이 바라는 최상의 행복으로 여겨야 하지요. 바로 이것이 진정으로 사랑에 빠진 사람들이 보여주는 모습이니까요."

우니코가 말했다. "내가 생각하는 최상의 행복이야말로 여성의 영혼과 마음에 따라 조정되는 일편단심이랍니다."

"그렇다면 그것을 보여주시지요." 에밀리아 여사가 답했다.

순간 베르나르도가 끼어들었다. "다른 의도 없이 진정으로 사랑에 빠진 남성이라면 흠모하는 여성을 행복하게 하기 위해서 모든 마음을 다 바칠 것이 분명합니다. 그러나 이런 사랑이 인정을 받지 못하는 경우가 종종 있기 때문에 진심으로 여성을 섬기는 것과 동시에 여러 가지 방법으로 자신의 깊은 사랑을 분명하게 표현해야 한다고 봅니다. 이를 통해서 그가 사랑하는 여성이 자신이 사랑받는 사실을 알 수밖에 없도록 말입니다. 물론 사랑을 표현할 때는 무례하다는 이야기를 듣지 않도록 적당한 선을 지켜야 합니다. 그건 그렇고, 에밀리아 여사가 사랑에 빠진 남성의 영혼은 상대 여성의 노예가 되어야 한다고 한 말은 아주 중요한 것 같습니다. 그러니 에밀리아 여사, 그 비밀도 가르쳐주기를 간청 드립니다."

이 말에 체사레가 미소를 지으며 말했다. "사랑에 빠진 남성이 너무 겸손해서 그의 사랑을 표현하는 것이 부끄럽다면 편지를 쓰면 되겠군요."

에밀리아 여사가 말했다. "아니지요. 오히려 신사로서 마땅히 갖춰야 할 분별력이 있는 남성이라면 사랑의 감정을 표명하기 전에, 여성이 그 사랑을 모욕으로 받아들이지 않는지를 먼저 확실하게 파악해야 합니다."

"그러면 어떤 과정을 거쳐야 하는 건가요?" 가스파레 나리가 물었다.

마그니피코가 말했다. "말이나 편지로 전하려면 대단히 겸손하고 조심스러운 자세를 유지해서 자신이 없거나 모호해 보이는 말로 시작해야 합니다. 그래야 여성이 당혹해하지 않고 그 의미를 이해하지 못한 척할 수 있을 테니까요. 남성 입장에서도 일이 잘되지 않으면 쉽게 말을 번복하고 다른 목적으로 말을 하거나 편지를 보낸 척할 수 있을 겁니다. 여성들은 남성들이 우정의 상징으로 애정과 친절을 베풀면 기쁜 마음으로 받아들이지만 그것들이 사랑을 표현하고 있다는 사실을 깨닫게 되면 즉시 거부하는 경향이 있으니까 말입니다. 따라서 너무 경솔하거나 성급한 언동으로 뻔뻔스럽게 앞서 나가는 남성들은 당연히 여성들의 사랑을 잃기 마련입니다. 진정한 여성이라면 잘 알지도 못하는 남성이 존중하는 태도도 없이 사랑만 얻으려고 한다면 모욕을 받았다고 생각할 테니까요.

따라서 내 생각에 이상적인 궁정 신하라면 말보다는 행동으로 사랑하는 마음을 드러내야 합니다. 남성들의 감정은 수많은 말보다는 단순히 짓는 한숨이나 존경심을 나타내는 작은 동작이나 수줍어하는 모습 등을 통해 훨씬 더 분명하게 드러나기 때문입니다. 그다음 단계로 마음에 담긴 메시지를 눈에 담아서 충실하게 전달해야 합니다. 눈은 말이나 글보다 더 감춰진 감정을 효과적으로 전달하는 매체이며, 남성의 생각을 드러내는 것은 물론이고 사랑하는 여성의 마음에 애정이 솟아오르게 만든답니다. 눈에서 발사된 생생한 마음은 빠른 속도로 목표물을 향해 날아가는 화살처럼 사랑하는 여성의 마음을 관통하게 됩니다. 그리하여 다른 요소들과 섞여 피를 타고 흐르다가 마침내 그녀의 심장에 도달해서 따뜻하게 만들어져 남성에게 마음을 열게 하지요. 그러니 눈이야말로 사랑의 길잡이라고 할 수 있으며, 이상적인 궁정 신하라면 이를 통해 자신의 사랑을 드러내야 한다고 생각합니다. 그러나 눈은 타오르는 열망을 너무 쉽게 드러내기 때문에 사랑하는 대상이 아닌 다른 사람에게도 자신의 깊은 열정을 들킬 수도 있습니다. 그러니 항상 때와 장소를 잘 고려해서 주의 깊게 행동하며, 너무 의도적이고 갈망이 섞인 눈길을 보내지 않도록 조심해야 합니다. 자신이 열정적인 사랑에 빠졌다는 사실을 모두에게 들키는 것은 그리 즐거운 일이 아니니까요."

그러자 로도비코 백작이 답했다. "그러나 숨기거나 걱정할 것이 없는 사랑의 경우는 사람들에게 알려져도 괜찮답니다. 사랑한다는 사실을 숨기지 않은 남성은 사랑하는 사람과 공개적으로 이야기하는 자유를 누리며 의심의 눈초리를 받지 않고 여성의 친구들과 어울릴 수 있답니다. 그렇지만 사랑을 비밀로 간직하려는 사람은 이런 즐거움을 맛볼 수가 없지요. 실제로 나는 한 여성이 처음에 아무런 애정도 느끼지 못했던 남성과 열정적인 사랑에 빠지는 것을 본 적이 있습니다. 이 여성이 남성에 대한 마음을 바꾼 것은 주변 사람들 모두가 그들이 사랑에 빠졌다고 믿은 후였지요. 이 여성은 다른 사람들이 그와 자신이 잘 어울린다고 여긴다는 사실만으로도 그가 충분히 자신의 사랑을 받을 가치가 있다고 생각했으며, 그 남성의 편지와 말보다 보편적으로 사람들이 그를 두고 내리는 평가를 더 믿었답니다. 따라서 일반적으로 잘 알려져서 사람들 입에 오르내리다 보면 손해보다는 이득이 더 많아집니다."

이 말을 듣고 미그니피고가 대답했다. "연애사는 사람들 입에 오르내리면 해당 남성이 대중 앞에서 주목받을 위험 부담이 있답니다. 그렇게 되면 조심스럽게 사랑을 진행하고 싶은 남성은 자신의 사랑이 아주 별것 아닌 척하게 되고, 열정과 질투와 고통과 즐거움을 못 느끼는 척 시치미를 떼며, 설사 괴로움으로 가슴이 무너져 내리더라도 거짓 웃음으로 무마하게 되지요. 그러나 이런 행동은 실천에 옮기기가 너무 힘들어서 사실상 불가능하답니다. 그러니 나는 이상적인 궁정 신하라면 자신의 사랑을 비밀에 부쳐야 한다고 충고하고 싶군요."

베르나르도가 말했다. "이 점은 확실히 이상적인 궁정 신하가 중요하게 봐야 할 부분인 것 같군요. 사실 남성들이 다른 사람 앞에서 아무리 은밀하게 사랑의 감정을 감추더라도 그 마음을 알아주기를 바라는 여성은 그들의 얼굴과 눈을 통해서 마음속의 생각을 쉽게 읽어낼 수 있답니다. 반면에 사랑에 빠진 연인들이 다른 사람들 앞에서 긴 대화를 나누더라도 아무도 그들 사이에 오고 가는 열정적인 감정을 분명하게 파악하지 못하는 경우가 많지요. 이는 이 연인들이 분별력과 조심성을 발휘해서 중요한 이야기는 다른 사람이 듣지 못하게 속삭이고 다양한 의미로 해석될 수 있는 말은 큰 소리로 이야기하기 때문이랍니다."

페데리코가 말했다. "그렇게 비밀스러운 영역까지 토론을 하다 보면 끝이 없겠군요. 그러니 남성들이 여성의 사랑을 잘 유지하려면 어떻게 해야 하는지를 잠시 이야기해 보는 것이 어떨까요? 내가 보기에 지금 우리에게는 이 질문이 훨씬 더 필요할 것 같습니다."

마그니피코가 대답했다. "나는 사랑을 얻은 것과 같은 방법으로 그 사랑을 유지해야 한다고 생각합니다. 중요한 점은 사랑하는 여성을 행복하게 만들고 모욕하는 행위를 하지 않는 것이죠. 그러니 엄격한 규칙을 정하는 것은 상당히 어려울 것 같습니다. 분별력이 없는 남성들은 겉으로는 사소해 보이지만 심각한 모욕을 주는 실수를 수도 없이 저지르니까요. 이런 실수는 대부분 너무 열정에 사로잡혔을 때 일어납니다. 일부 남성들은 사랑하는 여성들과 이야기할 기회가 생길 때마다 끊임없이 슬픈 모습을 보이며 괴롭다는 듯 불평을 늘어놓거나 불가능한 일을 끈덕지게 요구하면서 여성들이 진저리를 치게 만든답니다. 또한 질투로 너무 흥분하거나 비통에 젖어서 다른 남성이 자신이 사랑하는 여성과 사랑에 빠졌다고 생각되면 앞뒤 가리지 않고 성급하게 덤벼든답니다. 때로는 당사자인 여성에게까지 달려들어서 다른 남성과 이야기는커녕 눈길도 주지 말라고 요구하지요. 이런 행동은 여성에게 치명적인 모욕을 주는 것이며, 오히려 자신이 마음에 두고 있는 여성이 경쟁자를 사랑하게 만들기도 합니다. 그 남성이 자신의 여성을 다른 사람에게 뺏길까봐 두려워한다는 말은 곧 경쟁자보다 자질이나 가치 면에서 떨어진다는 점을 스스로 인정하는 것이니까 말입니다. 이런 태도 때문에 여성은 다른 남성을 사랑하게 되며, 자신에게 부도덕한 혐의를 지운 남성에게 정이 떨어져버리는 겁니다."

이 말에 체사레가 웃으며 입을 열었다. "나 역시 사랑의 경쟁자를 비난하는 행동을 도저히 자제할 수 없답니다. 그러니 경쟁자를 잘 물리칠 방법을 알려주시면 좋겠군요."

마그니피코가 웃으며 대답했다. "'적이 허리까지 차는 물에 빠져 있으면 손을 뻗어서 위험에서 구해 주되, 턱 끝까지 빠져 있으면 재빨리 발로 머리를 눌러서 물에 빠뜨려라'는 속담이 있습니다. 실제로 경쟁자에게 이렇게 행동하는 사람들이 꽤나 있지요. 경쟁자를 추락시킬 방법이 없으면 적의를 숨기고 친구인 척하지만, 확실하게 몰락시킬 수 있을 때는 진위 여부와 상관없이 나쁜 소문을 퍼뜨리거나 기회를 놓치지 않으려고 온갖 수단과 방법을 이용합니다.

그렇지만 이상적인 궁정 신하라면 결코 이런 속임수를 써서는 안 되겠지요. 따라서 그 여성을 사랑하고 잘 섬기며 신중하고 겸손하고 덕이 있는 자세로 경쟁자를 눌러야 한다고 생각합니다. 다시 말하면, 경쟁자보다 더 존경할 만하고 신중한 사람이 되어야 합니다. 조심스러운 자세를 유지하면서 무지한 남성들이 다양한 방법으로 곧잘 저지르는 어리석은 실수를 하지 않아야 하지요. 내가 아는 일부 남성들은 여성들에게 편지를 쓰거나 말을 할 때마다 폴리필리아어(Poliphilian)를 사용하고 항상 너무 화려한 수사법을 늘어놓아서 상대 여성들은 완전히 자신감을 잃어버린 채 자신이 대단히 무식하다고 여긴답니다. 여성들은 이런 남성과 대화할 때마다 마치 영원처럼 시간이 길게 느껴진다고 토로하지요.

또 황당무계한 허풍을 부리는 남성들도 많이 있습니다. 어떤 남성들은 스스로 손해 보고 신뢰를 떨어뜨릴 행동을 자초하기도 하지요. 예를 들어 항상 나를 웃게 만들고 사랑에 전문가라고 자부하는 한 남성은 여성들이 있는 자리에서 '지금까지 나를 사랑하는 여성을 한 명도 못 만났답니다……' 라는 말을 하지요. 여성들은 이런 이야기를 듣는 순간 그 남성은 여성에게 사랑받을 자격이 없는 사람일 것이라고 지레짐작합니다. 그리고 그 남성을 사랑할 가치도 없는 사람이라고 여기고 금은보화를 갖다 준다고 해도 사랑하지 않겠다고 결심한답니다. 이런 사실을 그 남성은 전혀 깨닫지 못하고 있는 것이지요. 여성들이 이런 생각을 하는 이유는 다른 여성에게 사랑받지 못한 남성을 사랑하는 것은 자신의 격을 떨어뜨리는 일이라고 여기기 때문이랍니다.

한편 경쟁자가 미움을 받게 하려는 마음이 앞선 바람에 어리석게도 여성들 앞에서 '그 사람은 확실히 세상에서 가장 운이 좋은 사나이입니다. 잘생기거나 영리하거나 용감하지도 않을뿐더러 다른 사람보다 말도 잘 못하는데 모든 여성들이 그를 사랑하며 쫓아다니니까 말입니다' 라는 말을 하는 남성도 있지요. 그러나 외모나 행동 면에서 매력적이지 못한 사람의 행운을 질투한다는 사실을 드러내는 건, 경쟁자가 그토록 많은 여성의 사랑을 받는 데는 분명히 비밀스러운 다른 이유가 있을 것이라는 믿음을 조장하는 셈입니다. 결과적으로 이 말을 들은 여성들은 그 경쟁자를 더 많이 좋아하게 되지요."

로도비코 백작이 미소 지으며 말을 받았다. "내가 제시한 이상적인 궁정 신하는 분별력이 있기 때문에 여성의 사랑을 얻으려고 그처럼 어리석은 행동은 하지 않을 것이라고 장담합니다."

체사레 곤차가가 말했다. "이름까지는 거론하지 않겠습니다만 어떤 신사처럼 남성들까지 당황하게 만들 만한 행동도 해서는 안 되지요."

"그렇다면 그 남성이 한 행동이라도 말해 주시지요." 공작부인이 말했다.

그러자 체사레가 말을 이었다. "그는 아주 훌륭한 여성에게 사랑받고 있었지요. 그는 그 여성의 요청에 따라 그녀가 살고 있는 도시를 비밀스럽게 방문했답니다. 그는 여성을 만나 그녀가 허용하는 한도 내에서 즐거운 한때를 보냈답니다. 그는 한숨을 쉬고 비통하게 눈물을 흘리면서 그녀를 떠나야 하는 고통을 드러내고는 절대로 자신을 잊지 말아달라고 간청했지요. 그러고 나서 여성에게 여인숙 비를 내라고 했답니다. 그 여성이 자신을 불렀으니 자신은 여행 경비를 부담해서는 안 된다는 것이었지요."

이 말을 듣고 모든 여성들이 웃기 시작했으며 입을 모아서 그 남성은 신사라는 소리를 들을 자격도 없다고 말했다. 대부분의 남성들 역시 그가 그토록 불명예스러운 행동을 자각할 지각조차 없었다는 사실에 같은 남자로서 수치심을 느꼈다.

그러자 가스파레 나리가 체사레를 바라보며 말했다. "귀하가 그 주인공 남성의 이름을 공개하지 않는 것보다 처음부터 이런 이야기를 하지 않았더라면 여성들의 입장에서 더욱 유리했을 것입니다. 그처럼 어리석고 짐승 같은 인간을 사랑했다니, 귀하가 훌륭하다고 말한 그 여성의 판단력이 얼마나 형편없는지 여실히 드러났으니까요. 어쩌면 사려 깊은 수많은 남성들이 그녀를 사모했으나, 그들이 아첨을 하지 않는다는 이유로 모두 거부하고 그 어리석은 사내를 선택했을 수도 있겠군요."

로도비코 백작이 웃고 나서 대답했다. "그 남성이 다른 면에서는 모두 완벽했는데 단지 계산을 할 때만 어리석게 행동했을지도 모르지요. 어쨌든 남성들은 연애에 푹 빠져 있을 때 종종 어리석은 행동을 한답니다. 가스파레 나리도 솔직해지신다면 자신도 그런 실수를 종종 한다는 사실을 인정하게 될 겁니다."

체사레가 웃으며 말했다. "신이시여, 부디 스스로 치부를 드러낸 우리를 벌해 주소서!"

"그러나 꼭 밝혀야 할 잘못이지요." 가스파레 나리가 말했다. "그래야 고치는 법도 찾게 될 테니까요." 그러더니 다시 덧붙였다. "마그니피코 나리, 궁정 신하가 자신의 여성에게 사랑을 받고 유지하는 법을 이야기했으니, 이제 그 열애를 비밀스럽게 유지하는 법도 알려주시지요."

마그니피코가 답했다. "나는 할 말을 다했습니다. 그러니 그 질문은 다른 분에게 하십시오."

베르나르도를 비롯한 몇몇 사람들이 서로 말하겠다고 나섰다. 그러자 마그니피코가 웃음을 터뜨리며 말했다. "다들 나를 부추길 셈이군요. 여러분 모두 사랑에 해박한 지식을 가지고 있다는 것을 알고 있습니다. 그러나 더 알고 싶으시다면 오비디우스의 시를 읽으십시오."

"그렇지만 어떻게 사랑에 관한 오비디우스의 조언을 믿고 따르겠습니까?" 베르나르도가 물었다. "그는 사랑하는 여인이 있는 자리에서 술에 취한 척하는 것이 좋은 행동이라고 말했는데 말입니다. 그런 모습은 여성의 사랑을 잃기에 딱 좋은 모습이지요. 그리고 그는 만찬에 참여했을 때 사랑을 표현하는 가장 훌륭한 방법은 와인에 담근 손가락으로 탁자 위에 그 마음을 적는 거라는 말까지 했답니다."

마그니피코가 미소를 지으며 답했다. "당시에는 그런 행동들이 전혀 문제가 되지 않았지요."

베르나르도가 말했다. "그처럼 지저분한 행동이 당시의 남성들을 유쾌하게 했다면, 그런 남성들이 사랑했던 여성들은 현재의 여성들보다 훨씬 품위가 떨어졌겠군요. 어쨌든 열애를 비밀스럽게 유지하는 법을 토론하려던 목적에서 더 이상 벗어나지 맙시다."

그러자 마그니피코가 말하기 시작했다. "내 생각에 정사를 비밀스럽게 유지하려면 애초에 사람들에게 알려질 거리를 전혀 만들지 말아야 합니다. 물론 이런 거리는 여러 가지가 있지만요. 비밀스러운 열애를 유지하고자 한다면 먼저 아무도 믿지 말고 그런 열정을 은밀하게 간직해야 합니다. 사랑에 빠진 남성은 상대 여성에게 자신이 고통받는 이유를 알리고 싶어합니다. 그러나 신의가 굳은 친구에게 도움을 청하는 것보다 자기 자신을 믿고 의지하는 것이 훨씬 더 강하게 사랑을 표현하도록 만듭니다. 이렇게 표현된 사랑은 누군가를 통해서 전달되는 것보다 상대가 훨씬 더 알아채기가 쉽지요. 게다가 인간이란 천성적으로 호기심이 많아서 뭔가 낌새를 채면 속사정을 들추어내려고 노력하고, 일단 알아내면 아무런 양심의 가책도 없이 세상에 떠벌리고 다닌답니다. 물론 진정한 친구들은 이런 행동을 하지 않습니다. 사실 친구들은 연민의 마음으로 많은 도움을 주는 것은 물론이고, 사랑에 빠진 사람이 흔히 저지르기 쉬운 실수를 바로잡아주고 비밀이 유지되도록 노력하며 당사자가 지나치는 많은 부분에 신경을 써줍니다. 사랑에 빠진 사람에게는 진정한 친구에게 자신의 고통을 말하면서 한시름 덜 수 있다는 것이 큰 축복이랍니다."

그러자 가스파레 나리가 말했다. "마음속의 열정을 공개할 때 그보다 더 중요하게 고려할 사항이 있답니다."

"그것이 무엇인가요?" 마그니피코가 물었다.

"그것은 여성의 어리석음 및 잔인함과 함께하는 허영심이랍니다." 가스파레 나리가 덧붙였다. "여러분도 이미 말했듯이 여성들은 가능하면 많은 남성들의 사랑을 받으려고 온갖 노력을 기울이지요. 가능하다면 새 생명을 얻으려고 불에 타 재가 되는 고통도 감수할 겁니다. 여성들은 사랑에 빠져서도 상대방 남성의 고통을 즐긴답니다. 그들의 큰 괴로움과 끊임없는 애원이 자신을 사랑하는 명확한 증거라고 생각하기 때문이지요. 또한 자신의 미모로 남성을 행복하게 또는 불행하게 만들 수 있으며, 자신의 의사에 따라 삶과 죽음까지 결정할 수 있다고 믿지요. 여성들은 이런 만족감에 젖어서 살고 너무 탐욕스러운 까닭에, 이 만족감을 놓치지 않으려고 자신의 연인이 원하는 것을 모두 주지 않는 동시에 완전히 실망시키지도 않는 법을 잘 안답니다. 실제로 여성들은 남성들이 끊임없이 불안해하고 열정을 갖게 만들려고 도도하고 거드름을 피우는 자세를 취하면서 희망찬 약속에 협박을 섞어놓는가 하면, 자신들의 사소한 말이나 몸짓이나 표정에도 남성들이 환희에 떨기를 바랍니다. 그리고 나서는 연인은 물론이고 모든 사람들이 자신들을 겸손하고 정절이 깊다고 생각하기를 원하지요. 그래서 일부러 어떤 여성들은 자신들의 가혹하고 예의 없는 행동을 모두에게 알려서 사람들이 그토록 훌륭한 연인을 무자비하게 다루는 걸 보고 가치가 없는 사람의 사랑은 더욱 경멸할 것이라고 생각하게 만든답니다. 그러고 나면 이런 전략이 자신의 명성을 높였다고 착각하고 밤마다 잘 알지도 못하는 저속한 남성들과 뒹군답니다. 그러고는 단순히 자신이 사랑하는 훌륭한 남성에게 끝없는 고통을 주려고 정작 그들이 원하는 것은 거부한답니다. 바로 이런 여성들 때문에 불쌍한 남성들의 주의 깊고 고통스럽게 감춰져야 하는 모든 비밀들이 세상에 드러나게 되는 겁니다.

405

한편 어떤 여성들은 여러 명의 남성들에게 자신이 사랑한다는 믿음을 준 뒤에 모두가 있는 자리에서 한 사람에게 더 애정을 과시하면서 남성들끼리 서로 질투를 느끼게 만들기도 하지요. 그러다가 여러 남성들 가운데 한 사람이 자신이 준 사랑의 신호에 힘입어 자신감을 내보이기라도 하면 오히려 알아들을 수 없는 비판을 하거나 거짓 분노를 내보이며 다시 그 남성의 확신이 흔들리게 만들지요. 그러면서 자신이 그 남성에게 전혀 관심이 없으며 다른 남성에게 모든 사랑을 주는 척하면서 그의 가슴을 완전히 부셔놓는답니다. 이러다 보면 그 남성은 격분해서 그 여성을 수치스럽고 불명예스럽게 할 행동까지 자행하게 되지요. 결국 그 여성은 수많은 원망을 듣고 적을 만들게 되며 끊임없는 스캔들에 휘말리게 됩니다.

또 어떤 여성들은 사랑과 진실한 희생을 입증하는 온갖 증거를 보여준 남성에게 이에 보답하는 애정을 보여줘 놓고도, 예상치도 못한 때에 아무런 이유도 없이 냉담해져서 그 남성이 자신을 사랑하지 않는다며 더 이상 만나고 싶지 않다는 선언을 한답니다. 이렇게 되면 불쌍한 그 남성은 그녀의 사랑을 얻으려고 했던 과정을 처음부터 다시 되풀이해야 하지요. 그래서 날마다 그녀의 집 주변을 맴돌고 여성이 교회에 가려고 집을 나서면 뒤따라갑니다. 다른 곳에는 전혀 눈길도 주지 않으면서 말입니다. 그리고는 그 여성과 이야기할 기회라도 생기면 다시 눈물과 한숨을 보이지요. 그 여성의 불쾌한 농담과 불경스러운 행동을 모두 감수하고 사랑해 달라고 끊임없이 간청하며 괴로운 나날을 보내는 겁니다.

이와 같은 애처로운 상황은 너무 분명해서 곧 모든 사람들에게 퍼져 나가게 됩니다. 사실 대부분 당사자들의 입을 통해서이지요. 그래서 며칠 지나지 않아 남성들은 모든 사람들의 주목을 받게 되며 사람들의 눈을 의식하지 않고는 한 발자국도 떼지 못할 정도가 된답니다. 그 결과 이 남성들이 사랑의 열매를 맺기도 전에 모두가 그들의 관계는 끝났다고 결론을 내립니다. 그러다가 이 여성은 자신의 연인이 죽을 지경에 이르렀고 그동안 받았던 잔인함과 고통 때문에 완전히 가슴이 무너져서 사랑을 포기할 지경에 이르렀다고 판단되면, 돌연 입장을 바꿔서 온 마음으로 열렬하게 그를 사랑한다며 그가 원하는 모든 것을 바치기 시작합니다. 그 이유는 이제 그 남성의 불타는 열정이 누그러져 예전처럼 사랑에 목메지 않을 테니, 반대로 여성은 더욱 자유로이 하고 싶은 것을 누릴 수 있기 때문이지요. 그러나 그들의 사랑이 워낙 유명했던 터라 그동안의 경과 역시 모든 사람에게 알려져서 여성은 명예가 실추되고, 남성은 그동안 시간을 낭비하며 헛된 노력을 기울였다는 사실을 깨닫고 아무런 즐거움 없이 흘러가버린 인생을 안타까워한답니다. 그들의 사랑이 아주 만족스러워 그가 최상의 행복을 느끼던 때에 결실을 맺었다면 아주 이상적이었을 겁니다. 그러나 이미 죽음과 같은 고통을 겪은 뒤에 더 이상 의욕도 관심도 남아 있지 않을 때 여성을 얻게 된 남성은 어떤 즐거움이나 기쁨에도 그 진가를 느낄 수 없게 돼버린답니다."

이 말을 듣고 오타비아노 나리가 웃으면서 말했다. "조금 전까지만 해도 잠시 여성을 비판하는 말을 자제하며 평화로운 분위기를 유지하더니, 방금 거론한 내용에서는 너무 날카롭게 여성을 몰아붙이는군요. 마치 더 강력한 기습을 하려고 잠시 퇴각한 군인들처럼 귀하도 여성을 공격할 힘을 충전하려고 휴식을 취하신 것 같습니다. 그러나 귀하는 정말로 잘못 생각하고 계신 겁니다. 이제 조금 더 회유적인 말씀을 하실 때가 됐습니다."

에밀리아 여사가 웃은 뒤에 공작부인을 바라보며 말했다. "공작부인, 여성의 적인 가스파레 나리와 오타비아노 나리가 드디어 사이가 벌어져서 말다툼을 하기 시작했습니다."

"나를 여성의 적이라고 부르지 마십시오." 오타비아노 나리가 말했다. "나는 여러분의 적이 아닙니다. 그리고 이 논쟁은 상당히 기분이 나쁘군요. 여성들이 승리를 거두는 것을 보는 게 유감이어서가 아니라 가스파레 나리가 필요 이상으로 여성들의 명예를 훼손하도록 부추기고 있기 때문입니다. 반면에 마그니피코와 체사레는 응당 받아야 할 것보다 더 많은 칭찬을 여성들에게 퍼붓고 있습니다. 더구나 이 토론에 시간을 너무 많이 허비하다 보니 이상적인 궁정 신하를 놓고 토론할 때 나올 수많은 훌륭한 이야기들을 놓쳤습니다."

"그럼 그렇지요." 에밀리아 여사가 인정했다. "귀하는 여전히 여성의 적이군요. 그래서 이 토론 때문에 귀하가 불쾌해졌고, 우리가 처음부터 훌륭한 여성의 모습을 구현하는 토론을 하지 않았기를 바라는 것이지요. 귀하가 그런 제안을 한 것은 이상적인 궁정 신하에 대해서 더 덧붙일 말이 있어서가 아니라는 사실을 알고 있습니다. 이미 여기 있는 분들이 아는 대로 다 이야기를 했으니 귀하는 물론이고 누구도 더 이상 할 말이 없을 것입니다. 귀하는 그저 여성들을 칭찬하기가 싫은 것뿐이지요."

"이상적인 궁정 신하에 대해서 더 듣고 싶다고 했던 말은 사실입니다." 오타비아노 나리가 쏘아붙였다. "모두가 지금까지 거론된 이상적인 궁정 신하의 모습에 만족하니 나도 더 이상 바랄 것이 없습니다. 또한 바꾸고 싶은 면도 없습니다. 그저 가스파레 나리보다는 조금 더 여성들에게 다정했으면 좋겠지만 이 자리에 계신 일부 신사처럼 너무 과하지는 말았으면 합니다."

그러자 공작부인이 말했다. "그렇다면 이 자리의 남성들이 구현해 놓은 궁정 신하에 대한 이야기는 더 이상 덧붙일 내용이 하나도 없는 것으로 받아들이겠습니다. 귀하가 이상적인 궁정 숙녀의 명예를 손상하려고 그토록 노력하시니, 귀하가 이상적인 궁정 신하를 논할 때도 역시 같은 대우를 받으실 겁니다."

오타비아노 나리가 웃으며 답했다. "여성들을 향한 칭찬과 비난을 너무 많이 듣다 보니 모두의 머리가 꽉 차서 더 이상 새로운 이야기가 들어갈 틈이 없을 것 같습니다. 어쨌든 시간도 너무 늦었습니다."

공작부인이 말했다. "그러면 내일까지 기다리면 편하게 이야기를 들을 수 있겠군요. 귀하의 말을 빌리자면 여성에게 주어진 수없이 많은 과장된 칭찬과 비난이 여기 계신 남성분들의 머리에서 사라져야 귀하가 말하려는 내용의 진실을 더 잘 파악할 수 있을 겁니다."

공작부인은 이 말을 마치고 자리에서 일어났다. 방에 있던 모든 사람들도 일어나서 방을 나가는 공작부인을 정중하게 배웅한 뒤에 자신들의 방으로 돌아갔다.

4

훌륭한 통치자는 자신을 위해서가 아니라
백성을 위해서 두려워하는 반면에,
전제 폭군은 자신이 다스리는 백성을 두려워한답니다.
다스리는 사람의 수가 많아지고 권력이 커질수록
더 많은 고통 속에서 살게 되며 더 많은 적을 갖게 됩니다.

알폰소 아리오스토 귀하

앞에 쓴 책에 이어서 네 번째 날 밤에 열린 토론 내용을 기록하려고 준비하는데, 기억 속으로 인간의 불행과 절망과 관련한 고통스러운 생각이 파고들어 와 나를 괴롭혔다네. 항구를 발견하기 직전의 배가 난파되어 물속으로 가라앉듯이, 운명의 여신은 인간이 살아가는 도중에 혹은 거의 죽음에 다다랐을 때조차 우리의 미약하고 힘없는 계획을 방해하며 절망에 빠뜨린다네. 이런 생각이 든 이유는 책에 서술된 토론들이 벌어지고 얼마 지나지 않아 우리 궁정에서 가장 훌륭한 인물 가운데 인생의 절정기에 다다라 장래가 촉망되던 신사 세 명이 갑작스러운 죽음을 맞았기 때문이지. 이 중에서 첫 번째 인물은 가스파레 팔라비치노 나리라네. 가스파레 나리는 병마에 몸이 약해져서 여러 번 죽음의 문턱까지 갔다가 다시 회복이 되어서 겨우 목숨을 이어 갔지만 결국 갓 장년에 접어든 나이에 생을 마감하고 말았네. 그의 죽음은 우리 궁정과 모든 친구와 친척은 물론이고 그의 조국과 롬바르디 전체에 진정으로 크나큰 손실이었다네.

이후 얼마 지나지 않아서 체사레 곤차가가 사망했네. 그의 죽음은 그를 아는 모두에게 슬픔과 고통스러운 기억을 남겼다네. 조물주가 체사레같이 보기 드문 자질을 타고난 인물을 그토록 빨리 앗아간 것은 말할 수 없이 잔인한 행동이었네. 인생에서 밝은 미래를 막 꽃피우며 뛰어난 자질에 맞는 존경을 받기 시작했을 때 그를 앗아갔으니 말이네. 체사레는 칭찬받을 만한 수많은 업적을 남기며 자신의 가치를 충분히 증명했지. 귀족 가문 출신의 명예를 지켰으며 작가와 군인으로서 타고난 재능을 보였고 이외의 방면에서도 훌륭한 공을 세웠다네. 체사레의 선량함과 재능과 용기와 지식은 대단히 높아서 사람들의 모든 기대를 충족시켰다네.

그리고 얼마 지나지 않아서 로베르토 다 바리도 죽음을 맞아서 궁정 전체가 거대한 슬픔에 휩싸이게 되었지. 항상 주위를 즐겁게 했으며 흠잡을 데 없이 바르게 행동했던 이 잘생긴 청년의 죽음에 모두가 충격을 받아 어찌할 바를 몰랐다네. 그는 강한 성격과 남성다운 외모로 보기 드물게 매력적인 인물이었다네.

이 세 사람이 그렇게 일찍 죽지만 않았더라면 탁월한 성과를 올렸을 것이네. 그들을 아는 모든 사람들에게 우르비노 궁정이 높은 칭찬을 받을 만하며 그들과 같은 귀족 신사들이 있어서 가치를 더한다는 사실을 명백하게 보여줬을 텐데 말이야. 사실 트로이의 목마에서 나온 많은 군주와 군인들보다, 우르비노 궁정에서 뛰어난 자질을 갖추고 모두의 존경을 받는 인물들이 훨씬 더 많이 배출되었지. 자네도 알다시피, 페데리코 프레고소는 살레르노의 대주교로 추대되었고, 로도비코 백작은 바이외 주교로 선임되었으며, 오타비아노 나리는 제노바 수장을 맡았지 않은가. 그리고 베르나르도 빕비에나는 포르티코의 산타 마리아 추기경으로 재임했으며, 피에트로 벰보는 교황 레오 10세의 서기관을 맡았다네. 또한 마그니피코는 느무르(Nemours)의 공국(지방 공작이 밑에 영주들을 두고 있는 상황에서 외교권을 가진 국가로 인정받으면 수여받는 직위-역주)의 자리까지 올라서 아주 큰 출세를 거뒀지. 로마 제독인 프란체스코 마리아 델라 로베레 역시 구이도발도 전 공작의 뒤를 이어서 우르비노 공작이 되었다네. 비록 그가 자란 델라 로베레 궁정이 그 자체로는 별로 칭찬받을 가치가 없으나, 현재 프란체스코 마리아 델라 로베레 신임 공작이 우리에게 보여주는 것과 같이 뛰어나고 재능 있는 통치자를 배출했다는 면에서 그 궁정을 인정해야 된다고 보네. 나는 그가 이처럼 훌륭한 모습을 보일 수 있었던 이유는 날마다 많은 귀족 친구들을 우르비노 궁전으로 초대해서 나무랄 데 없는 그들의 행동과 말을 보고 들었기 때문이라고 생각한다네. 그렇지만 무엇보다도 조물주의 축복인지 우연인지는 모르겠으나, 오래전부터 훌륭한 통치자들이 우르비노를 다스려온 전통이 지금까지 계속 이어져온 결과라고 믿는다네.

그리고 나는 이러한 행운이 계속 이어져서 이번 공작도 뛰어난 성과를 많이 올려 시간이 지날수록 큰 행복이 궁정과 온 국가에 빠르게 확산되고 고양되기를 바란다네. 우리는 지금까지 놀라운 계시를 목격해 왔으며 그중에서 가장 중요한 것은 하늘이 새로운 공작부인인 엘레아노라 곤차가(Eleanora Gonzaga) 같이 자비로운 부인을 우리에게 보내주신 것이라고 생각한다네. 새 공작부인처럼 지혜와 총명함과 미모가 뛰어날 뿐만 아니라 우아하고 세련된 데다 인자하며 이외에도 온갖 고상한 자질을 모두 갖춘 여성을 찾아보기가 힘들기 때문이지. 이러한 자질은 공작부인의 사소한 행동에서도 확연히 드러난다네.

자, 그럼 이쯤에서 이상적인 궁정 신하를 논의하는 토론을 계속 이어가 보겠네. 우리가 지금 과거의 인물들을 보며 뛰어나고 명예롭다고 평가하는 것과 마찬가지로, 후손들도 오늘날 우리 우르비노 궁정에서 과거 인물들 못지않게 덕이 높고 재능이 있는 수많은 인물들을 찾을 수 있기를 바라네.

❧

가스파레 팔라비치노 나리가 후에 말하곤 했듯이 앞서 쓴 책에서 기술한 토론이 열린 다음 날, 사람들이 모여서 이야기꽃을 피우는 장소에서 오타비아노 나리의 모습은 찾아보기가 힘들었다. 이는 그가 그날 토론에서 밀표힐 내용을 진지하게 생각해 보려고 일찍 자리를 떴기 때문이다. 따라서 평소와 같은 시간에 공작부인이 참석한 가운데 사람들이 다 모여들자 오타비아노 나리를 찾으러 사람을 보내야 했으며 그는 약간 시간이 지난 뒤에 등장했다. 그사이에 많은 귀족과 여성들은 춤을 추는 등 다양한 활동을 하며 즐겁게 시간을 보내고 있었다. 모두들 그날 밤은 궁정 신하에 대한 토론이 이루어지지 않을 것으로 생각했다. 사실 오타비아노 나리가 도착했을 때 모든 사람들은 그가 나타나지 않을 것이라고 여기고 저마다 자신들의 활동에 열중해 있었다. 오타비아노 나리는 공작부인에게 절을 올린 후에 체사레 곤차가와 가스파레 나리가 춤을 추는 모습을 보고 미소를 지으며 말했다.

"나는 가스파레 나리가 오늘 밤에도 여성들을 비난하는 말을 할 것으로 여겼답니다. 그런데 한 여성과 춤을 추고 있는 모습을 보니 모든 여성들과 화해를 한 것 같군요. 우리의 이상적인 궁정 신하에 대한 논쟁이 (아니면 토론이라고 하는 게 나을까요) 드디어 이렇게 끝을 맺게 되어 아주 기쁩니다."

"그 토론은 아직 끝나지 않았습니다." 공작부인이 답했다. "나는 귀하가 여성에게 적대적인 것만큼 남성에게 적대적이지는 않으니까요. 따라서 나는 가스파레 나리 때문에 이상적인 궁정 신하의 명예를 훼손하거나, 귀하가 어제 스스로 약속했던 내용을 들을 기회를 박탈하지 않겠습니다."

공작부인은 이렇게 말한 뒤에 춤을 끝내고 평소 순서대로 자리에 앉으라고 명했으며, 모든 사람이 일제히 지시에 따랐다.

모두가 경청할 준비가 되자 오타비아노 나리가 말했다.

"나는 이상적인 궁정 신하가 더 많은 훌륭한 자질을 가졌으면 좋겠다고 바랐을 뿐인데, 얼떨결에 내가 직접 발표를 하겠다는 약속을 하게 돼버렸군요. 그러나 나는 말해야 할 내용을 전부 열거하는 것이 아니라 어젯밤에 내가 비난받았던 점을 변호하는 입장을 고수할 것입니다. 즉, 어제 나는 지금까지 귀하들이 이야기한 이상적인 궁정 신하에 더 많은 자질을 부여할 수 있을 것이라고 이야기했습니다. 여러분은 이것이 이상적인 궁정 숙녀보다 더 뛰어난 궁정 신하를 만들려는 속임수라면서 내가 이 궁정 숙녀의 명예를 손상하고 있다고 우겼습니다. 나는 이 점에 대해서 해명하고 싶습니다. 오늘은 토론 시작 시간이 평소보다 늦었으니 시간 안에 발표를 마치기 위해서 간단하게 말하겠습니다.

나는 여러분이 지속해 온 논쟁을 이어가기 전에 우리가 미덕이라고 부르는 덕목 가운데는 절제와 의연함과 건강과 마음의 평정을 강화해 주는 미덕들처럼 원래 인간의 내부에 잠재되어 있는 것도 있다는 점을 먼저 짚고 넘어가겠습니다. 이외에도 다양한 관점 및 정의, 자유, 부유함 등 목적하는 바에 따라서 거론할 미덕도 많이 있습니다. 따라서 나는 로도비코 백작과 페데리코가 묘사한 대로 완벽한 궁정 신하라면 단순히 원래 내면에 자리 잡은 미덕이 아니라 원하는 목적에 비추어 본 미덕들이 선하고 칭찬할 만해야 한다고 주장합니다. 귀족 가문이라는 배경이나 타고난 우아함 및 매력 혹은 기술로 얻은 성과는 본인에게 이득이 되는 것이지 학습과 노력이 필수적인 궁정 의식을 완벽하게 만들어주는 요소는 아니기 때문입니다.

한편 춤, 오락, 노래, 놀이 등 지금까지 귀하들이 이상적인 궁정 신하에게 부여한 많은 기술들은 그저 허황되고 경박하며 신분이 높은 사람들에게는 칭찬보다는 오히려 비판받을 부분이라고 주장합니다. 우아한 옷차림, 장신구, 견장, 여성들 혹은 연애할 때나 알맞을 기타 요소들은 사람들의 생각을 현혹하기 일쑤이며 남성을 나약하게 만들어서 젊은이들을 타락하게 하거나 방종한 생활로 이끕니다. 이렇게 되면 이탈리아라는 명칭은 불명예를 짊어지게 되고, 당당하게 죽음에 맞서기는커녕 위험을 감수할 용기를 가진 사람마저 보기 드물게 될 것입니다.

또한 귀하들이 거론한 것과 같이 무익한 궁정 활동들보다 전시나 평화 시에 훨씬 더 큰 이익을 줄 덕목들이 수도 없이 많이 있으며 이들 역시 습득하려면 학습과 노력이 필요합니다. 물론 이런 활동들이 덕이 높은 목적을 위해서 활용된다면 전혀 해가 없고 허황되지 않을뿐더러 가장 유익하며 무수한 칭찬을 받을 가치가 있다는 점은 나도 인정합니다.

따라서 나는 완벽한 궁정 신하의 목적은 (이 부분은 아직까지 거론되지 않았습니다) 여기 계신 남성분들이 이상적인 궁정 신하에게 부여했던 자질을 통해서, 자신이 섬기는 군주의 총애를 받고 신임을 얻어 군주가 알아야 하는 모든 진실을 솔직히 말하는 것이라고 생각합니다. 물론 군주를 불쾌하게 만들 위험부담을 감수하고 두려움 없이 나서야겠지요. 그리고 군주가 마음속으로 옳지 않은 생각을 할 때는 용감하게 반대 입장을 취하며 사악한 의도를 다 제거해 주고 정상적인 길로 돌아오도록 설득해야 합니다. 여기 계신 분들이 거론한 재빠른 재치와 매력과 분별력과 학식 등과 함께 선량함을 지닌 궁정 신하라면 군주가 항상 명예와 이익의 가치를 깨닫고 정의와 관대함과 상냥함 등 필요한 온갖 미덕을 발휘해서 모든 사람들을 유익하게 해주도록 보필해야 합니다.

따라서 나는 음악이나 축제나 행사 즉, 궁정주의의 진수라고 할 만한 온갖 즐거운 활동보다 궁정 신하가 가져야 할 진정한 목표는 군주가 덕을 높이도록 격려하고 사악한 행동을 단념하도록 돕는 것이라고 생각합니다. 일단 훌륭한 행위의 장점은 기본적으로 두 가지가 있다는 점을 염두에 둬야 합니다. 첫째는 우리 의도에 맞춰서 진정으로 덕이 높은 목적을 설정하는 것이고, 둘째는 이를 달성하는 데 가장 편리하고 적합한 수단을 찾는 것입니다. 이에 비추어 봤을 때 군주로 하여금 누구에게도 속지 않고, 아첨이나 중상모략이나 거짓말을 귀담아듣지 않으며, 선과 악의 차이를 구별하도록 노력하는 사람이야말로 최고로 가치 있는 목표를 가지고 있다고 말할 수 있습니다.

또한 귀하들이 이상적인 궁정 신하에게 부여한 업적들은 내가 마음속에 두고 있는 훌륭한 목적을 달성하는 데 좋은 수단이 될 것 같습니다. 그 이유는 오늘날 통치자들이 저지르는 많은 잘못 가운데 가장 큰 것은 무지와 속임수이기 때문입니다. 이 두 가지 사악함의 뿌리는 바로 거짓말입니다. 거짓말이야말로 하나님과 인간이 가장 혐오스럽게 생각하는 악이며, 다른 사람보다 군주가 저지르는 거짓말은 훨씬 더 해가 됩니다. 무엇보다도 심각한 문제는 오늘날 새로 군주 자리에 오른 인물들 주변에는 진실을 이야기해 주고 올바른 행동을 상기시켜줄 사람들이 드물다는 것입니다. 그 이유는 군주에게 적대적인 사람들은 애정 없이 업무를 수행하면서 군주가 부도덕한 인물로 남기를 바라며 절대로 그의 결점을 바로잡아주지 않기 때문입니다. 또한 이들은 벌을 받을까 두려워서 공개적으로 군주를 비판할 생각을 아예 하지 못합니다.

군주의 친구들 가운데는 자유롭게 알현할 수 있는 사람들이 드문데, 문제는 이 사람들이 모두 서민들을 꾸짖는 것처럼 솔직하게 군주의 잘못을 나무라기에는 너무 나약하다는 점입니다. 오히려 이러한 친구들은 총애를 얻으려는 목적으로 군주가 동의하거나 기분 좋아할 제안만 합니다. 그 제안이 아무리 불명예스럽고 사악한 내용이라도 말입니다. 이런 식으로 그들은 친구에서 아첨꾼으로 전락하여 군주를 기쁘게 할 행동과 말만 일삼으며 친한 사이라는 점을 이용해서 자신의 이익을 챙기지요. 또한 세상에서 벌어지는 일은 물론이고 군주에 대해서도 거짓말을 하기 시작합니다. 무지한 마음은 착각에 빠지게 하고 스스로를 기만하게 만든다는 점에서, 이런 친구들이 하는 거짓말이야말로 비참한 피해를 몰고 오는 가장 큰 요인이랍니다.

그 결과 어떤 일에 대해서도 진실을 듣지 못하는 것은 별문제로 하더라도, 모든 이들이 늘 자신에게 복종하고 숭배하며 수많은 칭송과 경외를 표시함에 따라 비판이나 반대의 소리는 전혀 들리지 않게 되지요. 따라서 군주는 점차 자신이 휘두르는 권력에 도취되어 향락과 즐거움만을 추구하며 정신적으로 철저하게 타락해 결국 무지한 사람에서 독단적인 통치자로 추락해 버립니다. 그러고는 절대로 다른 사람의 충고나 의견을 받아들이지 않는 지경에까지 이릅니다. 이들은 나라를 다스리는 것이 매우 쉬우며 성공적인 내각은 기술이나 훈련이 아닌 잔인한 무력으로 이루어진다고 믿습니다. 그리고 손에 쥔 권력을 유지하는 데 온 신경을 쏟아 부으며 진정한 행복은 자신이 원하는 것을 할 수 있는 상태라고 생각합니다.

일부 군주는 도리와 정의에 맞게 행동하는 것이 자신의 열망을 가로막는 족쇄라고 생각하고 이들을 혐오하며, 이를 따르는 사람이 있으면 온당하지 못한 이유로 처벌을 합니다. 그리고 이들은 아무도 진정한 통치자에게 복종하지 않는다고 생각하기 때문에 사명과 명예를 제대로 수행하면 자신들의 권력이 완전한 모습을 갖추지 못한다고 믿습니다. 이렇게 정치에 첫발을 디딘 군주들은 거만한 표정과 엄격한 태도로 호화스러운 의복에 온갖 금은보화로 치장을 한 채 자기기만에 빠져서 점점 오만해지고 대중 앞에 거의 모습을 드러내지 않으며 신과 같은 대접을 받을 권한이 있다고 착각합니다.

그러나 내가 보기에 이런 군주들은 작년에 피아자 디고네

(Piazza d' Agone)에서 열린 축제 때 로마에 세워진 거대한 조각상이나 마찬가지입니다. 겉으로 보기에는 승리를 거둔 위대한 인물과 말처럼 보이지만, 안에는 넝마조각과 지푸라기로 채워져 있는 것입니다. 그렇지만 조각상보다 이런 군주들이 훨씬 더 심각합니다. 거대한 조각상은 자체의 무게로 균형이 잘 잡힌 채 서 있습니다. 반면에 군주는 기초 공사가 부실한 데다 내면의 균형마저 맞지 않아서 무게를 못 견디고 추락하기 마련입니다. 더욱 큰 문제점은 군주는 작은 실수 하나로도 수많은 사람들에게 엄청난 영향력이 파급된다는 점이지요. 이런 군주들은 무지한 데다가 자신은 항상 옳으며 권력이 자신의 지혜에서 나온다는 거짓 신념에 사로잡혀서 기회가 있을 때마다 수단과 방법을 가리지 않고 다른 나라들을 약탈하려 한답니다.

그렇지만 이들이 자신의 임무가 무엇인지 깨닫고 이를 따르려고 노력하기만 하면 현재와 정반대의 방법으로 통치를 할 수 있습니다. 자신이 다스리는 사람들이 자신보다 더 현명하다는 사실이 얼마나 모욕적이고 치명적인가를 깨닫게 될 테니까요. 여러분도 아시겠지만 음악을 연주하거나 춤을 추거나 승마를 못한다고 해서 해가 될 것은 하나도 없습니다. 그러나 음악가나 춤꾼이나 승마가가 아닌 사람은 부끄럽다는 이유로 다른 사람들 앞에서 노래를 하거나 춤을 추거나 말을 탈 엄두를 차마 내지 못합니다. 일반 사람들도 이럴진대, 백성을 다스리는 법을 모르는 사람이 수많은 사악한 일을 벌이고 무고한 사람을 죽이며 한 도시를 파괴해 멸망시키는 일은 가장 치명적인 재앙이라고 말할 수 있습니다. 그리고 국가를 지배하는 법을 하나도 모르는 일부 통치자들이 몇몇 사람이 아닌 온 세상이 지켜보는 가운데 국가 정책을 세우면서도 수치심을 느끼지 못합니다. 그들의 높은 신분 때문에 모든 사람들이 항상 귀추를 주목하며 위대한 공적은 물론이고 사소한 결점마저도 주시하고 있다는 사실을 알면서도 말입니다. 기록에 의하면 시몬(Cimon)은 와인에 대한 애착 때문에, 스키피오는 잠을 좋아하는 것 때문에, 루쿨루스는 연회를 즐기는 것 때문에 비판을 받았다고 합니다.

그렇다면 과거 사회의 통치자들이 갖춘 미덕에 맞먹는 죄를 저지른 현대의 군주들은 어떤 비판을 받아야 할까요? 물론 과거 통치자들도 잘못된 행동을 저질렀지만 항상 조언을 받아들였고 실수를 바로잡을 능력이 있는 사람이라면 누구에게라도 가르침을 받았습니다. 뛰어난 인물들을 본받으며 살기 위해서 세심한 주의를 기울였지요. 에파미논다스(Epaminondas)는 피타고라스학파의 리시아스(Lysias)를, 아게실라우스(Agesilaus)는 크세노폰을, 스키피오는 파나에티우스(Panaetius)를 모범으로 삼았으며, 이외에도 셀 수 없이 많은 사람들이 훌륭한 본을 따르려고 노력했습니다.

우리 통치자 중의 일부가 엄격한 철학자를 대면하게 된다면 어떻게 될까요? 누군가 공개적이고 거리낌 없이 진정한 미덕의 훌륭한 면을 보여주고, 올바르게 사는 방법과 훌륭한 군주가 행동하는 법을 가르치려 한다면 어떻게 될까요? 장담컨대, 군주는 이런 인물들을 만나는 즉시 뱀을 본 것처럼 질색을 하고 그들을 더러운 흙처럼 무시할 것입니다.

오늘날의 통치자들은 방탕한 생활과 무지와 거짓 술책으로 너무 타락해서 진실을 보는 통찰력을 일깨우고 미덕을 가르치는 것이 불가능합니다. 더구나 수많은 사람들이 거짓말과 아첨과 여러 부정한 수단으로 군주의 애정을 받으려고 하기 때문에 궁정 신하는 로도비코 백작과 페데리코가 부여한 고귀한 자질을 통해서 군주의 선의를 이끌어내도록 노력해야 합니다. 이런 방법으로 군주에게 큰 신임을 얻어둔 다음에 토론하고 싶은 사안이 있을 때마다 아무런 방해를 받지 않고 자유롭게 군주에게 접근할 수 있어야 합니다. 지금까지 내가 묘사한 인물과 같은 궁정 신하라면 많은 노력을 기울이지 않고도 이러한 목적을 달성해서 사안에 상관없이 신속하게 항상 진실을 드러낼 수 있을 것입니다. 이러다 보면 점점 군주의 마음에 선량함이 스며들게 되어, 자제력과 의연함과 정의감과 중용을 가르칠 수 있을 것입니다. 그리고 유명한 장군들과 고대사회의 뛰어난 인물들의 모범을 통해서 진정한 미덕을 고양시키도록 만들 수도 있을 것입니다.

이상적인 궁정 신하는 이런 식으로 비록 힘든 길이지만 즐거운 마음으로 따라갈 수 있도록 군주를 이끌게 될 것입니다. 이긴 여행에 군주가 지치면 때때로 음악과 무기와 말로 기분을 전환해 주고 가끔은 시와 사랑에 대한 주제로 이야기를 나누며 군주가 지속적으로 순수한 즐거움에 빠져들도록 격려해야 합니다. 물론 내가 이미 말한 대로 이런 심심풀이 활동은 항상 덕이 높은 습관을 기르는 데 초점을 맞추고 실행되어야 합니다. 허약하고 아픈 어린이들에게 쓴 약을 먹일 때 컵 주변에 달콤한 설탕물을 발라놓는 영리한 의사처럼 건강한 속임수도 쓸 필요가 있지요.

이렇게 해서 군주가 시간과 장소를 불문하고 즐거움에 쏙 빠진 가운데 궁정 신하는 선한 목적을 이룰 수 있을 것이며, 이렇게 군주를 올바르게 바꾸어 놓은 사람은 세상에서 가장 많은 칭찬과 상을 받을 자격이 있습니다. 훌륭한 군주야말로 가장 유익한 존재이며, 반면에 부도덕한 군주는 가장 해가 되는 존재이기 때문입니다. 같은 맥락으로, 관대하고 매력적인 태도와 고귀한 자질을 부도덕한 목적에 이용해 군주를 타락시키고 사악한 행로를 걷게 하는 궁정 신하들에게는 아무리 잔인하고 극악무도한 형벌을 줘도 부족할 것입니다. 이런 사람들은 단지 한 사람이 사용하는 컵이 아니라 모든 사람이 마시는 샘물을 치명적인 독으로 오염시키는 천인공노할 행위를 저지른 것이나 마찬가지입니다."

오타비아노 나리가 더 이상 할 말이 없다는 듯 침묵을 지키자 가스파레 나리가 논평을 했다. "오타비아노 나리, 마음속의 선량함 같은 이상적인 궁정 신하가 부노덕한 군주에게 가르쳐야 한다고 귀하가 말한 덕목들은 모두 배워서 얻을 수 있는 것들입니다. 그러나 귀하가 말한 것과 같은 사악한 군주들은 조물주의 뜻에 따라 그런 나쁜 성품을 가지고 태어났다고 생각합니다. 세상에 그처럼 부도덕하고 성질이 고약하거나 사납고 불공평한 사람 중에 자신이 그렇다는 것을 스스로 인정하는 사람은 찾기가 힘들기 때문입니다.

반면에 아무리 사악한 사람일지라도 공정하고 의연하며 선량하다고 평가받고 싶어합니다. 따라서 천성적으로 성격적인 결점을 가지고 태어난 사람들이 이런 미덕을 배워서 익힐 수 있다는 것은 불가능하다고 봅니다. 사람이 배우지 않아 모르는 것은 불명예가 아니지만 당연히 갖춰야 할 부분이 결여되어 있다는 것은 분명히 부끄러운 일입니다. 바로 이 때문에 맹인이나 절름발이나 앉은뱅이 등의 불구자를 통해서 볼 수 있듯이 누구나 자신이 타고난 정신적 혹은 육체적인 결점을 감추려고 노력하는 것이지요. 물론 이런 결점은 모두 조물주의 탓이지만 자신의 결점을 좋아하는 사람은 아무도 없습니다. 조물주가 사악함의 상징을 나타내려는 의도로 그런 결점을 갖게 했다고 여기기 때문이지요.

내 의견은 에피메테우스(Epimetheus, 그리스신화에 나오는 프로메테우스의 동생이자 판도라의 남편-역주)의 이야기를 통해서 확실하게 증명이 됩니다. 조물주는 에피메테우스에게 살아가는 데 필요한 재주를 하나씩 나눠주라는 임무를 부여했지만, 그가 계획성 없이 짐승들에게 먼저 모든 재주를 나눠주는 바람에 정작 인간들에게는 아무것도 주지 못했답니다. 그래서 프로메테우스 (Prometheus)가 미네르바와 불카누스(Vulcan, 불과 대장장이의 신-역주)에게서 지혜와 발명할 수 있는 능력을 훔쳐 인간에게 주게 되지요. 그러나 인간들은 여전히 자발적인 참여정신과 도덕률이 결여되어 있었습니다. 이러한 지혜들은 최고의 호위병들이 눈을 부릅뜨고 지키는 가운데 제우스의 요새에 보관되어 있었는데, 프로메테우스는 너무 겁을 먹어서 감히 근처에 갈 엄두도 못 냈지요. 그러자 제우스가 인간들의 비참한 생활(야생동물의 공격에 맞서 스스로를 보호하지 못했답니다)을 불쌍하게 여겨서 머큐리 (Mercury, 웅변가와 장인과 상인과 도둑의 수호신-역주)를 땅으로 보내 도시를 꾸미고 시민들을 결합할 정의와 자존심을 주었습니다. 그리고 제우스는 이것들마저 인류의 다른 선물처럼 잘못 분배되어 한 사람만 기술을 가지면 안 되며 모든 사람들에게 스며들게 해야 한다고 생각했습니다. 따라서 불공평하고 수치스러움을 모르는 사람들을 대중의 골칫거리로 규정하고, 이를 근절시키기 위해 사형에 처하도록 법률을 정했습니다. 오타비아노 나리, 이 정도면 신이 인간에게 부여한 이러한 미덕은 천성적으로 타고난 것이기 때문에 학습으로 습득될 수 없다는 사실을 아셨습니까?"

그러자 오타비아노 나리가 미소를 지으며 답했다. "가스파레 나리, 그렇다면 인간이 곰과 늑대와 사자와 같은 야생동물의 천성을 길들이는 방법을 찾은 것은 어떻게 생각하나요? 같은 기술로 작은 새가 인간이 원하는 곳으로 날아갔다가 자신의 의지로 다시 새장으로 돌아오도록 훈련을 받아 불행해졌다고 생각하나요? 또 인간은 아무리 노력해도 스스로 이롭게 하거나 부지런히 공부해서 정신을 향상시킬 수 있는 길을 찾을 능력도 뜻도 없다는 말인가요? 의사들이 열심히 공부해서 아픈 손톱과 아이들의 발진과 늑막염 등을 치료하고 열을 내리는 기술을 습득하는 것을 생각해 보십시오.

이처럼 덕성은 순전히 천성적으로만 타고난다고 생각지 않습니다. 그 무엇도 대립되는 성질에 익숙해질 수 없기 때문입니다. 예를 들어 수천 번 공중으로 던져 올려도 하늘을 날지 못하고 땅으로 떨어지는 돌을 생각해 보십시오. 돌이 본질적으로 무게를 지닌 것처럼 인간도 미덕을 천성적으로 타고난다면 절대로 악에 물들 수가 없으며, 마찬가지로 천성적으로 부덕을 타고난다면 결코 덕을 지닐 수도 없을 겁니다. 그렇다면 잘못을 저지른 사람을 처벌하는 행위도 너무 어리석고 사악할 뿐이겠지요. 귀하의 말대로라면 그건 범죄자의 잘못이 아니라 조물주가 부여한 성질일 테니까요.

그렇지만 이것은 법률의 집행 면에서 봤을 때 큰 실수입니다. 법은 과거의 잘못 때문이 아니라 미래를 고려해서 처벌을 내리며, 이를 통해서 범죄자가 다시는 범죄를 저지르지 않게 하고, 다른 사람들도 이를 따라 하지 못하게 하려는 목적을 가지고 있으니까요. 이처럼 법률의 기본 정신을 보면 미덕은 학습을 통해서 배울 수 있으며 이는 확실히 진실입니다. 인간은 모두 미덕이나 부덕을 배울 수 있는 능력을 갖고 태어났으며 살아가면서 점점 이들에 익숙해지고 직접 실행에 옮기다가 결국 덕이 있는 사람 혹은 악한 사람 중 하나로 판가름 나게 됩니다. 그렇지만 이런 미덕이나 부덕과는 달리 보고 듣고 느끼는 인간의 감각은 타고나는 것이며, 비록 일부는 결함을 가지고 태어나지만 역시 교육에 의해서 강화될 수 있습니다. 바로 이러한 이유 때문에 훌륭한 가장은 자녀에게 글뿐만 아니라 공손한 예절을 가르치며 식사를 하거나 술을 마시거나 말을 하거나 걸을 때 올바른 습관을 심어주는 것입니다.

따라서 기예와 기술과 마찬가지로 미덕 역시 가르치고 교훈을 주는 스승이 필요합니다. 스승은 인간 내부에 감춰져 있던 미덕을 불러일으키고 신장시키며 나쁜 기질을 제거해 주고 훌륭한 미덕을 갖춘 인간으로 만들지요.

이를 통해서 귀하가 제우스가 세상에 보냈다고 말한 정의와 자존심이 모든 사람에게 자연스럽게 확산됩니다. 그렇지만 신체가 아무리 강건한 사람이라도 때때로 맡은 임무를 잘 실행하지 못하는 것처럼, 이러한 미덕을 발현할 수 있는 잠재력이 인간에게 내재되어 있더라도 교육의 도움을 받지 않으면 향상시킬 수가 없답니다. 사악하고 무지한 것들로 가득 차 사람을 나쁜 길로 이끄는 현실 세계와 부딪히면 도리에 맞고 노련하게 미덕을 실생활에 적용하는 법을 배워 영혼을 정화하고 확장시켜야 하니까요.

인간은 선과 악을 쉽게 깨달을 수 있기 때문에 모두가 항상 선을 선택하고 악을 피합니다. 여기에서 미덕은 신중함이나 선을 선택하는 법에 대한 이해라고 규정할 수 있으며, 악은 인간이 잘못된 판단을 내리도록 만드는 부도덕과 무지라고 정의할 수 있습니다. 인간은 절대로 의도적으로 악을 선택한 것이 아니라 선을 위장한 악에 속는 것뿐이랍니다."

그러자 가스파레 나리가 대답했다. "그렇지만 세상에는 자기가 잘못을 저지르고 있다는 사실을 잘 알면서도 이를 멈추지 않는 사람들이 많이 있답니다. 이는 도둑이나 살인자 같은 사람들에게는 미래에 당할 처벌보다 범죄를 저지르는 순간의 즐거움이 훨씬 더 크기 때문이지요."

오타비아노 나리가 반박했다. "진정한 즐거움은 선이며, 진정한 고통은 악입니다. 귀하가 말한 사람들은 거짓 즐거움을 진정한 것으로, 진정한 고통을 거짓으로 생각하는 착각에 빠져 있는 것입니다. 따라서 이들의 거짓 즐거움은 엄청난 고통을 유발합니다. 진실과 거짓을 구분하는 방법을 가르치는 기술은 얼마든지 배워서 익힐 수 있습니다. 그리고 진정한 선을 선택하는 능력을 키워주는 미덕은 진정한 깨달음이라고 부를 수 있으며, 이는 인간의 삶에서 무엇보다도 이득이 되는 미덕입니다. 군주들의 예를 통해서 말씀 드린 대로 무지한 사람들에게는 온갖 악이 따르기 마련이기 때문입니다."

여기에서 피에트로 벰보가 끼어들었다. "오타비아노 나리, 나는 무엇 때문에 가스파레 나리가 모든 악이 무지에서 나오고 잘못을 저지를 때 이를 제대로 깨닫는 사람이 거의 없으며 진정한 즐거움과 고통을 착각하고 있다는 점을 인정해야 되는지 모르겠군요. 아무리 자제력이 없는 사람이라도 이성적이고 논리적으로 판단을 내릴 수 있기 때문에 자신이 원하는 것이 악이며 스스로 죄를 저지르고 있다는 사실을 분명하게 알고 있습니다. 따라서 이성을 발휘해서 자신의 열망을 억제하려고 노력하지요. 이 때문에 머릿속에는 즐거움과 고통이 사고력을 상대로 한바탕 싸움을 벌입니다. 그러나 결국은 열망이 이성을 누르게 되고 이들은 약간의 양심의 가책을 느끼면서도 어리석은 짓을 저지르게 됩니다. 이 사람들은 자신들이 원하는 행동이 악이라는 사실을 알기 때문에 그런 행동을 하는 것입니다. 반면에 양심의 가책을 전혀 받지 않으면서 열망에 완전히 몸을 맡겨버리는 사람들은 단순히 자제력이 부족한 정도가 아니라 너무 과도한 성향을 지닌 겁니다. 물론 이런 사람들이 훨씬 더 심각한 문제입니다. 왜냐하면 무절제함 속에서도 이성은 일정한 역할을 하기 때문입니다. 그러므로 이런저런 정서에 영향을 받는 절제가 완전하지 못한 미덕인 것과 마찬가지로, 이러한 무절제함은 어느 정도 심각한 악덕이라 하겠습니다. 결과적으로 나는 오타비아노 나리의 의견과 달리 자제력이 없어서 저지른 잘못을 단순히 무지의 탓으로 돌릴 수 없다고 봅니다. 또한 자신이 나쁜 행동을 저지른다는 것을 분명히 알고 있는 사람을 두고 거짓 즐거움을 진정한 즐거움으로 착각하고 있다고 말할 수도 없다고 생각합니다."

오타비아노 나리가 대답했다. "글쎄요. 귀하의 주장은 설득력이 있긴 하지만 타당하다고는 생각하지 않습니다. 자제력이 없는 사람이 저지르는 죄의 경우 양심의 가책을 느끼고 이성으로 열망을 누르려고 분투하며, 악이 무엇인지를 알고 있긴 하더라도 아직 깨달음이 부족하여 자신이 해야 하는 일을 모르고 있기 때문입니다.

이처럼 악이 무엇인지 확실히 알지 못한 채 어렴풋한 개념만 가진 사람들은 감정이 이성을 억누르도록 내버려둡니다. 그러나 이들이 깨달음을 얻어서 악이 무엇인지를 제대로 인식하게 되면 잘못을 저지르지 않을 것이 분명합니다. 감정이 이성을 억누르는 이유는 무지가 원인이므로 진정한 깨달음을 얻고 나면 정신이 아닌 육체적인 만족감에서 발생한 감정 때문에 이성이 굴복당하는 일도 절대 없을 것입니다. 이성이 감정을 제대로 통제하는 사람들은 덕이 있는 사람이 되고, 이와 반대의 경우는 사악한 사람으로 전락하게 됩니다. 그러나 미덕과 달리 인간의 감각은 항상 이성에 의해서 지배를 받으며 무지와 상관없이 작용하므로 이성이 없는 신경이나 뼈도 사람이 생각하는 대로 움직이는 것입니다. 이는 아주 맛이 있지만 사실은 상한 음식을 먹었을 때 사람들이 보이는 반응을 통해서 잘 드러납니다. 일단 음식이 입에 들어가서 상했다는 사실을 알게 되면 비위가 상해

서 어찌할 바를 모르지요. 그러면 몸이 즉각적으로 이에 반응을
해서 음식물을 토해내는 겁니다."

오타비아노 나리는 계속 이야기하려 했지만 마그니피코 줄리
아노가 갑자기 끼어들어 말을 시작했다. "내가 들은 것이 맞는
다면 귀하는 자제력이 감정의 영향을 받기 때문에 불완전하다
고 주장하셨습니다. 그러나 인간의 마음속에서 이성과 열망 사
이에 갈등이 일어날 때 자제력이라는 미덕의 도움을 받아서 이
성이 승리를 거두는 것이야말로 육욕이나 열정이 이성을 누르
는 것보다 더욱 완전한 상태라고 생각해야 합니다. 열정이 이성
을 누른 사람의 경우 어떤 행동을 자제한다고 해도 이는 미덕을
발휘한 것이 아니라 단순히 그 행동을 할 의사가 없어서이기 때
문입니다."

그러자 오타비아노 나리가 말했다. "두 명의 사령관이 있는데
이 중 한 명은 위험을 감수하고 적과 직접 맞서 싸워 승리를 거
둔 반면에, 다른 사람은 군사기술과 지식으로 적의 힘을 무력화
시켜 위험이나 사상자가 전혀 없이 승리를 거뒀다고 가정해 봅
시다. 귀하는 어떤 사령관이 더 칭찬할 만하다고 생각합니까?"

마그니피코가 대답했다. "위험부담을 줄이면서 승리를 거둔
사령관이 분명히 훨씬 칭찬할 만합니다. 적군이 너무 어리석어
서 누구라도 이길 수 있는 상황만 아니었다면 말입니다."

"귀하의 판단이 옳습니다." 오타비아노 나리가 말했다. "자제
력은 강한 적군에 맞서서 씩씩하게 싸워 승리를 거둔 사령관과

비교할 수 있습니다. 비록 아주 힘든 과정을 겪고 위험을 감수하기는 하지만요. 그러나 침착한 절제는 사상자 없이 적군을 정복해 지배하는 사령관과 같습니다. 이 덕목은 마음속에 있는 욕망의 불씨를 진압하는 것은 물론이고 완전히 단절시킵니다. 시민전쟁에 휩싸인 훌륭한 통치자가 절제라는 덕목으로 폭동을 일으킨 내부의 적을 진압하고 절대 권력의 왕권을 이성이라는 덕목에 넘겨주는 상황으로 비유해 볼 수 있지요. 따라서 절제라는 덕목은 정신을 해치지 않고 이를 부드럽게 설득해서 정직한 행동을 하게 만들뿐더러 고요하며 평화 상태가 되게 하고 모든 측면에 조화를 이루게 합니다. 이를 통해서 어미 양이 하는 대로 뛰고 멈추고 움직이는 새끼 양처럼 정신도 이성에 완벽하게 반응해서 이성이 이끄는 대로 유순하게 따르게 됩니다. 따라서 절제는 그 자체로 완전하며 다른 덕목을 상승시키는 힘이 있기 때문에 특히 통치를 하는 사람에게 아주 적합한 덕목입니다."

그러자 체사레 곤차가가 말했다. "귀하의 말대로 절제가 인간 마음속에서 감정들을 모두 제거한다면, 도대체 어떻게 통치자에게 적합한 덕목이 절제를 통해서 파생될 수 있는지 이해할 수가 없군요. 이 덕목은 은둔자와 수도승에게나 걸맞겠지만 관대하고 고결하며 용맹스러운 군주에게는 거의 적합지 않을 것 같군요. 귀하의 말대로라면 어떤 도발을 당하더라도 분노와 혐오와 불쾌감과 멸시와 갈망 등의 감정을 전혀 드러내지 않아야 된다는 말인데, 그렇다면 어떻게 백성과 군대에 지도력을 발휘할 수 있단 말인가요?"

오타비아노 나리가 대답했다. "나는 절제가 인간의 정신에서 감정을 완전히 몰아낸다는 말을 하지 않았답니다. 감정에도 좋은 요소가 많이 있다는 점을 감안하면 그것들을 모두 제거해 버리면 곤란하겠지요. 내가 말했던 의미는 절제가 올바른 행동을 막는 심술궂은 감정을 이성으로 조절하게 만드는 역할을 한다는 것이었습니다. 그러나 마음속에서 일어나는 대립을 막는다는 명목으로 모든 감정을 뿌리째 뽑아내는 것은 아주 잘못된 발상입니다. 이는 술주정뱅이를 근절하려고 모든 술을 금지하는 법을 제정하거나, 사람들이 넘어지는 것을 막으려고 아예 뛰는 것을 금지시키는 것이나 마찬가지입니다. 여러분도 아시겠지만 말을 타고 달리는 중에 몸을 다쳤다고 해서 빠른 속도로 뛰는 말을 당장 세우는 것은 현명하지 않습니다. 그보다는 적당한 시기와 장소에 다다랐을 때 말을 멈추게 하고 조심스럽게 내려와야 더 큰 부상을 막을 수 있답니다. 마찬가지로 미덕을 통해서 완화가 된 감정은 오히려 다른 미덕을 촉진시킬 수 있답니다. 이를 입증하는 예로 분노의 감정이 인내력을 강화시키며 부도덕한 사람을 향한 미움의 감정이 정의감을 더욱 높이는 것 등을 들 수 있습니다. 그런데 이런 감정을 전멸시켜버리면, 이성이 나약하고 무기력해져서 아무 쓸모가 없어질 겁니다. 강력한 폭풍우를 만나 전복되어버린 배의 선장처럼 말입니다.

체사레, 그러니 절제가 수많은 미덕들을 발생시킨다는 내 의견에 놀랄 것 없습니다. 사람의 정신이 이 조화에 맞춰지면 이성은 진정한 의연함을 받아들이는데, 이 의연함은 이성을 대담 무쌍하고 견고하게 만들고 인간의 고통에 면역성을 갖게 한답니다. 이것이야말로 정의의 진리이자 겸손함과 선함의 순수한 친구이며 모든 미덕의 여왕입니다. 정의는 옳은 일을 하고 나쁜 일을 억제하도록 가르치기 때문입니다. 따라서 정의는 자체만으로도 완전합니다. 다른 미덕이 정의를 통해서 작용하고 공명정대한 사람을 비롯해 모두에게 이익을 주기 때문입니다. 정의가 없었다면 제우스라도 왕국을 그렇게 잘 다스리지 못했을 것입니다. 이러한 미덕들은 또한 다른 덕목들을 강화시키는 관대함을 유발합니다. 물론 관대함은 이 하나만으로는 존재할 수가 없습니다. 다른 미덕이 없는 사람이라면 관대할 수도 없을 것이기 때문입니다. 또한 절제와 정의와 관대함의 안내자 역할을 하는 신중함도 빼놓을 수 없으며, 이 신중함은 분별력 있게 올바른 결정을 하도록 도와줍니다.

지금까지 이야기한 대로 미덕은 이렇게 연결되면서 발생하고 서로를 강화시키며 이외에도 공평무사함, 선심, 명예욕, 상냥함, 매력, 온순함 등 너무 많아서 다 거론하자면 시간이 부족할 정도랍니다. 우리가 지금까지 제안한 대로 행동하는 궁정 신하라면 군주에게서 이러한 미덕을 발견하여, 세상의 어떤 정원보다도 많은 아름다운 꽃과 풍성한 과일이 만발한 국가를 만들도록 도울 수 있을 것입니다. 군주가 자신의 고귀한 미덕을 깨닫고 잘 활용해서 훌륭하게 통치하도록 만드는 것이야말로 궁정 신하의 가장 중요한 임무이지요. 이에 성공한 궁정 신하는 세상에서 제일 화려하고 귀한 금은보화보다 더 위대하고 귀한 선물을 군주에게 한 셈입니다. 이렇게만 된다면 모든 백성들이 행복해질 것이며, 사투르누스(Saturn, 로마신화의 농업의 신-역주)가 통치했다고 알려진 황금시대를 이 땅에 되살릴 수 있을 것입니다."

오타비아노 나리가 휴식을 취하려는 듯 잠시 말을 멈추자, 가스파레 나리가 말했다. "오타비아노 나리, 그렇다면 훌륭한 군주 한 사람이 통치를 하는 것과 훌륭한 공화국 정부가 다스리는 것 중에서 어느 쪽이 더 적절한 체제이고 귀하가 거론한 황금시대에 더 가깝다고 생각합니까?"

오타비아노 나리가 답했다. "나는 항상 훌륭한 군주 한 사람이 통치하는 체제가 더 올바르다고 생각해 왔습니다. 이런 형태의 지배권이 자연의 섭리와 더 잘 어울리고 혼자서 세상을 다스리는 하나님의 통치 형태와도 더 유사합니다. 그러나 이런 점은 둘째로 치더라도, 부대와 함대와 건물 등 인간의 모든 창조물에서 한 사람이 자신의 뜻에 따라 전체를 다스리는 것이 일반적입니다. 이와 비슷하게 우리 몸에서도 생각에 따라 몸의 각 부분이 움직입니다. 더구나 조물주가 가장 유익한 선물로 복종이라는 본능을 가르친 동물 사이에서도 우두머리 하나가 전체 집단을 다스린답니다. 사슴과 같은 동물이나 왜가리 등의 조류가 철따라 이주할 때 우두머리 한 마리가 나머지 무리를 이끌고, 일벌들이 마치 세상에서 가장 법을 잘 지키는 것처럼 철저하게 여왕벌을 섬긴다는 사실을 아실 겁니다. 이 모든 예들은 군주 한 사람이 다스리는 체제가 공화국보다 자연에 더 순응하는 통치 형태라는 것을 설득력 있게 보여줍니다."

이 말을 듣고 피에트로 벰보가 반박했다. "그렇지만 내 생각으로는 하나님이 인간에게 내린 최상의 선물인 자유를 빼앗거나 한 사람이 더 많은 자유를 누리는 것은 옳지 않습니다. 이것은 바로 군주 한 사람이 백성들을 아주 엄격하게 감시하며 나라를 다스릴 때 발생하는 결과입니다.

이와 반대로 잘 구성된 공화국에서는 모든 사람들이 평등하게 자유를 누릴 수 있습니다. 또한 판단을 내릴 때도 한 사람의 생각은 여러 사람이 심사숙고할 때보다 잘못된 것일 가능성이 많습니다. 한 사람의 분노 혹은 권력욕 때문에 평정을 잃기 쉽기 때문입니다. 나는 귀하가 제시한 동물 세계의 예는 인간 세상에 적용하기에 적당하지 않다고 생각합니다. 사슴과 왜가리 등의 동물이 항상 단 하나의 우두머리를 따르며 복종하지는 않기 때문입니다. 오히려 우두머리는 시시때때로 바뀌며 다양한 행동 양식을 보여줍니다. 이런 모습은 군주제보다는 공화국 체제에 더 가까운 구조이지요. 무리를 이끌어가는 우두머리가 때에 따라 다른 동물에게 복종하는 모습이야말로 진정한 평등 속에서 자유를 구현해 가는 것처럼 보입니다. 또한 귀하가 벌 집단도 예로 들었는데, 벌을 이끄는 여왕은 다른 종이라는 점에서 인간 세상과 비교할 수가 없다고 생각합니다. 귀하의 말대로라면 양 떼가 자신의 종족이 아니라 더 위대한 종인 인간, 즉 목동에게 복종하는 것과 마찬가지로 인간보다 뛰어난 자질을 타고 난 다른 종이 군주가 되어서 우리를 다스려야 할 것이기 때문입니다. 오타비아노 나리, 지금까지 내가 말한 내용을 근거로 나는 공화국 체제가 훨씬 더 이상적인 형태라고 주장합니다."

오타비아노 나리가 답했다. "나는 귀하의 의견에 반대하며 한 가지 논쟁거리를 내놓겠습니다. 세상에는 올바른 정부 형태가 세 가지 있습니다. 그것은 군주제, 옵티마테스(optimates, 최선의 사람들의 통치를 뜻함. 고대 로마 시대 공화정 말기에 원로회를 중심으로 모든 일을 집행―역주), 시민으로 구성된 정부입니다. 한편 이 세 정치 체제가 변질된 형태로, 법률이 적용되지 않으며 대체로 사회가 멸망하고 파괴되었을 때 나타나는 것도 있습니다. 군주제가 변형된 전제 정치, 옵티마테스가 변형된 소수 권력자들로 구성된 정부, 시민으로 구성된 정부 형태가 변형된 서민들이 운영하는 정부가 그것입니다. 이 중에서 세 번째는 국가 체제가 완전히 파괴되어 절대 권력이 군중에게 넘어간 형태이지요. 이처럼 올바르지 못한 세 가지 정부 체제 중에서도 가장 심각한 것은 의심할 여지없이 폭정으로 점철된 전제 정치입니다. 따라서 반대되는 물질은 상반되는 결과를 불러일으킨다는 일반적인 진리를 적용해 보면, 가장 잘못된 전제 정치의 반대인 군주제가 가장 올바르다는 결론이 나옵니다.

그럼 귀하가 자유에 대해서 제시한 의견에 답을 해보겠습니다. 나는 진정한 자유란 원하는 대로 살 때가 아니라 훌륭한 법률을 지키면서 살 때 얻어진다고 주장합니다. 또한 어떻게 보면 명령을 내리는 것보다 복종하며 사는 것이 더 자연스럽고 효율적이며 필요한 자세랍니다. 사람들은 태어날 때부터 복종하고 살 것인지, 명령을 내리며 살 것인지 그 운명이 조물주에 의해서 정해지게 되니까요. 세상에는 두 가지의 통치 형태가 있답니다. 그중 하나는 노예를 다스리는 주인처럼 독단적인 횡포를 부리며 폭력을 사용하는 통치이지요. 두 번째는 온화하고 관대한 통치 방법으로, 법률에 근거해서 백성을 다스리는 훌륭한 군주 혹은 인간의 이성이 열망을 조절하는 데에서 볼 수 있습니다. 이 두 가지 방법 모두 유용합니다. 인간의 신체는 본질적으로 정신에 복종하게 되어 있고 마찬가지로 열망은 이성에 복종하게 되어 있습니다. 신체 활동을 즐기는 사람들이 정신 활동을 좋아하는 사람들과 여러 면에서 다른 것처럼, 정신 역시 신체와 여러 면에서 차이가 있답니다. 물론 신체와 정신은 서로 밀접한 관련을 맺고 상호작용을 하지요. 그렇지만 신체 각 부분은 정신을 소유하고 있지 않기 때문에 당연히 정신의 노예가 되어서 복종해야 한답니다."

그러자 가스파레 나리가 말했다. "그렇다면 귀하가 제시한 통치 체제 가운데 현명하고 지성적인 인물들을 다스릴 때는 무엇이 가장 적당할까요? 여기에 노예는 포함되지 않습니다."

오타비아노 나리가 답했다. "입헌 군주제의 관대한 정부가 가장 적당합니다. 그리고 귀하가 말한 현명하고 지성적인 인물들이 능력이 있다면 지방 행정부에서 활동하도록 해서 자신들보다 덜 현명한 사람들을 다스리게 하는 것이 좋습니다. 물론 통치자의 권한을 침범하지 않는 선에서 말입니다.

한편 피에트로 귀하는 단 한 사람이 권력을 가지고 있으면 여러 사람에게 분산된 경우보다 타락하기가 더 쉽다고 했는데, 그렇다면 나는 이 의견에 훌륭하고 현명한 사람 하나를 찾는 것이 그러한 자질을 가진 여러 사람을 찾는 것보다 훨씬 더 쉽다고 반박하겠습니다. 고귀한 가문 출신의 군주는 당연히 훌륭하고 현명한 인물로서, 타고난 재능과 혁혁한 공을 세운 조상들을 모범으로 삼아 높은 덕을 추구하며, 훌륭한 행동을 하도록 잘 교육받았을 것입니다.

지금까지 여러분이 구현해 놓은 이상적인 궁정 신하가 교훈과 가르침과 기술을 통해서 군주를 잘 모시면, 군주는 아주 공명정대할 뿐만 아니라 인내심과 절제력을 갖추고, 강하면서도 현명한 데다 아주 관대하며, 신앙이 깊고 온화한 성품을 지니게 될 것입니다. 다시 말하면, 모든 인간은 물론이고 하나님의 총애까지 받을 것입니다. 그리하여 하나님의 은총으로 인간의 한계를 뛰어넘게 해줄 영웅적인 미덕을 갖게 될 것이고, 한낱 인간이 아닌 반신반인으로 숭배를 받을 것입니다. 군주는 권력을 휘두르는 것 외에도 하나님의 훌륭한 종으로 봉사하고자 노력하며, 하나님이 인류를 이롭게 하려고 그에게 내린 장점과 선물을 나눠주는 등 하나님의 선함과 지혜를 따라 하려고 애써야 합니다. 그러한 모습을 하나님이 보면 아주 기뻐하며 그를 보호해

줄 것입니다. 그러나 하나님을 그대로 모방하려고 자신의 막강한 권력을 자랑하고 사람들이 자신을 숭배하도록 강요하는 군주는 하나님이 좋아하지도 보호해 주지도 않습니다. 하늘에 뜬 태양과 달과 별들이 하나님의 모습을 거울처럼 비추어내듯이, 하나님을 경외하고 숭배하는 훌륭한 통치자는 하나님의 진정한 모습을 세상에 알리며, 자신의 성스러운 이성과 지성이 어우러져 찬란하게 빛나는 하나님의 정의를 백성들에게 보여줄 것입니다. 하나님은 이러한 통치자에게 공정함과 청렴함, 공명정대함과 함께 무한한 축복을 내려줍니다. 이러한 축복은 태양의 빛이나 하늘의 끊임없는 순환과 별들의 다양한 항로보다 훨씬 분명하게 신의 힘을 보여줄 것입니다.

하나님은 사람들을 보호하는 임무를 통치자에게 일임했으며, 당연히 통치자는 충실하게 주인을 모시는 집사처럼 하나님의 훌륭한 뜻을 백성들에게 알리고, 백성들을 사랑하며, 백성들의 모든 행복과 불행을 자신의 것처럼 여겨야 합니다. 물론 무엇보다도 백성들을 행복하게 만들기 위해서 큰 힘을 쏟아야겠지요. 따라서 군주는 당연히 선한 성품을 가져야 하며 이에 그치지 않고 다른 사람들까지 선하게 만들어야 합니다. 건설 현장에서 정확하게 치수를 잴 수 있는 반듯한 모양의 삼각자가 건물 전체에 필요한 자재들을 정확하게 재고 반듯하게 잘라주는 데 사용되는 것과 마찬가지입니다.

군주의 생활방식은 백성들 사이에 전형으로 굳어지고, 군주가 행동하는 법은 모두의 행동에 영향을 미치기 때문에, 백성들이 선하면 통치자도 훌륭하다는 말은 확실히 설득력이 있습니다. 무지한 사람은 남을 가르칠 수 없고, 권한이 없는 사람은 다른 이에게 명령을 내릴 수 없으며, 넘어진 사람은 다른 사람을 일으켜 세울 수 없습니다. 따라서 이러한 임무를 잘 수행하고자 하는 군주는 무엇보다도 지식을 습득하기 위해서 모든 노력과 힘을 기울여야만 합니다. 이런 군주는 내면적으로도 확고한 기초가 수립될 것이며 자신의 영혼에 깊게 새겨진 도리에 맞는 규칙을 절대 어기지 않고 살아갈 것입니다.

한편 권력이 커질수록 더 큰 해를 끼칠 수 있다는 점을 잊으면 안 됩니다. 통치자가 무엇이든지 원하는 대로 하게 되면, 반대로 자신이 마땅히 해야 할 일을 거부할 위험성이 있습니다. 따라서 비아스(Bias, 고대 그리스의 일곱 현인 중 하나-역주)가 관직에서 어떻게 일하는가를 통해서 평가할 수 있다고 한 말은 아주 타당합니다. 비어 있는 화병에 간 금은 오랫동안 발견되지 않지만 일단 물을 부으면 단번에 드러나듯이, 권력을 쥐고 있을 때가 아니면 타락하고 비열한 정신을 감지하기 힘듭니다. 일단 권력이 너무 거대해지면 이 막중한 무게를 지탱할 수가 없어서 탐욕과 분노와 무례함과 자만심과 내재되어 있던 온갖 포악한 충동들을 온 천하에 드러냅니다. 그러다가 훌륭하고 현명한 사람들을 제멋대로 학대하고 사악한 사람들을 승진시키지요. 자신이 다스리는 친교 단체나 사회 모임이나 시민들 사이에 공통 관심사가 생기는 것도 허용하지 않습니다. 오히려 사람들을 분열

시키고 나약하게 만들려고 불화의 씨를 심어놓습니다. 이러한 방법들로 수많은 불쌍한 사람들에게 끊임없는 피해를 주고 그들을 몰락시키지요. 결국에는 군주 스스로 잔인한 죽음을 맞거나 평생을 두려움에 떨며 살게 됩니다.

훌륭한 통치자는 자신을 위해서가 아니라 백성을 위해서 두려워하는 반면에, 전제 폭군들은 자신이 다스리는 백성들을 두려워한답니다. 따라서 다스리는 사람의 수가 많아지고 권력이 커질수록, 더 많은 고통 속에서 살게 되며 더 많은 적을 갖게 됩니다. 폰투스(Pontus)의 폭군인 클레아르쿠스(Clearchus)가 광장이나 연회장 등 사람들이 많은 곳에 갈 때마다 얼마나 겁을 먹고 불안해했을지 상상해 보십시오. 기록에 의하면 그는 옷장 속에 들어가서 문을 잠그고 잤다고 합니다. 또 다른 폭군인 아리스토데무스(Aristodemus)의 침대는 감옥이나 마찬가지였습니다. 그는 공중에 걸어놓은 아주 좁은 침대에서 잤는데 너무 높아서 사다리를 타고 올라가야 했답니다. 그래서 그와 함께 자는 애인의 어머니가 밤에 사다리를 치우고 아침이 되면 다시 갖다 놓았다고 하더군요. 이와 반대로 훌륭한 군주는 자유롭고 안전한 생활을 하지요. 시민들에게 사랑받고 동적인 활동과 동시에 정적인 활동을 즐기며 백성의 복지 향상을 위해서 최선을 다한답니다.

가스파레 나리가 물었다. "오타비아노 나리, 동적인 활동과 정적인 활동 중에 무엇이 더 군주에게 알맞다고 생각하십니까?"

오타비아노 나리가 미소를 지으며 대답했다. "가스파레 나리는 내가 스스로 뛰어난 궁정 신하라고 착각하고 있다고 여기시는 것 같습니다. 아주 많은 것을 알고 있으며 그 지식을 내가 앞서 거론했던 칭찬할 만한 목적에 사용하고 있다고 말입니다. 그러나 여기 계신 분들이 이상적인 궁정 신하를 형상화하면서 말했던 자질들을 나는 갖고 있지 않답니다. 그러니 원래 목적대로 궁정 신하의 자질을 먼저 설명하게 해주십시오. 나는 이 주제와 훌륭한 통치자에 관련된 모든 문제들을 내가 구현하는 이상적인 궁정 신하의 의견에 맡길 것이니까요."

가스파레 나리가 말했다. "궁정 신하라는 관점에서 귀하에게 부족한 자질은 그저 음악과 춤처럼 별로 중요하지 않은 부분이랍니다. 통치자의 교육이나 궁정 의식에 대해서야 귀하만큼 잘 아는 분이 없지요."

이 말에 오타비아노 나리가 대답했다. "궁정 신하에게 별로 중요하지 않은 것이란 없답니다. 모든 요소들이 궁정 신하가 군주의 총애를 받는 데 도움이 되니까요. 앞서 말했듯이 군주에게 진정한 깨달음을 주는 미덕을 가르치기 전에 노래나 춤이나 놀이 등의 오락거리를 통해서 즐거움을 주려면 궁정 신하가 직접 선을 보여야 한답니다. 이러한 것들은 모두 배워서 얻어질 수 있으며 아주 유익하기까지 하지요. 어쨌든 나는 이제 할 말을 다했다고 봅니다. 오히려 처음에 약속했던 것보다 더 많이 말한 것 같군요."

그러자 공작부인이 답했다. "귀하가 약속한 것을 더 초과할수록 우리는 귀하의 예의 바름에 더 감사할 것입니다. 그러니 가스파레 나리의 질문에 답을 해주시면 좋겠습니다. 이를 통해서 부디 귀하가 군주에게 가르치고 싶은 모든 것을 우리에게 알려주십시오. 내 생각에는 가르침이 필요한 군주가 있을 경우 귀하는 완벽하게 군주의 총애를 받아서 귀하의 의견을 자유롭게 말할 수 있을 것 같습니다."

오타비아노 나리가 미소를 지으며 말했다. "설사 내가 아는 군주들의 총애를 받았다고 하더라도 내 의견을 자유롭게 말한다면 당장 모든 총애를 잃어버리고 말 것입니다. 어찌 되었든 공작부인께서 가스파레 나리의 질문에 답하라고 하시니 따르겠습니다.

군주는 두 가지 활동에 다 참여해야 하지만 특히 정적인 활동에 더 비중을 두고 싶습니다. 정적인 활동에는 두 가지 측면이 있기 때문입니다. 첫째, 냉철한 통찰력과 판단력을 길러줍니다. 둘째, 적절한 태도로 합법적인 명령을 내리게 합니다. 군주의 권한에 속하는 분별력 있는 일에 관여하고 적절한 때에 적합한 사람에게 명령을 내리도록 하지요. 페데리코 공작이 효과적으로 명령하는 법을 알아서 모든 신하들이 항상 복종하며 따랐던 것처럼 말입니다. 한편 통치자의 주요 임무 중의 하나가 명령을 하는 것이지만 동시에 자신이 내린 명령이 어떻게 수행되어 가는지도 확인해야 하며, 특수한 상황에서는 자신이 직접 실행을 해보여야 할 때도 있습니다. 이 모든 것들이 활동과 관련이 있습니다. 그러나 전쟁 끝에 평화가 찾아오고 노력 끝에 휴식이 찾아오듯이, 활동적인 삶은 정적인 삶으로 연결되기 마련입니다.

따라서 훌륭한 통치자의 임무 가운데는 백성들이 안전하게 생활하며 평화로운 가운데 고귀한 삶을 누리도록 돕는 영구적인 법령과 조례를 선포하는 것도 포함됩니다. 전쟁 중에도 지속적으로 번영하며 위대한 명성을 날리던 많은 공화국과 공국이 평화를 회복하는 즉시 쇠퇴의 길로 접어들어 모든 당당함을 잃어버리는 경우가 많다는 것을 여러분도 아실 겁니다. 마치 사용하지 않는 철에 금방 녹이 슬어버리는 것처럼 말입니다. 이렇게 된 단 하나의 이유는 평화 시에 살아가는 법을 배우지 못했거나 제대로 여가시간을 사용하는 법을 익히지 못했기 때문입니다. 평생 전쟁만 하며 평화를 찾을 생각을 하지 않는 것은 아주 잘못된 일입니다. 그런데도 일부 통치자는 이웃 나라들을 정복하는 것을 근본 목표로 삼으며, 그 결과 백성들은 싸우기 좋아하는 공격적인 성품으로 변해 아무렇지도 않게 살인을 일삼게 됩니다. 그러면 통치자는 상을 내리고 훌륭한 미덕이라고 추켜세우며 이런 행동을 더욱 조장합니다.

예를 들어 한때 스키타이인(Scythian) 사이에서는 적을 살해한 경험이 없는 사람들은 연회장에서 참석자들끼리 돌리는 잔으로 술을 마시지 못하게 하는 관습이 있었습니다. 또 다른 나라에는 죽은 사람의 무덤 주위에 그가 생전에 죽였던 적들의 숫자만큼 탑을 세워주는 관습도 있었답니다. 백성들을 호전적으로 만들어 다른 사람들을 정복하게 만들려는 목적으로 이와 비슷한 수많은 관습들이 시행되었답니다. 그러나 이런 관습들은 아주 잘못된 것입니다. 어차피 세상에는 정복할 수 있는 나라들이 한정되어 있고 자신이 원하지 않는 것을 다른 사람에게 강요하는 것은 자연의 법칙을 거스르는 일이라는 점을 고려해 보면 전쟁 상태가 영원히 지속될 수는 없기 때문입니다.

따라서 통치자들은 단순히 자신의 정복욕 때문이 아니라, 자신들의 백성을 노예로 만들거나 사살하려는 적국 혹은 폭정을 일삼는 전제군주를 몰아내고 훌륭한 정부를 세우려는 목적으로 호전성을 키워야 합니다. 그리고 전쟁이 끝나면 사악한 사람들을 처벌하되 앙갚음이 아니라 그간의 삶의 방식을 바꾸고 다른 사람들의 평화를 해치지 못하게 하려는 목적으로 법률과 조례를 적용해야 합니다. 사실 사람들이 본질적으로 사악한 속성을 지닌 전쟁에서는 씩씩하고 현명한 모습을 보이는 반면에, 그야말로 선의 결정체인 평화 시에는 너무 무지하고 어리석어 그 축복을 즐기는 법을 모른다는 사실은 참으로 통탄스럽고 황당한 일입니다. 따라서 전쟁을 겪고 있는 동안에 사람들은 전쟁의 목적지, 즉 평화로운 세상에 필요한 실제적인 미덕을 갈고닦아서, 전쟁이 끝나면 실생활에 맞는 도덕률을 잘 활용하여 평온하게 살 수 있도록 해야 합니다. 이렇게 되면 백성들은 선하게 살아가게 될 것이며, 군주는 그들을 벌하기보다 칭찬을 하느라고 훨씬 더 바빠질 것입니다. 결과적으로 나라가 운영되는 방법에 백성은 물론이고 군주 자신도 만족하게 되겠지요. 노예를 다스리는 전제적인 주인과 달리, 착한 아들을 대하는 훌륭한 아버지처럼 애정이 넘치고 차분한 군주가 탄생하는 것이죠."

그러자 가스파레 나리가 말했다. "그렇다면 전쟁을 할 때 갈고닦아야 할 실제적인 미덕과 평화 시에 필요한 도덕률이 무엇인지 알고 싶군요."

오타비아노 나리가 답했다. "모든 미덕은 좋은 결과를 낳기 때문에 다 훌륭하고 유익하다고 할 수 있습니다. 그러나 이중에서도 특히 전쟁을 벌이고 있을 때 유용한 것은 의연함입니다. 의연함은 감정을 조절해 주며, 두려움은 물론이고 위험에 대한 자각도 없애주기 때문입니다.

이외에 확고부동함, 참을성, 고된 운명 앞에서도 흔들리지 않고 단호하게 맞서는 정신도 유용합니다. 또한 전쟁 때는 물론이고 어느 때라도 정의, 자제력, 절제와 같이 도덕적으로 탁월한 경지로 이끌어주는 미덕을 가져야 합니다. 그러나 이런 미덕은 전쟁이 끝난 평화 시에 훨씬 더 중요하게 작용합니다. 그 이유는 보통 사람들이 안락함과 번영을 즐길 때면 운명의 여신이 장난을 쳐 그들이 불법을 저지르고 절제하지 못하며 환락에 젖어서 타락의 길로 빠지게 만들기 때문입니다. 이처럼 안락한 생활을 하다 보면 나쁜 버릇과 생활 방식에 젖어들기 십상이므로 이런 상황일 때야말로 무엇보다 훌륭한 미덕이 절실하게 필요합니다. 이 때문에 고대사회에서는 '노예는 절대로 편히 쉬어서는 안 된다'는 속담이 있었답니다. 그리고 이집트 피라미드는 사람들을 바쁘게 하기 위해서 지어졌다는 말도 있습니다. 일반적으로 모든 사람들은 고된 노동을 통해서 만족감을 얻기 때문이지요.

이외에도 수많은 미덕들이 있으며 모두 우리에게 유익하답니다. 그러나 일단은 이 정도로 해두지요. 나는 지금까지 부족하나마 군주를 가르치거나 다양한 방법으로 교훈을 주는 법을 이야기했고 이젠 더 이상 할 말이 없습니다."

그러자 가스파레 나리가 말했다. "오타비아노 나리, 귀하는 원래의 주제에서 벗어나 교육의 훌륭함을 칭송하며 이 교육이 미덕과 선량함을 성취하는 근본적인 방법이라고 주장했습니다. 따라서 나는 이상적인 궁정 신하라면 언제 어떻게 군주에게 교훈을 주어야 하는지 알고 싶군요. 예를 들어 군주가 일상적으로 업무를 처리할 때 교훈을 줘서 군주가 의도하지 않고도 자연스럽게 올바른 행동을 할 수 있도록 해야 하는지, 아니면 선과 악의 본질에 대한 공식적인 논쟁을 벌이거나 따라야 할 길과 피해야 할 길을 설명하는 자리를 따로 마련해야 하는지가 궁금합니다. 즉, 논쟁이나 학설, 혹은 실천 가운데 군주가 덕을 높이는 데 더 좋은 방법은 무엇입니까?"

"나리는 나를 너무 긴 토론에 끌어들이고 있습니다." 오타비아노 나리가 말했다. "그렇지만 내가 귀하의 질문을 회피한다는 인상을 주기는 싫으니 답을 하겠습니다. 인간이 정신과 육체로 나누어지듯이, 정신 역시 이성과 본능이라는 두 부분으로 분리된답니다. 그리고 육체가 정신보다 먼저 생기는 것과 마찬가지로 정신의 비이성적인 면이 이성적인 면보다 우선한답니다. 갓난아이가 태어나는 즉시 분노와 욕구를 표현하는 반면에, 이성은 시간이 지나야 나타난다는 것에서 이 점을 분명하게 확인할 수 있지요. 따라서 우리는 정신에 앞서서 육체에, 이성에 앞서서 본능에 관심을 둬야 하며, 물론 이것의 근본적인 목적은 올바른 정신과 이성을 얻는 것입니다. 이런 과정이 필요한 이유는 지성적인 미덕이 교육을 통해서 완전해지듯이 도덕률도 실천을 통해서 완전해지기 때문입니다. 따라서 첫째로 군주는 실천을 통해서 배워야 합니다. 이 과정에서는 아직 이성을 받아들이지 못하는 본능으로 통치를 하지만 훌륭한 수양을 통해서 고귀한 목표를 향하게 됩니다. 그러다가 내 생각에는 지성이 생겨나 가장 근본적인 요소인 좋은 버릇이 들고 정신력이 강해짐으로써 모든 미덕이 완전해지는 단계에 이르게 될 것입니다."

그러자 가스파레 나리가 말을 끊었다. "나리가 더 깊이 들어가기 전에 짚고 넘어가고 싶은 부분이 있습니다. 영혼보다 육체에 더 관심을 가져야 한다고 말했는데, 그렇다면 어떤 방법으로 육체에 관심을 기울여야 합니까?"

오타비아노 나리가 미소를 지으며 답했다. "그 질문은 여기 계신 신사들 중에 아주 잘 먹어서 대단히 건강해 보이고 몸집이 좋은 분들에게 물어보시죠. 귀하도 아시겠지만 나는 내 몸을 그리 잘 관리하지 못하니까요. 그렇지만 다른 분은 어린 자녀가 잘생기고 건강하며 굳건한 어른으로 자라는 과정을 예로 들며 이 주제를 폭넓게 이야기할 수 있을 것입니다."

가스파레 나리가 대답했다. "내가 보기에 여성들이 자녀에게 가장 바라는 점은 플라톤이 『국가론(Republic)』에서 강조한 것처럼 잘생기고 매력적으로 자라는 것 같은데요."

에밀리아 여사가 웃으며 말했다. "다시 여성을 비난하는 것은 규칙에 어긋납니다."

"비난이라니요. 아닙니다." 가스파레 나리가 대답했다. "오히려 여성들이 그토록 위대한 인물이 승인한 관습을 좋아한다는 말로 여성들을 칭찬하고 있는 겁니다."

체사레가 웃으며 덧붙였다. "그럼 오타비아노 나리의 가르침(아직 다 이야기하지 않은 것 같으니까요)에 이 관습이 포함되는지 한번 들어보고, 군주가 이것을 법률로 정하는 것이 적당한지를 생각해 보도록 하지요."

오타비아노 나리가 대답했다. "내가 지금까지 이야기한 것만으로도 군주를 훌륭하게 만들기에는 충분하다고 봅니다. 물론 더 세밀하게 듣고 싶은 사람이 있다면 할 이야기가 훨씬 더 많이 있지만요."

그러자 공작부인이 말했다. "어차피 말하는 데는 돈이 전혀 안 들어가니 군주에게 교훈을 주는 문제에 대한 나리의 생각을 모두 이야기해 주십시오."

오타비아노 나리가 대답했다. "공작부인, 첫째, 나는 군주에게 이외에도 다양한 것을 가르치고 싶습니다. 그중 하나는 군주가 백성들 가운데 항상 조언을 구할 수 있는 덕이 높고 현명한 신사들을 선택해서 주제를 막론하고 망설임 없이 의견을 밝힐 수 있는 권한을 갖도록 허가해야 한다는 것입니다. 그리고 자신이 모든 것에 관한 진실을 알고 싶어하고 거짓을 경멸한다는 사실을 모든 사람들이 깨달을 수 있게끔 처신해야 합니다. 나는 또한 이런 귀족 평의회 이외에도 신분이 더 낮은 사람들 중에서 적당한 인물들을 선택해서 일반 평의회를 구성하고 도시 운영에 관련된 사안을 개인적 혹은 공개적으로 의논하라고 조언하고 싶습니다. 이렇게 하면 우두머리인 군주는 평의회 의원들인 귀족과 평민들과 함께 단일한 몸체인 정부를 구성할 수 있지요. 그 결과 올바른 세 가지 정부 형태가 모두 이상적으로 결합된 이성적인 통치 체제를 구축할 수 있게 될 것입니다.

둘째로, 나는 군주에게 그가 지켜야 할 모든 책임 중에서 가장 중요한 것은 정의의 구현이라는 점을 강조하고 싶습니다. 이를 지키려면 지혜롭고 청렴결백한 정치인들을 선임해야 합니다. 그들은 사리 분별력은 물론이고 반드시 선량해야 합니다. 그렇지 않을 경우 그들의 현명함은 단지 교활한 술책으로 변질될 테니 말입니다. 실제로 선량함이 부족한 기술과 교묘함은 곧 법과 정의의 타락과 멸망을 의미하며, 그 결과 발생한 모든 잘못에 쏟아지는 비난은 이런 사람을 선임한 통치자에게 떨어지게 마련입니다.

나는 하나님을 향한 경외심을 고양하고 모든 활동을 하나님의 이름으로 실천하는 것이 정의라는 점을 군주에게 알려주고 싶습니다. 크세노폰이 말했듯이 항상 하나님을 공경하고 사랑해야 하며, 특히 번영을 누릴 때 더욱 성실하게 모셔서 역경을 맞았을 때 자비를 구하는 기도를 자신 있게 하나님께 올릴 수 있도록 해야 합니다. 하나님은 자신의 대변자에게 행운을 내리고 거대한 위험을 막아주며 때로는 번영에 너무 빠져 하나님과 인간의 분별력을 잃지 않게 하려고 역경을 내립니다. 따라서 그 누구도 하나님의 도움 없이 자기 자신이나 다른 사람을 다스릴 수 없답니다.

한편 나는 군주에게 진정으로 깊은 신앙심을 가져야 한다고 가르치고 싶습니다. 물론 미신에 사로잡히거나 주문 혹은 예언가의 어리석은 말을 들어서는 안 되지요. 진정한 신앙심과 하나님을 향한 경외심뿐만 아니라 인간적인 분별력까지 겸비한 군주에게는 하나님이 행운을 내리며 언제나 그를 보호해 줄 것이고, 전시나 평화 시에 항상 번영을 누리게 될 것입니다.

셋째로, 나는 군주에게 국가와 백성을 사랑해야 하며 폭정을 휘둘러서 사람들의 미움을 받는 일이 없도록 하라고 강조하고 싶습니다. 폭정은 선동과 음모를 비롯해서 수천 가지의 악을 불러일으키기 때문입니다. 그렇다고 사람들을 너무 관대하게 대해서 우습게 보여서도 안 된답니다. 그러다 보면 백성이 방종하고 타락해져서 절도와 살인과 약탈 등의 위법행위가 범람해 결국 도시와 왕국 전체가 완전히 파멸하는 사태에까지 이르게 되겠지요.

그리고 군주는 측근들의 계급 및 정의 혹은 관대함과 같은 품성에 따라 아주 평등하게 애정을 베풀어야 합니다. 그러나 상을 주거나 명예를 내릴 때는 각자의 능력에 맞춰서 사려 깊게 차별을 두어야 합니다. 이렇게 하면 단지 사랑을 받는 데 그치지 않고 모든 백성에게 신처럼 숭배를 받게 될 것입니다. 군주 스스로가 법을 잘 지켜 모범을 보이고 백성의 관리인으로서 청렴결백함을 보였기 때문에 모든 사람들이 기꺼이 법에 복종할 테니까요. 설사 어느 정도 법을 어기는 명령을 내리게 되더라도 자신 있는 태도로 밀고 나가야 합니다. 백성이 그것을 꼭 필요하고 좋은 목적 때문이라고 믿고 법과 마찬가지로 군주의 명령을 존경하고 경외하도록 말입니다. 결과적으로 백성의 마음은 아주 잘 단련이 되어서 선이 넘치고 악이 들어설 자리가 없게 될 것입니다.

종종 너무 부유한 사람들은 큰 불행을 일으키는 원인이 되곤 합니다. 이탈리아는 오래전부터 이웃 나라의 침략을 무수히 받아왔으며, 현재 외국 군대의 먹잇감으로 전락해 버렸습니다. 따라서 백성이 너무 부자이거나 가난한 것은 좋지 않다고 충고하고 싶습니다. 너무 부유한 사람들은 거만하고 무모해지며, 가난한 사람들은 비겁하고 부정직해지기 때문이지요. 그러나 중산층은 다른 사람을 함정에 빠뜨리려고 노력하지 않으며 자신도 이런 덫에 걸려드는 위험을 피한답니다. 당연히 가장 수가 많은 중산층은 제일 강력한 힘을 가지게 되며, 그 결과 상대적으로 수가 적은 가난한 사람늘이나 부사들은 군주를 헤칠 음모를 꾸미거나 사람들을 선동할 엄두를 내지 못합니다. 이처럼 나쁜 일이 벌어지는 것을 막으려면 모든 사람들을 중산층에 머물도록 하는 것이 이롭지요.

군주는 지금까지 내가 말한 내용과 기타 적절한 정책을 적용해서 백성이 새로운 정부 혹은 정부 개혁을 갈망하지 않도록 해야 합니다. 백성은 자신의 이익을 얻기 위해, 혹은 실제로 명예로운 목적으로, 혹은 손해를 보거나 수치를 당하는 것에 대한 두려움 등 다양한 이유로 항상 새로운 지도 체제가 들어서기를 원한답니다. 이런 동요는 탐욕스럽고 거만하며 잔인한 통치자들 때문에 당한 고통이나 모욕으로 생긴 지독한 분노나 미움에서 생겨납니다. 혹은 비겁하고 임무에 태만하거나 가치 없는 군주의 모습에 대한 반발심 때문에 일어나기도 하지요. 군주는 백성이 자신을 사랑하고 충성을 바치도록 만들어서 앞에서 말한 두 가지 잘못이 일어나지 않도록 노력해야 합니다. 이를 위해서 선량한 사람들을 총애하고 상을 주며, 때로는 신중하고 때로는 엄격하게 막강해진 권력에서 파생되는 부도덕함과 선동을 막아야 합니다. 사람들이 이와 같은 잘못에 빠져드는 것을 막는 최고의 방법은 처음부터 아예 나쁜 행동을 하지 않게 만드는 것입니다. 특히 점진적으로 발전하는 행동들은 더 그렇습니다. 이런 행동은 심지어 알아채거나 치료약을 발견하기도 전에 도시 전체를 파괴해 버리는 숨겨진 역병이나 마찬가지입니다.

나는 군주에게 이러한 정책들을 통해서 백성이 평화롭게 지내고 정신적으로, 육체적으로 만족스러운 삶을 유지하게끔 하라고 충고하고 싶습니다. 백성으로 하여금 선하고 칭찬할 만한 행동과 행복을 향해 나아가게 만드는 군주는 아주 훌륭한 통치자로 길이 기억될 것입니다. 군주가 제대로 다스리고 잘 명령을 내려서 백성들이 착하게 살 수 있는 곳이야말로 진정으로 위대한 국가이기 때문입니다."

이 말에 가스파레 나리가 한마디 했다. "어차피 착한 사람은 한정되어 있으니 귀하 말대로 모든 백성이 다 선량하다면 반대로 군주는 비열하다는 말이 되겠군요."

오타비아노 나리가 대답했다. "키르케(Circe, 그리스신화에 나오는 마녀. 마술로 오디세우스의 부하들을 돼지로 둔갑시켰다-역주)가 프랑스의 백성을 모두 동물로 바꿔버린다면 이들을 다스리는 프랑스 왕은 훌륭해진다는 겁니까? 반대로 산에 사는 온갖 짐승들이 현명한 인간과 용맹한 기사로 둔갑한다면 이 무리를 다스리는 사람을 위대한 군주로 평가하겠습니까? 결국 군주를 위대하게 만드는 것은 백성의 수가 아니라 그들의 가치랍니다."

오타비아노 나리는 이렇게 말하고 입을 다물었다. 공작부인과 에밀리아 여사를 비롯한 오타비아노 나리가 말하는 것을 열심히 경청하던 모든 사람들도 아무 말 없이 앉아 있었다. 오타비아노 나리가 할 말을 다했다는 듯이 계속 침묵을 지키고 있는 가운데 체사레 곤차가가 이야기를 시작했다.

"오타비아노 나리, 누구도 귀하의 교훈이 대단히 훌륭하고 유용하다는 점을 부정할 수 없을 겁니다. 그러나 귀하가 말한 교훈으로 군주에게 도움을 준다면 귀하는 훌륭한 궁정 신하가 아니라 그저 훌륭한 교사일 뿐이며, 그 군주 역시 훌륭한 통치자라기보다는 훌륭한 행정관이라고 부르는 게 옳다고 생각합니다. 물론 나는 군주가 정의와 훌륭한 관습을 통해서 백성을 잘 다스려야 한다는 점을 놓고 논쟁하는 것은 아닙니다. 그러나 군주의 임무는 그러한 일을 담당할 훌륭한 행정관을 임명하는 것만으로도 충분하며, 군주 자신은 그보다 훨씬 더 중요한 역할을 맡아야 한다고 생각합니다.

따라서 내가 보기에 여기에 계신 분들이 형상화시킨 대로 훌륭한 자질을 갖추고 군주의 총애를 받는 궁정 신하라면, 군주가 비난받을 만한 행동을 못하게 하고, 귀하가 말한 숭고한 목적을 달성하도록 도와야 한다고 생각합니다. 이를 위해서 군주의 정신에 위대함과 제왕다운 당당함과 전쟁터에서 굽히지 않는 용맹함을 심어줘서 모든 사람들의 사랑과 존경을 받아 전 세계적으로 명성을 날리게 만들어야 한다고 봅니다. 또한 이러한 위대함에 관대함과 우아함과 자비로운 정신 그리고 백성은 물론이고 이방인들까지 그들의 장점에 따라 분별력 있게 총애하는 태도가 더해져야 한다고 주장합니다. 물론 자신의 지위보다 높은 왕족에게 경의를 표하되 너무 자신을 낮춰서 권위가 조금이라도 떨어지게 해서는 절대로 안 됩니다. 귀하가 말한 대로 통치자의 재능은 모두 하나님에게서 받은 것이니, 군주는 당당함과 관대함을 지닌 모습을 유지하며 모두에게 아량을 베풀어야 합니다. 또한 군주는 성대한 만찬과 축제와 놀이의 장

459

이나 대중 공연을 개최하고, 전시나 평화 시에 사용할 훌륭한 말과 매와 사냥개 등 군주와 백성에게 기쁨을 주는 것들을 많이 소유해야겠지요. 만토바의 페데리코 곤차가 후작은 이런 점에서 한 도시의 통치자가 아니라 이탈리아의 왕이라고 불러도 될 정도랍니다.

또한 훌륭한 건물들을 세움으로써 살아서는 명예를 기리고 사후에는 기념비로 남게 하라고 군주를 설득하고 싶습니다. 페데리코 공작이 이 우르비노 궁정을 지었고, 율리우스 교황이 현재 성 피터 교회와 궁전에서부터 벨베데레(Belvedere, 바티칸 궁전의 미술관-역주)와 많은 대성당으로 이어지는 도로를 건설하고 있는 것처럼 말입니다. 고대 로마인들 역시 로마와 나폴리, 푸추올리(Puzzuoli), 바이아(Baia), 키비타 베키아(Civita Vecchia), 포르토(Porto) 등 수많은 장소에 영감을 주는 훌륭한 인물들의 조각상을 만들어 그들의 위대함을 명백한 증거로 남겼습니다. 알렉산더 대왕도 무력으로 세계를 정복하면서 얻은 명성에 만족하지 않고 이집트에는 알렉산드리아를, 인도에는 부케팔리아(Bucephalia)를 비롯해서 각 나라에 여러 도시를 건설했답니다. 그리고 알렉산더 대왕은 아토스 산(Mount Athos, 그리스 동북부에 있는 산으로 그리스 정교회의 성지-역주)을 인간의 형상으로 만들어 왼편에는 최고로 넓은 도시를 건설하고 오른편에는 모든 강이 바다로 흘러들어가기 전에 모여 범람할 듯 넘치는 광대한 웅덩이를 만들 생각까지 했답니다. 이것이야말로 진정 고귀하며 실제로 알렉산더 대왕의 가치에 걸맞은 착상이었지요.

오타비아노 나리, 이러한 것들은 내가 진정으로 고귀한 군주에게 걸맞으며 전시나 평화 시에 그에게 영광을 가져다줄 것이라고 생각하는 활동이랍니다. 이러한 것들이 일상적인 정사에 관여하거나 선동에 맞서 싸울 궁리를 하거나 백성들의 흥밋거리를 조장하거나 정치를 못하는 사람에게서 권한을 박탈할 계획이나 짜는 것보다 훨씬 더 군주에게 적합한 활동이라고 봅니다. 로마인들이나 알렉산더 대왕이나 한니발 등 위대한 인물들이 이런 문제들에 일일이 관여했다면 절대로 그처럼 높은 경지의 영광을 획득하지 못했을 겁니다."

이 말을 듣고 오타비아노 나리가 빙그레 웃으며 답했다. "그들이 그러한 문제에 관여했다면 더욱 높은 경지의 영광을 획득했을 겁니다. 귀하가 조금만 더 살펴보면 고대사회의 초기 통치자들인 테세우스나 헤라클레스처럼 수많은 인물들을 발견하게 될 것입니다. 그리고 귀하도 끊임없이 전쟁을 일으키며 위대한 영웅들을 괴롭힌 프로크루스테스(Procrustes, 그리스신화에 나오는 강도. 사람을 쇠 침대에 눕혀놓고 그보다 큰 사람은 자르고 작은 사람은 잡아 늘림-역주)와 스키론(Sciron, 그리스신화에 나오는 여행객들을 벼랑에서 밀어 떨어뜨린 폭군-역주), 디오메드(Diomed, 트로이 전쟁에서 용맹을 떨친 장군-역주), 안타에우스(Antaeus, 바다의 신 포세이돈과 땅의 신 가이아 사이에서 태어난 거인-역주), 게리온(Geryon, 머리와 몸이 세 개에 날개가 달린 괴물-역주)과 같은 인물들이 잔인하고 불경한 폭군이나 마찬가지라는 점에 동의하실 겁니다. 따라서 헤라클레스가 이처럼 극악무도한 괴물들을 세상에서 제거한 공적을 찬양하려고 신전과 재물이 바쳐졌으며 성스러운 영광을 돌리는 것입니다. 폭군을 근절하는 것은 세상에 아주 거대한 이익을 주는 일이기 때문에 이런 성과를 남긴 인물은 인간에게 주는 것보다 훨씬 더 위대한 상을 받을 자격이 있습니다.

귀하가 거론한 인물들 중에서 알렉산더 대왕이 자신이 정복한 나라의 백성들에게 훌륭한 풍습을 수없이 가르쳐줌으로써 그들을 무지한 짐승에서 사람으로 변하도록 도와줬다는 점에서 그 사람들은 오히려 정복을 당한 것이 더 큰 이익이었다고 생각하지 않으십니까? 알렉산더 대왕은 정복지에서 거의 사람이 살지 않던 땅에 훌륭한 도시들을 수없이 건설하고 문명화된 생활양식을 전해 주었지요. 그 결과 아시아와 유럽이 친선을 맺고 신성한 법률 아래 하나가 되어 정복당한 사람들이 그 어느 때보다도 행복하게 살도록 해주었습니다. 그는 사람들에게 결혼 제도와 농사짓는 법과 종교를 전파했으며, 부모를 죽이면 안 되고 나이가 들면 잘 모셔야 한다고 가르쳤고, 어머니와 성교하는 행위를 금지시키는 등 그의 승리가 세상에 큰 이득을 가져왔다는 점을 명백히 입증하는 수많은 공적을 남겼습니다.

고대사회의 이야기는 제쳐두더라도 기독교인이 이교도들을 선교하는 데 헌신하는 것보다 더 고귀하고 영광스러우며 이익을 주는 일이 어디에 있겠습니까? 수많은 사람들이 마호메트(Mohammed, 이슬람교의 창시자-역주)의 가짜 파벌에서 나와 기독교

462

도의 진정한 광명을 경험하도록 만들 수 있다면 이 전쟁에서 정복을 당한 사람들이 정복자 못지않은 큰 이익을 얻게 되지 않을까요? 테미스토클레스(Themistocles)가 조국에서 추방당하고 페르시아 왕에게 받아들여져 총애를 받으며 귀중한 선물을 셀 수 없이 많이 받은 뒤에 가족에게 다음과 같이 한 말을 잊지 마십시오. '우리는 그때 파괴당하지 않았더라도 언젠가는 꼭 파괴당했을 것이다……'

터키인과 무어인 역시 기독교인들에게 정복을 당했더라면 그 패배를 통해서 구원을 얻고 테미스토클레스와 같은 말을 했을 것입니다. 더구나 나는 하나님이 앞으로 프랑스의 왕좌를 이어받는 축복을 앙굴렘 전하에게(마그니피코 나리가 며칠 전 밤에 말한 바대로 미래에 촉망받을 것이 분명한 분이지요) 내리신다면, 우리는 또 하나의 국가가 행복한 번영을 이루는 장면을 목격할 수 있을 것입니다. 또한 고귀하고 열매가 가득한 나무 그늘에서 자란 연약한 가지가 알맞은 때가 오면 훨씬 더 아름다운 모습으로 풍성한 열매를 맺듯이, 위대한 아버지 밑에서 모든 미덕을 가지고 자라난 웨일스(Wales)의 군주 헨리경 역시 영국의 왕위를 이어받는다면 앞에서 거론한 위대한 인물들과 같은 성과를 올릴 것입니다. 우리의 벗 카스틸리오네가 영국에서 보낸 편지로 알 수 있듯이 헨리경은 조물주가 인간이 가질 수 있는 모든 미덕을 부여했다는 생각이 들 정도로 아주 훌륭한 인물이기 때문입니다."

그러자 베르나르도 빕비에나가 말했다. "스페인 왕자인 돈 카를로스(Don Carlos) 역시 아주 촉망받는 미래를 보여주고 있답니다. 그는 열 살이라는 어린 나이에 아주 지성이 넘치며 선량함과 분별력과 겸손함과 아량 등의 모든 미덕을 분명히 드러내고 있지요. 그래서 많은 사람들은 그가 기독교 국가의 황제로 오르면 고대 황제들을 능가할 것이며 지금까지 존재했던 유명한 인물들에 못지않은 명성을 누릴 것으로 생각한답니다."

오타비아노 나리가 덧붙였다. "그렇기 때문에 나는 하나님이 이처럼 위대한 군주들을 우리에게 보냈으며, 하나님의 소중한 목적을 함께 수행하게 하려고 그들의 어린 시절이나 정치력이나 군사력이나 신체적인 아름다움 등 모든 면에서 서로 비슷하게 만들어 놨다고 생각합니다. 그래서 설사 그들 사이에 질투나 경쟁이 일어나더라도, 서로 최고가 되기 위해서 열정적으로 노력해 영광스러운 사업을 이루어내도록 하나님이 일부러 내버려두는 거라고 믿습니다.

이 정도에서 마치고 원래의 주제로 돌아가도록 하지요. 체사레, 나 역시 귀하가 군주에게 바랐던 것들이 가장 중요하며 칭찬할 가치가 있다고 생각합니다. 그렇지만 설사 이런 교훈을 군주에게 주더라도 받아들이지 못한다면 그 군주는 덕이 넘치는 길을 걸을 준비가 아직 안 되어 있다는 뜻입니다. 당연히 관대함이나 아량, 정의, 용기, 분별력 등 다른 사람이 그에게 기대하는 미덕을 전혀 이해하지 못하겠지요. 나는 군주가 이런 성품을 제대로 이해하지도 못한 채 그저 사람들을 다스리는 자리에 있다는 이유만으로 미덕을 베푸는 척하기를 원하지 않습니다. 홀륭한 건축가가 아니더라도 건물을 지을 수 있듯이, 실제로 관대한 성품이 아니더라도 아량을 베풀 수는 있으니까요. 미덕은 누구에게도 상처를 입히지 않지만 때로는 그런 미덕으로 관대함을 과시하려는 사람이 많이 있기 때문입니다. 일부는 관대해서는 안 되는 사람에게 관대함을 베풀면서 반대로 자신들이 빚을 갚아야 할 사람들에게는 불행만 안겨주는 경우도 흔합니다. 어떤 이들은 관대함을 베풀면서도 상대방이 모욕감이나 멸시감을 느끼게 만들어 자신들이 원하지 않는 행동이라는 것을 명백하게 보여줍니다. 또한 관대한 행동을 일부러 드러내면서 이를 본 사람들이 자신의 미덕을 만천하에 알려주기를 바랍니다. 아무것도 남기지 않고 한 번에 모든 것을 다 쏟아주는 어리석은 행동을 하는 사람들도 있습니다.

따라서 군주는 반드시 모든 미덕과 어우러진 분별력을 가지고 다스려야 합니다. 여기서 말하는 모든 미덕은 극단적으로 한쪽에 치우치지 않고 중간에 위치해 있어야 합니다. 지식이 없는 사람들은 악의 구렁텅이로 떨어지기 마련입니다. 원의 중심을 찾는 것이 어려운 것과 마찬가지로, 너무 과하거나 부족한 극단으로 치닫지 않고 딱 중간 정도로 알맞게 미덕을 실천하는 것이 어렵기 때문입니다. 더구나 인간은 원래 극단적으로 치닫는 성향이 있어서 즐거움과 불쾌함에 따라 하지 말아야 할 것을 하거나, 해야 할 것을 무시하는 일이 흔합니다. 여기에서 즐거움은 따르기가 쉽고 인간의 판단력을 마비시킨다는 점에서 훨씬 더 위험하답니다.

그러나 정도에서 얼마나 벗어났는지를 판단하기가 아주 어렵기 때문에, 군주는 마치 굽은 나무를 다듬는 사람처럼 자신이 극단적으로 흐른다고 자각하는 부분을 조금씩 고쳐 나가려고 노력해야 합니다. 이 방법을 통해서 행복을 주는 미덕의 근처까지 다다를 수 있을 겁니다. 그러나 이를 깨닫지 못하고 한쪽에 치우쳐 있는 사람들은 많은 실수를 합니다. 예를 들어 사려 깊고 유능하다는 평을 듣고 싶은 열망에 젖은 군주는 종종 신분에 맞지 않는 수많은 행동을 하면서 스스로 격을 하락시키다가 결국 멸시를 당하게 됩니다. 또한 권위와 명예를 더 높이려고 너무 가혹하고 잔인하게 통치를 하거나, 웅변술이 좋다는 평을 받으려고 갖가지 독특한 손짓과 표정으로 필요 이상의 수다를 늘어놓아 사람들을 지루하게 만드는 군주들도 있습니다.

체사레 귀하, 그저 사소해 보이지만 사실 군주의 자질을 향상시킬 수 있는 많은 요소들을 무시하지 마십시오. 그리고 내 교훈이 통치자를 훌륭한 군주가 아니라 그저 뛰어난 행정관으로 만들 뿐이라는 귀하의 말을 비난으로 받아들인다고도 생각지 마십시오. 군주를 뛰어난 행정관이라고 부르는 것이야말로 가장 타당한 칭찬이니까요. 만일 내가 군주를 교육해야 한다면, 나는 우리가 지금까지 이야기해 온 주제는 물론이고 그보다 덜 중요한 부분에도 관심을 기울여야 한다고 생각합니다. 그리고 백성들에게 영향을 미치는 사안을 가능하면 많이 파악하고, 절대로 각료들을 너무 많이 신뢰해서는 안 되며, 모든 정치 조직을 확실하게 통제해야 한다고 가르칠 것입니다. 모든 일을 잘할 수 있는 사람은 없습니다. 대체로 통치자들이 각료들을 너무 신뢰할 때 그렇지 않을 때보다 더 심각한 문제가 나타나기 때문입니다. 이 경우에 군주는 훌륭한 판단력은 물론이고 신임해야 할 사람을 분별해 내는 능력도 있어야 합니다. 그리하여 각료들의 행동을 주의 깊게 파악하고 비판해야 합니다. 나는 군주가 국정을 수행하면서 일어날 수 있는 논쟁거리를 제거하고, 각료들 사이의 분쟁을 중재하여 그들을 뭉치게 해야 한다고 생각합니다.

또한 군주는 백성들이 한 가족처럼 동지애를 느끼며 평화롭고 단결해서 살아가게 하고, 상인들의 편의를 봐주고 재정 지원을 해주며, 이방인이나 성직자들에게 관대하고 고귀한 환대를 베풀어야 합니다. 이런 부분에서 저지른 사소한 실수 때문에 국가 전체가 멸망하는 사태가 종종 일어나니까요. 따라서 군주는 사설 건물이나 개인 만찬의 규모와 지참금 액수, 혹은 보석이나 의복과 같은 사치품에 일정한 제한을 정해 놓아야 합니다. 이는 많은 여성들이 그저 시기와 열망 때문에 남편의 부와 재산을 탕진하는 것도 문제이지만, 보석이나 장신구를 얻을 수만 있다면 명예마저 서슴지 않고 팔아치우려는 풍조가 만연해 있기 때문입니다."

이 말을 듣고 베르나르도 빕비에나가 웃으며 말했다. "오타비아노 나리, 가스파레 나리와 프리지오의 군단에 합류하실 셈입니까?"

오타비아노 나리도 웃으면서 대답했다. "그 논쟁은 이미 끝났으며 다시 재개할 생각이 전혀 없답니다. 그러니 여성 문제는 그만 하고 내가 이야기하던 군주에 관련된 이야기로 돌아가야겠군요."

프리지오가 끼어들었다. "그 군주는 우려하지 말고 귀하가 창조한 모습 그대로 편히 쉬도록 내버려두시지요. 귀하가 만들어낸 군주보다 마그니피코가 설명한 자질을 갖춘 여성을 찾기가 차라리 훨씬 쉽겠습니다. 귀하가 형상화시킨 군주는 플라톤의 『국가론』처럼 너무 완벽해서 천국에서가 아니면 만나기가 힘들 것 같군요."

오타비아노 나리가 답했다. "아무리 어렵더라도 가능한 일이라면 희망을 품어야지요. 그래야 우리 시대에 이 땅에서 그런 사람을 만날 수 있을 테니까요. 비록 하늘에서 그토록 훌륭한 군주가 탄생하는 것을 달가워하지 않아서 수세기 동안 그런 인물을 볼 수 없었지만, 어쩌면 행운이 우리 앞에 나타날 수도 있습니다."

그러자 로도비코 백작이 덧붙였다. "나는 그 부분에 상당히 큰 희망을 품고 있습니다. 지금까지 거론된 훌륭한 왕자 세 명 외에도 우리가 토론해 온 완벽한 통치자에 걸맞은 인물들을 현재 몇 명의 이탈리아 공주의 아들 가운데 찾을 수 있으니까요. 비록 이들이 막강한 권력을 지닐 운명은 타고나지 못했지만 그들의 용감무쌍함으로 보완할 수 있을 겁니다. 그중에서도 최고의 성품을 지니고 촉망받는 미래를 약속하는 분이 바로 만토바 후작의 큰아들이자 고귀한 공작부인의 조카인 페데리코 곤차가 나리입니다. 훌륭한 태도와 분별력을 제외하더라도 그는 아주 어린 나이에 여러 임무를 통해서 재능과 명예로움과 관대함과 예의 바름과 정의로움을 보여주었습니다. 따라서 이러한 훌륭한 시작을 통해서 훌륭한 결과가 나올 것으로 기대할 수밖에 없습니다."

그러자 프리지오가 말했다. "이제 그만 하시지요. 우리 모두 귀하의 희망이 이루어지기를 신에게 기도하겠습니다."

마그니피코가 할 말을 다했다는 듯이 공작부인을 바라보며 말했다. "공작부인, 이제 이상적인 궁정 신하가 지향해야 하는 목표에 관한 이야기를 모두 다했습니다. 충분한 답변이 못 되었더라도 적어도 여기 계신 분들이 만들어 놓은 이상적인 궁정 신하보다 더 완벽한 자질을 갖출 수 있다는 점만은 제시했다고 봅니다. 물론 여기 계신 분들은 내가 제시한 점을 몰라서가 아니라 문젯거리에 휘말리지 않으려고 이야기하지 않았다고 주장하실 겁니다. 그러니 더 덧붙일 내용이 있으면 계속 이야기를 진행하라고 양보하고 싶군요."

그러자 공작부인이 말했다. "이미 시간이 늦어서 오늘의 토론을 곧 마무리해야 하고, 귀하의 의견으로 더 이상 논쟁을 계속하는 것이 옳지 않아 보입니다. 아무튼 귀하가 대단히 다양하고 훌륭한 교훈을 제시했기 때문에 어찌 보면 귀하가 바로 그동안 우리가 찾고 있던 이상적인 궁정 신하인 데다가 군주를 올바르게 교육할 능력도 갖췄다는 생각이 듭니다. 만일 미래에 행운의 여신이 도와준다면 귀하가 최고로 훌륭한 군주가 될 수 있겠다는 기대마저 드는군요. 물론 그렇게만 된다면 우리나라에 아주 큰 이득이 될 것입니다."

오타비아노 나리가 미소를 지으며 대답했다. "공작부인, 내가 그런 위치에 오르려면 행동보다 말이 앞서는 수많은 사람들과 같은 수준으로 전락해야 할 것입니다."

저마다 지금까지 나온 이야기에 반론을 제기하거나 찬성을 하느라고 토론장이 떠들썩해졌다. 잠시 후에 아직 잠자리에 들 시간이 아니라는 이야기가 나오자, 마그니피코 줄리아노가 빙그레 웃으며 말했다. "공작부인, 나는 술책을 아주 싫어하는 사람인지라 오타비아노 나리에게 반론을 제기해야겠습니다. 오타비아노 나리는 은밀하게 가스파레 나리와 뜻을 같이하면서 두 가지 심각한 실수를 저질렀답니다. 첫째로 이상적인 궁정 숙녀보다 훨씬 더 우월한 인물로 만들려고 이상적인 궁정 신하를 군주보다도 훨씬 뛰어난 인물로 묘사했으며, 이는 상당히 옳지 않습니다. 둘째로 오타비아노 나리는 스스로도 성취하기가 어렵거나 사실상 불가능한 자질을 궁정 신하 모델에 부여했는데, 만일 그가 실제로 그런 자질들을 다 갖췄다면 궁정 신하라고 불리지도 않을 것입니다."

에밀리아 여사가 말했다. "이러한 자질을 갖추는 것이 그토록 어렵고 불가능하다고 주장하는 이유를 이해할 수가 없군요.

그리고 오타비아노 나리가 궁정 신하를 군주보다 훨씬 뛰어난 인물로 묘사했다는 점이 무엇인가요?"

오타비아노 나리가 말했다. "나는 궁정 신하를 군주보다 높은 위치로 격상시키지 않았으니 그런 비난은 하지 마십시오. 나는 궁정 의식의 목표에 대해 거론한 점에서만은 실수를 저지르지 않았다고 생각합니다."

마그니피코 줄리아노가 말했다. "오타비아노 귀하, 특정한 결과를 유발하는 원인은 애초에 그러한 결과를 불러일으킬 특성을 모두 가지고 있다는 점을 부정하지는 않으실 겁니다. 따라서 군주를 그토록 훌륭하게 교육할 수 있는 궁정 신하라면 당연히 그 군주보다 훌륭하다고 말할 수 있습니다. 마찬가지로 그런 궁정 신하라면 군주보다 훨씬 높은 위엄성을 지녀야 한다는 말인데, 이는 상당히 잘못된 것이랍니다. 더구나 나이 차이가 없어야 지식도 거의 비슷할 테니, 귀하가 말한 궁정 신하가 지향해야 할 목표를 이루려면 군주가 궁정 신하와 나이가 같아야 한답니다(물론 그렇더라도 어려움은 있을 것입니다). 그렇지만 군주가 궁정 신하보다 더 나이가 많다면 군주가 훨씬 더 지식이 많을 것이 당연합니다. 물론 항상 그렇지는 않지만 이런 경우는 흔히 발생하고, 이렇게 되면 귀하가 설정한 궁정 신하의 목표는 이룰 수가 없겠지요. 반대로 군주가 더 어리다면, 그 궁정 신하가 귀하가 제시한 방법으로 군주에게 영향력을 미치는 것이 아주 어려울 것입니다. 굳이 말할 필요도 없겠지만 노인들에게 젊은이들이 즐기는 마상 창 시합과 같은 운동은 아무 의미가 없으며,

유행하는 음악과 춤과 술잔치와 놀이와 연애는 그저 바보짓으로 보일 테니까요. 내가 보기에 이런 활동은 군주의 행동과 생활방식을 바로잡을 수 있고 상당한 위엄과 권위를 가졌으나, 경험과 나이 면에서 장년층에 접어든 사람들에게는 아주 적절하지 않습니다. 따라서 나는 궁정 신하보다 훨씬 더 위대하고 명예로운 직책을 가진 사람이 군주를 교육해야 한다고 생각합니다. 오타비아노 귀하, 귀하의 실수를 지적한 점을 부디 용서해주십시오. 내가 제시한 궁정 숙녀의 명예를 지키기 위해서 어쩔 수 없는 일이었답니다. 귀하는 이상적인 궁정 숙녀가 귀하가 제시한 궁정 신하보다 위엄이 높지 않기를 원하시겠지만 나는 그 의견에 동의할 수가 없군요."

오타비아노 나리가 미소를 지으며 말했다. "마그니피코 나리, 우리가 이야기하고 있는 궁정 숙녀와 궁정 신하를 같은 등급으로 맞추려고 궁정 숙녀의 수준을 올리는 것보다 궁정 신하를 그녀의 수준에 맞춰 낮추는 것이 더 그녀를 칭송하는 일이 될 것입니다. 궁정 숙녀 또한 그녀가 모시는 마님을 가르치며, 내가 궁정 신하가 군주에게 불어넣어 주어야 한다고 했던 똑같은 목표를 심어주게 하는 것입니다. 그러나 귀하는 궁정 숙녀를 칭송하기보다 궁정 신하를 비판하는 데 더 관심이 있는 것 같군요. 그러니 나 역시 궁정 신하를 변호해야겠습니다.

따라서 귀하의 반론에 답변하자면, 나는 궁정 신하의 가르침만으로 이상적인 군주를 만들 수 있다고 주장하지 않았답니다.

태생적으로 군주의 역할에 맞지 않는 사람이라면 궁정 신하가 아무리 보살피고 가르쳐봤자 쓸모가 없을 것입니다. 농부가 최상의 씨를 심어서 열심히 돌보더라도 그곳이 메마른 땅이라면 결코 열매를 볼 수 없는 것이나 마찬가지입니다. 그러나 영양분이 풍부한 땅에 좋은 씨를 심고 기온과 강수량이 적절하다면 풍성한 수확을 얻게 됩니다. 풍년을 거두는 데 농부가 큰 역할을 한 것은 물론이고 농부가 없다면 좋은 씨와 땅과 적당한 온도와 강수량이 아무런 의미도 없을 것입니다. 따라서 나는 이처럼 마음을 잘 갈고닦는다면 훌륭한 군주가 될 인물들을 놓고 이야기한 것이지, 척박한 토지와 같거나 천성적으로 훌륭한 행동과는 거리가 멀어서 아예 올바른 길을 걷도록 인도할 수 없는 사람을 말한 것이 아니었습니다.

우리가 이미 이야기한 것처럼 인간의 성격은 행동과 미덕으로 형성되고 어떤 행위를 하느냐로 표현되기 때문에, 궁정 신하가 군주에게 정의와 관대함과 아량과 같은 많은 미덕을 선보이는 것은 불가능하지도 놀랄 일도 아닙니다. 왜냐하면 군주가 스스로의 위대함으로 이런 점들을 받아들이고 강화해서 점차 자신의 것으로 만들 것이며, 궁정 신하가 여기까지는 도와줄 수가 없기 때문입니다. 따라서 군주는 궁정 신하에게 많은 미덕을 배웠더라도 결국에는 궁정 신하보다 훨씬 더 덕이 높은 인물이 될 것입니다. 더구나 귀하도 잘 알다시피 숫돌은 철을 날카롭게 가는 데 쓰일 뿐 그 자체로는 아무것도 자를 수가 없습니다. 따라서 궁정 신하가 군주를 가르친다고 해서 그가 군주보다 높은 위엄을 가졌다고 말하는 것은 억측입니다.

한편 귀하는 궁정 신하가 지향하는 목표가 성취하기 어렵거나 때로는 아예 불가능하며, 설사 이 목표를 달성하더라도 궁정 신하가 아니라 더 위대한 직위로 불려야 한다고 말했습니다. 우리가 설정한 목표에 다다를 만큼 깨달음이 높은 궁정 신하를 찾는 것이 어렵다는 점에서 나도 귀하의 의견을 부정하지는 않습니다. 그러나 나는 아주 불가능하지는 않다고 믿습니다. 우리가 지금까지 거론한 궁정 신하라면 당연히 알아야 할 것들을 모를 정도로 너무 어린 궁정 신하라면 아예 이야기할 가치도 없습니다. 우리가 염두에 두고 있는 자질을 갖춘 궁정 신하가 아니기 때문입니다. 또한 군주가 너무 현명하고 선량해서 누구에게도 교훈이나 조언을 들을 필요가 없더라도(이런 일이 얼마나 드문지는 다들 알고 있습니다) 군주 스스로 이를 명할 때, 궁정 신하는 자신의 의견을 밝히면 될 것입니다. 이를 통해서 군주가 기만당하는 것을 막고, 항상 진실하게 행동하게 하며, 아첨꾼이나 중상모략을 일삼는 자나 부도덕한 즐거움으로 군주의 정신을 파괴시킬 계획을 세우는 자 들을 멀리하게 하는 등의 다른 역할을 수행할 수 있을 것입니다. 이렇게 하면 궁정 신하는 스스로 깨닫지 못하는 사이에 자신의 목표를 대부분 성취할 수 있습니다.

궁정 신하가 좋은 의도로 하는 이런 행동을 비판해서는 안 됩니다. 모든 사람들이 최상의 건강 상태를 유지하고 있는 지역에 사는 의사를 두고 환자를 치료하는 본연의 임무를 게을리 한다고 비난할 수 없는 것과 마찬가지입니다. 사람들을 건강하게 만드는 것이 의사의 목표인 것과 마찬가지로 궁정 신하의 목표는 덕이 높은 군주를 만드는 것입니다. 의사와 궁정 신하 모두 상황이 좋아서 본연의 임무를 수행할 필요가 없다고 하더라도 일단 자신들의 목표를 달성할 능력만 있으면 충분합니다.

귀하가 말한 대로 궁정 신하가 너무 늙어서 음악이나 술잔치나 놀이나 무기 다루기 등의 오락에 참여하는 것이 적절하지 않더라도, 이런 이유 때문에 군주의 총애를 받을 수 없다는 것은 옳지 않습니다. 아무리 나이가 들었더라도 자기 나름대로 참여할 수 있으며 이런 활동들에 대해서 잘 알고 있을 테니까요. 오히려 이들은 젊었을 때 직접 참여했던 기억에다 세월이 지나면서 쌓인 경험과 현명함이 더해져서 완벽한 판단력을 가지고 군주에게 이런 활동들을 가르칠 수 있을 것입니다. 비록 나이가 너무 많아서 직접 참여할 수 없다고 해도 이런 방법을 통해서 군주에게 훌륭한 가르침을 주는 목적을 달성할 수 있다고 봅니다.

다음으로, 귀하는 이런 사람에게는 궁정 신하라는 명칭이 걸맞지 않다고 했는데, 이는 내게 전혀 모욕적이지 않습니다. 조물주는 인간의 위엄이 상승될 수 없다는 제한 같은 것은 두지 않았습니다. 따라서 일개 병사가 대장이 되거나, 평민이 왕의 자리에 오르거나, 일반 성직자가 교황으로 임명되거나, 제자가 스승이 되는 것입니다. 그리고 이들이 새로운 위엄을 확보하면 그 자리에 맞는 호칭으로 불리게 됩니다. 그러니 내가 거론한 궁정 신하의 최종 목표가 군주의 교사가 되는 것이라고 해둡시다. 그렇지만 아직도 나는 완벽한 궁정 신하라는 명칭을 거부할 궁정 신하가 과연 있을지 의심스럽습니다. 내게는 그야말로 최고의 찬사로 들립니다. 호머는 인간의 삶을 대변하는 가장 훌륭한 두 전형으로 업적을 상징하는 아킬레스와 고난과 인내를 상징하는 율리시스를 창조했습니다. 만약 그가 완벽한 궁정 신하의 전형을 만들었다면 피닉스(Phoenix, 불사조. 500년마다 스스로 향나무를 쌓아올려 타 죽고 그 재 속에서 다시 살아난다는 영조—역주)로 정했을지도 모릅니다. 호머는 자신의 연애 이야기와 젊은 시절에 일어났던 여러 일들을 묘사한 뒤에 아킬레스의 아버지인 펠레우스(Peleus)가 피닉스를 아킬레스에게 보내서 친구로 삼고 올바로 말하고 행동하는 법을 가르쳤다고 기록하고 있기 때문입니다. 이것은 내가 말한 궁정 신하의 목표와 정확히 일치합니다.

또한 나는 아리스토텔레스와 플라톤이라고 해도 완벽한 궁정 신하라는 명칭을 멸시하지 않았을 것이라고 생각합니다. 아리스토텔레스는 알렉산더 대왕에게, 플라톤은 시칠리아 왕들에게 위와 같은 목표로 궁정 신하의 역할을 했기 때문입니다. 나는 훌륭한 궁정 신하의 임무는 군주의 성격과 기질을 잘 파악하고 필요와 기회에 따라 이를 노련하게 잘 활용해서 군주의 총애를 받은 뒤에 군주의 덕을 높이는 것이라고 말했습니다. 이처럼 아리스토텔레스는 알렉산더 대왕의 성격을 아주 잘 알고 있어서 노련하게 이를 고취시켰기 때문에 알렉산더 대왕은 아버지 이상으로 그에게 애정을 보내며 존경했습니다. 알렉산더는 여러 방법으로 그에게 애정을 보여주었는데, 그중에서도 이미 파괴되었던 아리스토텔레스의 고향인 스타기라(Stagira)를 새로 건설하도록 명령한 일은 유명한 일화입니다. 아리스토텔레스는 알렉산더 대왕으로 하여금 전 세계를 단일화해서 하나의 정부와 법률 아래 모든 사람들을 동지처럼 평화롭게 만들려는 목표를 가지게 했습니다. 이외에도 아리스토텔레스는 알렉산더 대왕에게 자연과학과 미덕을 아주 잘 가르쳐서 그로 하여금 대단히 현명하고 용감하고 자제심이 강하고 말과 행동에서 진정으로 도덕적인 철학자가 되도록 만들었습니다.

실제로 알렉산더 대왕이 살았던 행적을 돌아보면 그보다 고귀한 철학적인 정신을 상상하기가 힘듭니다. 박트리아, 카우카시아, 인도, 스키타이의 백성처럼 야만적인 사람들을 개화시켜 결혼과 농사의 지식을 알려주고 부모님을 공경하고 약탈과 살인과 부도덕한 풍습을 금지하도록 가르쳤습니다. 또한 멀리 떨어진 나라에 웅장한 도시들을 수없이 건설했으며, 법률을 통해서 야만적으로 살던 수많은 사람들이 인간다운 생활방식을 지키도록 이끌었답니다.

알렉산더 대왕이 이처럼 훌륭한 업적을 세우도록 이끌어준 사람이 바로 아리스토텔레스입니다. 칼리스테네스(Callisthenes)는 아리스토텔레스에게 가르침을 받고도 이런 업적을 이루는 법을 몰랐습니다. 그는 순수한 철학자이자 있는 그대로의 사실을 다스리는 엄격한 행정관으로 남기를 바랐기 때문에 결국 죽음을 맞았고, 알렉산더 대왕을 돕는 대신에 불명예만 얻게 되었지요.

플라톤은 이와 같은 방법을 시라쿠사의 디온(Dion)을 교육할 때 사용했습니다. 플라톤은 폭군 디오니시우스(Dionysius)가 거짓과 잘못으로 가득 찬 어떤 책을 좋아한다는 사실을 발견하고는 바꾸거나 고쳐줄 수 없다고 판단합니다. 디오니시우스가 치료법이 없을 정도로 전제 군주적인 습관에 너무 젖어 있어서, 이 경우에는 궁정주의에 입각한 조언이 전혀 효력이 없다고 판단한 것이지요. 본질적으로 아주 타락해서 부정한 행동에 찌든 군주를 섬기는 궁정 신하 역시 이 예를 따라야 합니다. 이 경우에 신하의 의무를 사임함으로써 군주가 저지른 악행 때문에 대신 비난받는 상황을 피하고, 선한 사람이 부도덕한 인물을 섬기면서 받을 괴로움을 겪지 말아야 합니다."

오타비아노 나리가 이렇게 말하고 침묵을 지키자, 가스파레 나리가 말했다. "궁정 신하가 그렇게 높은 명예를 얻게 될 것이라고는 전혀 기대하지 못했습니다. 어쨌든 아리스토텔레스와 플라톤이 궁정 신하 대열에 합류했다니 지금부터는 아무도 그 호칭을 얕보지 못하겠군요. 그나저나 나는 아리스토텔레스와 플라톤이 살아생전에 춤을 추거나 음악을 연주하거나 기사들이 하는 활동을 했다고는 절대 못 믿겠군요."

오타비아노 나리가 대답했다. "아리스토텔레스와 플라톤처럼 영감을 주는 인물들이 모르는 것이 있었다는 것은 상상조차

해서는 안 되는 일이니, 궁정에서 생활했을 때는 그런 활동을 했을 것이라고 믿는 게 낫겠습니다. 보통 이처럼 훌륭한 인물들이 쓴 책은 그 분야의 전문가들이 보더라도 정수가 담겨져 있다고 평가합니다. 그러니 우리가 이야기해 온 여러 자질을 가지고 있고 훌륭한 목표를 지향하는 궁정 신하 혹은 군주의 교사(귀하가 바라는 명칭)라면 때와 장소나 연령에 맞춰서 자신의 선함, 신중함, 지혜를 활용할 수 있을 것입니다."

그러자 가스파레 나리가 말을 이었다. "어제저녁에 토론할 때 여러분이 이상적인 궁정 신하라면 사랑에 빠져야 한다고 말했던 기억이 나는군요. 그렇지만 지금까지 나온 이야기를 모두 종합해 보자면 장점과 권위를 통해서 군주에게 미덕을 가르쳐야 하는 궁정 신하는 나이가 많아야 한다는 결론이 나옵니다. 나이를 먹으면 자연스럽게 지혜가 쌓이게 되지요. 특히 우리가 경험을 통해서 배운다는 점을 고려해 보면 말입니다. 그렇다면 나이가 많은 궁정 신하가 어떻게 사랑에 빠질 수 있는지 모르겠군요. 오늘 밤 이미 이야기가 나왔듯이, 나이가 든 사람에게 사랑은 헛된 희망일 뿐이며, 여성들은 젊은이들의 예의 바름과 익살스러움과 우아함을 좋아하는데, 이런 행동을 나이 든 사람들이 하면 터무니없고 어리석은 짓으로 보여 여성들의 혐오감을 자아내고 모든 사람들의 비웃음을 살 것입니다.
만약에 나이가 많은 궁정 신하였던 아리스토텔레스가 사랑에 빠져서 오늘날의 사랑에 빠진 젊은 남성처럼 행동한다고 가정해 봅시다. 군주를 가르친다는 본분을 망각할 것은 물론이며 의심의 여지없이 어린이들은 그의 등 뒤에서 그를 비웃을 것이고 여성들은 그를 멸시할 것입니다."

그러자 오타비아노 나리가 대답했다. "훌륭한 궁정 신하의 자질을 다 갖추고 있다면 오직 나이가 많다는 이유만으로 사랑의 즐거움을 빼앗아가서는 안 된다고 생각합니다."

가스파레 나리가 반박했다. "즐거움을 빼앗아가는 것이 아니라 오히려 완벽한 미덕 하나를 더해 주는 동시에 불행과 고통 없이 행복하게 살도록 도와주는 것이랍니다."

그러자 피에트로 벰보가 말했다. "가스파레 나리, 오타비아노 나리가 비록 사랑을 배운 적이 없지만, 그는 이틀 전에 놀이 주제를 제안하면서 여성들 때문에 겪는 분노에 찬 소동, 격렬한 감정의 폭발, 온갖 반목과 고뇌마저 기쁨으로 받아들이는 남성들이 많다는 사실을 알고 있다는 점을 분명하게 보여주었습니다. 그래서 이런 기쁨을 느끼는 원인을 설명해 달라는 요청까지 받았습니다. 이런 점으로 볼 때 괴로움이 없고 즐거운 사랑을 하게 된다면 아무리 나이가 많더라도 고통과 비탄 따위는 겪지 않을 것입니다. 게다가 이 궁정 신하는 현명할 테니 젊은 남성들이 하는 행동이 자신에게 어울릴 것이라는 착각에도 빠지지 않겠지요. 이런 이상적인 궁정 신하가 사랑에 빠진다면 비난을 듣지 않고 오히려 찬사를 받으며 완전한 행복을 누릴 수 있도록 행동할 것이 분명합니다. 이렇게 되면 젊은이들과 달리 사랑 때문에 초조해하거나 속상해하지도 않겠지요. 그러니 군주를 가르치는 임무를 무시하거나 어린이들에게 조롱을 받을 일은 전혀 없을 것입니다."

그러자 공작부인이 말했다. "피에트로, 오늘 저녁에 귀하가 토론에 많이 참여하지 않은 것이 다행이군요. 우리 모두는 귀하가 이제부터 본격적으로 토론에 참여하여 누가 봐도 비난을 하거나 불쾌하다고 느끼지 않을 적절한 사랑의 유형에 대해 우리에게 가르침을 줄 것이라고 믿습니다. 지금까지 나온 여러 의견 중에서 이상적인 궁정 신하에게 가장 유용하고 중요한 부분이 될 것이 틀림없습니다. 그러니 부디 귀하가 아는 모든 것을 이야기해 주기 바랍니다."

피에트로가 웃으며 대답했다. "공작부인, 여기 계신 여성들이 가령 내가 나이 많은 사람이라서 나이 먹은 궁정 신하의 사랑을 허용한다고 짐작할까 봐 걱정이 되는군요. 그러니 이 임무는 다른 사람에게 주시지요."

공작부인이 답했다. "귀하가 나이는 어리지만 지혜 면에서는 나이 든 사람에게 뒤지지 않는다는 점을 다들 알고 있답니다. 그러니 이야기를 시작하시지요. 더 이상 변명을 용납지 않겠습니다."

그러자 피에트로 벰보가 다시 우겼다. "공작부인, 정말로 이 주제를 놓고 이야기해야 한다면 라비넬로(Lavinello)의 수도승인 내 친구에게 찾아가서 조언을 구해야만 할 것입니다."

이 정도 되자, 에밀리아 여사가 몹시 불쾌하다는 듯이 선언했다. "피에트로, 우리 중에서 귀하만큼 공작부인의 명을 따르지 않는 사람도 없을 겁니다. 그러니 공작부인이 귀하에게 벌을 내리는 것이 마땅할 것 같군요."

피에트로는 여전히 미소를 지으며 대답했다. "에밀리아 여사, 나 때문에 불쾌해하지 마십시오. 여사가 원하는 내용을 말해 보겠습니다."

"그러면 어서 시작하시지요." 에밀리아 여사가 답했다.

피에트로 벰보는 잠시 동안 침묵을 지켰다. 그러더니 중요한 내용을 주장하려는 듯이 생각을 정리한 뒤에 다음과 같이 의견을 내놓았다. "신사 여러분, 나이가 많은 남성들도 비난을 듣지 않으면서 오히려 젊은 남성들보다 더 행복하게 사랑을 할 수 있다는 점을 보여주기 위해서, 먼저 사랑이 무엇이며 사랑에 빠진 사람이 경험하는 행복의 본질이 무엇인지를 분명하게 밝히는 간단한 연설을 시작하겠습니다. 그러니 경청해 주시기를 부탁드립니다. 나는 여러분들이 누구나 사랑에 빠질 권리가 있으며, 설사 모렐로 나리보다 열다섯 살 아니 스무 살이 많다고 하더라도 꼴사나운 행동이 아니라는 점을 깨닫기를 바라기 때문입니다."

이 말을 듣고 사람들 사이에 웃음이 터져 나온 뒤에 피에트로 벰보가 이야기를 이어갔다. "고대사회의 철학자들이 정의한 대로 사랑이란 그저 아름다움을 소유하려는 갈망입니다. 이 갈망은 훌륭한 것을 바라면서도 맹목적인 속성상 훌륭한 것을 지각하지 못한답니다. 따라서 조물주는 본능적인 욕구가 인식 혹은 지각을 수반해서 활동하도록 했지요. 인간은 감각과 이성적인 생각과 지성의 세 가지 방법으로 사물을 이해하고 지각합니다. 먼저 감각은 육체적인 욕구 혹은 동물과 동일한 욕구를 통해서 원하는 것을 충족합니다. 둘째로 이성은 합리적으로 선택하도록 만들며 첫 번째 말한 본능적인 욕구보다 더 인간에게 걸맞습니다. 셋째로 지성은 고결한 의지로 원하는 것을 갈망합니다. 이중에서 육체적인 욕구는 오직 감각에 의해서 지각되는 것만을 원하는 반면에, 고결한 의지는 지성으로 파악하는 정신적인 부분을 묵상하면서 만족감을 얻습니다. 그리고 천성적으로 이성적이며 바로 앞에서 말한 두 극단, 즉 짐승처럼 맹목적인 욕구만을 가진 사람과 고결한 의지를 가진 사람의 중간에 위치한 사람은 감각을 따르거나 지성적인 자세를 따르면서 선택을 할 수 있습니다. 이들은 상황에 따라 감각 혹은 지성 중 하나를 이용해서 자신들의 욕구나 갈망을 충족합니다. 이렇게 둘 중에 한 가지 방법을 통해서 자연적이거나 인공적인 모든 사물이 가진 아름다움을 갈망할 수 있습니다.

이제 우리가 사랑이라고 부르는 열정적인 갈망을 발생시키는 인간의 육체, 특히 얼굴의 아름다움에 대해서 이야기를 해야겠습니다. 이 아름다움에는 신성한 선(good)이 들어가 있으며 마치 찬란한 햇빛처럼 모든 생명체에 영향을 미치지요. 특히 균형이 잘 잡히고 윤곽이 뚜렷하며 조화가 잘 이루어진 얼굴에 그대로 드러납니다. 귀중한 보석으로 장식된 금빛 도자기에 반사되는 태양 광선처럼 이 미덕 역시 대상을 멋진 광채와 우아함으로 장식해서 찬란히 빛나게 만듭니다. 사람들은 자연스레 이런 모습에 시선이 끌리기 마련이며 그 매력에 마음이 흔들려 기쁨을 느끼다가 결국 가슴 속에 불꽃이 타오르면서 열정과 갈망이 터져 나오게 되는 겁니다.

결과적으로 이들은 선이라고 느낀 아름다움을 향한 열망에 사로잡히게 되지요. 이때 본능적인 감각에만 의존할 경우에 거대한 실수를 저지르거나, 그 아름다움의 주요한 이유가 육체라고 판단하여 가능하면 그 육체를 소유하려고 노력하고 거기에서 기쁨을 느낍니다. 그러나 이것은 올바르지 않습니다. 육체를 소유하는 것으로 그 아름다움을 만끽할 수 있다고 생각하는 사람은 착각에 빠져서 이성적인 선택이 아니라 감각적인 욕구에서 파생된 그릇된 판단에 따라 움직이는 것입니다. 당연히 여기에서 얻는 기쁨 역시 사람을 현혹시키는 가짜일 뿐입니다.

자신이 사랑하는 여인과 부도덕한 욕구를 채우려는 사람은 결국 다음의 두 가지 상황 중 하나에 직면하게 됩니다. 첫째, 이들 중 일부는 그동안 열망하던 여성의 육체를 손에 넣는 즉시 신물이 나거나 염증을 느끼며 자신이 좋아하던 것을 혐오하기까지 합니다. 마치 그들의 열정이 저지른 실수를 스스로 후회하고 감각의 잘못된 판단으로 그동안 악을 선으로 착각해 왔던 사실을 깨닫기라도 한 것처럼 말입니다. 둘째, 또 다른 사람들은 갈구하던 목표를 달성하지 못해 계속 같은 갈망과 열정으로 고민하게 됩니다. 맑은 샘에서 물을 떠 마시고 있는 백일몽에 빠진 환자처럼 이들은 단기적인 시각 때문에 혼란에 빠져서 자신들이 사랑의 기쁨을 경험하고 있다고 생각합니다. 그러나 사실 이들은 평안함이나 만족감을 전혀 갖지 못합니다. 엄밀하게 따지면 이런 평안함이나 만족감은 그들이 선이라고 생각하는 것을 원하고 소유한 결과로 즐길 수 있는 것입니다. 이들은 원했던 여성과 닮은 사람을 보면 즉시 고삐 풀린 열정이 솟아나 그전과 같은 흥분 상태에 다시 빠지고, 결국 애절하게 소유하고 싶은 대상을 향한 격렬하고 억누를 수 없는 목마름에 괴로워한답니다. 이런 남성들은 항상 불행하게 살아가지요. 그 이유는 결코 열망하던 것을 손에 넣지 못해 엄청난 절망에 빠지거나, 설사 목표를 달성하더라도 끔찍하게 곤란한 상황을 겪게 되기 때문입니다. 두 경우 모두 처음 사랑의 감정을 느끼거나 이를 키워가는 도중에 항상 분노와 고통과 비통함과 고민에 빠져서 갖은 방법으로 사랑을 얻으려고 노력하지요. 그래서 사랑에 빠진 사람들은 항상 창백한 얼굴과 의기소침한 태도로 끊임없이 한숨을 쉬거나 눈물을 흘리고 비탄 섞인 말을 늘어놓거나 침묵을 지키며 심지어 죽고 싶다는 말까지 하나 봅니다.

지금까지 한 이야기에서 볼 수 있듯이, 결국 이처럼 사람을 슬프고 처량하게 만드는 주요 요인은 바로 인간의 감각입니다. 활력이 넘치는 젊은 사람들은 특히 이 감각이 크게 영향을 미치며 이성을 서서히 침몰시켜 쉽게 열망에 굴복하게 만든답니다. 세속적인 욕망에 사로잡혀 판단력을 상실해 버리기 때문에 진실을 제대로 파악하지 못하는 것이지요. 감각이 받아들이는 대로 믿고 따르며 육체적인 사랑에 빠져서 이성을 완전히 무시하다가 진정한 사랑의 가치를 만끽하지 못하는 겁니다. 이들이 사랑에서 느끼는 즐거움은 생각이 없는 짐승의 것과 다를 바가 없습니다.

그러나 나이가 더 많은 사람이 사랑에 빠진 경우에는 이와 반대의 경험을 하게 된다고 믿습니다. 정신적으로 성숙한 이들은 육체의 열망에 따라 좌지우지되지 않으며, 오히려 이런 열정이 자연적으로 식기 시작한 시기라서 아름다움을 보고 마음에 불꽃이 일더라도 이성적인 판단으로 조절할 수 있기 때문입니다. 결과적으로 아름다움은 선이며, 이런 아름다움을 향한 진정한 사랑은 신성하고 항상 유익하다는 점에서 나이 든 사람이 갈망하던 사랑을 소유하는 것 역시 선한 결과를 가져오게 된답니다.

따라서 노인이 사랑에 빠지는 것은 비난받을 행동이고 결국 젊은이의 사랑보다 불행할 것이라는 논쟁은 이치에 맞지 않습니다. 물론 망령이 들었거나 신체 장기가 너무 쇠약해서 정신이 제대로 작용하지 않는 사람이라면 그렇게 말할 수도 있겠지요. 그러나 지력이 아직 왕성한 사람을 두고 그런 논란을 벌인다는 것은 무의미할 뿐입니다. 한편 이 점도 꼭 짚고 넘어가야겠습니다. 어떤 연령대라도 육체적인 사랑만을 갈구하는 것은 잘못이지만, 젊은 나이라면 용서가 가능하고 어느 면에서는 허용할 수도 있을 것입니다. 비록 이 때문에 고통과 위험과 피나는 노력과 우리가 이미 거론한 갖가지 불행을 맛보게 되겠지만, 사랑하는 여성의 총애를 얻으려고 고귀한 행동을 하는 사람들도 많이 있기 때문입니다. 훌륭한 목표 때문에 이런 행동을 하지는 않더라도 사실 그들은 본질적으로 선하므로 온갖 고통 속에서도 작은 기쁨을 얻고 역경을 힘들게 견뎌내는 과정을 통해서 결국 스스로 저지른 실수를 깨닫게 된답니다. 따라서 나는 이성의 힘으로 열정과 사랑을 잘 조절하고 이겨내는 젊은이들을 진정한 영웅으로 생각합니다. 또한 관대하고 예의가 바르며 칭찬할 만한 젊은이라면 인간의 약점 때문에 육체적인 사랑에 정복당하더라도 용서해 줄 수 있습니다. 이들은 나이를 먹으면 젊었을 때의 실수를 완전히 극복하고 육체적인 열망을 뒤로한 채 훌륭한 길을 걸을 수 있을 것입니다. 그러나 나이가 들어서도 여전히 열정의 불꽃이 불타오르게 방치하며 나약한 감정에 복종할 구실만을 찾는 사람들은 어떤 비난을 받아도 부족하다고 생각합니다. 장년층에 접어든 나이에 육체적인 사랑을 탐닉하는 것은 결코 적절하지 않으므로 이처럼 어리석은 짐승과도 같은 사람들은 끊임없는 수치를 당하게 해야 합니다."

벰보는 여기까지 말한 뒤에 휴식을 취하려는 듯이 잠시 멈췄다. 모두가 침묵을 지키자 모렐로 다 오르토나 나리가 물었다. "그렇지만 나이가 많더라도 젊은이보다 더 강건하고 정력적이며 외모가 출중하다면, 자신이 원하는 대로 사랑을 해도 되지 않을까요?"

공작부인이 이 말을 듣고 웃으면서 말했다. "모렐로 나리, 사랑이 젊은이들에게 그토록 불행한 경험이라는데, 나이 든 사람까지 그와 같은 고통을 겪을 필요가 있을까요? 이 자리에 계신 남성분들이 말한 것처럼 귀하가 나이가 들었다면 노인들을 대상으로 그토록 사악한 계략을 짜지는 않을 겁니다."

모렐로 나리가 대답했다. "내가 보기에 노인들을 대상으로 사악한 계략을 짜는 사람은 바로 피에트로 벰보 같군요. 나이 든 나조차 납득할 수 없는 말로 노인들에게 사랑을 요구하고 있으니까 말입니다. 또한 그가 찬양한 아름다움을 육체와 결부시키지 않고 소유하는 것은 그저 환상일 뿐입니다."

로도비코 백작이 물었다. "모렐로 나리, 피에트로 벰보가 이야기한 것처럼 아름다움은 항상 선하다고 생각하십니까?"

"물론 아니지요." 모렐로 나리가 대답했다. "오히려 나는 아름다운 여성들이 부도덕하고 잔인하며 악의에 차 있는 경우를 수없이 봐왔답니다. 내가 보기에 아름다움이 그들을 거만하게 만들었고, 거만하기 때문에 잔인해진 것 같습니다."

로도비코 백작이 미소를 띠며 답했다. "귀하가 원하는 것을 주지 않았을 테니, 당연히 그 여성들이 잔인해 보였겠지요. 어쨌든 피에트로 벰보에게 노인이 아름다움을 갈구하는 자세와 여성을 통해서 추구해야 할 것 그리고 무엇을 통해서 만족을 얻어야 하는지를 배워보는 게 좋겠습니다. 귀하가 그런 규칙을 잘 지킨다면 그 여성들도 너무 거만하거나 잔인하게 굴지 않을 것이니 귀하도 원하던 것을 얻을 수 있을 것입니다."

모렐로 나리가 이 말을 듣고 짜증스러운 기색을 확연하게 드러내며 쏘아붙였다. "나와 상관없는 문제는 전혀 배우고 싶지 않습니다. 오히려 나이에 비해 나약하고 정력이 떨어지는 젊은 이가 이런 아름다움을 얻는 방법을 배워야 할 것 같군요."

로도비코 백작이 답변을 하기 전에 페데리코가 나서서 모렐로 나리를 진정시키고 주제를 바꾸기 위해 말문을 열었다. "아름다움이 항상 선하지는 않다는 모렐로 나리의 말이 완전히 틀린 것은 아닙니다. 예를 들어 트로이의 몰락에서 분명하게 확인할 수 있듯이, 여성들의 아름다움이 세상에 끝이 없는 부도덕과 원한과 전쟁과 죽음과 파괴를 불러오는 경우가 종종 있으니까요. 아름다운 여성은 대부분 거만하거나 잔인하거나, 아니면 앞에서 말한 대로 정숙하지 못합니다. 물론 모렐로 나리는 정숙하지 못한 것이 잘못이라고 생각지 않으시겠지요. 또한 남성들도 잘생긴 사람들이 부도덕한 경우가 많은 걸 보면 조물주가 그들이 멋진 외모를 미끼로 이용해서 사람들을 더 잘 속이게 하려고 일부러 그렇게 만든 것 같습니다."

그러자 피에트로 벰보가 분명하게 입장을 밝히려 했다. "아름다움이 항상 선은 아니라는 말을 믿지 마십시오."

그러나 로도비코 백작이 원래의 주제로 돌아가려고 끼어들었다. "사실 노인이 사랑을 할 때 보여야 하는 올바른 자세야말로 모렐로 나리와 가장 깊은 관련이 있는 문제입니다. 그러나 본인이 흥미가 없다니 어쩔 수 없는 노릇이지요. 그렇다면 노인이 행복한 사랑을 획득할 수 있는 방법을 나에게 가르쳐주시지요. 분명히 얻는 바가 많을 테니, 설사 여러분이 나더러 나이가 많이 들었다고 놀리더라도 신경 쓰지 않겠습니다."

피에트로 벰보가 미소를 지으며 말했다. "먼저 여기 계신 신사들이 저지른 실수부터 바로잡고 귀하가 원하는 답을 하겠습니다."

그러고 나서 다음과 같이 말했다. "여러분, 아름다움은 신성한 것입니다. 그러니 우리 중 누구도 이를 비판하는 불경스러운 죄를 저질러서 하나님의 천벌을 받는 일이 없기를 바랍니다. 나는 모렐로 나리와 페데리코가 아름다움을 멸시한 자들에게 마땅한 벌을 받거나 시인 스테시코루스(Stesichorus)처럼 눈이 멀지 않도록, 하나님이 내리는 아름다움의 모습은 원과 같아서 중심점에는 선함이 존재한다는 점을 꼭 강조해야겠습니다. 모든 원에는 중심점이 존재한다는 점을 고려해 보면 아름다운 사람은 모두 선하다는 결론이 나오기 마련입니다. 결과적으로 아름다운 육체에는 거의 사악한 정신이 살지 않기 때문에 외면의 아름다움이야말로 내면의 선함을 보여주는 진정한 표시입니다. 아름다운 꽃이 만발한 나무를 보고 풍성한 열매가 열릴 것을 예측할 수 있듯이, 실제로 육체의 아름다움은 정신이 얼마나 선할지를 단계적으로 파악할 수 있는 징표와 같습니다. 이는 관상학자들이 사람들의 외모를 보고 성격, 심지어 생각까지 파악할 수 있는 데서 여실히 드러나지요. 더구나 짐승들도 정신적인 특성이 외양을 통해서 그대로 드러난답니다. 사자와 말과 독수리의 얼굴에서 분노와 포악함과 자만심이, 어린 양과 비둘기의 얼굴에서 순수하고 솔직한 천진난만함이, 여우와 늑대의 얼굴에서 사악한 교활함이 얼마나 분명하게 드러나는지를 생각해 보십시오.

대부분의 경우 추함은 악이고, 아름다움은 선입니다. 그리고 아름다움은 선의 바람직한 측면으로 즐겁고 화사하며 매력적인 반면에, 추함은 악의 유감스러운 측면으로 어둡고 불쾌하며 비위를 거스른다고 말할 수 있습니다. 귀하가 어떤 사물을 관찰하더라도, 훌륭하고 쓸모 있는 것은 모두 아름다움으로 우아하게 꾸며져 있다는 사실을 확인하게 될 것입니다. 신이 인간의 건강과 존속을 위해 훌륭하게 창조한 전 우주의 구조, 즉 수많은 천상의 등불로 장식된 하늘과, 생명체를 유지시키는 땅과, 주기적으로 계절의 변화를 일으키는 태양과, 이 주변을 돌며 빛을 얻는 달과, 같은 경로를 각각 도는 주요 별 다섯 개를 생각해 보십시오. 이들은 모두 자연의 법칙에 따라 밀접하게 영향을 미치고 있어서 한 부분이 아주 약간만 바뀌더라도 더 이상 함께 존재할 수 없으며 온 우주는 산산조각 나고 말 것입니다. 더구나 이들은 인간이 상상할 수 있는 최고의 아름다움과 사랑스러움을 지니고 있습니다.

다음으로 아름다운 것이 작은 우주라고 부를 수 있는 인간입니다. 인간의 몸은 자연의 법칙에 따라 우연이 아닌 세밀한 계획 아래 만들어졌습니다. 전체적으로 대단히 아름다운 형태를 하고 있어서 눈과 코와 입과 귀와 팔과 가슴 등 다양한 부분들이 단순히 유용한 신체 기관을 넘어 대단한 우아함을 지니고 있습니다. 같은 점이 동물과 식물에게도 적용됩니다. 새의 깃털과 나무의 잎사귀, 가지 등은 생명력을 유지하는 데 필수적인 동시에 최고의 아름다움을 지니고 있답니다.

이 정도에서 조물주의 작품에 대한 이야기는 그만 하고 인간의 창조물을 살펴보지요. 뱃머리, 돛대, 돛, 조타 장치, 노, 닻 등은 선박에 아주 필수적인 장비일 뿐만 아니라 대단히 아름답기까지 해서 기능은 물론이고 즐거움을 주기 위해 존재한다는 생각이 들게 합니다. 또한 궁전과 미술관을 지탱하는 기둥과 장식 틀도 기본적인 용도 외에 사람의 눈에 즐거움을 선사하는 기능까지 합니다. 애초에 교회나 집을 지을 때 중간 이랑을 만들었던 목적은 양쪽으로 물이 잘 흘러내리게 하기 위한 것이었습니다. 그러나 시간이 지날수록 이 부분의 원래 기능 못지않게 장식성도 중요한 가치를 지니게 되어 이제는 설사 비나 우박이 내리지 않는 땅에 교회를 짓더라도 이랑을 만들지 않으면 기품과 아름다움이 결여된 느낌이 들 것입니다.

이처럼 세상을 포함해서 아름다운 모든 것은 최고의 찬사를 이끌어냅니다. 하늘과 육지와 바다와 강과 숲과 나무와 정원 혹은 도시와 교회와 집과 군대를 이야기할 때 우리는 항상 아름다움에 찬사를 보냅니다. 다시 말하면 이처럼 우아하고 신성한 아름다움은 모든 사물에서 최고의 장식입니다. 그리고 어떤 면에서 볼 때 선과 아름다움은 모두 동일하다고 볼 수 있습니다. 특히 인간의 육체가 그렇지요. 내 생각에 육체가 아름다운 근본적인 원인은 육체와 마찬가지로 초자연적인 아름다움을 지닌 정신이 관여하는 모든 부분을 찬란하고 아름답게 만들기 때문입니다. 따라서 정신이 천상의 힘으로 물리적인 특성을 다스리고 빛으로 육체의 어둠을 쫓아버릴 때 나타나는 아름다움이야말로 정신의 승리를 상징하는 진정한 트로피입니다. 그러므로 아름다움 때문에 여성이 거만하거나 잔인해진다는 말 따위는 해서는 안 됩니다. 비록 모렐로 나리 같은 남성들은 이런 경험을 자주 하겠지만 말입니다. 또한 남성의 억제할 수 없는 열망 때문에 아름다운 여성에게 앙심을 품거나 죽음에 이르게 하거나 추락시켜서도 안 되겠지요. 세상에는 정숙하지 못한 아름다운 여성들이 많이 있다는 점을 부정할 수는 없습니다. 그러나 이것은 아름다움이 아니라 아름다움과 선 사이의 결속력 때문이랍니다. 그들의 아름다움은 음란함을 멀리하고 덕이 높은 행동을 하게 만들지만, 때때로 부도덕한 상황이나 남성의 지속적인 괴롭힘과 선물과 재산과 희망과 속임수와 계략 등 수많은 원인 때문에 아무리 선하고 아름다운 여성이라도 확고한 자세가 무너져버리는 겁니다. 바로 이런 이유로 잘생긴 남성들 역시 부도덕해지는 것이지요."

그러자 체사레가 말했다. "가스파레 나리가 어제 주장한 내용이 사실이라면 아름다운 여성이 못생긴 여성들보다 더 정숙하다는 점에는 의심할 여지가 없을 겁니다."

"내가 어제 무슨 주장을 했다는 말입니까" 가스파레 나리가 물었다.

체사레가 대답했다. "내 기억이 맞다면, 나리는 구애를 받는 여성은 항상 구혼자를 실망시키고 그렇지 못한 여성들은 스스로 남성들을 쫓아다닌다고 말했답니다. 남성들이 못생긴 여성들보다 아름다운 여성들을 쫓아다니며 구애하는 것이 사실이니, 귀하의 말대로 하자면 아름다운 여성들은 늘 거절을 할 것이고, 당연히 못생겼다는 이유로 남성들에게 스스로 적극적으로 나서는 여성들보다 훨씬 정숙할 거라는 결론이 나오는군요."

벰보가 빙그레 웃으며 말했다. "그 점에는 정답이 없겠군요." 그러고 나서 덧붙였다. "한편 다른 감각과 마찬가지로 시각 역시 착각에 빠져서 못생긴 얼굴을 보고 아름답다고 판단하기도 한답니다. 예를 들어 일부 여성들이 드러내는 유혹적이고 선정적인 천박함을 아름다움이라고 부르는 남성들도 있지요. 이런 천박한 태도는 남성들이 원하는 것을 차지할 기회를 준다는 약속이나 마찬가지이기 때문에 남성들을 기쁘게 만드는 것입니다. 그러나 이것은 단지 저속한 뻔뻔스러움일 뿐이며 그토록 명예스럽고 신성한 아름다움이라는 이름을 붙일 가치도 없답니다."

피에트로 벰보는 다시 입을 다물었지만 사람들이 이런 종류의 사랑과 아름다움을 즐길 수 있는 진정한 방법을 알려달라고 재촉하자 마침내 이야기를 시작했다. "나는 이미 노인도 젊은

이보다 훨씬 행복한 사랑을 할 수 있다는 점을 분명하게 밝혔습니다. 그러니 더 이상 이야기할 필요가 없다고 봅니다."

로도비코 백작이 말했다. "귀하는 노인의 행복보다 젊은이의 불행에 더 중점을 둬서 설명했답니다. 그러다 보니 노인들이 사랑을 하면서 지켜야 할 자세를 밝히지 못하고 단지 이성을 지키라는 교훈만을 주었습니다. 그러나 사실상 이성만으로 만족스러운 사랑을 할 수 없다는 점은 모두 알고 있지요."

벰보는 여전히 더 이상 말하지 않으려 했으나 공작부인이 간청하자 다시 입을 열었다. "불타오르는 사랑의 열정이 그저 동물과 같은 수준에 만족하고 더 이상 고귀한 요소를 갈망하지 않는다면 그야말로 전 인류에게 불행한 일이 될 것입니다. 백작이 그렇게 바라니 이 고귀한 주제를 토론해 보겠습니다. 그러나 나는 성스러운 사랑의 신비를 거론할 자격이 없으니 먼저 하나님께 기도를 드려, 우리가 형상화하려고 하는 이상적인 궁정 신하가 세상의 저속한 무리들과 다른 태도로 사랑하는 법을 가르칠 수 있도록 내 생각과 말에 영감을 달라고 간청해야겠군요. 나는 어렸을 때부터 내 인생을 하나님께 헌신적으로 바쳤으니 내가 하는 말로 목표를 이루는 동시에 하나님의 명예를 높일 수도 있을 겁니다. 그럼 시작해 보겠습니다.

원래 젊은이는 감각에 치중하는 경향이 강하기 때문에 궁정 신하가 나이가 어릴 때는 육체적인 사랑에 집착하는 것을 허용해도 된다고 생각합니다. 그러나 나이가 들어서 이런 열정적인

495

연애에 빠지게 된다면 세심한 주의를 기울이고 스스로 현혹당하지 않도록 경계해야 합니다. 이들은 젊은이들과 달리 동정심이 아닌 비난을 받으며 사랑의 고통을 경험하게 되겠지요.

따라서 나이가 든 궁정 신하가 매력적이고 상냥한 태도를 가진 데다 사랑의 경험이 많은 아름다운 여성을 보고 마음이 흔들렸다면 처음부터 이성을 발휘해서 스스로를 철저하게 무장해야 합니다. 일단 마음속에서 열정적인 불꽃이 꺼지면 위험도 사라진 것입니다. 그러나 이 불꽃이 계속 남아 있거나 커진다면 자신이 사랑의 열정에 사로잡혔다는 점을 깨닫고 저속한 열정의 온갖 추악한 면을 피하도록 굳게 마음먹고 이성을 통해서 성스러운 사랑의 길을 가야 합니다. 그러려면 먼저 아름다움은 여성의 찬란하게 빛나는 육체가 아니라 무형적이고 초자연적인 부분에서 나오는 것이기 때문에 천하고 타락하기 쉬운 행동이 결부되면 그 고귀함을 상실한다는 점을 깨달아야 합니다. 또한 입으로 듣거나 귀로 냄새를 맡을 수 없는 것과 같이 아름다움은 촉감이 아니라 오직 시각을 통해서만 진정한 가치를 즐길 수 있다는 점도 잊어서는 안 됩니다.

따라서 다른 감각으로 즐기려는 어리석음을 버리고 사랑하는 여성의 우아함과 광채와 사랑스러운 열정과 웃음과 동작을 눈으로만 즐겨야 합니다. 마찬가지로 귀로는 여성의 달콤한 음성과 억양을 즐겨야겠지요. 이렇게 육체적인 행위와 거리가 멀고 이성에 따라 작용하는 시각과 청각을 통해서 사랑을 나누면, 정숙하지 못한 온갖 열정 때문에 고통을 겪지 않고 내면을 풍성하게 만들 수 있을 것입니다. 다음으로, 사랑에 빠진 사람이 중요하게 여겨야 하는 최고의 경외감을 보이면서 자신보다 여성을 더 섬기고, 행복하고 안락하게 해주어야 하며, 항상 여성의 정신과 육체를 공평하게 사랑할 줄 알아야 합니다. 또한 현명한 지혜와 교훈과 충고를 통해서 여성이 겸손하고 온화하며 진정으로 정숙한 길을 걷도록 이끌어야 할뿐더러 여성의 정신이 부도덕함으로 오염되지 않도록 확실하게 지켜야 합니다. 이를 통해서 흔히 사람들이 사랑의 진정한 목적이라고 말하는 아름다움 속의 아름다움을 낳게 될 것입니다.

이상적인 궁정 신하가 이런 방법으로 사랑을 한다면 항상 최고의 기쁨을 여성에게 줄 것입니다. 따라서 이 여성은 늘 유순하고 매력적이고 상냥한 자세를 유지하며, 자신이 받은 사랑을 그대로 그에게 돌려주려고 최선을 다해서 노력할 것입니다. 두 사람의 열정은 아주 순수하고 조화로워서 결국 완전한 사랑을 이루게 되겠지요."

그러자 모렐로 나리가 말했다. "현실적으로 봤을 때 아름다움에서 아름다움을 낳는 것은 아름다운 여성이 아름다운 자녀를 낳는다는 의미랍니다. 내가 보기에는 귀하가 거론한 것처럼 남성에게 상냥하게만 대하는 것보다는 자신의 아름다움으로 남성을 기쁘게 하는 것이 훨씬 더 분명한 사랑의 표시인 것 같습니다."

뱀보는 웃음을 터뜨리며 답했다. "모렐로 귀하, 지나치게 도를 넘으시면 안 되지요. 여성은 자신에게 귀중한 아름다움을 줄 때 단순히 애정의 정표만이 아니라 남성의 마음을 관통하며 사랑의 분명한 증거가 되는 시선과 얼굴 표정으로, 그리고 목소리와 말로 표현을 한답니다."

모렐로 나리가 말했다. "시선과 말은 속성상 얼마든지 거짓으로 꾸밀 수 있지요. 그러니 내 생각에 더 분명한 사랑의 맹세를 갖지 못한 사람이라면 누구나 불안해할 것입니다. 그리고 나는 귀하가 마그니피코가 말한 궁정 숙녀보다는 조금 더 예의가 바르고 관대한 여성을 형상화할 것이라고 기대하고 있었답니다. 어쨌거나 두 사람 다 현명하게 보이려고 다른 사람들과 반대되는 판결을 내리는 판사들처럼 행동하고 있는 것 같군요."

벰보가 말을 이었다. "물론 나는 이 여성이 나이 든 궁정 신하들에게 훨씬 더 예의 바르게 대하기를 바랍니다. 마그니피코 나리가 구현한 궁정 숙녀가 젊은 궁정 신하를 대하는 것보다 말이죠. 여기에는 타당한 이유가 있습니다. 내가 생각하는 이상적인 궁정 신하는 올바른 요구만 할 테니 여성이 순수한 마음으로 그를 인정할 것이지만, 마그니피코가 말한 궁정 숙녀는 젊은 궁정 신하의 겸손함에 확신을 가지지 못해서 올바르지 않아 보이는 요구는 거부할 테니까 말입니다. 따라서 내가 앞서 말한 바를 다 얻은 궁정 신하는 자신의 요구 사항을 거절당하는 사람보다 훨씬 더 행복하겠지요.

이성적인 사랑이 육체적인 사랑보다 더 행복을 준다는 점을 이해시키려면 이 말은 꼭 해야겠군요. 같은 요구라도 육체적인 관계는 거부를 받지만 이성적인 관계는 승인되는 이유는 애초에 육체적인 관계가 올바르지 않기 때문이랍니다. 따라서 여성은 고결한 연인을 만족시키려고 행복한 웃음을 띤 채 다정하고 비밀스러운 대화를 나누면서 자유롭게 농담과 재치를 발산하고 부드럽게 손을 만지는 행동을 하는 것 외에도 순수한 마음으로 분별 있게 입맞춤을 하기도 할 것입니다. 이런 입맞춤은 마그니피코의 규칙에 따르면 관능적인 사랑에서는 허용할 수 없는 행위이지요. 입맞춤이 육체와 정신의 결합을 의미하기 때문에 관능에 빠진 남성이 정신보다 육체에 더 집착할 위험이 있기 때문입니다.

그러나 이성적인 연인은 입이 육체의 한 부분이지만 정신을 전달하는 말이 나오는 통로이기 때문에 이런 행위가 부적절한 욕구를 조장하는 것이 아니라 두 사람의 정신이 하나가 되게 만든다는 점을 이미 알고 있지요. 따라서 정신에 큰 영향력을 행사하여 육체와 분리시키는 이런 입맞춤은 육체적 결합이 아닌 정신적인 결합이라고 불러야 할 것입니다. 이런 이유로 정숙한 연인들은 정신적인 결합이라는 의미로 입맞춤을 원하며, 플라톤이 말한 대로 입맞춤을 통해서 정신이 육체를 떠나 입에 다다르는 현상이 나타나는 겁니다. 때문에 솔로몬은 영감을 주는 저서 『아가(Song of Songs)』(구약성서 중의 한 책-역주)에서 '그의 입맞춤으로 내게 입 맞추게 하소서'라는 말로 성스러운 사랑을 통해서 정신이 천상의 아름다움을 묵상하는 경지로 전이되고, 친밀한 접촉을 통해서 육체를 구원할 수 있기를 바라는 마음을 표현한 것입니다."

　모두가 벰보가 말하는 내용을 아주 집중해서 듣고 있었다. 얼마 동안 정적이 흐른 뒤에 벰보가 덧붙였다. "여러분이 나에게서 나이 든 궁정 신하가 진정한 행복을 느끼며 사랑하는 방법을 배우고 싶어했으니 조금 더 깊게 들어가겠습니다. 이미 이야기한 대로 정신은 감각의 영향을 받는 경향이 아주 강합니다. 따라서 이성이 잘 작용하여 아름다움은 육체에서 비롯되지 않는다는 점을 깨닫고 불순한 욕망을 절제한다고 하더라도, 육체적인 아름다움을 끊임없이 숙고하다 보면 올바른 판단력을 곡해할 수 있습니다. 설사 여기에서 나쁜 결과가 발생하지 않더라도 사랑하는 사람을 보지 않는 것만으로도 큰 고통을 겪는 부작용이 생기게 되지요. 이는 아름다움을 직접 눈으로 보게 되면 얼었던 마음이 녹으면서 정신이 강렬한 경이와 기쁨은 물론이고 두려움과 경외로 가득 차서 천상에 있는 듯한 착각에 빠지는 인간의 속성 때문이랍니다.
　따라서 육체적인 아름다움에만 빠져 있는 사람은 사랑하는 여성이 눈에서 멀어지는 즉시 이와 같은 선과 행복을 상실해 버리며, 그의 정신은 소중한 것을 잃은 슬픔에 비통해합니다. 빛나던 아름다움이 멀리 있으니 마음을 따뜻하게 해줄 애정이 생겨나지 않아서 몸 곳곳이 메마르고 건조해지기 때문입니다. 비록 아름다움의 기억이 조금 남아 앞으로 나아가게 하지만, 사방이 막혀서 비상구가 없기 때문에 계속해서 출발지에서 헤매다가 영혼에 상처를 입히며 극심한 고통을 당하게 되는 것입니다. 갓난아이의 부드러운 잇몸을 뚫고 치아가 자라기 시작하는 것처럼 말입니다. 영혼이 지속적으로 통증을 느끼며 소중한 사랑을 다시 한 번 보고 싶어서 감정이 격양되기 때문에 이들은 결국 눈물과 한숨과 분노와 사랑의 고통을 일으킵니다. 그러다가 그 여성의 아름다움을 다시 보게 되면 완전히 빠져서 그 매혹적인 광경을 다시는 놓치지 않으려는 욕심이 생깁니다.

이렇게 아름다움의 부재 때문에 겪는 고통에서 탈출하여 고뇌 없이 아름다움을 즐기면서 항상 평화롭게 지내려면, 육체는 아름다움과는 별개의 문제이며 그 완벽성을 강화시키기는커녕 격을 떨어뜨린다는 사실을 확실하게 깨달아야 합니다. 그래야 노년의 궁정 신하가 젊은이들처럼 사랑의 분노와 고통 때문에 질투와 의심과 분노와 좌절에 빠져서 모멸감을 느끼고 극심한 격분에 싸여서 사랑하는 여성을 폭행하거나 결국 스스로 목숨까지 끊는 실수를 하지 않을 것입니다.

이상적인 궁정 신하라면 사랑하는 여성의 남편이나 아버지나 형제 등에게 상처를 입히지 않을 것이며, 자신의 갈망이 드러나는 것이 두려워서 일부러 시선을 돌리거나 입을 막는 일도 없을 것이며, 여성이 눈에 보이지 않는다고 고통을 겪지도 않을 것입니다. 그토록 귀중하게 여기는 보물을 항상 마음속에 안전하게 간직하고 상상의 힘으로 그녀의 아름다움을 실제보다 훨씬 더 사랑스럽게 만들 수 있기 때문입니다.

501

이처럼 축복받은 남성들 가운데 육체만을 생각했던 한계를 벗어나서 사랑을 훨씬 더 장엄한 단계로 올려놓으려는 사람들이 있습니다. 이처럼 한계에서 벗어나고자 그는 자신이 생각하는 아름다움의 개념을 새롭게 다듬고, 그렇게 해서 인류 전체에 총괄적으로 적용되는 보편적인 아름다움을 수립하게 됩니다. 이렇게 되면 한 여성의 특정한 아름다움이 아닌 인간의 육체를 아름답게 하는 전 우주적인 아름다움을 깨닫게 될 것입니다. 그러면 이 광명에 놀라서 이보다 사소한 아름다움에 덜 신경을 쓰게 될 것이며, 한때 그토록 찬사를 보냈던 대상을 다시 생각해 보게 될 것입니다.

이 단계의 사랑은 대단히 고귀한 경지라서 다다르는 사람이 거의 없지만 그렇다고 이것이 완벽하다고는 할 수 없습니다. 인간의 상상력은 육체적인 속성을 가지고 있어서 감각을 통해 수집한 자료로 얻어진 지식이 필요하므로 여기에서 유발된 물질의 어두운 속성을 완전히 제거하지 못하기 때문입니다. 따라서 전 우주적인 아름다움을 추상적으로 그려냈더라도 특정한 부분은 여전히 분명하게 해석을 하지 못하기 때문에 이 단계의 사랑에 다다른 사람들은 갓 깃털이 난 새나 마찬가지입니다. 연약한 날갯짓을 조금 할 수는 있지만 둥지를 멀리 떠나서 창공으로 날아올라 바람을 가로지를 엄두는 감히 내지 못하는 것입니다.

물론 이 단계에 다다른 인물은 여전히 불행한 육체적인 사랑에 빠져서 허우적거리는 사람들보다는 행복하다고 말할 수 있습니다. 그러나 여기에 만족하지 않고 더 높은 사랑의 경지를 향하는 길로 대담하게 나서서 진정한 행복을 쟁취해야 합니다. 그러니 단지 여성의 아름다움에 매몰되지 말고 내면을 잘 들여다보며 마음의 눈에 비치는 아름다움을 명상해야 합니다. 이를 통해서 현실 세계의 온갖 사악함과 부도덕함을 절제하고 영혼의 세계를 탐구하다 보면 어느 순간에 깨달음을 얻게 될 것입니다. 궁극적인 평화로움 속에서 하나님의 자취를 발견하게 될 것이며, 영혼은 더없는 기쁨에 젖어서 지성의 가장 고귀한 경지에 다다르게 될 것입니다. 그곳에는 세속적인 욕망이 만드는 어둠이 없으며 자체의 성스러움으로 아름다운 광채를 발할 것입니다. 이 단계부터 진정으로 성스러운 사랑의 불길로 타오른 정신은 천사의 특성과 결합되어 감각적인 기쁨을 버리게 됩니다. 그동안의 욕망은 존재 가치가 없어져 고결한 성품으로 전이되고 아무런 장애물이 없이 신성한 아름다움을 분명하게 직시할 수 있게 되는 거지요.

우리가 날마다 안개 낀 눈으로 바라보는 타락한 육체의 아름다움은 아주 사랑스럽고 우아해 보여서 열정적인 불꽃을 불러일으키며 세상에서 가장 큰 행복을 느끼게 만듭니다. 사랑하는 여인의 눈길 한 번만으로도 너무나 대단한 경이에 빠져서 그 눈길에 신성한 아름다움이 서려 있다고 믿습니다. 마음속에 번지는 사랑의 불꽃이 어찌나 달콤한지 행복한 환희에 젖어 아름다움이야말로 최상이라고 믿습니다.

사실 이것은 최고의 선에서 나온 최상의 아름다움과 구분이

가지 않습니다. 최상의 아름다움은 모든 것을 끌어당기며, 지성적인 존재에 지성을, 이성적인 존재에 이성을, 육체적인 존재에 감각과 삶의 열정을 부여하는 것은 물론이고 사소한 풀과 돌멩이에까지 영향을 미칩니다. 따라서 이 사랑은 더욱 훌륭함을 창출한다는 면에서 다른 사랑보다 더 아름답습니다. 불이 금을 정련하듯이 최고로 신성한 이 불은 죽음을 맞게 되어 있는 운명을 가진 모든 것을 빨아들이고 파괴하며, 감각의 오류 때문에 이미 죽어서 묻혔던 천상의 요소를 불러일으키고 아름답게 만듭니다. 이것은 많은 시인들이 사후에 신성하고 불멸한 존재로 거듭났다고 찬양하는 헤라클레스가 화장되었던 오에타(Oeta) 산 정상의 화장터에 있는 바로 그 장작더미나 마찬가지입니다. 또한 불타는 수풀에서 타지 않고 남은 모세(Moses)의 혀나, 땅 아래로 떨어져서 천상을 향해 날아가는 모습을 보는 것만으로도 영혼의 우아함과 행복을 배가시키는 엘리아스(Elias)의 불타는 전차와도 마찬가지입니다.

그러니 우리 모두 인간의 영혼에 담긴 사상과 힘을 천상으로 안내하는 광명을 따라갑시다. 이를 따라 천상의 아름다움이 머무르는 곳, 주님의 비밀스러운 휴식 속에 숨겨진 최고의 전당으로 올라갑시다. 이곳에서 우리는 행복한 열정의 종착역과 온갖 고통에서 벗어난 진정한 휴식과 모든 불행에 대한 치료 방법과 인간의 수많은 약점을 치료할 약을 발견하게 될 것입니다.

오, 주님이시여. 세상에서 최고로 신성한 사랑이여, 그대의 가치를 대체 무슨 말로 찬양할 수 있겠습니까? 그대의 힘으로 우리가 아름다움과 선함과 지혜로 가득 찬 곳으로 영원히 돌아가게 해주소서. 우주를 천상과 세속의 중간 지점에서 고귀하게 결합시키고 인자한 속성으로 천상의 힘을 미천한 우리에게 전하여 인간의 마음을 근본으로 되돌리게 해주소서. 모든 물질을 조화롭게 하고 조물주에게 창조의 영감을 주며 세상의 모든 생명체가 영원한 삶을 누리도록 해주소서. 분리된 것을 결합시키고 불완전함을 완전함으로 바꾸고 적의를 우정으로 바꿔 지상에 열매를 맺게 하며 거친 바다를 고요하게 다스리고 하늘에 생명이 가득한 광명을 심어주소서. 그대야말로 진정한 기쁨과 모든 축복과 평화와 관대함과 선량함의 주인인 반면에 온갖 야만성과 비열함의 적이며 모든 선의 시발점이자 종착지입니다. 그대는 아름다운 육체와 정신의 꽃을 맺게 했으니 주님이 우리 곁에 존재한다는 증거를 가끔 내려주소서.

오, 주님. 이 기도를 듣고 우리 마음에 주님의 가장 신성한 광채를 내려 우리의 어둠을 밝히시고, 믿음직스러운 안내자처럼 앞길을 알 수 없는 미로를 통과하는 길을 비춰주소서. 우리 감각이 범하는 잘못을 고치시고, 이 오랜 광란의 생활을 끝내도록 진정한 선의 실체를 보여주소서. 영혼의 행로에서 우리의 지성이 활기를 띠게 하시고, 우리가 천상의 조화에 잘 적응해 살도록 하시어, 열정 때문에 생긴 불화가 더 이상 들어찰 곳이 없게 하소서. 우리 영혼이 끊임없이 솟아나는 만족의 샘물에 취하게 하시고, 그 맑은 샘물을 마시는 모든 이들에게 진정한 축복을 맛보게 하소서. 주님의 광채로 무지 때문에 흐려진 우리의 눈을 깨끗이 하시어 세속적인 아름다움을 더 이상 숭상하지 않고 그동안 우리가 미천하다고 생각했던 사소한 사물의 진정한 아름다움을 깨닫게 하소서. 우리의 영혼을 재물로 받아서 세속의 모든 찌꺼기를 불태워 육체에서 완전히 벗어난 영혼이 신성한 아름다움과 하나가 되어 진정한 사랑을 아는 사람들처럼 완벽하게 우리의 연인에게 전이되게 하소서. 그리고 신들의 음식과 불멸의 과즙을 맛볼 천사들의 만찬에 참여하게 하소서. 그곳에서 우리는 주님과 하나 되어 가장 행복한 죽음을 맞을 것입니다."

다른 세상에 전이되기라도 한 듯 격렬하게 열변을 토해 내던 피에트로 벰보는 말을 마치더니 마치 하늘을 바라보는 것처럼 시선을 위로 향한 채 꼼짝도 하지 않고 있었다. 그러자 다른 사람들과 마찬가지로 피에트로 벰보의 말을 꼼짝 않고 경청했던 에밀리아 여사가 그의 옷자락을 잡아끌며 말했다.

"피에트로, 귀하가 말한 것처럼 진짜로 몸에서 영혼이 빠져나가지 않도록 조심하십시오."

피에트로가 답했다. "여사, 사랑은 내게 그보다 더한 기적도 보여주었답니다."

그러자 공작부인을 비롯한 모든 사람들이 다시 한 번 벰보가 이야기를 계속해야 한다고 주장했다. 모두가 피에트로 벰보에게 영감을 주며 그의 마음속에 일어나는 신성한 사랑의 불꽃을 느끼는 것 같았다. 모두가 더 많은 이야기를 듣고 싶어서 열광

했지만 그는 거절했다. "신사 여러분, 사랑의 성스러움에 격양되어 급작스럽게 떠올렸던 이야기는 다 했답니다. 이제 영감이 사라진 것 같으니 더 이상 무슨 말을 해야 할지 모르겠군요. 그리고 내가 보기에 사랑은 고유의 비밀이 더 이상 드러나거나 우리의 궁정 신하가 내가 여러분에게 말한 단계 이상을 넘는 것을 원하지 않는 것 같습니다. 그러니 이 주제를 놓고 더 이상 말하지 않겠습니다."

공작부인이 말했다. "나이가 든 궁정 신하가 귀하가 말한 길을 따를 수만 있다면 당연히 커다란 행복에 만족하여 젊은이들에게도 아무런 질투심을 느끼지 않을 겁니다."

그러자 체사레 곤차가가 말했다. "행복으로 향하는 길이 너무 가팔라서 누구도 따라갈 수가 없을 것 같습니다."

그러자 가스파레 나리가 말했다. "남성은 이 길을 따라가기가 대단히 어렵겠군요. 더구나 여성들에게는 아예 불가능하겠습니다."

에밀리아 여사가 웃으며 말했다. "가스파레 나리, 또 그처럼 여성들을 모욕하기 시작하면 다시는 용서하지 않겠습니다."

가스파레 나리가 대답했다. "여성의 영혼은 남성보다 열정이 덜 정화되었다거나, 피에트로가 말한 신성한 사랑을 맛본 사람들처럼 명상에 정통하지 않았다는 말은 모욕이 아닙니다. 여러분도 아시다시피 어느 책에도 이런 품격을 갖춘 여성들을 기술하지 않은 반면에 플라톤, 소크라테스, 플로티누스(Plotinus, 신플라톤주의의 창설자-역주)와 같은 남성들은 얼마든지 찾을 수 있기 때문입니다. 이와 비슷하게 가장 열정적인 사랑의 전령사가 내려와 성스러운 낙인을 찍은 성 프란시스와 같은 신성한 성직자도 있습니다. 그리고 사도 성 폴이 누구도 입 밖에 내는 것이 허용되지 않았던 여러 신성한 비밀을 통찰하도록 인도한 것도 오직 사랑의 힘이었을 것입니다."

그러자 마그니피코 줄리아노가 답했다. "그렇지만 여성들도 사랑에 관한 한 조금도 뒤처지지 않습니다. 소크라테스는 자신이 아는 사랑의 신비는 모두 그 유명한 여성인 디오티마가 이야기해 준 것이라고 고백했으며, 성 프란시스의 몸에 사랑의 불로 낙인을 찍었던 천사는 우리 시대의 몇몇 여성들 또한 이 낙인을 받아 마땅할 만한 인물로 만들어 주었습니다. 성녀 마리아(St. Mary Magdalene)는 사랑이 컸다는 이유로 많은 죄를 용서받았으며 여러 차례 천사의 사랑을 통해서 큰 기쁨을 누렸다는 점에 주목하십시오. 그녀가 받은 은총은 성 폴에 비해서 결코 뒤지지 않을 것입니다. 그리고 어제 내가 폭넓게 이야기했던 많은 여성들도 잊지 마십시오. 그 여성들은 위대한 사랑으로 자신들의 인생은 전혀 신경 쓰지 않고 그 어떤 잔인하고 무서운 고통과 죽음도 두려워하지 않았습니다. 더구나 이 여성들은 피에트로가 형상화한 궁정 신하처럼 나이가 많지도 않았습니다. 모두 피에트로가 육체적인 사랑이 허용된다고 말한 나이 대의 나약하고 민감한 어린 처녀들이었으니까요."

가스파레 나리가 대답할 준비를 했지만 공작부인이 말을 막았다. "이 문제는 피에트로 벰보가 판단하게 하고, 여성이 남성 못지않게 사랑할 능력이 있는가는 그의 결정에 따르도록 합시다. 그렇지만 귀하들 사이의 논쟁이 너무 길어질 수 있기 때문에 이 토론은 내일로 연기해야겠습니다."

"오늘 저녁이라고 해야 맞겠군요." 체사레 곤차가가 말했다.

"그건 왜지요?" 공작부인이 물었다.

체사레가 답했다. "이미 날이 밝았으니까요."

체사레는 공작부인에게 창틈으로 들어오기 시작하는 빛을 보여주었다. 그러자 평상시에 비해서 토론이 그토록 오래 진행되었다는 사실을 미처 깨닫지 못했던 사람들은 모두 깜짝 놀라서 자리에서 일어났다. 평소보다 훨씬 늦게 시작한 데다 아주 즐거운 토론이었기 때문에 모두가 너무 열중한 나머지 시간 가는 줄도 모르고 있었던 것이다. 그렇지만 누구도 전혀 피곤해하지 않았다. 사실 이처럼 잠자리에 들 시간이 지난 뒤에도 깨어 있는 경우는 종종 있었다. 사람들은 일제히 우뚝 솟은 카르트리아 (Cartria) 산 봉우리 쪽을 향해 궁전의 창문들을 열었다. 이미 날이 밝아 동쪽으로 장밋빛 여명이 아름답게 물들어 있었고, 하늘의 연인인 비너스를 제외하고는 별빛도 거의 보이지 않았다. 섬세한 미풍이 대기를 차갑게 채우며 불어오고 있었고, 근처 언덕의 숲 한가운데에서 나는 웅얼거리는 소리에 잠에서 깬 새들이 흥겹게 노래하는 소리가 들렸다.

모든 사람들이 공작부인에게 예의 바르게 하직 인사를 한 다음 이미 날이 충분히 밝았으므로 등불을 들지 않고 각자의 방으로 돌아갔다. 막 방을 나서려는 순간에 제독이 공작부인을 보고 말했다. "공작부인, 가스파레 나리와 마그니피코 사이의 논쟁을 마무리 지으려면 오늘 밤은 어제보다 일찍 나서서 판결을 내리는 것이 좋겠습니다."

에밀리아 여사가 대답했다. "가스파레 나리가 다시 한 번 여성들을 비난하고 평소와 같은 태도로 여성들의 명예를 더럽힌다면 재판정에 설 각오를 해야 할 것입니다. 내가 나서서 정의를 지키지 않은 죄목을 낱낱이 규탄할 테니 말입니다."

세기를 뛰어넘는 위대한 이인자론
궁정론(원제 : The Book of the Courtier)

초 판 1쇄 2009년 11월 9일
특별판 1쇄 2023년 2월 15일

지 은 이 발데사르 카스틸리오네
옮 긴 이 신승미

발 행 인 주정관
발 행 처 북스토리(주)
주　　소 경울특별시 마포구 양화로 7길 6-16
　　　　서교제일빌딩 201호
대표전화 02-332-5281
팩시밀리 02-332-5283
출판등록 1999년 8월 18일 (제22-1610호)
홈페이지 www.ebookstory.co.kr
이 메 일 bookstory@naver.com

ISBN 979-11-5564-287-0 03340